D1723461

СЕРИЯ «ДОСЬЕ»

Герберт фон Дирксен

МОСКВА, ТОКИО, ЛОНДОН

ДВАДЦАТЬ ЛЕТ ГЕРМАНСКОЙ ВНЕШНЕЙ ПОЛИТИКИ

Перевод с английского
Н. Ю. ЛИХАЧЕВОЙ

Москва

«ОЛМА-ПРЕСС»

2001

ББК 66.49
Д 475

**Художник
В. Щербань**

Дирксен фон Г.

Д 475   Москва, Токио, Лондон. Двадцать лет германской
внешней политики / Пер. с англ. Н. Ю. Лихачевой. —
М.: ОЛМА-ПРЕСС, 2001. — 445 с.: ил. — (Досье).
ISBN 5-224-01913-3.

Герберт фон Дирксен — потомственный дипломат, выходец из
богатой прусской семьи, двадцать лет прослужил в германском
МИДе, где достаточно быстро и успешно продвигался по служеб-
ной лестнице.

«Москва, Токио, Лондон» — это своего рода отчет о развитии
германской внешней политики 1919—1939 годов — с конца Первой мировой войны до начала военных действий Второй мировой
войны.

«Москва, Токио, Лондон» — не обвинение, не попытка оправ-
даться и защититься, но ответственный вклад в понимание двух
критических десятилетий истории и нынешней мировой политической ситуации.

На русском языке книга выходит впервые.

ББК 66.49

ISBN 5-224-01913-3   © Издательство «ОЛМА-ПРЕСС», 2001

ПРЕДИСЛОВИЕ

Эта книга была написана по-английски в 1947—1948 годах. Первоначально она задумывалась более полной по объему, и в ней я пытался дать исчерпывающее описание жизни и деятельности выходца из восточных провинций Германии — Пруссии. Поскольку рукопись оказалась слишком объемной для публикации, пришлось ограничиться лишь ее политическим ядром.

Я в огромном долгу перед м-ром Ф.А. Войтом, который отредактировал и сократил рукопись до ее нынешнего размера. Я также хочу выразить свою благодарность проф. Хаферкорну из Гамбурга за исправления, сделанные им в английском тексте.

Будучи беженцем из Силезии и потому, соответственно, не имея возможности пользоваться своими личными архивами, я вынужден был при написании этой книги полагаться лишь на свою память. И только глава, касающаяся моей деятельности в Лондоне, была написана после того, как я изучил все документы, опубликованные недавно американским, британским и русским правительствами.

Цель этой книги — рассказать о политической карьере человека, проработавшего исключительно в восточно-европейских и дальневосточных странах. Вопрос, столь часто поднимаемый в наши дни, а именно ограничена ли задача посла в наш технический век лишь функциями почтальона и, соответственно, стоит ли читать его воспоминания, нет нужды подробно обсуждать здесь. Ответ на этот вопрос зависит главным образом от личности самого посла и от политической ситуации в его стране и в стране, где он аккредитован.

Что до задач, которые мне пришлось решать, читатель может прийти к выводу, что я играл активную роль в Москве, тогда как в Токио был лишь наблюдателем.

А вот в Лондоне, выполняя задачу, возложенную на меня Гитлером, я действительно мог служить лишь письмоносцем. Мои попытки освободиться от оков навязанных мне официальных предписаний и противостоять политике, которая неизбежно вела к катастрофе Второй мировой войны, оказались тщетными.

Герберт фон ДИРКСЕН
Берген, Бавария, февраль 1951

что-то, что предопределяет решительные действия при стихийном бедствии, при поражении в войне или в революции, даже когда личное благосостояние не страдает в дни процветания, а люди пользуются всеми преимуществами свободы и богатства. Мы, обладавшие привилегиями и достатком до войны, сохраняли их даже в несчастье вплоть до второй мировой войны, оказавшейся последней... Но мы...

ВВЕДЕНИЕ

Для человека, пишущего книгу на неродном языке, рассчитанную на читателя чужой страны, очень важно начать повествование с короткого описания своего прошлого — важнее, чем для писателя, обращающегося к соотечественникам. Поэтому и я начну с краткого изложения истории моей семьи и моей жизни до того момента, как я поступил на дипломатическую службу.

Дирксены были меннонитами датского происхождения. Из-за религиозных гонений они в XVII веке, подобно тысячам своих соотечественников, эмигрировали из Дании и поселились в Данциге и в низовьях Вислы. Мои предки, обеспеченные торговцы, осели непосредственно в Данциге. Когда Пруссия стала королевством и первые его короли, опираясь на мощную армию и государственный аппарат, создали новое государство, мои предки пошли на службу к королям Пруссии, в основном в качестве юристов.

С тех пор и по сей день едва ли кто из членов нашей семьи выбрал себе другую профессию, кроме профессии государственного служащего. Мой прадед, профессор права в университетах Кенигсберга и Берлина, был одним из лучших специалистов своего времени по римскому праву. Членом рейхстага и Herrnhouse — прусской Палаты лордов был мой дед, который выдержал экзамен по юриспруденции, поступил на службу в МИД и кроме двух лет, проведенных в Лондоне, на протяжении всей своей карьеры руководил в министерстве отделом международного права. Страстный коллекционер предметов средневекового искусства, он с изысканным вкусом обставил свой берлинский дом, который выстроил рядом с домом своего отца на Маргаретштрассе. Он не изменил этой страсти и когда купил прекрасное имение в Силезии, близ Гродицберга. Потом он вышел в отставку и провел остаток жизни, управляя имением.

В то время как семья отца жила в Пруссии и была совершенно прусской по своему внутреннему устройству и традициям, семья матери происходила из Западной Германии. Шницлеры были одной из старейших семей Кельна. На протяжении более полутора веков члены этой семьи вместе с представителями другой аристократической семьи Кельна, Штейнами, были партнерами, владевшими хорошо известным банком «Н. Г. Штейн». Мои дед и бабка по материнской линии в течение зимы жили в своем старом, величественном доме близ собора, тогда как лето проводили на вилле в Роландсеке — одном из наиболее красивых и известных мест на Рейне.

Традиции семьи предопределили и мою карьеру. Не отличаясь хорошим здоровьем — я страдал астмой, я провел детство под плотной опекой нянек и гувернеров. Я ходил в ту же самую школу, что и мой отец, где меня учили те же самые учителя, которые учили и его. Я без труда сдал выпускные экзамены, компенсируя наследственную неспособность к математике любовью к истории и языкам.

Мне не приходилось беспокоиться относительно своего будущего. Процесс обучения государственного служащего неизменно проходил в три этапа, совершенно отличных друг от друга, но сходившихся в итоге в одной важной точке — подготовке чиновников высочайшей квалификации для государственной службы.

Я начал обучение в Гейдельберге, сразу же вступив в студенческое общество. Эти студенческие союзы подвергались резкой критике за свою реакционность, за поощрение пьянства и за нелепые, абсурдные дуэли. Но если обвинения в пьянстве были справедливы, то дуэли были не более жестокими, нежели матчи по боксу, и так же способствовали воспитанию смелости и мужественности. А что до обвинений в реакционности, то это легко опровергается тем фактом, что все эти студенческие общества избирали своих президентов тайным голосованием. Более того, я могу сказать, что потери того союза, членом которого я был, в ходе обеих войн были не меньше, если не больше потерь других обществ. Треть моих друзей-студентов времен гейдельбергских дней была убита на фронтах Первой мировой войны.

Свое обучение я закончил в Берлине и, благодаря эффективному натаскиванию и зубрежке, сдал первый экзамен по праву, после чего развил успех, получив докторскую степень в университете Ростока.

Прежде чем поступить на государственную службу в качестве молодого чиновника, я год прослужил как Einjahrig-Freiwolliger — вольноопределяющий одногодичник — в Третьем уланском полку в Потсдаме. Привыкнув к строгостям военной жизни, я по-настоящему наслаждался ею. (После этого года мне пришлось прослужить еще два срока, по месяцу каждый, в качестве сержанта и старшего сержанта. Когда меня произвели в офицеры запаса, последовали еще четыре срока службы продолжительностью по две недели каждый, окончание которых совпало с началом Первой мировой войны.)

Мое обучение шло согласно жестким правилам. Я переключился с права на государственную службу, и в течение нескольких месяцев мне пришлось поработать в Landsratamt (Бюро окружных уполномоченных) и в Burgermeisteramt (мэрии), прежде чем мои познания в области теоретических проблем стали достаточно обширными, чтобы я более ответственно подходил к решению любых вопросов. В конце концов я сдал довольно трудный экзамен и получил назначение в Боннское окружное управление, хотя и был едва оперившимся юнцом. На протяжении четырех счастливых лет я проработал ответственным госслужащим в Бонне, однако в конце концов был переведен в представительство прусского министерства торговли в Берлине. Но на своей новой работе я пробыл лишь несколько месяцев, поскольку на четвертый день с начала мобилизации после объявления Первой мировой войны мне пришлось присоединиться к своему полку.

Эти годы, посвященные службе моей стране, тем не менее отмечены и рядом событий личного характера. Так, со своим кузеном я совершил кругосветное путешествие. Мы стартовали в Немецкой Восточной Африке, где моя семья владела несколькими плантациями, после чего, придерживаясь проторенных путей, наслаждались охотой на Цейлоне и закончили свой вояж в Южной Америке. Спустя несколько лет, в 1912 году, последовало мое второе трансатлантическое путешествие — снова в Немецкую Восточную Африку, а потом домой, через водопад Виктория и Кейптаун.

Необходимо отметить и два других события этого периода. Я женился на баронессе Хильде фон Ольсен, дочери крупного землевладельца, у которого было прекрасное имение близ Кюстрина, в 80 километрах восточнее Берлина. А еще я начал писать. У меня пробудился интерес к политике, и я стал писать статьи для прессы по таким проблемам, как теория империализма, доктрина Монро и на другие подобные темы.

С тех пор написание политических обзоров — будь то в форме официальных донесений или статей для газет — стало всепоглощающей, захватывающей страстью моей жизни.

В период с 1914 по 1918 год мой полк входил в кавалерийскую дивизию, которая была составной частью Первого кавалерийского корпуса. Это соединение перешло Арденны, прошло через Северную Францию и, миновав Париж, оказалось в Шато Тьерри. В сентябре мы вынуждены были отступить в Эйси, а затем, двигаясь вдоль крайнего правого фланга наших армий, попытались — но безуспешно — обойти французов слева. Наконец, Ла-Манш остановил нас в Остенде. За три месяца мы прошли три тысячи километров и стали на зимние квартиры между Остенде и Гентом.

Весной 1915 года мой полк принял участие во втором наступлении армии под командованием фельдмаршала Макенсена против русских войск в Галиции. Мы прошли Восточную Галицию вдоль и поперек — от Ярослау до Хелма и Брест-Литовска, после чего я был переведен в ставку Верховного командования армии в качестве адъютанта. В течение нескольких месяцев я служил под командованием фельдмаршала Макенсена и начальника штаба генерала фон Секта в Восточной Галиции и Южной Венгрии, а затем Государственная служба оккупированных стран затребовала меня в свое распоряжение, и я был назначен в Окружное управление города Намюра (Бельгия).

Однако самый важный поворот в моей жизни случился, когда мой друг, барон фон дер Хейдт из английского управления германской дипломатической миссии в Гааге, обратился ко мне за помощью. Он лично организовал и возглавил это учреждение. Здесь ему пришлось исполнять обязанности, которые в обычные времена ложились на германское посольство в Лондоне, но теперь именно нам пришлось докладывать о политическом развитии событий как в самой Англии, так и в ее Империи.

В мае 1918 года герр фон Кугельман, статс-секретарь по иностранным делам, спросил меня, не готов ли я поступить на работу в МИД. Я ответил утвердительно и получил назначение в германскую дипломатическую миссию в Киеве. Так началась моя карьера в министерстве иностранных дел.

Глава 1

В МИДе (1918—1925)

БАЛТИЙСКИЕ ДЕЛА, 1918 год

В то время, когда Первая мировая война приближалась к концу, я работал в германской дипломатической миссии в Киеве, столице недолго просуществовавшего «государства», основанного украинским гетманом Скоропадским. В октябре 1918 года вместе с несколькими офицерами германского Верховного командования я был вызван в Берлин, куда мы прибыли 27 числа этого месяца. Незадолго до этого я пришел к выводу, что Германии придется пойти на перемирие на условиях, продиктованных союзными державами, и что она прямым ходом движется к революции. Отсутствие руководящей воли, демонстрируемое высшими политическими кругами, было вернейшим и самым зловещим признаком неминуемого поражения. Генерал Гренер сменил генерала Людендорфа, чей уход стал невеликой потерей, поскольку Людендорф показал себя диктатором, не обладавшим, однако, ни предусмотрительностью, ни даром предвидения. Еще в сентябре он отказывался признать даже самую возможность краха, а уже спустя несколько недель потребовал немедленного заключения перемирия.

Новое демократическое правительство, сформированное принцем Максом Баденским, истытывало все возрастающее давление как внутри страны, так и вне ее и было неспособно вести переговоры с союзными и взаимодействующими с ними державами на основе Четырнадцати пунктов, сформулированных президентом Вильсоном. Но еще хуже были апатия и растущая дезинтеграция общества, распространившиеся внутри страны.

В этот критический момент императору не удалось выдержать проверку на прочность. Он уклонился от своих обязанностей, покинув свой пост в Берлине. Останься он, возможно, он смог бы отдать решающие приказы, которые защитили бы общественный порядок и предотвратили и революцию, и гражданскую войну.

И потому не удивительно, что низы и в Берлине, и по всей стране почувствовали себя брошенными и обманутыми, когда военачальники и Верховный главнокомандующий покинули их. Очень многие из двух тысяч офицеров, находившихся в тот момент в отпуске в Берлине, пошли добровольцами в сформированный недавно для подавления революции офицерский батальон. Но революционная пропаганда, которую никто и не думал пресекать, оказывала огромное влияние на измученные войной войска и особенно на тех военных, которые не были на фронте. ВМФ удостоился скверной и жалкой привилегии встать во главе ниспровергателей всего и вся (особенно с тех пор, как после битвы при Ютланде масса военных пребывала в состоянии бездействия в порту). Повсюду маршировали матросы с красными флагами, ведя за собой все отбросы армии. Марши проходили вдоль главных дорог страны и особенно по направлению к Берлину. В начале ноября был «захвачен» Магдебург, и стало вопросом нескольких дней, когда и Берлин постигнет та же участь.

Игнорируя этот все нарастающий вал революции и неминуемого поражения, правительственные чиновники продолжали свою рутинную работу. Я побывал на совещаниях в МИДе и в министерстве обороны, где мне было доверено принять участие в выполнении огромных задач, стоявших перед Верховным командованием армии на Украине, особенно в части проблем гражданского характера. Однако я не получил никаких специальных инструкций по ликвидации различных предприятий, и этот вопрос был оставлен полностью на усмотрение дипломатической миссии в Киеве — заниматься этим или нет.

Моя работа в Берлине закончилась, и теперь встал вопрос: возвращаться ли мне в Киев? Возвращение представлялось мне бессмысленным, поскольку разложение нашей военной машины казалось неминуемым, в результате чего наш уход с Украины стал вопросом нескольких недель, самое большее — нескольких месяцев.

Более того, ожидалось восстание части поляков, и в этом случае германские войска на Украине оказались бы полностью отрезанными. После многих размышлений я решил делать то, что считал своим долгом, и вернулся в Киев.

Я выехал из Берлина 7 ноября, и зрелище, которое представляла собой германская столица вечером этого дня, глубоко запечатлелось в моей памяти. Улицы, заполненные молчаливыми толпами, медленно передвигающимися в состоянии отчаяния или апатии, подавленными какой-то невидимой, но неизбежной и неизвестной судьбой. Редкие шальные выстрелы в боковых улочках нарушали ужасную тишину. Трамваи, хорошо натопленные, хотя и почти пустые, ходили точно по расписанию.

Мое путешествие до Варшавы и далее через Польшу на Украину прошло без происшествий, и я точно в срок попал в Киев. А спустя два дня в Варшаве началось восстание, железнодорожное сообщение было прервано, и мы в Киеве оказались в ловушке.

На Украине события развивались стремительно. Стало очевидным, что дни гетманского режима сочтены. Германские оккупационные войска приходили во все большее беспокойство, и это беспокойство еще более усиливалось созданием «солдатских советов». Но этот инструмент подрыва армейского духа, оказавшийся весьма действенным повсюду, не столь успешно проявил себя на Украине. Средний германский солдат оказался достаточно разумным, чтобы понять, что без жесткой дисциплины, находясь в сотнях миль от родины, он пропадет. Группы солдат более старших возрастов вели себя сравнительно спокойно, и действующие полки оставались первоклассными боевыми соединениями. Однако в Киеве ощущалась необходимость в ответственных людях — таких, как charge d'affaires (поверенный в делах), граф Берхем, которые объясняли бы на многочисленных встречах с «солдатскими советами», что они должны держаться на своем отдаленном аванпосту, пока не придет их очередь эвакуироваться. Зная о растущей угрозе большевизма, солдаты с готовностью соглашались.

Эта первая стадия внутреннего краха на Украине породила радикальное левое националистическое движение, которое возглавили два популярных лидера — Винниченко и Петлюра́. Они создали своего рода армию, состоявшую наполовину из солдат регулярной армии, наполовину из партизан. Восстания вспыхнули в разных частях страны, и возглавляли их местные атаманы разбойников. На Украине было множество таких лидеров — полупатриотов, полубандитов. В Одессе орудийные расчеты флота союзников заняли город, однако командование союзных войск предусмотрительно воздержалось от продвижения в глубь страны. Хотя некий второстепенный французский вице-консул время от времени и делал какие-нибудь официальные заявления, наши надежды, что он сам или какой-то другой представитель союзников вступит в переговоры с германским военным командованием или с представителями дипломатической миссии о скорейшем выводе германских войск с Украины, оставались неосуществимыми.

Тем временем крах гетманского режима оказался неизбежным. Единственными, кто еще рисковал за него своими жизнями, были несколько тысяч бывших русских офицеров и унтер-офицеров под командованием доблестного царского генерала графа Келлера. Германским войскам приходилось сохранять нейтралитет и вмешиваться лишь тогда, когда что-либо угрожало им самим или жизненным интересам оккупационных сил. Захват Киева украинской националистической армией под командованием Винниченко и Петлюры был, таким образом, похоже, делом решенным, хотя и сопровождался несколькими спорадическими уличными боями и редкой артиллерийской стрельбой. Сам гетман нашел убежище в германской дипломатической миссии, что сохранялось в полной тайне, разглашение которой означало бы как верную смерть для самого гетмана, так и смертельную опасность для сотрудников германской дипломатической миссии. Спустя неделю под видом раненого хирурга немецкой армии гетман был переправлен на поезде Красного Креста в Германию, где президент Гинденбург позаботился о его комфорте, и гетман жил на красивой вилле в Ванзее. Как он пережил катастрофу 1945 года, я не знаю.

Правительство Винниченко оказалось недолговечным. В него входили здравомыслящие люди, оппозиционно настроенные по отношению к большевикам. Но им не хватало чего-то, что помогло бы организовать сопротивление «красной волне», безжалостно накатывавшейся с востока. У них не было ни способных людей, ни регулярной армии, ни денег, ни организации. Все, что у них было, — это патриотизм и желание сражаться.

В течение этих недель, когда мы были отрезаны от Берлина, мы жили в полной изоляции, не получая ни телеграмм из МИДа, ни какой-либо почты вообще, поскольку все линии связи были разрушены. Украинские газеты обеспечивали нас лишь небольшим количеством ненадежной информации о перемирии и революции. Так продолжалось довольно долго, однако телеграфное сообщение с Германией в конце концов было восстановлено, и вскоре поступила первая шифрованная телеграмма из МИДа. Я помню, как мы дрожащими пальцами вскрывали ее, ожидая, что в ней содержатся какие-то важные известия, а нашли лишь обычные сообщения о каких-то событиях на Шпицбергене или в Гренландии. Однако вскоре поступили куда более серьезные сообщения о возобновлении революции в Берлине, сопровождавшейся жестокими сражениями недалеко от станции Фридрихштрассе. Интересно, думали мы, в каком состоянии найдем мы столицу по возвращении?

К началу нового года германские войска покинули Западную Украину. Советские вооруженные силы развили серьезное наступление на Харьков, и этот важный центр был захвачен ими в первых числах января. Германское Верховное командование приняло решение оставить Киев и Западную Украину. 12 января мы, члены дипломатической миссии, погрузились в специальный поезд с украинским персоналом, гадая, удастся ли нам спокойно достичь первой цели нашего путешествия — Брест-Литовска. Но все обошлось без происшествий. Огромные толпы народа собирались на промежуточных станциях и недоброжелательно и подозрительно глазели на буржуев-иностранцев, не делая, однако, попыток как-то задеть нас или помешать нашему движению.

Прибыв в Брест-Литовск, мы отправились в штаб-квартиру германской дивизии, которая оставалась на своем посту и таким образом держала открытым путь в Восточную Пруссию для выводимых германских войск.

Главная железнодорожная ветка от Брест-Литовска до Варшавы и Берлина была перерезана поляками еще в ноябре, и германские дивизии, расквартированные вдоль нее, бросали свои посты и уходили на родину.

Мы пересекли германскую границу у города Просткена, в Восточной Пруссии и сумели попасть на поезд, идущий до Берлина. На вокзале я купил газету и в ней обнаружил сообщение об убийстве революционных лидеров — Розы Люксембург и Карла Либкнехта. Президент Эберт назначил дату всеобщих выборов. Эта новость укрепила мою надежду, что Германии удастся избежать ужасов большевистского правления, которые мне довелось довольно близко наблюдать в течение предшествующих месяцев.

В Берлине я нашел все расстроенным, находящимся на грани коллапса. Однако кое-как порядок был восстановлен, и уличных боев больше не было. Но общий настрой крайне левых радикалов был провокационным. Рабочие находились не у дел и часто подстрекались к забастовкам подрывными элементами. Возвращавшиеся войска были настроены по-боевому, и дух их был высоким, но они были лишены твердого руководства и вскоре уступили непреодолимому желанию отправиться по домам.

Новое правительство с президентом Эбертом во главе государства и при господствующем влиянии социал-демократов жестко противостояло «красной волне», но ему мешала необходимость оправдывать надежды своих принципиальных последователей — умеренной части работающего населения, а также и противостоять обвинениям в том, что его члены — реакционеры и предатели дела революции. После выборов Конституционного собрания, которые ясно показали, что большинство немецкого народа выступает против большевистской революции и предпочитает прогрессивную эволюцию, обстановка в Берлине несколько успокоилась.

Постепенно решительные и популярные среди солдат офицеры, большинство в звании полковника или капитана, собрали несколько сотен или тысяч верных людей из своих подразделений и сформировали так называемые «свободные войска», которые решили бороться с революционными бандами, более или менее подчиняясь при этом правительству. Потребовались ряд усилий и масса дипломатии со стороны регулярной армии, рейхсвера, который все еще пребывал в процессе медленного формирования, и его командующего, умелого и верного генерала фон Секта, чтобы убедить этих авантюрно настроенных людей воздержаться от контрреволюционного неистовства и объединиться с регулярными войсками.

В эти годы социал-демократический министр обороны Носке оказал бесценную услугу своей стране, положившись на верность своих генералов и отвергнув все возможности захватить бразды правления государством в качестве диктатора.

Из-за ясно ощутимой смертельной опасности всеобщего хаоса и замедленного падения в пропасть общая ситуация по всей Германии была очень далека от нормальной. Снова и снова то здесь, то там вспыхивали яростные сражения. Коммунисты захватили власть в некоторых районах рейха — в Бремене, Саксонии и в Руре. В Мюнхене была провозглашена едва оперившаяся советская республика, с которой баварцы оказались не в состоянии справиться, в результате чего им пришлось положиться на помощь прусских войск, которым за короткое время удалось подавить восстание.

Берлин поворачивался к приезжему своими наиболее гнетущими и отвратительными сторонами — в виде некоего смешения упадка, беспорядка и пустоты. В полдень орудийный расчет революционных солдат маршировал по его улицам, огромный матрос шагал впереди и размахивал красным знаменем. Все подонки и отбросы из трущоб восточных пригородов Берлина, смешавшись с демобилизованными и дезертировавшими солдатами, ходившими в грязной и оборванной форме, задавали тон на улицах. Но самыми отталкивающими были картины порока и распущенности, бросавшиеся в глаза стороннему наблюдателю. Повсюду, как грибы, выросли ночные клубы. Огромный холл фешенебельного отеля «Кайзерхоф» был переоборудован в казино, а светское общество, казалось, было одержимо истеричным желанием танцевать и страстью к вечеринкам.

Среди этой отвратительной смеси порока, беспорядка и упадка, к которым примешивалась большая доза отчаяния, бюрократия, как и прежде, продолжала свою обычную деятельность. Однако МИД также получил инъекцию революционного лекарства, в результате чего стал лишь еще более забюрократизированным, чем когда-либо. Революция персонифицировалась с тайным советником Шулером. Он расшатал старую, исторически сложившуюся структуру МИДа, берущую начало еще во времена правления Бисмарка, и создал новую организацию, достаточно крупную, чтобы быть политическим мозгом победоносной мировой державы. Святая святых старой дипломатии — политический отдел — владения Хохтейна, был упразднен. МИД был поделен на отделы по географическому признаку: Западной Европы, Восточной Европы и американский. Эти отделы занимались как политическими, так и экономическими вопросами. Почти на каждую страну были назначены отдельный чиновник по политическим делам и еще один — по экономическим. Существовали кроме того специальные отделы по личным делам, а также по юридическим и общеэкономическим вопросам, таким, как например, заключение торговых договоров и соглашений о тарифах.

Много можно было бы привести доводов в пользу концентрации политических и экономических вопросов в одном отделе, однако в целом аппарат стал очень громоздким и неуклюжим, и внешняя политика, которая может эффективно управляться лишь немногими способными и опытными сотрудниками, была ослаблена, разбавлена и превратилась в объект многословных рассуждений. Кроме того, раздувание огромного бюрократического аппарата было крайне не ко времени в тот момент, когда Германия пережила сокрушительное поражение и фактически сошла с мировой политической арены. Один из старых мидовских привратников скептически заметил в разговоре со мной: «Не понимаю, что происходит. Германский рейх становится все меньше и меньше, а МИД — все больше и больше».

Была и еще одна причина, которая удерживала многих «свободных художников» от желания ринуться на должности послов и посланников: они вскоре обнаружили ложку дегтя в бочке меда, ибо столь блестящая внешне жизнь дипломатов на деле оказалась трудной, требующей обширных познаний в истории, экономике, праве, а также свободного владения несколькими иностранными языками. Но прежде всего она требует великого самопожертвования и отказа от политического влияния на родине. Посол или посланник перестает быть в курсе внутренних событий из-за продолжительного отсутствия на родине. Требуется определенная внутренняя независимость и сила характера, чтобы стоять на собственных ногах, будучи лишенным поддержки партий и прессы на родине. На такую жертву дипломаты-любители не были готовы пойти, а потому вернулись с дипломатических аванпостов в более прибыльные и выгодные сферы внутренней политики.

После возвращения из Киева я был назначен в Восточный отдел под начало герра Надольни, который позднее стал послом в Анкаре и Москве, а также членом немецкой делегации на конференции по разоружению. Он поручил мне вести подотдел стран Балтии. Надольни недолго оставался моим шефом: спустя несколько недель он был переведен в канцелярию президента Эберта. Его заместитель стал временным преемником. Это был старый консульский чиновник, любезный, но недостаточно квалифицированный, чтобы возглавить столь важный отдел в столь тяжелые времена, а потому все мы — три начальника трех подотделов: России, Украины и стран Балтии, чувствовали себя достаточно самостоятельными. И нам это нравилось.

Три новорожденных балтийских государства, вверенные моей политической заботе, — Латвия, Эстония и Литва — вскоре превратились в рассадник проблем и обострений международной политической обстановки. Одно из первых главных столкновений с большевиками произошло именно здесь. После ухода германских войск из Эстонии и Восточной Латвии советские войска оккупировали эти территории, а также и прекрасную древнюю столицу Ригу. С помощью террористических методов им удалось добиться успеха в подавлении большей части населения, отвергавшей большевизм. Тогда как в западных районах (согласно просьбе правого латвийского правительства, сформированного антибольшевистскими латвийскими элементами и поддерживаемого немцами балтийского происхождения) еще оставались значительные соединения германских войск под командованием генерала графа фон дер Гольца. Правительство пообещало германским солдатам, готовым помочь Латвии в борьбе против большевизма, выделить землю и предоставить право на постоянное жительство.

В условиях обстановки, царившей в Европе после поражения Германии, подобная схема должна была очень скоро оказаться неработающей, по большей части потому, что крайне правое латвийское правительство столь же мало представляло страну, как и левое крыло в Риге, а балтийские немцы — основа активного сопротивления большевистскому вторжению — были непопулярны среди латышей, как бывшие повелители и «угнетатели». В эти трудные времена, однако, средний немецкий солдат поверил обещаниям латышей дать ему землю в качестве награды за услугу и был готов сражаться, умирать и переносить трудности ради независимости Латвии. Смелой атакой была освобождена Рига, и весной 1919 года и германские, и балтийские войска выбили советские силы с территории Латвии далеко в глубь Эстонии.

Вскоре, однако, ситуация крайне осложнилась. Правое латвийское правительство было свергнуто, и вместо него пришло куда более левое. Эстонцы одинаково решительно отвергали как большевиков, так и германскую оккупацию. Союзные державы все глубже постигали суть проблемы и потому постарались найти решение создавшейся дилеммы. Они считали, что немцы должны покинуть страну, но не желали при этом способствовать восстановлению советского правления. И потому начали свои контрдействия с мягкого давления. Однако нажим постепенно усиливался.

Германское правительство оказалось практически беспомощным, хотя, без сомнения, готово было подчиниться требованиям союзников. Но у него не хватало власти над непокорными войсками в Балтии и не было никаких средств принуждения.

Генерал фон дер Гольц остался тверд, и рядовые были тоже убеждены, что латышам не следует позволять обманывать немцев, лишая их награды за продолжительные сражения, а именно обещанной земли. Германские регулярные войска чем дальше, тем больше распадались на небольшие соединения, которыми командовали популярные среди солдат офицеры. И здесь, так же как и в самой Германии, были созданы многочисленные «свободные войска» еще более непокорные, чем остатки регулярной армии.

Но в конце концов генерал фон дер Гольц уступил давлению, приняв, однако, самое скверное и немужественное решение, которое только можно было себе вообразить: он подчинился приказу берлинского правительства вернуться на родину, но отправился в Берлин один, не сделав даже попытки уговорить свои войска последовать за ним. Вполне вероятно, что солдаты подчинились бы ему, поскольку генерал пользовался у них большим авторитетом. И вместо того, чтобы выбрать одно из двух: либо убедить вверенные ему войска последовать за ним на родину, либо ослушаться Берлина и остаться со своими людьми до горького конца, фон дер Гольц оставил своих солдат без всякого руководства и отправился в Берлин.

В результате, как и следовало ожидать, большинство солдат «свободных войск», все более и более превращавшихся в своего рода иностранный легион или сборище ландскнехтов, готовых сражаться ради сражения, упрямо оставались в Прибалтике, настаивая на выделении им обещанной земли, в то время как наиболее дисциплинированные и аккуратные уже начали основывать в Латвии хозяйства и фермы. Их командиры, приезжавшие в МИД, чтобы встретиться со мной, не выказывали ни малейшей склонности повиноваться приказам из Берлина.

В столь критическом положении германский Кабинет министров принял решение пригласить международную комиссию, которая должна была изучить ситуацию на месте и найти выход из тупика. Союзные державы приняли это предложение и создали комиссию, в которую вошли французские, британские, американские, японские и итальянские генералы. Возглавил комиссию французский генерал Нессель, а председатель германобалтийской комиссии адмирал Хопман должен был взаимодействовать с майором фон Кесслером, начальником штаба, и со мной, как представителем МИДа. Несколько германских офицеров из генштаба, и среди них капитан, а впоследствии фельдмаршал фон Кюхлер, также должны были сопровождать делегацию. Выбор пал на Хопмана и Кесслера потому, что в 1918 году они, со множеством германских соединений оказавшись отрезанными на южной Украине, были интернированы, но умело и успешно завершили репатриацию своих войск, ведя дипломатические переговоры с объединенными властями союзников. Так что у них был некоторый опыт в решении стоявшей перед ними трудной задачи.

В дождливый ноябрьский день 1919 года поезд с международной комиссией и многочисленным техническим персоналом должен был прибыть на вокзал Фридрихштрассе. Барон Мальтзан, новый шеф Русского отдела, попросил меня вместе с капитаном Кюхлером встретить делегацию. Мне ужасно не понравилось это поручение, поскольку я остро переживал позор и унижение Германии, которая вынуждена теперь подчиняться приказам вражеских офицеров.

Кроме того, французский генерал Ниссель имел репутацию грубоватого человека, настроенного яро антигермански. Мой гнев еще больше усилился, когда поезд остановился и французские poilus (шутливое название французских рядовых в годы Первой мировой войны. — *Прим. перев.*) в полном военном снаряжении вывалились из поезда и кинулись охранять проход к машинам.

Я протиснулся сквозь узкий, темный коридор, ведущий к комнате, где за круглым столом заседала комиссия, похожая на ку-клукс-клан, выносящий свой приговор преступнику. Мой мозг лихорадочно работал, пытаясь решить, как продемонстрировать Нисселю все то неудовольствие, которое доставляла мне возложенная на меня обязанность приветствовать делегацию.

Я решил обратиться к нему на английском, что было бы вполне законным, поскольку большинство членов комиссии говорило именно на этом языке. И мой план удался. Ниссель покраснел и, запинаясь от гнева, попросил меня говорить по-французски. После долгой паузы я подчинился его требованию. Я никому никогда не рассказывал об этом эпизоде, однако пятнадцать лет спустя слегка прославился благодаря ему. В 1934 году генерал Ниссель опубликовал свои воспоминания о поездке в Прибалтику, в которых подробно описал этот случай. И когда германская пресса заполучила книгу, одна из газет

Восточной Пруссии раскопала этот эпизод и напечатала его под кричащим заголовком: «Гордое и мужественное поведение советника германской дипломатической миссии». Я получил эту вырезку, будучи в Токио, и она весьма меня позабавила. Кроме этого эпизода, Ниссель упомянул обо мне в своей книге в приличной и благожелательной манере.

В ходе совещания двух делегаций была выработана процедура работы Международной балтийской комиссии. Обе комиссии, и германская, и союзная, разделяли мнение, что успешная их работа возможна лишь непосредственно на месте, поскольку необходимо было обсудить вопросы с самыми разными властями, отдельными людьми, а также с военными формированиями — с немецкими провинциальными чиновниками, латвийскими и литовскими представителями, и в первую очередь, с командирами немецких «свободных войск». Возможности транспорта и связи были столь ограничены, что бессмысленно было основывать штаб-квартиру в Берлине, Кенигсберге или Риге. И потому было решено, что работать обеим комиссиям следует в поезде, который мог передвигаться по всем районам, где возникали трудности и где необходимо было уладить спорные вопросы.

Так началась одна из самых необычных и исключительно странных акций. В течение шести месяцев нашим жилищем был длинный поезд со многими вагонами, и в нем обе комиссии скитались по тревожной Восточной Европе с ее неустановленными границами, неуверенными в себе маленькими и слабенькими правительствами, уничтоженными до основания транспортными возможностями и неуправляемыми военными соединениями, пытаясь вывести и репатриировать около 60—70 тысяч обманутых, злых, отчаявшихся солдат из чужой страны, которую они защитили от большевиков.

Поначалу сотрудничество между немцами и членами международной балтийской комиссии было далеко неудовлетворительным. Генералы союзников, и в первую очередь Ниссель, все еще не усвоили урок до конца. Они пришли в Германию с убеждением, что единственное, что им, победителям, придется делать, — это отдавать приказы, и тогда все будет хорошо. Но постепенно до них дошла простая мысль, что в столь хаотичных обстоятельствах они беспомощны. С самого начала их ждало горькое разочарование.

Первый этап нашей экспедиции начался в Кенигсберге, где в старом историческом замке, в котором короновались все короли Пруссии, прошло совещание провинциальных властей и офицеров рейхсвера. Глава провинции герр Винниг был социал-демократом, и генерал Ниссель предвкушал весьма угодливое и подобострастное отношение к себе со стороны этого чиновника, а потому намеревался произвести на него устрашающее впечатление свирепым видом и диктаторскими замашками. Однако на Виннига, человека гордого и патриотично настроенного, подобное устрашение не произвело никакого впечатления, но вызвало раздражение и дало выход горькому чувству, испытываемому жителями Восточной Пруссии, которые были отрезаны от рейха «коридором» и считали себя покинутыми и в опасности.

Совещание закончилось полным провалом, и комиссия союзников в несколько подавленном состоянии духа направилась в Тильзит. (Ныне Советск, Калининградской области. — *Прим. перев.*) Члены комиссии сочли отношение местной прессы к ее деятельности совершенно неудовлетворительным. Некоторые командиры «свободных войск», согласившиеся явиться по вызову комиссии на совещание, не имели ни малейшего желания подчиняться французскому генералу. Ниссель телеграфировал в Париж, что он не в состоянии обеспечить вывод немецких войск из Балтии без помощи 75-тысячной армии.

Затем наступила очередь драмы. «Свободные войска» сломались. Трудности зимы сделали дальнейшее сопротивление с их стороны невозможным. Голодные, истощенные, без теплой одежды и запасов продовольствия, все «свободные войска» объявили о своей готовности отправиться на родину. Это был великий триумф генерала Нисселя.

Начиналась вторая часть его миссии: организовать вывод и транспортировку в Германию различных соединений. Это была наиболее трудная задача, над решением которой пришлось поломать голову, многое организовать и провести бесконечное множество переговоров. Тяжелейшая часть ее легла на плечи германской делегации, особенно на начальника штаба майора фон Кеслера. Поскольку он был знаком с восточным театром военных действий и имел некоторую власть над «свободными войсками», именно ему пришлось стать советником Нисселя. Было забавно наблюдать, как солдаты обеих наций все лучше и лучше понимали друг друга, говоря на одном и том же военном языке.

В течение нескольких последующих недель мы ездили взад-вперед по Восточной Пруссии, Латвии и Литве. Некоторое время мы пробыли в Тильзите и Таурогене (ныне Таураг, Литва), а также во многих других местах, известных со времен наполеоновских войн. Потом отправились в Латвию и Литву, намереваясь проехать столько, сколько будет возможно. Но неожиданно наша поездка оказалась прерванной: между двумя маленькими странами не существовало никакого сообщения. Последовали длительные переговоры. Международная комиссия хотела вывести различные соединения «свободных войск» на определенные дороги и беспокоилась, как бы они не передумали и не остались в чужой стране или не начали контрреволюцию. Но «свободные войска» предпочли выбрать собственный путь домой. Так называемая армия Авалова-Бермонта оказалась наиболее неуправляемой и представляла из себя некое подобие вооруженного сборища. Авалов-Бермонт, авантюрист, офицер русской армии, будучи грузином по национальности, присвоил себе титул князя. «Князь» Авалов собрал толпу таких, же авантюристов, как он сам, и заявил, что сначала они освободят от большевизма Латвию, а затем и Россию от большевизма. С латвийским правительством и германскими «свободными войсками» он находился в разных отношениях — то в дружеских, то в откровенно враждебных. Его люди, бандиты и сорвиголовы, оказывали сильное сопротивление попыткам расформировать их и подняли мятеж против международной комиссии. Нашему поезду пришлось на полной скорости проехать мимо станции, оккупированной этими людьми, поскольку время от времени они принимались стрелять и даже бросать ручные гранаты.

Появились и другие, не менее жгучие проблемы. В некоторых местах, таких как Шауляй в Литве, было полно беженцев из деревень. Транспортное сообщение было прервано, санитарное состояние ухудшалось, питание было скверное — что-то надо было срочно предпринимать. Однажды утром draisine — машина с открытой платформой, катящаяся по рельсам и приводимая в движение нажатием рукоятки вперед-назад, отправилась в путь со смешанным экипажем: немецкий майор, французский полковник, литовский офицер, железнодорожный служащий и я. Нам пришлось «грести» более 30 километров до Шауляя, прежде чем удалось добраться до нужных чиновников и договориться об открытии линии.

У «свободных войск» и некоторых немецких солдат и офицеров была смутная надежда, что союзные державы могут призвать их принять участие в борьбе с большевизмом и присоединиться к войскам этих держав и белой армии, пытавшимся сбросить советское правительство. Было хорошо известно, что мистер Черчилль также предпочел бы такой вариант, поскольку латвийские и литовские вооруженные силы не считались достаточно надежными. Была даже слабая надежда, что генерал Ниссель, сам яростный антибольшевик, мог склониться на сторону этой идеи. Но ничего подобного не произошло, и «свободным войскам» пришлось отправиться на родину, где они были расформированы, достаточно, впрочем, небрежно. Осталось между их членами некоторое братство. Они вступили в бой в Верхней Силезии, когда в 1921 году Корфанти поднял свое восстание. «Свободные войска» вновь возродились в 1923 году, когда французы вошли в Рур, а вскоре перешли на сторону национал-социализма, став его первыми и наиболее горячими сторонниками.

Выполняя поставленную перед ней задачу, балтийская комиссия как раз накануне Рождества прибыла в Ригу для проведения официальных переговоров с латвийским правительством. И это дало мне возможность познакомиться с этим очаровательным старым городом, одной из настоящих жемчужин средневековой германской готической архитектуры. Я гулял по узким, занесенным снегом улочкам, застроенным небольшими домами, а колокольчики, торжественно звенящие на церковных шпилях, создавали ощущение волшебной сказки. В опере мы насладились великолепным спектаклем — оперой Чайковского «Пиковая дама».

Завершающей главой нашей экспедиции стала краткая остановка в Ковно (ныне Каунас, Литва), носившем знакомые черты обычного русского провинциального города. После возвращения в Берлин комиссия была расформирована, хотя оставалась еще масса дел, которые необходимо было закончить в последующие месяцы, с тем чтобы привести этот эпизод политической жизни того времени к логическому завершению.

А между тем мой новый шеф, барон фон Мальтзан, утвердился в качестве главы Русского отдела МИДа. Барон был моим старым, еще с университетских времен, другом, поскольку мы были членами одного общества «Боруссия» в Бонне. Я часто встречался с ним во время моей службы в Берлине, а позднее — в Гааге. Он был одной из самых сильных и волевых личностей в послевоенной Германии. Очень умный, интеллигентный, хотя и не обладавший глубокими познаниями. В нем уживались железная воля и энергия с большой проницательностью и гибкостью методов. Его огромные интеллектуальные способности нисколько не мешали ему с цинизмом и откровенным пренебрежением игнорировать подчиненных, с которыми ему приходилось работать. И таковым он признавался почти всеми, кто с ним встречался. Он был поставлен в невыгодное положение своего рода комплексом превосходства и тем фактом, что этическая сторона его личности не соответствовала его политической и интеллектуальной смелости. В последующие годы он играл огромную роль как глава восточных отделов, а впоследствии как статс-секретарь и посол в Вашингтоне, пока не погиб в автокатастрофе в 1927 году.

Поскольку в последующие месяцы балтийская политика отошла на второй план, Мальтзан счел разумным перевести меня на другой пост, и потому в марте 1920 года я был назначен первым секретарем недавно организованной дипломатической миссии в Варшаве. Дело в том, что спустя некоторое время после заключения перемирия, когда во вновь созданном Польском государстве Германию представляли дипломаты-любители, дипломатические отношения между двумя странами были прерваны. И теперь предпринималась новая попытка установить их на более долгосрочной основе.

Я оставлял МИД в более рабочем состоянии, чем то,

в котором он пребывал, когда я поступил в него год назад. Подготовка к мирным переговорам в Версале, игравшим главенствующую роль в деятельности МИДа, закончилась вместе с подписанием Версальского договора, или Diktat, как его немедленно окрестили в Германии. Однако споры о том, стоило ли его подписывать или же следовало отвергнуть, не считаясь с последствиями, по-прежнему разделяли общественное мнение и стали одним из главных камней преткновения в истории Веймарской республики.

Так, граф Брокдорф-Ранцау, министр иностранных дел, ушел в отставку из-за этого конфликта, предпочтя вернуться к частной жизни. Эта отставка лишила Германию сильного и блестящего руководителя внешней политики. Я в то время находился в слишком подчиненном положении, чтобы войти в орбиту графа, и лишь спустя несколько лет между нами установилось тесное сотрудничество.

Общая ситуация в Германии была далеко неустойчивой. Еще до того, как я покинул Берлин, опасный кризис потряс республику до основания — так называемый «капповский путч». Попытка крайне правых элементов захватить власть была отбита. Поскольку государственные чиновники и высшие офицеры остались верными существующему правительству, то уже самая первая попытка захватить правительственную машину в столице провалилась. Кабинет министров, которому в полном составе удалось бежать из Берлина, сумел организовать принятие контрмер, находясь вне столицы, и потому даже без всеобщей стачки, которую грозились объявить рабочие, восстание «капповцев» было подавлено.

Однако последствия его пришлось ощутить позднее, ибо коммунисты ухватились за столь удобную возможность, чтобы вновь начать революцию и забастовки в индустриальных районах. Политические убийства, совершенные нацистами, — убийство Эрцбергера, в первую очередь, — стали зловещими предзнаменованиями. Витавшая в воздухе опасность французского второжения в Германию со стороны Рейна стала явной после оккупации французами Франкфурта, осуществленной под неубедительным предлогом.

Я был полон беспокойства, когда в начале апреля

уезжал в Варшаву. Было очевидно, что моя работа в Польше — стране, отношения с которой были столь осложнены многолетней взаимной неприязнью, — будет крайне трудной. Все предстояло строить на пустом месте, поскольку в Варшаве до сих пор не было даже дипломатической миссии. И как бы в подтверждение ненормальности ситуации мне пришлось добираться в Варшаву через Данциг, так как прямая линия Берлин — Познань до сих пор не была восстановлена.

ВАРШАВА, 1920—1921 гг.

МИД попросил меня проделать всю подготовительную работу по обустройству нашей миссии и в первую очередь найти комнаты под офис или, если возможно, купить дом под постоянную резиденцию. Первое, что должен был предпринять недавно назначенный посланником граф Оберндорф, — это последовать вскоре за мной в Варшаву. Я давно знал Оберндорфа. Его родители жили в Гейдельберге, в старом доме, выходившим окнами на Некар, и в этом доме часто бывали члены моей студенческой корпорации. В МИДе граф работал в отделе под началом моего отца. Это был типичный представитель дипломата старой школы — развитый, дружелюбный, прекрасно говоривший по-французски и убежденный, что все острые различия между руководителями разных стран могут быть разрешены посредством личных контактов.

Прибыв в Варшаву, я отправился в МИД Польши, а не в отель, поскольку все они были забиты, а я по-прежнему так и не овладел техникой подкупа швейцаров. Дружелюбный Chef de Protocole граф Пржендецкий велел молодому секретарю отправиться со мной на поиски жилья. Пржендецкому удалось найти для меня и моего слуги две комнаты в третьеразрядном отеле, расположенном где-то в районе гетто. Отель кишел клопами, и на другой день я обратился за помощью к германскому паспортному чиновнику, бывшему торговцу из Познани, который прожил в Варшаве уже несколько недель, и он помог мне снять несколько меблированных комнат, которые хозяин квартиры — еврей — приготовил для сдачи в аренду. Так что позднее ко мне смогла присоединиться и жена.

Вопрос поиска комнат для дипломатической миссии решился даже быстрее, чем я предполагал. Пожилая пара, владельцы величественного дома на одной из тихих улочек, прилегавших к главной улице Варшавы — Уяздовской, — пожелала продать дом, пусть даже германскому правительству. Я постарался завершить сделку как можно быстрее ввиду падающего курса польской валюты. Хозяева дома освободили несколько комнат для офиса миссии, а позднее, когда я нашел для них подходящую удобную квартиру, и весь этаж.

Однако мне потребовался год, чтобы очистить от жильцов верхний этаж. Успеха в этом деле мне удалось добиться лишь благодаря помощи тогдашнего польского министра иностранных дел М. Скирмунта. А вскоре были построены и новые комнаты для офиса в конюшне, к которой примыкал небольшой сад. Так что, когда восемнадцать месяцев спустя я покидал Варшаву, дипломатическая миссия выглядела довольно презентабельно и соответствовала общему политическому статусу Германии. Наши посланники, много лет служившие в Варшаве, мои друзья Раушер и Мольтке, были полностью удовлетворены моей покупкой даже в те времена, когда наша дипломатическая миссия, а позднее и посольство, уже стали одним из центров светской жизни Варшавы.

Я наладил связь с политическим департаментом польского МИДа. Его шеф, Каэтан Моравский, богатый землевладелец из Познани, умный, приятный, но слишком шовинистически настроенный человек, сияя от радости, сообщил мне, когда я впервые увиделся с ним, что маршал Пилсудский взял Киев. Старая мечта польского империализма стала явью! Абсолютно немотивированное нападение на Советский Союз принесло великолепные дивиденды и способствовали росту престижа новой армии и увеличению польской территории на восток. На Украине у поляков, как у владельцев значительной части крупной недвижимости, были обширные интересы. Среди этой недвижимости были и образцовые фермы, управляли которыми в основном немцы или чехи.

Сделав необходимые приготовления и установив все возможные контакты, я телеграфировал графу Оберндорфу, недавно назначенному германским посланником в Польше, что теперь он может приступить к выполнению возложенных на него задач. Он прибыл, как и положено, в сопровождении секретаря дипломатической миссии и еще нескольких персон. Ему пришлось остановиться в отеле. И кроме того, у нас не было машины. Все было как-то примитивно и временно. Вскоре посланник приступил к исполнению своих обязанностей и, будучи западником в сердце и в душе и не питая симпатий к большевизму, к которому испытывал почти физическое отвращение, он видел свою главную задачу в том, чтобы предложить польскому правительству, равно как и своим коллегам по дипломатическому корпусу, сотрудничать с Германией в борьбе против большевизма. Ответа не последовало.

Очень скоро поляки испытали острую нужду в иностранной помощи. Поход на Киев чрезмерно напряг силы молодой польской армии. Русские, с их традиционной способностью развертывать свою полную военную мощь лишь когда они сами нападают, собрали значительные силы, чтобы изгнать захватчиков со своей территории. Советскому Союзу удалось привлечь на свою сторону тысячи бывших царских офицеров и унтер-офицеров, которые постарались превозмочь свою нелюбовь к большевизму, чтобы помочь изгнать польских захватчиков. Под ударами их яростных атак польская армия дрогнула и побежала, и очень быстро весьма отдаленный фронт оказался в непосредственной близости от Варшавы. Беженцы заполонили все железнодорожные станции. И хотя толпа, в которой было много элегантных польских офицеров, по-прежнему заполняла рестораны и улицы Варшавы, правительством были приняты предупредительные меры для эвакуации по крайней мере дипломатического корпуса. Мы получили от министра иностранных дел лаконично составленные печатные удостоверения на эвакуацию.

Мы заказали в Германии поезд для транспортировки наших соотечественников. В июне, когда русские были уже в 12 милях от Варшавы, пришло время эвакуировать членов миссии в Познань. В Варшаве остались лишь главы миссий, однако спустя несколько дней и они с чувством огромного облегчения последовали за нами.

Итак, мы находились в Познани, которая в течение полутора веков и восемнадцати месяцев принадлежала Германии. Внешне край казался «колонизированным». Названия улиц и указатели были на польском языке, но все остальное — чистота городов и их архитектура, опрятность деревень, сельскохозяйственные стандарты страны — были прусскими. Таков же был и менталитет населения. Несмотря на то, что большинство населения Польши было настроено антигермански, оно было тем не менее проникнуто прусским духом с его стремлением к порядку и высокой эффективности. Познанцы были польскими пруссаками и остро ощущали свое превосходство над отсталой «конгрессувкой», как называли жителей той части Польши, что раньше принадлежала России. Хотя прусская администрация и не могла способствовать воспитанию любви к Германии, она, без сомнения, сумела создать в городах процветающий и высокообразованный средний класс, сформировав тем самым основу всей польской интеллигенции, при том что Польша в целом была лишена этой части социальной структуры, а также крестьянство, намного превосходившее по уровню своего развития все остальное польское крестьянство.

Польская знать также повсюду отличалась высоким искусством жить. Знать, и особенно польские дамы, были самым ценным польским активом в создании национального престижа Польши за границей. Как на дипломатической службе, так и в частной жизни польские граждане, благодаря своей находчивости, хорошим манерам, внешнему виду и спортивности, были весьма эффективными пропагандистами своей страны.

В преддверии грядущих событий в Познани чувствовалось напряжение. Удастся ли остановить войну с Советами? Красные войска приближались к границам Восточной Пруссии. Некоторые польские соединения были прижаты к границе и вынуждены были ее пересечь, после чего были разоружены. Если Красная Армия разобьет Польшу, не ворвется ли она в Германию? И что произойдет в таком случае? Поднимется ли в Германии коммунистическое восстание и не начнется ли братание крайне правых элементов с русскими ради совместной борьбы против Запада? Или же произойдет и то и другое?

В Данциге докеры побросали работу и отказались грузить военное снаряжение и материалы для поляков, воюющих с коммунистической Россией.

Но вскоре волна повернула вспять. Как после всех успешных сражений, так и здесь развернулась острая конкуренция при определении того, кто автор «чуда на Висле» — Вейганд или же Пилсудский, или какой-то другой польский генерал? Ответ здесь, вероятно, такой же, что дал генерал фон Хаммерштейн, когда обсуждался вопрос, кто выиграл битву при Танненберге в 1914 году и заслужил высочайшую награду — «Pour le meri-/te» — Гинденбург, или Людендорф, или Хофман, или генерал фон Франкош? Хаммерштейн ответил: «Ренненкампф (тогдашний главнокомандующий русских войск) заслужил ее». Так что своей победой поляки обязаны, вероятно, самим русским, которые, похоже, были еще слишком неопытны, чтобы сконцентрировать свои войска на решающих направлениях. Русское наступление захлебнулось само по себе: русские линии связи оказались слишком растянутыми, и потому потребовался совсем незначительный удар, чтобы заставить красную волну повернуть вспять. Таким образом, за последние несколько месяцев началась уже третья гонка через восточные районы Польши. И когда она, наконец, закончилась, обе стороны были готовы к переговорам.

Недели, проведенные в Познани, которые после первых трений и напряжения оказались довольно идиллическими, вскоре подошли к концу. Мы встречались с некоторыми друзьями-немцами, которые до сих пор еще жили в этой стране, и особенно нам помог немец-виноторговец, который, собираясь покинуть Польшу, решил ликвидировать свой винный фонд на месте. Поскольку венгерские вина высоко ценились в Познани, наш друг напирал на эти сорта, и мы провели лучшую часть долгих вечеров, попивая превосходное вино; и нас очень позабавило, когда польская тайная полиция вбила себе в голову, что напала на след германского заговора на основании света, допоздна горевшего в окнах дома нашего друга-виноторговца.

Граф Оберндорф не вернулся в Варшаву с дипломатической миссией, а отправился на родину в отпуск, а затем в Берлин на какое-то совещание. Осенью он вышел в отставку и лишь ненадолго вернулся в Варшаву, чтобы попрощаться. Мне пришлось выступать в качестве charge d'affaires (временный поверенный в делах. — *Прим. перев.*), пока не был назначен новый посланник. Но поскольку германо-польские отношения ухудшились, МИД не счел нужным направлять в Варшаву опытного посланника, и мне доверили представлять рейх в качестве charge d'affaires в течение длительного периода. Таким образом оказалось, что на мои неопытные плечи легла почти на год тяжелая ответственность.

Когда польское правительство и дипломатический корпус вновь вернулись в столицу, дела постепенно приняли более нормальный оборот. Я смог проанализировать ситуацию и приступить к регулярной работе. Однако отношения между двумя странами были далеки от нормальных. В течение полутора веков, — со времен раздела Польши — никакого суверенного польского государства не существовало. В ходе Первой мировой войны Пилсудский, самый популярный лидер в Польше, поддержал центральные державы и с вновь организованными польскими легионами сражался на их стороне. В 1916 году канцлер фон Бетман-Гольвег выступил за воскрешение Польши из небытия, и вскоре было сформировано польское правительства во главе с Пилсудским. Мудрость этого шага постоянно ставилась под сомнение влиятельными политическими кругами в Германии и Австрии. Был сделан вывод, что теперь становится невозможным заключение сепаратного мира с большевиками и что, с другой стороны, поляки никогда не смирятся со своей зависимостью от центральных держав, что и случилось.

Отношения между правительством Пилсудского и его крестными отцами становились все более натянутыми и, наконец, разрыв стал неизбежен. Пилсудский был арестован и с почетом заключен в тюрьму в крепости Магдебург — мера, которая, как с юмором заметил позднее Пилсудский, дала ему возможность стать главой нового польского государства, поскольку тем самым было смыто пятно на его репутации — сотрудничество с центральными державами. Вопрос, почему эксперимент Бетмана с польским государством, создание которого было поддержано центральными державами, провалился, слишком сложен, чтобы рассматривать его здесь. Вероятно, он был бы неудачным, даже если бы им занимались и более опытные государственные деятели и ловкачи с обеих сторон.

Создание союзниками польского государства после поражения Германии воздвигло непреодолимую пропасть между двумя государствами. Чувство угрозы со стороны злопамятного, обиженного соседа, находившегося в пределах досягаемости — около 60 миль — от Берлина, с самого начала породило атмосферу недоверия к Польше. В результате уступки — передачи «Данцигского коридора» Польше — германский восток оказался разделен, а Восточная Пруссия — отрезанной от рейха.

Более двух миллионов немцев оказались под польским управлением, которое они нашли невыносимым. Половина их — почти миллион — вернулась на историческую родину и пополнила ряды недовольного населения; оставшиеся же стали объектом грубого и дискриминационного обращения со стороны польского правительства, которое решило отплатить немцам за грубость прусского правления — грубость, которая была весьма преувеличена, как о том свидетельствовали и состоятельный средний класс в городах, и процветающее крестьянство в деревне. Польские аппетиты в отношении германских территорий простирались и на Восточную Пруссию и Силезию. Поскольку район Мазурии, южной части Восточной Пруссии, остался в Германии, то эта потенциально опасная проблема была снята с повестки дня, однако нерешенный силезский вопрос по-прежнему маячил на заднем плане, ожидая и требуя своего решения. Огромное количество горючего материала накопилось в отношениях между двумя народами.

В этих кратких заметках я не пытаюсь дать объективный и исчерпывающий обзор германо-польских проблем. Все это крайне сложно и затемнено многолетней взаимной неприязнью, глубоко укоренившимся среди немцев чувством превосходства над поляками, вызывавшим острое негодование последних.

Трудности мирного сосуществования бок о бок еще более усугубляли тем, что обе страны не были отделены друг от друга ясно обозначенными границами, а также тем, что оба народа были тесно переплетены друг с другом и потому невозможно было провести демаркационную линию, которая четко разделила бы их. Островки другого населения, намеренно оставленные при разделе, порождали болезненные проблемы. Но что я хотел бы отметить в своем повествовании — это то, что накопилось слишком много взрывного материала, чтобы снова и снова подвергать опасности перспективу установления мирных взаимоотношений. С германской стороны доминировал факт, который следует принимать во внимание: «Данцигский коридор» глубоко уязвил германское общественное мнение, даже несмотря на период переживаемого страной глубочайшего упадка, Германия всегда была едина в своем требовании справедливого решения проблемы «коридора».

Все могло бы сложиться много проще, если бы новорожденное польское государство было здоровой, сильной, хорошо управляемой структурой, каковой, к примеру, вскоре стала Чехословакия, хотя чехи так же ненавидят немцев, как и поляки. Однако этому мешали и национальный характер поляков, их историческое прошлое и неопределенность границ их нового государства. Это была задача для сверхчеловека — свести воедино три различные компоненты новой Польши: привести к единому знаменателю и высококультурных жителей Пруссии, и беспечных, добродушных австрийцев, и отсталую русскую часть. Присущие польскому характеру разлад и разобщенность, которым столь сильно благоприятствовали разделы Польши, еще более усилились в результате более чем полуторавекового существования под тремя разными суверенами.

Национал-демократы, возглавляемые Романовым-Дмовски, были настроены страшно националистически и намного лучше относились к России, нежели Пилсудский и огромное количество его сторонников в Восточной Польше и Галиции, которые ненавидели Россию. Обе партии крепко не любили друг друга. Их взаимная вражда и составила внутреннюю историю Польши в период между двумя войнами. Приказам Пилсудского не повиновались в Пруссии, а когда у руля правления оказывались национал-демократы, им нечего было сказать «конгрессувке» в Восточной Польше. Сепаратистские чувства зашли столь далеко, что военные — приверженцы Пилсудского — предпочитали носить со своим мундиром круглое кепи — Maciejowka, в то время как национал-демократы предпочитали «konfederatka» — высокое четырехугольное кепи. То, что население Польши на 33% состояло из иностранцев — немцев, русских, украинцев, евреев, литовцев, не прибавляло силы новорожденному государству, но усиливало его подозрительность и стремление притеснять нацменьшинства.

Если бы Польша смогла выдвинуть в качестве лидера настоящего государственного мужа с ясным видением перспективы и умеренностью во взгляде — типа Масарика или Кемаль-паши, дела могли бы принять другой оборот. Но у маршала Пилсудского таковые качества отсутствовали. Вполне возможно, что он был самый очаровательный, интересный, трагический и воодушевленный лидер среди европейских государственных мужей. Он был страстный патриот, однако ясно сознавал недостатки своего народа, которые были частью его собственных. Был он в высшей степени человеком неэгоистичным. Смелость его была безгранична. Но он был романтичным авантюристом, искателем приключений, и сама его натура не позволила ему превратиться в твердого и умеренного национального лидера. Он начал свое правление с авантюрной войны против Советского Союза, продолжил — coup de main (вылазка, налет. — *Прим. перев.*) против Вильно. Он пережил нападение Корфанти на Верхнюю Силезию в 1926 году и поднял восстание, чтобы захватить власть, а в 1933 и в 1935 годах предлагал Франции начать агрессивную войну против национал-социалистической Германии и в то же время заключил пакт о дружбе с Гитлером. В его действиях всегда присутствовал оттенок романтизма и авантюризма, тогда как его противников отличало упорство и ограниченность, которые как раз были вредны для проведения творческой политики.

Таким образом, внешней политике нового государства недоставало твердости и упорства. Конечно, тесный союз с Францией служил краеугольным камнем этой политики, однако Франция не поощряла своего союзника искать примирения с ближайшим соседом — Германией. Польша желала бы стать жандармом, бдительно следящим за германским злодеем даже тогда, когда она искренне хотела сотрудничать с ним, как это было, например, во времена Веймарской республики. Отношения ее с Советским Союзом оставались непростыми и странными; их улучшение, в принципе, было обязано совершенно противоположным мотивам, а не стремлению к примирению и дружбе. В общем-то союз с Францией был непопулярен среди большинства поляков, которых обижало слишком очевидное пренебрежение со стороны своего западного союзника. Искренняя неприязнь между чехами и поляками также стала одной из неизбежных составляющих восточно-европейской политики. Так что сцена была готова для создания одной из самых опасных коалиций — германо-русской дружбы, в основе которой лежала общая нелюбовь к своему общему соседу — Польше.

Пока я был в Варшаве, события еще не зашли столь далеко. Советский Союз полностью отсутствовал на политической сцене, а Германия считалась тогда таким политическим ничтожеством, что ее можно было не принимать в расчет. Поэтому работать мне пришлось в крайне изнурительных обстоятельствах. Даже с технической точки зрения условия были неподходящими. Прошел почти год, прежде чем МИД предоставил в мое распоряжение машину. Ни личные, ни деловые помещения дипломатической миссии не являлись подходящими для все растущего объема работы, которую приходилось выполнять. Установить контакты с моими коллегами из дипломатического корпуса или варшавского общества было невозможно из-за тотального, всеобщего бойкота, объектом которого стала германская дипломатическая миссия. Не было ни визитов, ни приглашений. В миссию засылались агенты-провокаторы. Анонимы, звонившие по телефону, осыпали нас бранью. Но мы поддерживали дружеские отношения с австрийскими и венгерскими charge d'affaires, немногочисленной немецкой общиной и отдельными мужественными и смелыми поляками.

Повседневная жизнь не предлагала большого выбора развлечений. Варшава до сих пор напоминает русский провинциальный город. Ее окрестности не подходили для воскресных визитов или экскурсий, а плохие дороги даже при наличии машины не позволяли совершать длительные путешествия. Театры нас не привлекали и потому, что мы не понимали по-польски, и потому, что постороннему человеку трудно было заказать билет в оперу. Жизнь была довольно скучной, и я благодарен моей жене за то, что она никогда не жаловалась и сумела сделать нашу домашнюю жизнь настолько приятной, насколько это было возможно в тех условиях.

Зато кипевшие в Варшаве политические страсти вполне компенсировали скуку повседневной жизни. Да, действительно, моя обычная работа не удовлетворяла меня и казалась мне бесплодной. Ноты и протесты, которые я вынужден был передавать, образовали горы на столах утомленных чиновников департамента польского МИДа по германским делам. И даже наиболее вопиющие, бросающиеся в глаза случаи нарушения прав нацменьшинств не могли пробить стену недоброжелательства и некомпетентности местных властей. Недавно назначенный глава департамента по германским делам Яновский, богатый землевладелец из Познани, был приятным человеком, всегда готовым помочь. Я часто встречался с ним в последующие годы, когда он был назначен польским посланником в Берлине, и мы стали с ним добрыми друзьями.

Но с точки зрения внешней политики вообще и внутреннего развития в частности, Варшава была самым интересным местом для наблюдений. Там всегда было приготовлено в запасе какое-нибудь острое ощущение. Или генерал Желиговский отправляется в Литву и захватывает Вильно, или же князь Сапега или другой член оппозиции начинает какую-нибудь маленькую революцию, или же происходит смена кабинета, или мирные переговоры с Советским Союзом в Риге оказываются на грани срыва, пока наконец 18 марта 1921 года не подписывается мирный договор.

К несчастью, коварство маршала Пилсудского и польского правительства обернулось против Германии. Поляки, не удовлетворенные огромными приобретениями германской территории на востоке рейха, потребовали еще больше прусских провинций, мотивируя тем, что это — древние польские территории. Поляки утверждали, что мазурцы — родственные полякам племена и что, соответственно, южная часть Восточной Пруссии принадлежит Польше. Такое же требование было выдвинуто и в отношении Верхней Силезии. На конференции в Версале было решено, что жителей обеих территорий следует призвать голосованием решить свою судьбу. Мазурцы отвергли поляков — не менее 95% их проголосовали летом 1920 года на выборах, проходивших под контролем международной комиссии, в пользу Германии. Этот результат вызвал глубокое разочарование среди польских политиков в Варшаве, и они решили вновь обратиться к своей старой тактике шоковой терапии, то есть набегам, использованию вооруженных сил для того, чтобы поставить всех перед свершившимся фактом. Эта схема неплохо сработала в момент нападения генерала Желиговского на Вильно, и было решено повторить ее в более широком масштабе в Верхней Силезии.

Приготовления к набегу были ясно различимы в Варшаве на протяжении многих месяцев. Отрезанный от источников информации, я решил обратиться с просьбами о встрече к тем чиновникам, которые предположительно могли бы принять меня. Не то чтобы я считал, что они дадут мне откровенные и правдивые ответы, однако предполагал, что, сравнив различные уловки и отговорки, с помощью которых они постараются скрыть правду, я сумею заполучить несколько ценных ключей к пониманию истинной сути происходящего. У меня состоялась беседа с Витошем, председателем Кабинета министров, хитроватым крестьянином в ботфортах, а также с некоторыми министрами и другими влиятельными поляками, оказавшимися для меня в пределах досягаемости. Я выразил свою озабоченность той атмосферой враждебности в отношении Германии и рискованных планов в отношении Силезии, которые открыто обсуждались в обществе и на которые намекала пресса. Ответы были далеко неутешительными. Манера, в которой реагировали более откровенные люди — смущение, замешательство, затруднение, хитрость, — и очевидные расхождения фактов, вынудили меня прийти к определенным выводам, которые я изложил в нескольких донесениях в МИД.

На политической сцене становилась все более и более оживленно. Войсковые соединения маршировали мимо дипломатической миссии, приветствуемые толпами людей, и цветы украшали дула их винтовок. Если все эти демонстрации были направлены на то, чтобы спровоцировать германское правительство на опрометчивые, безрассудные действия, то они своей цели не достигли. В начале мая сработал взрыватель в Верхней Силезии: Корфанти, крайне левый демагог, лидер поляков, живущих в Верхней Силезии, и бывший член рейхстага, поднял восстание, опираясь на силезские и польские банды, хорошо вооруженные, благодаря прямой и косвенной помощи Варшавы. Последовали многочисленные акты насилия и поджоги, а также массовые преследования немецкого населения. Из всех подразделений международных войск, расквартированных в Силезии, только итальянцы оказали некоторое сопротивление и попытались восстановить порядок, понеся при этом небольшие потери.

А вскоре и немецкое население организовало сопротивление: тысячи ветеранов войны собрались в Бреслау (ныне Вроцлав, Польша. — *Прим. перев.*) и были организованы в своего рода военные соединения, хотя и плохо вооруженные. Со всех частей рейха к ним присоединялись солдаты «свободных войск», и началась безжалостная и смертоубийственная партизанская война. Немецким добровольцам удалось подавить польских бунтовщиков и в конечном счете разбить их.

На этот раз самовольное нарушение поляками мира на глазах у союзных властей и их оккупационных войск было слишком вопиющим, чтобы оно могло пройти незамеченным и молчаливо одобренным, подобно тому, как это произошло с захватом Вильно и нападением на Киев. Поднялась мировая общественность, и последовала сильная реакция, особенно в Италии, солдаты которой погибли в Силезии. В этот период необъявленной войны мне в Варшаве пришлось пережить тревожное время. Я вынужден был заявить польскому правительству о его ответственности за восстание Корфанти ввиду явного и активного сотрудничества с ним военных и полуофициальных департаментов. Мои отношения с польскими властями стали еще более скверными и натянутыми, чем обычно. Но с другой стороны, я наладил контакты со своими коллегами из дипломатического корпуса, которые теперь выразили желание прислушаться к информации о событиях в Силезии в моем изложении. У меня состоялось несколько бесед с сэром Уильямом Макмюллером, британским послом, с итальянским послом Ачилле Ротти, позднее ставшим папой Пием XI.

Наконец, спустя два месяца буря в Верхней Силезии улеглась. Восстание было подавлено, полякам пришлось вновь подчиниться международной комиссии, которая занялась определением границ, якобы согласно результатам голосования жителей Верхней Силезии, более 60% которых стали на сторону Германии.

Моя официальная деятельность вновь потекла по обычному руслу. Мне пришлось побеседовать с главой департамента по экономическим делам М. Ольшовским, чтобы выяснить его точку зрения в отношении переговоров, которые следовало бы начать, чтобы решить многочисленные экономические проблемы, возникшие в связи с созданием польского государства.

После того как обстановка на польском фронте вновь успокоилась, настал благоприятный для меня момент, когда я мог бы освободиться от выполнения столь трудной миссии в Варшаве. Уже весной я стал настаивать в Берлине, что в Варшаву следует назначить постоянного посланника. МИД в принципе не возражал, однако восстание Корфанти привело взаимные германопольские отношения к точке замерзания. Но когда я повторил свою просьбу, герр фон Шоен получил назначение и прибыл в Варшаву. Я представил его всюду, а сам взял отпуск. Министр иностранных дел Польши устроил в мою честь очень приятный прощальный завтрак, и я по крайней мере имел удовольствие завести нескольких близких друзей, после чего мы с женой поспешили прочь из Варшавы — или, скорее, попытались это сделать. Но до самого последнего момента Варшава, казалось, не желала выпускать нас из своих объятий: разразилась забастовка железнодорожников, и нам пришлось на день-два отложить отъезд. И вот наконец со вздохом облегчения мы покинули варшавский вокзал.

ПОЛЬСКИЙ ОТДЕЛ, 1921—1922 гг.

После возвращения в Берлин в октябре 1921 года мне сообщили, что меня ждет новое и важное назначение. Мне предстояло стать шефом польского отдела — самого крупного и оживленного, в котором работали тридцать или сорок сотрудников, большинству из которых пришлось иметь дело с событиями в Верхней Силезии. Это назначение означало повышение по службе и могло рассматриваться в качестве награды за мою работу в Варшаве. Но Польша меня бесконечно измотала, я устал от решения этой трудной задачи — поддержания наших отношений с нею, от всех связанных с этим расстройств и отрицательных эмоций. Раны, нанесенные нашей восточной границе, до сих пор кровоточили, а теперь ту же операцию приходилось осуществлять еще и в Силезии. Однако другого выбора у меня не было, кроме как взвалить на свои плечи решение этой трудной проблемы и сделать все, что в моих силах, чтобы помочь своей стране.

За последний год обстановка в МИДе несколько нормализовалась. Герр фон Ханель занимал пост статс-секретаря по иностранным делам. Это был карьерный дипломат и потомок известной династии промышленников, человек дружелюбный, лишенный каких-либо страстей или амбиций в политике, но очень увлеченный веселой светской жизнью. А в качестве шефа Восточного отдела МИД пользовался услугами старого, уважаемого хлеботорговца герра Берендта, который, однако, вскоре вернулся к частной жизни, а на его место была назначена динамичная личность — Мальтзан.

Польская пресса строила догадки относительно того, что стоит за назначением «умеренного» г-на фон Дирксена в паре с активным бароном фон Мальтзаном? Никакого зловещего заговора за этим назначением, конечно, не стояло. Это был достаточно рутинный вопрос, относившийся к компетенции личного отдела, и то, что Мальтзан стал проводить свой собственный курс в восточной политике, стало для МИДа столь же большой неожиданностью, как и для всего остального мира.

Чем слабее становились контакты между посланниками и МИДом, тем чаще эти посланники менялись. МИД превратился в нечто вроде забронзовелой скалы, в то время как руководители отделов были низведены до положения марионеток, которым приходилось во всем полагаться лишь на опытность и беспристрастность кадровых чиновников МИДа. Так они и поступали и жили неплохо.

В течение этого года моей работы в МИДе внешняя политика направлялась канцлером Йозефом Виртом и министром иностранных дел Вальтером Ратенау. Вирт, школьный учитель из Бадена и протеже Эрцбергера, был интереснейшей личностью. Он, без сомнения, наделен был врожденным даром к внешней политике, доходившим временами до вспышек гениальности. Это был великолепный оратор и хороший тактик, прекрасно действовавший на парламентской шахматной доске, но человек несколько неуравновешенный и впечатлительный.

Ратенау, благодаря своей биографии, своим книгам и своей трагической смерти, превратился в государственного деятеля с мировой славой, и мне нет нужды подробно останавливаться на описании характера и способностей этого блестящего и далеко не простого человека. Он был обаятельным и симпатичным, умным и скептически настроенным, но я сомневаюсь, получился бы из него крупный и волевой государственный деятель, выпади ему более долгая жизнь. Его сравнивали с деревом — цветущим, но бесплодным.

Поскольку мой отец предложил нам квартиру на Маргаретенштрассе, мы поселились там с двумя слугами в нескольких небольших комнатах на первом этаже и завели богемное домашнее хозяйство, но для наших нужд — вполне достаточное. Нас не связывали какие-либо светские обязанности, которые необходимо было выполнять, поскольку Берлин пока не отличался той бурной светской жизнью, которая стала столь характерной для него в конце двадцатых годов; и кроме того, я почему-то предчувствовал, что мое пребывание в МИДе будет недолгим. А потому мы с женой ограничили нашу светскую жизнь встречами с некоторыми личными друзьями и завели нескольких новых, среди которых выделялся и Георг Кольбе — величайший скульптор Германии того времени, который равно впечатлял как своим искусством, так и масштабом личности.

Я могу описать свою повседневную официальную деятельность в МИДе несколькими замечаниями поверхностного характера. Немногое запечатлелось в моей памяти из того времени, которое несло на себе печать переходного периода во всем, что касалось германо-польских отношений. С одной стороны, последствия, порожденные войной и Версальским договором, уже крепко ощущались в повседневной жизни Германии, с другой — было положено начало переходу к нормальным отношениям с новым соседом.

Демилитаризация новой границы в Восточной Силезии была, с германской точки зрения, явлением отталкивающим и неприемлемым. Разделение единой страны, согласно результатам плебисцита, закончившегося в соотношении 64:40, было само по себе делом безнадежным, но его можно было провести согласно здравому смыслу, по крайней мере в отношении деталей. Международная комиссия отличилась в принятии решений, которые превратили повседневную жизнь населения в тяжкое бремя, посеяв семена недовольства. В городах оказались разделены водопроводные сооружения, а рабочим по пути на работу приходилась по два-три раза в день пересекать границу, поскольку они повсеместно жили не там, где располагались их заводы и фабрики. Но главное, в чем полякам удалось добиться успеха, — это в присвоении объектов, которые они жаждали заполучить: заводов, больниц и шахт. Вот в соответствии с этим принципом и проводилась граница. Кроме того, приступая к своей работе, комиссия не имела абсолютно никакого опыта в подобных делах. Когда в начале своей деятельности члены комиссии прибыли в замок князя Бирона фон Керланда в Гросс-Вартенберге, они впервые поинтересовались географическим положением этого места и попросили карту, поскольку своей у них не было, так же как, по их собственному признанию, не было ни малейшего знания страны в целом.

Теоретическое обоснование раздела Германии было подготовлено в Женеве Лигой Наций. Хотя, насколько мне известно, германское правительство не было официально приглашено принять участие в обсуждении этого законопроекта, голос представителей германского населения был услышан. Главой делегации от Восточной

Силезии был граф Вельжецкий, позднее посол Германии в Мадриде и Париже. Он действовал смело и находчиво, выступая от имени своей страны. После многочисленных обсуждений и совещаний, продолжавшихся в течение нескольких месяцев, на свет появился закон, по значению сопоставимый с Версальским договором. Он по крайней мере предполагал существование какой-то международной контролирующей власти, которая, как подушка, должна была смягчить первый удар поляков. Г-н Калондер из Швейцарии и г-н Калкенбек из Бельгии на протяжении многих лет бескорыстно выполняли полезную работу, пытаясь найти решение нерешаемой задачи.

Начало конструктивному этапу в нормализации польско-германских отношений было торжественно положено открытием переговоров по различным вопросам, требовавшим решения, и в первую очередь — по экономическим проблемам. В качестве политического советника я сопровождал комиссию экспертов МИДа в ее поездке в Варшаву. К тому времени нашим посланником в Польше был назначен герр Раушер. Интеллектуал, уроженец Южной Германии, хороший писатель, член социал-демократической партии, он пользовался особой благосклонностью президента Эберта, который настоял на его назначении в Варшаву. Раушер был одним из немногих людей со стороны, которым удалось добиться успеха в МИДе. Он стал наиболее удачливым из представителей нашей страны, проработав в течение восьми лет на трудном и неблагодарном посту. Он был популярен в высшем обществе Польши, имея репутацию одного из немногих свободомыслящих и остроумных немцев. Мы с ним очень подружились. Неожиданная смерть от туберкулеза гортани спасла его от позора, ожидавшего его в Третьем рейхе.

В Варшаве мы все подготовили для официального начала переговоров, которые должны были открыться в Дрездене осенью. Руководитель польской делегации М. Ольшовский, опытный и очень остроумный человек, и его визави — герр фон Стокхаммерн, представитель старой мидовской гвардии специалистов по коммерческим переговорам, окунулись в море запутанных проблем, которыми им пришлось заниматься не знаю сколько времени, вероятно, несколько лет, поскольку все эти восточные переговоры всегда тянулись бесконечно.

В ходе самого важного события для Восточного отдела того периода — подготовки и подписания Рапалльского договора — я был не более чем зрителем. В МИДе возникла нездоровая ситуация, поскольку Мальтзан во время конференции в Женеве лично вел все переговоры. Насколько я помню, еще до этой конференции было проведено лишь несколько предварительных бесед с советскими представителями в Берлине, не содержавших, однако, никаких предложений о заключении договора. Но между рейхсвером и Красной Армией уже возобновились отношения военного характера, и адмирал Вольфинг фон Диттен в качестве члена делегации уже нанес визит в Москву. А в 1921 году было заключено экономическое соглашение.

МИД был ошарашен. Я уверен, что вряд ли кто в министерстве был проинформирован о происходящем. Лично я относился к этому событию с энтузиазмом, поскольку рассматривал подобный договор как первый признак возрождения немецкого национального самосознания и как единственное средство воздействия на поляков. И потому меня сильно позабавило, когда на ежедневной утренней пресс-конференции, где присутствовали все начальники отделов, в ответ на мои поздравления шефу Русского отдела тот извиняюще покачал головой и несколько смущенно пробормотал: «Я здесь ни при чем».

Вскоре мне представилась возможность поближе познакомиться со всем происходящим в Женеве, когда меня направили туда для беседы с польским министром иностранных дел М. Скирмунтом. Там я встретил всю германскую делегацию — Вирта, Ратенау и множество других политиков. Все они, за исключением, конечно, Мальтзана, еще не до конца оправились от смелости собственных инициатив, проявленной перед лицом Ллойд Джорджа и скандальной и шумной французской делегации. События тогда развивались стремительно: Генуэзская конференция и предварительные переговоры в Рапалло с их лихорадочными закулисными интригами, одурачивание Советов, игра в одиночку против всех остальных, пока, наконец, германской делегации не удалось перехитрить всех (и в первую очередь, Ллойд Джорджа) и заключить сделку, ставшую объектом всестороннего изучения со стороны историков.

Решение германской делегации заключить договор с русскими было обязано единственно энергии и искусству Мальтзана: именно он стал не только автором политической комбинации, обеспечившей подходы к этому договору, но и лоцманом, проведшим хрупкую лодку переговоров через мели негативного отношения к нему со стороны членов своей собственной делегации.

Во-первых, ему удалось склонить на свою сторону канцлера Вирта, человека непредубежденного, без предрассудков и политически мыслящего. Главным препятствием был, конечно, Ратенау — западник по самой своей сути, рафинированный, утонченный и образованный человек, питавший отвращение к русским методам управления и террора. Но его в конце концов уговорили уступить, призвав на помощь герра фон Хаммера. Фон Раумер, депутат рейхстага от правого крыла либеральной партии, был одним из самых остроумных и блестящих людей Германии Веймарского периода. Он подбодрил Ратенау, приведя ему какую-то аналогию с поведением Бисмарка в подобной ситуации, и на следующий день Ратенау подписал договор. А спустя два месяца он был убит каким-то фанатиком-националистом, и процесс умиротворения внутри Германии был снова прерван. Церемония похорон Ратенау в рейхстаге была самой впечатляющей из всех, на каких мне довелось присутствовать.

В начале осени 1922 года появилась более заманчивая перспектива для продолжения моей карьеры, и я ухватился за эту возможность с удвоенной энергией, поскольку она давала мне шанс оставить дело, которое я ненавидел и к которому не имел склонности.

Дело в том, что наше посольство в Соединенных Штатах должно было изменить свой послевоенный временный статус на постоянный, и МИД назначил меня советником посольства. Мальтзан согласился отпустить меня. И статс-секретарь Ханель, и личный отдел — все поддержали мое назначение. Отказ пришел с совершенно неожиданной стороны. Канцлер Вирт был благорасположен ко мне и намеревался назначить меня первым после войны послом в Москву. Это назначение стало бы, конечно, серьезной ошибкой, поскольку я был еще слишком молод, слишком неопытен в русских делах и не имел еще того личного престижа, который совершенно необходим, чтобы произвести впечатление на столь чувствительное правительство, каковым являлось правительство Советского Союза. Однако трудно было выбить эту идею из головы Вирта, и шесть лет спустя, когда я все-таки был назначен послом в Москву, он поздравил меня, напомнив о своей давней инициативе.

Однако в то же самое время он противился моему назначению в Вашингтон, желая видеть на этом посту члена партии католического центра. Но консул, которого он имел в виду, будучи земляком Вирта, уроженцем города Фрейбурга, был крайне неподходящей кандидатурой. МИД был против. Компромисс был достигнут назначением герра Дикхоффа, католика, хотя и не члена центристской партии, но человека очень способного и превосходно подходившего для этой ответственной должности. Я несколько более подробно остановился на столь незначительном эпизоде, поскольку он наглядно иллюстрирует те сбои и трудности, которые создает в рутинной работе кадровых чиновников незрелая парламентская система.

Одним из результатов этой путаницы стало для меня то, что я очутился между двумя стульями: не получил назначения ни в Вашингтон, ни в Москву. Я не стал дожидаться окончания спора между Виртом и МИДом, а — с благословения последнего — взял продолжительный отпуск, который давал мне возможность продемонстрировать свое отвращение к плохой или неумелой работе при решении важного вопроса, а также насладиться охотничьим сезоном в Силезии. Отец предоставил в мое распоряжение очаровательный маленький домик, выстроенный в стиле барокко на одной из ферм Гродитцберга — его имения в Нижней Силезии. Мы с женой перевезли туда нашу мебель и впервые после 1914 года наслаждались жизнью в собственном доме.

Нам с женой нравилась жизнь в деревне, и я даже был готов уехать в деревню навсегда и управлять частью одного из имений моего отца. Отец очень помог мне в устройстве в Адельсдорфе, не пытаясь при этом навязать постоянное пребывание в деревне. И потому мы наслаждались своей независимостью и посещениями друзей и родственников. Я ездил в Ризенгебирге кататься на лыжах. Лошади отца были в нашем распоряжении. И все же мы постоянно ждали, что что-то должно произойти.

Спустя несколько месяцев, в феврале 1923 года, Мальтзан написал мне, что хотел бы направить меня в Данциг в качестве генерального консула. Подобная перспектива меня никоим образом не радовала, поскольку я вновь оказывался привязанным к польскому сектору нашей внешней политики, и сфера моей деятельности обещала быть очень узкой. Близость Берлина, а многие представители дипломатической профессии считали это обстоятельство крайне важным — быть поблизости от столицы, являлась для меня скорее пассивом, нежели активом. Но после некоторых споров я согласился, и в начале мая мы выехали в Данциг.

ДАНЦИГ, 1923—1925 гг.

С момента нашего прибытия в Данциг для нас с женой начались два самых счастливых и очень гармоничных года. Не потому, что наша личная жизнь соответствовала положению представителей старой матери-родины в государстве, которое было выкроено из германской земли. Нет, далеко не так. У германского консула не было никакой официальной резиденции. В доме, купленном для этой цели, по-прежнему жили его старые жильцы. Я снял квартиру на морском курорте Сопот, но квартира эта представляла собой не более, чем набор обставленных комнат с весьма недоброжелательной хозяйкой, которая постоянно вмешивалась в нашу повседневную жизнь. Даже принять несколько человек гостей было вопросом сложным и трудноразрешимым.

В нашем распоряжении не было машины, и нам приходилось полагаться на железную дорогу или на доброту наших друзей и коллег, подбрасывавших нас в случае необходимости на своих машинах. Поскольку светская жизнь Данцига простиралась и на его пригороды — Лангфур, Оливе и далее вниз до самого Сопота, все это было довольно затруднительно, особенно для моей жены и особенно в зимние месяцы.

Мне потребовался год, чтобы с комфортом устроиться в Данциге. Потом, вместе с нашей обстановкой, мы перебрались в официальную резиденцию, из которой к тому времени наконец выселили всех жильцов, а приобретение машины было профинансировано совместными усилиями моего отца и МИДа.

Вскоре мы почувствовали себя в Данциге как дома, где в течение ста лет жили мои предки и где мы с отцом продолжали ухаживать за могилами некоторых из них. Но вне зависимости от этих личных привязанностей всякий неравнодушный к красоте человек не может не любить Данцига и его окрестностей. В Европе всем известно, что Данциг является одной из жемчужин средневековой архитектуры. Величественный древний готический собор Мариенкирхе, темно-красные кирпичи которого пылают в лучах заходящего солнца, свидетельствует о набожности и благочестии старых германских торговцев Ганзы столь же неопровержимо, как и расположенный поблизости Мариенбург говорит о религиозности рыцарей Прусского ордена.

Такова характерная черта старого ганзейского города: в нем свидетельства прошлых лет дошли до XX века не просто в виде одиночных монументов, разбросанных по городу среди модерна современных зданий. Нет, Данциг являл собою единое гармоничное целое, где дюжина других готических церквей и часовен соревнуются с Мариенкирхе. Ратуша, с ее элегантной, иглообразной башней, господствует над Марктплац, ритм которой в свою очередь усиливает величественная Артусхоф.

Крантор и по сию пору по-прежнему служил местом погрузки и выгрузки кораблей, и спустя 800 лет со дня основания разделял судьбу своего города. В Данциге сохранилась не дюжина аристократических домов, доживших до наших времен, — их были сотни, составлявшие улицу за улицей, расположенные и застроенные по единому плану, с парадными лестницами и изящными чугунными оградами — так называемыми Beischlage (терраса вдоль фасада, пристройка. — *Прим. перев.*).

Традиция строительства этих величественных аристократических особняков поддерживалась веками, начиная с более суровых готических зданий и кончая яркой и веселой роскошью барокко Упхаген-хауса. Но все эти церкви и представительные здания не были лишь пустой оболочкой, за старыми стенами которой скрывалась современная дешевка, псевдохудожественная обстановка. Нет, и внутри особняки были украшены с утонченным вкусом и изысканным мастерством поколений, создавших их.

Превосходно вырезанные из камня галереи и хоры Катаринкирхе словно соревнуются с каменной роскошью Артусхоф. Одним из самых драгоценных сокровищ Мариенкирхе была коллекция церковных одеяний, принадлежавших епископам и духовным лицам прошлых веков. И знаменитая, расписанная Мемлингом Jungste Gericht (фреска Страшный суд. — *Прим. перев.*), напоминающая о воинственной и авантюрной главе в истории ганзейского города, когда он был разграблен пиратами и вновь отбит лишь после жестокого сражения на Балтике под командованием адмирала Бенеке.

Прусская администрация укрупняла и расширяла город вдоль морского побережья. Широкая авеню, обсаженная красивыми старыми ясенями, ведет к Лангфуру, где был расквартирован гарнизон одного из знаменитых кавалерийских гусарских полков «Мертвая голова», в котором кронпринц числился полковником.

За Лангфуром следует Олива, раскинувшаяся на склонах Урало-Балтийских холмов, протянувшихся вдоль всего побережья Балтийского моря. А следом идет Сопот, элегантный и оживленный морской курорт с длинным пирсом и недавно построенными Курхаусом и казино, где собираются игроки со всей Восточной Европы. Зажатый между морем и пляжем с одной стороны, и дубовыми лесами, покрывающими холмы, — с другой, Сопот — это своего рода Дьепп или Брайтон Восточной Германии.

Недалеко от Сопота — обелиск, указывающий границу Польши. В нескольких километрах ниже находится деревушка Гдыня, построенная поляками в лихорадочной спешке как первоклассная гавань, призванная составить конкуренцию Данцигу. Эта деревушка была передана Польше в качестве гавани и выхода к морю, поскольку ее расположение в устье Вислы идеально подходит для этой цели.

Прибрежные и внутренние районы Вольного города также стоят того, чтобы внимательно их осмотреть, хотя их красоты не столь эффектны, как у прибрежных пригородов. Два Kreise (округа. — *Прим. перев.*), присоединенные к Вольному городу, были в основном сельскохозяйственными и заселены исключительно немцами, многие из которых были датского происхождения. Районы эти представляли собой плодородные низины, сравнимые с нидерландскими и зависимые от моря и Вислы. Эта река — союзник опасный и коварный, и высокие дамбы и плотины, следовавшие вниз по ее течению, не всегда были для нее непреодолимой преградой. С наступлением оттепели глыбы льда с ужасающей силой громоздились друг на друга, и паводковые воды часто пробивали бреши в дамбах, заливая плодородные земли.

Мой тезка Дирксен, Deichhauptmann (начальник плотины. — *Прим. перев.*) системы дамб и плотин, с законной гордостью показывал мне окрестности и объяснял сложности стратегии строительства дамб.

На равнинах, защищенных этими дамбами, в просторных домах жили богатые крестьяне. Дома были с колоннами на фасаде, число которых говорило о размере имения. Каждое имение занимало не менее ста акров.

Данциг и его окрестности находились в центре процесса поиска взаимоприемлемых компромиссов и решений, выработанных за столом переговоров в Версале. «Коридор», со всеми его сложностями и нелепостями, надолго оставался в памяти каждого путешественника, едущего из Западной Германии в Восточную Пруссию и Вольный город. Ходило несколько прямых поездов, пересекавших «коридор» по особым правилам, с герметично закрытыми дверями и окнами и сравнительно небольшими остановками на станциях. Но горе путешественнику, который отправился в Вольный город и захотел выйти из поезда на одной из станций «коридора»! Требовалось несколько часов, чтобы миновать самые разные таможни, а поезда тащились еле-еле. Чтобы не слишком упрощать дело и не дать новым границам пройти по течению Вислы, создатели мирного договора вырезали на другом берегу реки пять деревень из прусской территории. Эти деревни оказались абсолютно изолированы одна от другой, а единственная линия, связующая их с внешним миром, проходила по Висле и в период высокой воды становилась крайне опасной. Едва ли можно было придумать более эффективное средство для пропаганды глупости и нелепости «коридора», чем эти пять деревень.

Однако сам Данциг также был неким гибридом, что, очевидно, было сделано лишь для того, чтобы поставлять сложные темы для академических трудов и научных работ экспертам по международному праву. Административные привилегии, дарованные Польше, только мешали повседневной жизни немецких меньшинств. Железные дороги, почта и администрация гавани поставляли бесконечные предлоги для мелких стычек. Даже книжный магазин на станции был поделен на немецкий и польский отделы. На Вестерплатте, являвшейся частью гавани, полякам были предоставлены особые права, и когда они устроили там склад боеприпасов, поднявшийся крик негодования вынудил Сенат города поставить вопрос перед Лигой Наций.

Однажды поляки явочным порядком расширили свои почтовые привилегии, распространявшиеся на их служебную корреспонденцию, на территорию города, установив в Данциге почтовые ящики. И вновь поднялся шум против этой попытки покушения на почтовые привилегии Данцига, и вновь полетела жалоба в Женеву! Международные власти, поставленные Лигой обеспечивать гладкую и бесперебойную работу этой сложной машины управления Вольным городом, Верховный комиссар и Президент Объединенного комитета администрации гавани, все хуже и хуже справлялись с этими конфликтами, и спорные вопросы все в большей степени занимали повестку дня заседаний Совета Лиги.

Правительство Вольного города в лице Сената и его Президента хорошо проявило себя, решая столь ответственную и деликатную задачу. Президент Сальм вырос в государственного деятеля, завоевав уважение как поляков, так и Лиги. Более шести футов ростом, немногословный, дружелюбный и внимательный человек, хороший оратор, он представлял Данциг на протяжении долгих и трудных десяти лет, после чего был избран лорд-мэром Берлина, затем был переведен Гитлером на дипломатическую службу и умер в 1939 году в Осло, где находился в качестве германского посланника. Герр и фрау Сальм стали нашими близкими друзьями.

Члены Сената, соответствовавшие рангу министра в обычном государстве, являлись в основном бывшими прусскими чиновниками, превратившимися в «Danzigers». Все они были способными людьми, а один из них, Волькман, министр финансов — просто блестящим специалистом. Успех первого крупномасштабного эксперимента по стабилизации местной валюты можно считать его достижением.

Данциг со своей валютой — рейхсмаркой столь же сильно страдал от галопирующей инфляции, как и весь рейх. Летом 1923 года марка была окончательно повержена вследствие провала пассивного сопротивления оккупации Рура французами. Нарушение нормального течения экономической жизни, финансирование огромных выплат по безработице и другие колоссальные расходы, обеспечивавшиеся лишь включением печатного станка, способствовали невероятному падению курса марки. Сенатор Волькман решил ввести особую валюту для Данцига. С помощью очень умного и искусного управления, ведя переговоры с Лондоном, привлекая к работе первоклассных специалистов по валюте из Reichsbank, он добился успеха в введении данцигского гульдена, привязанного к английскому фунту стерлингов.

Все прошло удачно, и гульден оставался стабильным с первого и до последнего дня своего существования. Вздох облегчения, сравнимый разве что с пробуждением от кошмара, пронесся над Данцигом. Именно тогда для меня стали очевидными далеко идущие серьезные общественные и политические последствия подобных монетаристских реформ. И я отправил в Берлин подробный отчет об этом аспекте данцигской проблемы.

Моей задачей было успокоить тревогу берлинских властей в отношении того, не означает ли введение новой валюты в Данциге разрыва тех уз, что связывали эту часть Германии с рейхом. Это был лишь вопрос доверия, а я не сомневался, что мы можем доверять Данцигу.

Сохранить культурное единство Данцига и рейха, противостоять ощущению, что город брошен и забыт родиной-матерью, поддерживать циркуляцию людей и идей из Восточной Пруссии через «коридор» и Данциг в рейх и в Познань, искусственные польские границы — таковы были сложные задачи, поставленные передо мной, решению которых мне пришлось посвятить себя. Разделенная, разорванная, какой она была после Первой мировой войны, Германия тем не менее была едина в твердом убеждении, что отсечение земель на Востоке создало нетерпимую ситуацию, что законы гуманизма и Четырнадцать пунктов президента Вильсона были нарушены, что «коридор» и большая часть Познани должны быть возвращены, и что мир в целом удалось убедить и склонить на сторону этой точки зрения. За исключением немногих ультранационалистов никто не думал о войне, а идея, что более полное взаимопонимание с Советским Союзом было бы наиболее эффективным средством давления на Польшу и на остальной мир, не получила еще широкого распространения.

Существовало много способов поддерживать циркуляцию прогерманских чувств и настроений по венам бывшей Восточной Германии. И я продолжил уже начатую работу, добавив свои собственные новые методы. Так, обмен студентами и университетскими профессорами между рейхом и Данцигом стал важной частью культурных контактов. Полезны были и многочисленные визиты и лекции профессоров. Данциг стал центром проведения конгрессов, спортивных мероприятий, сбора членов клубов из рейха. Очень помогла обойти проблему сухопутных границ «коридора» созданная служба почтовых перевозок, действовавшая на новых, комфортабельных судах, а также открытие авиалинии. Хотя для создания только одной службы доставки почтовой корреспонденции на почтовых судах потребовались годы. Кроме того, Данциг посещали многие знаменитые немцы: Гинденбург, адмирал Шеер и другие.

Я полагал, что было бы полезно поддерживать связь с различными районами Восточной Германии на личном уровне, и потому мы с женой часто бывали в Кенигсберге, где я подружился с университетскими профессорами и представителями власти. Помощником бургомистра в те годы был Герделер. Там же я присутствовал на одном из самых впечатляющих празднований, посвященном двухсотлетней годовщине со дня рождения Иммануила Канта.

Я также часто бывал в Померании и Познани, где встречался с друзьями, со многими из которых был знаком еще по Гейдельбергу и Бонну. Теперь они стали лидерами немецких общин в Познани и Померании. Мы посещали балы и собрания в Бромберте или в их загородных домах. Такие же вечеринки мы устраивали в Данциге. Человеческие контакты — самый важный фактор в политике — таково было мое убеждение на протяжении всех десятилетий моей службы на дипломатическом поприще.

Однако установление контактов было не единственной обязанностью, которую мне приходилось исполнять, разъезжая по Восточной Германии. Удовольствий у меня было немного, и я вновь занялся охотой. Мы с друзьями организовали несколько замечательных охотничьих вечеринок в великолепном поместье Рунова, принадлежавшем моему Korpsbruder (член студенческой корпорации. — *Прим. перев.*) фон Бетман-Гольвегу, с графом Лимбург-Стирум и герром фон Витцлебеном. Добыча в 400—500 или больше трофеев была очень пестрой — фазаны, кролики, лисы и бекасы.

Дворянство играло огромную роль в поддержании чувства общности между утраченными землями Восточной Германии, однако не все дворяне готовы были открыто выступить в качестве поборников германской культуры, как это сделали некоторые из моих друзей, о которых я упомянул выше, рискнувшие тем самым навлечь на себя ответные меры поляков. В окрестностях Данцига жили три знатных семьи, представители которых находились в браках с людьми других национальностей, и семьи эти играли доминирующую роль. Это семьи графа Кайзерлинга, графа Кроков и фон Белов.

Кайзерлингам принадлежало огромное поместье — Нейсштадт (Виерово), и эта семья была также знаменита благодаря своей высокой культуре. Графиня Кайзерлинг опубликовала мастерски сделанный ею перевод стихов английского поэта Браунинга. Ее младший сын (старший был убит в Первую мировую войну) состоялся как пианист и выступал с концертами. В 1945 году он умер в польском концлагере. Ее зять — граф Кроков, являл собой тип деревенского сквайра, который успешно управлял своим поместьем, принадлежавшим его семье на протяжении более пятисот лет. Трое его сыновей были убиты в Первую мировую войну и лишь один выжил.

Фон Белов были пожилой, утонченной и забавной парой, проведшей много лет на германской дипломатической службе. Многие годы пребывания за границей не смогли сгладить необычность и очарование личности фрау фон Белов. Она была жестоко убита в возрасте 80 лет в первый же день русского вторжения в 1945 году. Достойно сожаления, что все те, кто оскорбляет прусских «юнкеров», называя их реакционными, средневековыми, лишенными культуры и утонченности, никогда не давали себе труда узнать поближе те сельские места и характеры, о которых я здесь упомянул, равно как и многое другое на территориях Восточной Германии.

Светская жизнь собственно в Данциге была живой и гармоничной. Вокруг суверена Вольного города — Верховного комиссара, назначенного Лигой Наций, собралось небольшое, но достаточно однородное общество, дополненное случайными участниками. Мистер Макдоннел, чиновник британской колониальной службы, занимал тяжелый и ответственный пост Верховного комиссара. Спокойный и приятный человек, хороший спортсмен, музыкант и, как и миссис Макдоннел, очень гостеприимный, он пользовался огромной популярностью. Мы находились с ним в самых дружественных отношениях, играли в бридж, бадминтон и теннис, вместе с удовольствием катались на лыжах на холмах между Данцигом и Оливой.

Достопочтенный А. М. Берби был столь же популярен. Другими знаменитыми членами нашего общества были датский генеральный консул Кох и его жена. Их просторный, красиво обставленный дом был центром светской жизни в Сопоте. Они были самыми опытными членами нашего лыжного клуба.

Из польской миссии — м-р и м-с Керменик и мадам Горка, принимавшие вместе с некоторыми другими членами участие в наших спортивных походах.

Мы поддерживали очень дружественные отношения и с главой миссии Каэтаном Моравским, с которым я был знаком еще по Варшаве. Несколько молодых супружеских пар и незамужних девушек из Данцига замыкали наш круг.

В короткие летние месяцы светская и спортивная жизнь достигала своего апогея. Сопот долгие годы пользовался заслуженной славой теннисного центра Восточной Германии и даже теперь почти все сильные игроки собирались здесь на турнире, несмотря на территориальные препоны.

Важную роль играли яхты. Стипльчез — скачки с препятствиями — также собирали огромные толпы народа. Пляж был заполнен купальщиками и гостями из Германии и Польши. Очень привлекательным местом в Сопоте было казино.

Уникальным музыкальным и культурным событием для Данцига — Сопота, проходившим в разгар летнего сезона и привлекавшим тысячи гостей издалека, было Wald-Oper в Сопоте — оперное представление под открытым небом, во время которого сцена и места для зрителей располагались в старом красивом лесу. Никакие потолки не защищали певцов и зрителей от дождя и не препятствовали звучанию человеческих голосов и оркестра.

Прибыв на место действия до захода солнца, толпа наслаждалась его последними лучами, окрашивавшими листья буков и темных елей. Конечно, обязательным условием была хорошая погода. Но, что было довольно странно для этого сырого и дождливого климата, случаи, когда представления откладывались или прерывались из-за дождя, были исключительно редки. Предсказания погоды, согласно которым и выбирались дни представлений, основывались на статистических данных метеонаблюдений, проводившихся на протяжении прошлых десятилетий, и в основным они оказывались правильными. Еще более неожиданным казалось то, что звучание оперы нисколько не страдало от отсутствия потолка и стен. Очевидно, лес создает достаточную преграду рассеиванию человеческих голосов и звучанию оркестра в пространстве. Напротив, голоса певцов звучали более сильно и звучно, в то время как оркестр несколько отступал на задний план, аккомпанируя им. Неожиданно для меня законы акустики успешно преодолевались, чтобы добиться этого удивительного эффекта.

На этих представлениях никогда не бывало ни одного второразрядного оркестра или провинциальных певцов. Самые выдающиеся дирижеры и оперные звезды из Берлина и Вены собирались в Сопоте. «Гибель богов» и «Зигфрид» впечатляли своим абсолютным величием, будучи исполнены среди таких декораций. Здесь не было скал из папье-маше, но были скалы реальные, видевшие смерть Зигфрида. Не было никаких валькирий, скачущих на макетных лошадях, или невидимых, поющих за сценой «И-го-го!» Здесь валькирии скакали на настоящих белых лошадях по настоящему лесу.

Возвращаясь на машине в Данциг после представления, мы встречали валькирий в полицейской форме, скачущих парами в свои казармы. Валькирии были никем иным, как посаженными на лошадей полицейскими. А пели за них певцы за кулисами.

Чем дольше мы жили в Данциге, тем больше он нам нравился. Нам с женой хотелось бы еще и дальше наслаждаться такой жизнью, соединявшей в себе удобства городской и прелести деревенской жизни. Однако обстановка на берлинской политической сцене тем временем существенно изменилась, и еще до истечения двух лет нашего пребывания в Данциге в моей дипломатической карьере должна была открыться новая глава.

После того как пассивное сопротивление оккупации Рура оказалось бесполезным, крайне правый Кабинет, возглавляемый герром Куно в качестве канцлера, ушел в отставку, а следующий Кабинет сформировали члены «Великой коалиции», в которую входили представители всех политических сил, начиная от Deutsche Volkspartei (правое крыло либералов) и кончая социал-демократами. На политическую арену вышел Густав Штреземан, и в течение последующих шести лет он будет играть на ней ведущую роль. Назначенный сначала канцлером, он был вскоре переведен на должность министра иностранных дел, а герр Лютер стал его преемником на посту канцлера.

Денежная реформа стабилизировала рейхсмарку и остановила опустошительную инфляцию, которая к тому времени почти привела к тихой социальной революции, разрушив финансовую основу существования среднего класса. Конференция в Лондоне, принявшая план Дауэса, ввела нерегулируемый поток репараций в нормальное русло, а США заняли лидирующее положение в реконструкции Европы. Начиналась новая эра в послевоенной истории.

Штреземан решил сменить свою «правую руку» — статс-секретаря Мальтзана, чье властолюбие не вполне гармонировало с его собственным прямым и открытым характером, на более гибкого и уступчивого чиновника, которым было бы легче управлять, чем склонным к автократии инициатором политики Рапалло. Мальтзан был назначен послом в Вашингтон, а на посту статс-секретаря его сменил герр фон Шуберт. Это перемещение пробило брешь в восточно-европейской политике Германии, которую направлял Мальтзан, и было принято решение возложить ответственность за ее проведение на меня. Я должен был быть назначен заместителем начальника Восточного отдела МИД с перспективой занять должность начальника отдела после того, как нынешний его шеф, герр Вальрот, будет назначен посланником в одну из европейских стран.

Учитывая важность задачи и перспективы продвижения по службе, отказаться от этой сомнительной чести, оказанной мне, было невозможно.

Я был достаточно хорошо знаком с нашими восточными проблемами и внутренней «кухней» МИДа, а также с парламентскими проблемами, чтобы полностью отдавать себе отчет в том, что меня ожидает очень трудная задача. С одной стороны, я сомневался, подхожу ли я для нее, а с другой — меня привлекала перспектива занять ключевую должность в восточных делах.

В конце февраля 1925 года я прибыл в Берлин. Период моего ученичества в дипломатии подошел к концу, и меня ожидало серьезное испытание. Начинался новый четырехлетний период — возможно, самая интересная глава моей жизни.

Глава 2
ВОСТОЧНЫЙ ОТДЕЛ (1925—1928)

ОБНОВЛЕННЫЙ МИД

Я был не единственным, кого отозвали с занимаемого поста для работы в МИДе. Министерство иностранных дел вновь медленно, но верно становилось центром формирования внешней политики страны. Попытка влить свежую кровь в склеротические, как утверждалось, вены министерства после 1918 года путем трансплантации людей из различных слоев общества — торговцев, армейских офицеров, управляющих — на ответственные посты с целью произвести благотворный целебный эффект, потерпела неудачу. И тогда решено было начать новый эксперимент, заключавшийся в назначении карьерных дипломатов на должности заместителей начальников отделов в качестве нянек для своих шефов-неполитиков. Это было не прямое возрождение старых политических департаментов, священных и неприкосновенных в бисмарковские времена, но шаг назад по этой дороге. Недавно назначенным «директорам» было доверено вести важные политические переговоры. Они сопровождали министра на конференции, составляли ноты, вели переговоры с посольствами и имели прямой доступ к статс-секретарю и министру иностранных дел. Они зачастую были в курсе самых секретных дел, о которых им запрещено было сообщать своим шефам. Шуберт завел так называемое «бюро при министре», в котором концентрировались эти в высшей степени конфиденциальные дела, однако не пытался сделать решительный шаг к формированию нового политического отдела.

Среди вновь пришедших в МИД были и герр фон Бюлов, занявший пост заместителя начальника отдела Лиги Наций и других международных дел, позднее ставший статс-секретарем, и граф Зех, посланник в Хельсинки, зять бывшего канцлера фон Бетман-Гольвега, позднее назначенный посланником в Гаагу и погибший в русском концлагере в 1945 году. Ему было поручено ведение западно-европейских дел.

Шефом Бюлова был сердечный, дружелюбный, остроумный и интеллигентный ministerialdirektor (начальник отдела министерства. — *Прим. перев.*) Кенке, старый чиновник консульской службы. Соответствующий пост в англо-американском отделе, возглавляемом ministerialdirektor де Гаазом, также чиновником старой школы, был поручен герру Хорстману, человеку, умудренному опытом, с неплохим политическим чутьем и стремлением направлять ход мировой политики скорее убеждением и личным общением, нежели путем упорной, тяжелой работы. Он был женат на дочери очень известного и образованного банкира фон Швабаха. Хорстмана похитили русские, и неизвестно, жив ли он сейчас или умер.

Шеф моего Восточного отдела, герр Вальрот, бывший сотрудник Торговой палаты, превосходно разбирался в экономических вопросах, но был лишен политического дара. Он был дружелюбным, честным и прямым человеком, с которым мне было легко работать. Уставший от напряженной работы в МИДе, он ждал назначения на пост посланника — приятный и необременительный, но и ему, и мне пришлось прождать еще три года, прежде чем это желание, лелеемое в душе каждым из нас, исполнилось. Я был его заместителем по ближневосточному сектору (Россия, Польша, Балтия и Скандинавские страны), в то время как герр Траутман, позднее сменивший меня на посту в Восточном отделе и будущий посол в Нанкине, отвечал за страны Дальнего Востока.

Ключевой фигурой в иерархии МИДа был, конечно, статс-секретарь герр фон Шуберт. Посещая одну и ту же школу, обучаясь в Гейдельберге и Бонне, являясь членами одних и тех же студенческих ассоциаций, мы унаследовали дружбу, которая связывала наших сестер и родителей.

Шуберт, или Карлхен, как звали его многие, был человеком странным и очень непростым. Явный дар к внешней политике сочетался в нем с усердием, старательностью, трудолюбием и добросовестностью в рутинной работе. Не очень симпатичный внешне, с брюшком и крючковатым носом, он относился к своей внешности со странным юмором — полусардонически, полуиронически, и зачастую его ирония была направлена против самого себя. Был он человеком подозрительным и скрытным и не обладал способностью легко относиться к жизни, ограничивая свои волнения лишь по-настоящему важными вопросами. Он превратил жизнь своих сотрудников в тяжкое бремя, но в еще большей степени это касалось его самого. Он был невероятно предан своему делу и был уверен, что все рассыплется в прах, если его не будет на рабочем месте. Западник по рождению и карьере, он был убежденным последователем пробританской школы в германской внешнеполитической службе, но был достаточно дальновидным и политически мыслящим, чтобы понимать, что при проведении германской внешней политики следует учитывать необходимость уравновешивать факторы западного влияния хорошими взаимоотношениями с Россией. Ничто не могло рассердить его больше и даже привести в бешенство, чем мои жалобы на то, что он занимается исключительно Западом.

Будучи женатым на grand dame, графине Харрах, и являясь владельцем огромного состояния, а также имения, расположенного на границе Саара, где делали превосходное, но очень дорогое вино, Шуберт играл видную роль в светской жизни Берлина и часто устраивал у себя щедрые приемы для дипломатического корпуса.

Другой ключевой фигурой в МИДе был доктор Гаус, шеф правового отдела. Он был — и в этом не может быть никаких сомнений — выдающимся юристом, обладателем блестящего стиля и преданным учеником, почти рабом, своего предшественника, доктора Крюге, упрямого и непокорного старого правоведа-теоретика. Он знал все ходы и выходы во всем, что касалось вопросов международного права, но у него были замашки примадонны, и его «Нет!Нет!Нет!» пугали всех, обращавшихся к нему с просьбой сформулировать политическую мысль на языке права. Кроме того, был он человеком честолюбивым и страстно стремился к политическому влиянию, а поскольку в тот период наблюдался самый настоящий бум в области права, он преуспел, играя важную роль в политической жизни.

В последовавшее за конференцией в Лондоне, принявшей план Дауэса, время на политической сцене ощущалось всеобщее желание перемен и стремление вновь как-нибудь попытаться пристроить Германию в европейский оркестр в качестве одного из участников. Поскольку всеобъемлющие политические договоры казались делом несколько ненадежным, народы посчитали целесообразным ограничиться политическими заверениями, что они не станут нападать друг на друга. Это простое решение можно было сформулировать в бесконечном числе вариаций, начиная со слегка завуалированного выражения недоверия и поднимаясь до пыла военного союза. Эти «неагрессивные» договоры являлись богатыми охотничьими угодьями для специалистов по международному праву в период до и после Локарно, и Гаус просто наслаждался, играя вместе с коллегами из министерств иностранных дел других стран формулировками статей и пунктов.

Однако и ему не удалось избежать злоупотреблений, в частности, нарушений чужого права, на политической арене. Поскольку считается, что все эти правоведы якобы способны придумать формулу непромокаемую и защищенную от ударов при любом уклоне и направлении политической мысли, то они не склонны занимать определенную и жесткую политическую позицию. И таким образом в характере юриста развиваются гибкость и уступчивость, которые, как правило, делают их непригодными для политической деятельности.

Поскольку Гаус был человеком нервным и чувствительным, то все его авантюры в политике сами по себе кончались плачевно. Эти черты характера, соединенные со скрытым честолюбием и амбициями, вероятно, и были ответственны за благосклонное принятие им национал-социалистической внешней политики и самого Риббентропа, что и привело к отчуждению Гауса от большинства его бывших коллег.

Можно сказать, почти сотрудник тогдашнего германского МИДа британский посол лорд д'Абернон также может быть включен в список влиятельных людей того времени. Важная роль в мировых политических и экономических делах, которую он играл в течение нескольких десятилетий, всем хорошо известна и неплохо задокументирована в воспоминаниях. И если Мальтзан потворствовал д'Абернону в приятном турнире политического фехтования, то Шуберт был более склонен сохранять бдительность и стоять на правовой точке зрения в verba magistri («слова учителя», слова авторитетного человека. — *Прим. перев.*) В 1925—1926 годах британский посол играл решающую роль на политической сцене Берлина.

Что до остальных новичков в МИДе — двух карьерных дипломатов, занявших важные посты, — герра фон Сторера, позднее ставшего посланником в Египте и послом в Испании в качестве начальника личного отдела, и Роланда Кестера, позднее посланника в Норвегии и посла во Франции в качестве Chef de Protocole, то оба они были, как и Зех, и Бюлов, моими близкими друзьями, и таким образом, наиболее важные, ключевые позиции в министерстве занимали члены практически одной команды.

Внутри узкого круга чиновников МИДа поддерживались очень тесные связи. После прочтения телеграмм и срочных материалов все собирались в половине десятого утра на совещание с участием более широкого круга второстепенных чиновников. На пресс-конференции остоумный доктор Шахт (не родственник финансового «волшебника»!) кратко излагал основные положения политически важных новостей и статей, после чего начальники отделов и их заместители уходили в кабинет Шуберта, где обсуждались уже более важные вопросы. Эти непродолжительные ежедневные совещания были зачастую весьма полезными и в высшей степени занимательными и забавными. На них рассказывались политические шутки, ходившие по Берлину, а иногда Керке пародировал старого Гинденбурга или Штреземана. После совещаний изредка следовали обсуждения в частных беседах с Шубертом и Гаусом. В Восточном отделе референты по отдельным странам — России, Польше, государствам Балтии и Дальнего Востока — собирались для краткого обзора событий и распределения наиболее срочных заданий. После чего начиналась обычная ежедневная работа.

Часто эта рутинная работа в офисе прерывалась совещаниями — в самом МИДе, или с представителями других министерств, или с представителями нацменьшинств, или с промышленниками, или переговорами с представителями иностранных держав о технических вопросах, или подготовкой ответов на запросы депутатов рейхстага. А иногда мне приходилось участвовать в регулярно проводимых сессиях межминистерской экономической комиссии, где практически решались все вопросы экономической политики рейха на протяжении всего периода существования Веймарской республики.

Четверо представителей из МИДа, министерств финансов, экономики и сельского хозяйства, входившие в комиссию, были столь опытны и квалифицированны, что отдельные министры, в основном, были вынуждены соглашаться с ними и не могли игнорировать их мнение. Вероятно, лишь Шахт, сам очень сильная личность и первоклассный специалист, являлся здесь исключением. Вообще говоря, Германия времен Веймарской республики управлялась высшей министерской бюрократией, которая пользовалась доверием министров и парламента, поддерживала тесные отношения с прессой и промышленниками и очень хорошо справлялась с возложенной на нее задачей.

Мне следовало бы начать свой рассказ о МИДе времен моей работы в нем с упоминания о самой важной персоне министерства — министре иностранных дел в течение всего срока моего пребывания в Берлине, Густаве Штреземане. Но каким-то образом я упустил из виду этот вопрос, возможно, под впечатлением того, что он не был карьерным дипломатом, и роль, которую он играл, столь далеко выходила за узкие границы деятельности нашего министерства, что он просто не вписывался в рамки этого бюрократического института. С другой стороны, его связи с наиболее важными сотрудниками министерства были столь тесными, что он оказывался все более и более вовлеченным даже в обычные рутинные вопросы деятельности МИДа, а потому мне бы хотелось добавить в связи с МИДом несколько замечаний, касающихся его роли как министра иностранных дел.

Штреземан, выходец из восточных пригородов Берлина, принадлежавший к нижнему среднему классу, был в тот момент, когда он принял министерство, не совсем свободен от подозрений и чувства собственной неполноценности по отношению к знати и карьерным дипломатам. Однако вскоре он убедился в лояльности и преданности персонала МИДа. Между ним и его коллегами возникло чувство взаимного доверия, доходившее временами до дружбы. Персонал МИДа и дипломатических миссий за рубежом был слишком многочисленным, а сам он был слишком поглощен бесчисленными и разнообразными обязанностями, что мешало близким контактам с большинством своих сотрудников. В чем была и его слабость, и его сила, так это в том, что он — лидер своей собственной партии, хотя работа и в Reichstag, и в Кабинете министров поглощала большую часть его времени.

Поскольку степень влиятельности министра иностранных дел зависит, главным образом, от прочности его политического положения внутри страны, то и МИД, и наша внешняя политика извлекали огромную выгоду из того факта, что Штреземан играл ведущую роль как в рейхстаге, так и в германской общественной жизни в целом. Но кроме этого он увлекался театром и интересовался литературой. Он любил вечеринки и встречи с людьми. Рутинная работа по руководству сложной бюрократической машиной быстро надоедала ему, и он всячески старался избегать ее, даже если у него и было на нее время. Он абсолютно не был бюрократом и мог привести подчиненных в отчаяние своим нежеланием придерживаться договоренности о встрече или выдерживать до минуты продолжительность своих бесед.

Наиболее выдающейся и характерной чертой личности Штреземана была его граничащая с гениальностью способность подхватывать политические идеи и развивать их с учетом внутренних и внешних проблем в любой отдельно взятой ситуации. Возможно, он не был творческим гением в разработке политических планов, но обладал изумительным чутьем, берущим начало больше от вдохновения, нежели от интеллекта, и умением трансформировать идеи, представленные ему, в нечто поразительное, но убедительное и вполне приемлемое. Так, в ходе сессий Совета Лиги Наций он поражал своих коллег, которые тщательно готовили комментарии к повестке дня, тем остроумием и изобретательностью, с которыми он игнорировал тенденцию политической мысли, представленную ему, и решал вопрос совершенно другим, неортодоксальным образом. И его метод почти всегда успешно срабатывал. В этой тактике ему здорово помогало его огромное ораторское мастерство.

Успехи Штреземана на трибуне Reichstag были тем более поразительны, что ему не хватало личного обаяния и располагающего, почти музыкального голоса Бриана. Но неподдельная страстность и очевидная искренность, звучавшие в его речи, всегда вызывали энтузиазм или, по крайней мере, восхищение слушателей. На протяжении почти четырех лет моей работы в Восточном отделе я пользовался доверием Штреземана, которое за пределами официального общения перешло в более близкие человеческие отношения. Именно Штреземан доверил мне ответственный и трудный пост посла в Москве. Его политическая смелость и идеализм, которыми нельзя было не восхищаться, даже если это впечатление было обманчиво, оставили в моей душе и памяти глубочайшее и самое яркое впечатление из всех воспоминаний, связанных с ним.

ОТНОШЕНИЯ С РОССИЕЙ

С тех пор как Мальтзан возглавил Восточный отдел, отдел этот стал занимать в МИДе особое положение. Он находился несколько в стороне и был почти автономным, и облако секретности, почти мистической, окутывало его деятельность. Чиновники МИДа с облегчением поняли, что отныне их не касаются тайны восточного мира и его политики, поскольку есть, слава Богу, люди, готовые взвалить на себя эту работу, и что не стоит им мешать. Подобный образ мыслей до некоторой степени проистекает из того факта, что западные политики казались чиновникам МИДа намного более понятными и по языку, и по традициям, и по образу мышления и, последнее, но немаловажное: дипломатические и консульские посты в дипломатических миссиях на Западе считались куда более перспективными и комфортабельными, чем таковые в странах Востока. Среди чиновников также было распространено некое смутное чувство, что дипломату придется неопределенно долго оставаться с царстве Востока, если он будет эффективно и плодотворно работать в Восточном отделе.

Но кроме этой карьерной тактики была и другая причина прохладного отношения к восточным делам, заключавшаяся в том, что в отношениях Германии с восточно-европейскими народами не было ни симпатии, ни понимания, которые являются необходимым предварительным условием для заинтересованной и успешной работы дипломата. Так, все, касавшееся Польши, было несимпатично с самого начала. Отношения с этой страной были омрачены проблемами дискриминации немецкого меньшинства, а столица государства и места расположения германских консульств — просто омерзительны.

Наша политика по отношению к Советскому Союзу также не вызывала больших симпатий у сотрудников германской внешнеполитической службы. Способствовать поддержанию дружественных отношений с правительством, чьи методы были столь отвратительны и связаны с поощрением подпольной деятельности Коминтерна, казалось нам почти извращением. Последователи большевистской веры в Германии также не вызывали симпатий. Лучше держаться от всего этого подальше — такова была простая формула, к которой сводилось общее чувство по отношению к Восточному отделу. Но эта всеобщая сдержанность по принципу «не было бы счастья — да несчастье помогло» обернулась большим плюсом для тех, кому приходилось заниматься неприятными восточными делами, поскольку дала им реальную возможность действовать по-настоящему независимо в пределах своей компетенции.

Главной проблемой Восточного отдела был, конечно же, Советский Союз. Однако центром, где творилась политика по отношению к России, был не МИД, а германское посольство в Москве, возглавляемое графом Брокдорф-Ранцау, а после ухода Мальтзана в МИДе не было никого, кто поддерживал бы тесный контакт с послом.

Мне не потребовалось много времени, чтобы уяснить для себя три факта: во-первых, русская политика очень долго оставалась вне сферы моих интересов и знакомство с нею ограничивалось поверхностным взглядом из Киева или Польши, во-вторых, у меня не было никаких личных контактов с советскими государственными деятелями и, в-третьих, самое скверное, у меня почти не было контакта с графом Ранцау.

Проблема моих отношений с послом была быстро разрешена по его инициативе. Он дал мне знать, что вполне доверяет мне и намерен тесно со мной сотрудничать. Таким образом, я имел возможность познакомиться с одной из главных черт характера этой выдающейся и удивительной личности: его отношение к людям можно было охарактеризовать либо как безграничное доверие, либо как столь же безграничное недоверие. В распределении своей благосклонности или неприязни он меньше всего руководствовался разумом, а больше эмоциями и чувствами, что странно контрастировало с его острым, аналитическим и едким интеллектом. Перейти из разряда тех, кому он доверял, в разряд недостойных этого доверия, и наоборот, было практически невозможно. Человека, отнесенного им к категории ненадежных, граф Ранцау не уставал преследовать своей ненавистью и язвительной иронией до тех пор, пока человек этот не выходил за пределы сферы его влияния, становясь недосягаемым для графа.

Но столь же прочным было положение тех, кого граф относил к разряду людей надежных, ибо даже если они и совершали промах или ошибку, его вера в них оставалась непоколебимой. Таким образом, сотрудничество, установившееся между нами, стало наиболее приятным аспектом этого периода моей карьеры.

Отпрыск древнего и знатного рода из Шлезвиг-Гольштейна, одним из предков которого был маршал Франции, граф Ранцау и внешне, и по своему интеллекту был воплощением истинного аристократа. И он действительно часто напоминал мне одинокий утес, оставшийся с доисторических времен среди чрезвычайно изменившегося мира. Гордый и величественный, полный достоинства, он, тем не менее, был наделен даром устанавливать контакт с представителями самых разных слоев общества — рабочими, социалистами, промышленниками. Если человек нравился ему лично и если он был полезен для его целей, то не имело значения, был ли этот человек знатного происхождения или же родом из низов. Однако в глубине души лишь тех он считал равными себе, у кого в роду было не менее шестнадцати или тридцати двух знатных предков.

И практикуемая им техника дипломатии также принадлежала к ушедшей эпохе. Ранцау часто критиковали за то, что он «ставит все деньги на одну лошадь» и концентрирует всю энергию и внимание на одном человеке — в основном, на министре иностранных дел — как, например, на Скавениуса в Копенгагене или на Чичерина в Москве, пренебрегая другими важными элементами, формирующими основу современного государства.

И тем не менее, граф был удачлив, ему везло, и своими устаревшими методами он достигал желаемых результатов. Из старой школы он вынес ненависть к большим сборищам и длинным речам и действовал с наибольшим блеском в частных переговорах, поскольку был скор на остроумный ответ и не лез за словом в карман. Свои донесения он писал в самых осторожных формулировках, классическим стилем, и терялся в ходе публичных дискуссий и выступлений. Слабость эту усиливал и его образ жизни. Граф любил уединение, а для работы предпочитал ночные часы. Он вставал около полудня, завтракал в обществе нескольких гостей, затем работал в своих личных апартаментах, за все шесть лет ни разу не ступив ногой на территорию официальной резиденции посольства, а в десять часов вечера приступал к настоящей работе и серьезным разговорам, работая, беседуя и попивая бренди до двух-трех часов ночи. Я часто говорил, что избавиться от Ранцау было бы не так уж сложно: необходимо лишь назначить заседание Кабинета на десять часов утра и попросить графа сделать обзор политической обстановки в Советском Союзе — и он бы позорно провалился. Однако в небольшой компании или с тщательно составленным загодя меморандумом граф был непобедим.

Ранцау был большой мастер создавать атмосферу, напоминавшую атмосферу королевского двора. Он очень тщательно подбирал свое окружение и заботился о том, чтобы ни одна деталь протокола не была упущена. Если он хотел передать по-настоящему важное письмо или меморандум, он представлял документ, прекрасным почерком написанным от руки, — работа, которую выполнял один старый клерк, состоявший у него в штате. Он давал понять, хотя никогда этого не подчеркивал, что его единственным начальником был президент рейха и что, если он и посылает один экземпляр своих отчетов в МИД, то делает это исключительно из вежливости.

Ранцау очень заботился о том, чтобы не утратить связи с Берлином. И связь эта была тщательно организована. В Берлине жил его брат-близнец, придворный времен императора Вильгельма II, очень ему преданный, с усами а-ля Наполеон до подбородка, по прозвищу Пиковый валет. Лишенный блеска, присущего брату, он знал его недостатки, но любил рассуждать о его достоинствах. Он-то и выступал в качестве посла брата в Берлине, информируя графа обо всем происходящем в столице, особенно об интригах, направленных против него лично. Когда Брокдорф-Ранцау приезжал в Берлин, он останавливался в комфортабельной квартире брата на Викторияштрассе. Наличие превосходного повара давало возможность устраивать en petit comite (вечеринки в тесном кругу. — *Прим. перев.*), на которые собирались важные и очень интересные, но непонятно по какому принципу подобранные гости, такие, как, например, посланник Святого престола (ныне папа Пий XII) и Чичерин.

Вояжи Ранцау в Берлин были проблемой для Штреземана, МИДа и всех остальных, имевших отношение к делу. День его прибытия был известен, но день отъезда — никогда. Он настаивал на том, чтобы время отъезда до самого конца оставалось неопределенным, чтобы усилить в столице свое положение и политическое влияние, а главное — задушить в зародыше все возможные интриги, которые плелись против него. Самые сложные схемы и уловки были направлены на то, чтобы заставить графа убраться из столицы, поскольку ни у кого не хватало смелости открыто сказать ему, что официальные обязанности требуют его присутствия на посту в Москве.

Пиком его дипломатической карьеры и жизни стал Версаль и переговоры, а точнее, навязанный мир, во время заключения которого он был министром иностранных дел. Страстный патриот, очень гордый человек, Ранцау так никогда и не смог ни забыть, ни простить унижение, которое он испытал в Версале и как дворянин, и как гражданин своей страны. Он принял последствия и ушел в отставку, когда Кабинет отверг его предложение не подписывать проект договора, навязанного Германии силой. Он жил и работал лишь для того, чтобы покончить с позором Версаля.

Похоже, что Рапалльский договор предоставил ему возможность реализовать эту идею, и потому граф Ранцау согласился занять пост германского посла в Москве, предложенный ему Мальтзаном и канцлером. Полностью одобряя принципы бисмарковской политики дружбы с Россией, он создал миф о Рапалло, который нашел свое выражение в двух слоганах: «дух Рапалло» и «общая судьба двух великих, но побежденных наций». На протяжении довольно долгого времени многие люди в Германии неискренне клялись в верности этой формуле. Я убежден, что и многие русские, одним из которых был Чичерин, с одобрением воспринимали подобные лозунги, поскольку они отвечали их собственным склонностям, хотя многие превратили частое употребление этих фраз в средство для достижения своих собственных политических целей. Русские жестко и злобно упрекали Германию за каждую оговорку в германской прессе и в Reichstag, хотя сами присуждали высшие награды своего государства немецкому бандиту Максу Хольтцу или же провоцировали восстания в Саксонии и Тюрингии.

Несмотря на «дух Рапалло» и тому подобные клише, графу Ранцау приходилось вести тяжелую борьбу в защиту своей политики. Да я и сам вскоре понял, сколь тонок был в Германии лед, по которому катилась телега русско-германской дружбы, когда искал основу для сотрудничества с Россией. И чем дольше я находился в Берлине, тем сильнее становилось это впечатление.

В основании политики, приведшей к заключению Рапалльского договора, лежали чувства, распространенные как в Германии, так и в России и сводившиеся к тому, что обе страны постигла одна судьба: и та и другая потерпели поражение в войне, и союзные державы обращались с ними, как с отверженными, и обе испытывали чувства обиды и негодования, если не вражды, к своей новой соседке Польше, которую французские политики использовали для того, чтобы держать и Россию, и Германию на коротком поводке. Обе страны были убеждены, что торговля была бы делом взаимовыгодным. Общее настроение среднего немца по отношению к России можно было выразить простой фразой: если бы мы были с Россией добрыми друзьями, то это было бы хорошо для обеих наших стран, поскольку мы вместе страдаем от враждебности остального мира.

В этой фразе — вновь ожившая память и о политике Бисмарка, и о тесных родственных узах, связывавших династии Гогенцоллернов и Романовых. Особо сентиментальные вспоминали несколько апокрифические слова, якобы сказанные императором Вильгельмом I на смертном одре: «Не разрывайте связи с Россией!» Так или иначе, но подобные мысли и чувства и привели к договору Рапалло и его самой важной статье, согласно которой стороны отказывались от выплаты и требований репараций, открывая таким образом путь к свободному, ничем не скованному экономическому сотрудничеству.

Степень сердечности политической дружбы, существующей между двумя народами, всегда будет подвержена изменениям в зависимости от происходящих событий и силы давления извне. Новорожденная русско-германская дружба была тем более чувствительна к подобным колебаниям политического климата, поскольку одним из партнеров было совершенно новое и неизвестное революционное государство, а другим — государство с хрупкой и слабой структурой в результате происшедших социальных сдвигов, сокрушительного поражения в конце опустошительной войны и подконтрольного союзным державам положения. Доктрина, согласно которой отношения с Советским Союзом должны строиться строго на двусторонней основе, медленно пробивала себе дорогу: с одной стороны, поощрялись политическая дружба и экономический обмен, а с другой — шла борьба не на жизнь, а на смерть против смуты и беспорядков, направленная на то, чтобы воспрепятствовать экспорту хаоса в Германию, опираясь при этом на конструктивные силы страны, выступающие против разрушительной деятельности Советов со всей силой и энергией.

Разобраться в подобных фактах было делом трудным

даже для политически мыслящих немцев и невозможным — для человека с улицы. Поэтому взаимные русско-германские отношения были подвержены резким, крутым переменам: буквально за одну ночь температура этих отношений могла упасть от теплой дружбы до холодного отвращения.

Советский Союз, со своей стороны, досаждал нам своим стойким недоверием. Сознавая центральное положение Германии на Европейском континенте, он зачастую был подвержен страхам, что Германию могли посулами или угрозами перетащить в западный лагерь, после чего она превратится в потенциального врага Советского Союза в будущей агрессивной войне капиталистического Запада против родины мирового пролетариата. Следуя тактике, ставшей с тех пор всемирно известной, эти страхи и озабоченность дополнялись наглой, клеветнической кампанией, развернутой в прессе и на радио. Таким образом, на МИД легла огромная и трудная задача — поддерживать огонь в очаге русско-германской дружбы несмотря на все эти препятствия.

Существовало сравнительно немного опор, на которых можно было возвести здание стабильных и добрых отношений. «Дух Рапалло» был активом несколько сомнительного свойства, как уже было сказано выше. Военные отношения носили более постоянный характер, поскольку доверие к партнеру здесь демонстрировалось на деликатном поле, где не было реальных опасностей и резких изменений политики. И этот аргумент был и остался одним из самых убедительных. Кроме того, с германской стороны генерал фон Сект в частности и Reichswehr вообще были самыми стойкими и надежными приверженцами дружбы с Россией.

Экономические отношения никогда не достигали такого размаха, чтобы считаться надежной опорой, по крайней мере до того, как России были выделены огромные кредиты и бизнес с ней достиг крупных и стабильных размеров. Наша промышленность все еще с трудом оправлялась от послевоенной разрухи, и банки, предпочитавшие привычные игры без риска, холодно относились к России.

Из политических партий лишь Deutsche Volkspartei (немецкая народная партия. — *Прим. перев.*) — правое крыло либералов, демонстрировала понимание важности роли России в громадном пасьянсе международной политики. Один из самых блестящих депутатов, герр фон Раумер оказывал МИДу огромную помощь в этом вопросе. Правые, Deutsche Nationale (немецкая национальная народная партия. — *Прим. перев.*), с неодобрением относились к установлению тесных экономических связей с Советским Союзом, поскольку боялись возможной конкуренции из-за поставок российской пшеницы на германский рынок.

Партия католического центра ненавидела большевиков за преследование ими церкви, в то время как социал-демократы боялись коммунистической конкуренции в идейной области. А германские коммунисты своей неуклюжей тактикой и подстрекательством к забастовкам и бунтам приносили родственной партии больше вреда, чем пользы. Таким образом, в рейхстаге были лишь отдельные депутаты, такие, как профессор Хотзих из Deutsche Nationale, фон Лаумер и барон Рейнбаден из Deutsche Volkspartei, а также Вирт из партии Центра, на которых можно было положиться как на людей, поддерживающих политику взаимопонимания с Россией.

То же относится и к прессе. Здесь все зависело от отдельных редакторов газет и их московских корреспондентов — как долго и будут ли вообще отдельные частные газеты поддерживать политику Рапалло или, по крайней мере, идею экономического сотрудничества с Советским Союзом. Поскольку, например, Пауль Шеффер доминировал среди корреспондентов в Москве и был в хороших отношениях с сотрудниками Narkomindel (министерство иностранных дел), то влиятельная «Berliner Tageblatt» оказывала нам огромную помощь. Однако когда дипломатические отношения между двумя странами были разорваны, то из-за того, что Шефферу отказали в визе на новое посещение России, газета также перешла в оппозицию политике сотрудничества с Советским Союзом.

К моменту моего появления на берлинской сцене идеология Рапалло уже довольно поизносилась. Медовый месяц первого года преждевременно закончился из-за коммунистических восстаний в Саксонии и Тюрингии в 1923 году. Если раньше Коминтерн в основном старался соблюдать внешние приличия, то теперь эти восстания полностью сорвали с него маску. Наряду с гитлеровским путчем в Мюнхене, совпавшим с пиком инфляции и крахом пассивного сопротивления вторжению французских войск в Рур, возможность начать революцию и сбросить буржуазные и мелкобуржуазные элементы в Германии представлялась слишком хорошей, чтобы можно было упустить ее. Радек сам позднее говорил мне в Москве о том, как в ходе восстания ему случилось остановиться (по фальшивому паспорту, разумеется) в отеле «Europaischer Hof» в Дрездене, где генерал, командующий Reichswehr, который должен был подавить восстание, устроил свою штаб-квартиру. Один из самых опасных террористов, которому помогало советское посольство в Берлине (я забыл его фамилию — что-то типа Павловский) был схвачен полицией и оказался в тюремной камере в ожидании суда. (Позднее мы обменяли его на нескольких немцев, содержавшихся в советских тюрьмах — это была одна из тех неприятных сделок, которых не избежать дипломатам, имеющим дело с Москвой).

Экономические отношения Советского Союза и Германии разочаровывали. Экономический медовый месяц в них был торжественно открыт ленинским НЭПом — Новой Экономической Политикой, которую он провозгласил, когда в результате жесткого применения своих теорий довел русское сельское хозяйство, промышленность и торговлю до состояния разрухи, после чего как умный тактик, каковым он, несомненно, являлся, Ленин сделал крутой разворот, отказавшись на некоторое время от своих принципов. Он снова ввел свободную торговлю и поощрял приток иностранного капитала обещанием предоставления концессий и особых режимов для уже существующих предприятий.

И жадные до прибылей капиталисты прибыли даже из Германии, не говоря уже о других странах. Поскольку в Германии капитала было недостаточно, то немецкие промышленники рассчитывали получить огромные прибыли, не инвестируя крупных сумм в производство, тогда как у Советов были как раз противоположные намерения, и таким образом, сделка с самого начала оказалась весьма разочаровывающей.

Планируя получить концессию, авиационная корпорация «Юнкерс» построила огромный авиазавод в Филях, под Москвой. Фирме из Фрейбурга, торгующей лесоматериалами, была предоставлена лесная концессия Мологда. Крупп основал сельскохозяйственную концессию на Северном Кавказе, близ Кубани. Еще два других немецких землевладельца подали прошение, и постепенно целая серия концессий уже действовала в России — от пуговичных фабрик до меховых концессий, которые, однако, с годами становились все мизерней. (Так например, меховые концессии занялись, как тогда шутили, утилизацией мышиных шкурок).

Советское правительство, желая продемонстрировать свою респектабельность, предложило Германии заключить всеобъемлющий экономический договор, который мог бы разрешить не только проблемы торговли, но и вопросы консульские и правовые. Мы согласились.

В Москву отправилась комиссия, возглавляемая одним из наших самых упорных переговорщиков, герром фон Кернером в качестве председателя. Возможность была соблазнительной, но чем дальше, тем больше возникало все новых трудностей. И конца им не предвиделось. К моменту моего прихода в Восточный отдел шел уже шестой месяц споров и торгов.

Русско-германские отношения должны были пройти испытание на прочность новым поворотом в наших отношениях с западными державами: на пороге стояла политика Локарно, призванная покончить с политикой Рапалло.

НА ПУТИ К ЛОКАРНО

После конференции в Лондоне, принявшей план Дауэса, в МИДе превалировало чувство, что необходимо что-то делать, чтобы вернуть Германию в сообщество наций. На смену диктату Версаля должны были прийти или дополнить его по-настоящему взаимные отношения. Почти невозможно сейчас определить, в чьей голове впервые возникла эта идея. Вероятно, у Гауса или Шуберта, возможно, с подачи лорда д'Абернона, изобретшего ее. Роль Штреземана здесь, скорее, ограничивалась ролью няньки, заботившейся о дитяти, нежели ролью родителя. Быстро схватывающий суть политических идей, Штреземан мгновенно осознал важность нормализации отношений Германии с внешним миром. Дальновидный и мужественный, он был готов пойти на риск тактических потерь, равно как и на риск возможной внутриполитической борьбы, с тем, чтобы достигнуть стратегической цели — возрождения Германии как великой державы.

Именно отсюда берет свое начало нота, которую в феврале 1925 года Штреземан направил правительствам Франции и Великобритании, предлагая обеспечить гарантии безопасности западных границ Германии путем заключения всеобъемлющего договора между соседними странами. Главенствующим принципом его предложения был отказ Германии от Эльзаса и Лотарингии, но при этом проблему восточных границ предполагалось оставить открытой. Однако даже с учетом этих ограничений предложение Штреземана означало огромную уступку авансом, в то время как вопрос о компенсации, под которой подразумевался вывод оккупационных армий союзников из западных районов Германии — оставался нерешенным. Лишь будучи достаточно осведомленным о накале страстей, бушевавших в Германии в отношении диктата Версальского договора и уступок территорий, считавшихся исконно немецкими, можно было оценить и понять смелость предложения Штреземана.

Сам факт существования ноты, равно как и ее содержание, держались в строгом секрете, и потому за ней должны были последовать неофициальные предварительные переговоры и дальнейшие обмены нотами. Переговоры тянулись несколько месяцев, с долгими перерывами и вновь возобновлялись по инициативе Германии. Британское правительство осознало важность вопроса и готово было сотрудничать, тогда как в Париже превалировали сомнения, подозрения и процветал юридический формализм, столь характерный для Кэ д'Орсе.

К началу осени вопрос настолько прояснился, что был, наконец, согласован план конференции в Локарно. Мне нет необходимости входить в подробности данного вопроса, поскольку все обстоятельства этих переговоров ныне общеизвестны, тем более что мне была отведена, скорее, роль наблюдателя, нежели непосредственного участника.

Когда в конце февраля я занял свой новый пост в МИДе, Гаус и Шуберт посвятили меня в секрет ведущихся переговоров, а также выразили свою озабоченность относительно возможной реакции русских.

Реакция русских, которых держали в неведении начиная с момента первых контактов с западными державами и по сию пору, становилась все энергичнее. Их извечная недоверчивость выросла до невероятных размеров. Они не доверяли Штреземану, которого подозревали в прозападных настроениях. Но независимо от личных разногласий их врожденную подозрительность возбуждал сам факт переговоров между Германией и западными державами, тем более, что начались они по германской инициативе, а не под давлением союзников. И в основе этой инициативы лежало не что иное, как намерение германского правительства отказаться от продолжения политики Рапалло и повернуться лицом на Запад.

Более уместным и лучше обоснованным было беспокойство русских в отношении другой проблемы: они предчувствовали, что переговоры между Германией и западным союзным альянсом закончатся тем, что так или иначе, но Германия станет членом Лиги Наций, что порождало для русских проблему первостепенной важности, а именно: проблему, вытекающую из статьи 16 Договора Лиги, согласно которой на членов Лиги накладывалось обязательство присоединяться к санкциям, которые могли быть введены против непокорных членов Лиги или не в меру агрессивного нечлена. В крайнем случае, членам Лиги придется допускать проход воинских контингентов, осуществляющих санкции, через свои территории. Здесь-то и оживали вновь кошмарные видения нового нападения на защитника пролетариата, постоянно преследовавшие русских. Если такое нападение было бы задумано и исполнено, Германия была бы вынуждена волей-неволей принять в нем участие или, по крайней мере, не препятствовать проходу сил, действующих от имени Лиги Наций, через свою территорию. Этот leitmotiv оставался неизменным на протяжении нескольких месяцев и звучал со все возрастающей силой и в самых разных вариациях.

Торжественные отречения даже от каких-либо намеков на желание отойти от духа Рапалло, высказываемые и повторяемые всеми министрами и официальными лицами, близкими к германскому Кабинету, продемонстрировали свою полную неэффективность в попытках успокоить тревогу русских. Напрасно разъяснялось, что Германия, в конце концов, не может и не будет оставаться изгоем Европы, что рано или поздно она должна попытаться найти modus vivendi с Западом, учитывая свое географическое положение в центре Европы, но что это ни в коем случае не будет означать, что Германия непременно однозначно встанет на чью-то сторону; что все вопросы, касающиеся проблем Восточной Европы, остаются открытыми и должны будут решаться лишь в согласии с Советским Союзом. Камень преткновения — статья 16 — возник на более поздних стадиях этих бесед с русскими, поскольку связь между договором, готовым к подписанию в Локарно, и членством в Лиге Наций была условием, поставленным западными державами.

Первые беседы с русскими убедили нас в том, что Советскому Союзу следовало бы предложить некий политический эквивалент Локарнскому договору с тем, чтобы восстановить равновесие между Востоком и Западом. Идея выродилась в проект, завершившийся подписанием политического договора, в котором вновь провозглашались неизменными дружественные отношения двух держав, и Кремль получал своего рода гарантии против потенциальной опасности, проистекающей из статьи 16. Одним словом, Рапалльский договор следовало омолодить, и это направление мысли привело к подписанию так называемого Берлинского договора.

Долог и труден был путь к этой цели. Нелегко было погасить недоверчивость Кремля. Дело усложнял тот факт, что граф Ранцау разделял тревоги русских и яростно сопротивлялся инициативе Штреземана. Граф питал уважение и некоторую симпатию к министру иностранных дел, но не доверял силе его характера и способности сопротивляться уговорам, соблазнам и посулам западных держав. И он не любил Шуберта, который отвечал ему тем же. Германский посол спорил, скорее, как представитель русских, а не как один из тех, кто должен разъяснять германскую точку зрения русскому правительству.

В ходе одного из продолжительных визитов графа Ранцау в Берлин объединенными усилиями Штреземана, Шуберта, Гауса и моими удалось уговорить его, что следует по крайней мере предпринять попытку убедить советское правительство согласиться с нашей точкой зрения, а также с проектом обсуждаемого договора. Гаус предложил другую формулу, которая, по его мнению, должна была произвести магическое воздействие на умы русских. Я был посвящен в глубочайшие секреты каждого слова, поскольку ум посла Ранцау, питавшего отвращение к самому замыслу, не реагировал на такие тонкости. И наконец план выкристаллизовался. Я должен был сопровождать графа Ранцау в Москву и попытаться все объяснить Чичерину. Ранцау охотно согласился и отложил свою угрозу уйти в отставку.

Была еще и другая сложность, связанная с моей несколько случайной и рискованной миссией в Москву. Переговоры о заключении экономического, консульского и юридического договоров были приостановлены. Руководитель нашей делегации Его Превосходительство фон Кернер, которому тогда было 72 года, настоял на том, чтобы прервать переговоры раньше намеченной даты. Его решение повергло нас, находившихся в Берлине, в бездну отчаяния, поскольку мы рассматривали эти переговоры как наиболее эффективное средство для того, чтобы заполнить брешь, образовавшуюся в наших отношениях с Россией. По крайней мере до тех пор, пока не будет подписан политический договор. В конце концов мне удалось понять мотив, ставший причиной упрямства Кернера: его жена заказала номер в Бад Гастейне и приказала мужу ехать домой. Лишь оплатив стоимость заказанного номера, МИД сумел уговорить фрау Кернер отложить на несколько недель намеченный вояж на курорт.

Третья цель моего визита в Москву состояла в том, что графа Ранцау давно уже следовало уговорить вернуться на свой пост в российскую столицу. На протяжении нескольких недель он не оправдывал надежды всех заинтересованных лиц, ожидавших, что он освободит, наконец, берлинские министерства от давления, которое он оказывал на них.

И вот, наконец, мы выехали. Но отправились в Москву не по прямой, через Варшаву, которую граф Ранцау по некоторым причинам не выносил, а через Ригу, где нас ожидал специальный автомобиль. На протяжении всего путешествия я старался, в свете грядущих сражений с Чичериным, вновь и вновь разъяснить графу магическую формулу Гауса. Но тщетно. Ранцау попросил меня вести переговоры, тогда как сам граф станет моей надежной опорой во всем и, в частности, будет подводить политическую основу под обсуждаемые вопросы технического характера.

Атмосфера, царившая в Москве, едва ли могла быть более неблагоприятной для нас и цели нашего визита. Подозрения русских относительно двойного тупика переговоров, ведущихся между нашими странами, нисколько не уменьшились, в то время как наш гнев дошел до точки кипения из-за очередного пропагандистского спектакля, поставленного Коминтерном для нас и за наш счет. А именно — одного из первых фальсифицированных судебных процессов, ставших со временем столь характерной чертой советской политики.

На сей раз жертвами оказались два немца — Вольхт и Киндерман, которые из чистого интереса и любопытства отправились в поездку по Советскому Союзу, но были арестованы ГПУ и судимы по обычному обвинению в государственной измене, шпионаже и тому подобным измышлениям. Абсолютно безвредные ребята, какими они и были в действительности, они не сочли нужным побеспокоиться о том, как избежать провокаций со стороны ГПУ, и попались в ловушку. Но хуже всего было то, что Коминтерн счел выгодным для себя втянуть в этот якобы заговор и сотрудников германского посольства. Последовали намеки, что герр Хильгер, один из надежнейших сотрудников посольства и, возможно, самый лучший специалист по всем вопросам, касающимся русских дел, давал студентам советы и стоял во главе заговора.

Так или иначе, но мы были в ярости от того, что нас использовали как подопытных кроликов в большевистских экспериментах с показательными судами. А мысль, что они осмелились атаковать посольство, бывшее с тех пор, как граф Ранцау занял свой пост, самым красноречивым их защитником и толкователем советского отношения к Германии, приводила нас в бешенство.

Вскоре после приезда состоялась наша первая встреча с Чичериным. Прием, оказанный нам комиссаром по иностранным делам, был, без сомнения, дружественным. Чичерин внимательно выслушал мои объяснения и задал своим пронзительным голосом несколько уточняющих вопросов, после чего последовала продолжительная беседа с графом Ранцау, вставившим несколько политических замечаний, выдержанных в «духе Рапалло». Чичерин, конечно, не мог ничего сделать, кроме как пообещать обсудить вопрос, что означало, что он должен будет доложить его на Политбюро. Однако, по крайней мере, лед был сломан, и беседы возобновились. Граф Ранцау был так добр, что отправил в Берлин телеграмму, в которой с похвалой отозвался о моих усилиях.

Затем я переключился на экономическую сторону своей миссии. В германскую делегацию входило несколько членов, большинство из которых — представители заинтересованных министерств, и среди них самая важная персона — генеральный консул Шлезингер. Хотя он не был кадровым чиновником, тем не менее МИД пользовался его услугами из-за обширных познаний Шлезингера в области менталитета народов как Запада, так и Востока, и даже даровал ему титул генерального консула, что было чрезвычайно удобно для Шлезингера, поскольку освобождало его от бюрократических пут, позволяя подключаться к работе МИДа, когда это было необходимо. Его могучий интеллект и богатое воображение выдавали решения в условиях, казалось, самых безнадежных тупиков. Кроме того, это был не эгоист, а необычайно остроумный человек и преданный друг. Мы несколько лет понаслышке знали друг о друге, но впоследствии поддерживали самые сердечные отношения и успешно сотрудничали долгие годы.

В те годы я также подружился с другим моим ближайшим коллегой по русским делам — Хильгером. Это был человек верный и надежный, а его знание Советского Союза имело огромную ценность для меня и моих преемников на посту германского посла в Москве.

Вскоре я познакомился с моим коллегой на переговорах с русской стороны — Фюрстенбергом-Ганецким, сотрудником комиссариата торговли, не пролетарием, а отпрыском богатой семьи. Тот факт, что лично он был вежлив и хорошо образован, никак не сказывался на наших беседах, поскольку он должен был лишь выполнять спущенные ему сверху указания. Именно это обстоятельство и делает переговоры с советскими представителями столь неблагодарным делом: они мчатся на всех парах по намеченному пути словно паровоз, и ничто не может отклонить их с курса. И при этом никогда не бывает возможности обсудить вопрос с по-настоящему важными персонами. Причем ваш визави, как правило, стремится к стопроцентной победе, потому что от этого могут зависеть его карьера, а, возможно даже, свобода и жизнь. «Post equitemsedet atra cura».

Мои переговоры с Чичериным и Фюрстенбергом-Ганецким тянулись почти шесть недель. Нет никакой необходимости вдаваться в подробности, тем более что я их уже не помню. Русские боролись за заключение максимально всеохватывающего договора, который должен был стать образцом для переговоров с другими правительствами. Мы все еще пребывали в иллюзии, что окажемся в победителях, стоит лишь тщательно подготовить компромиссную статью или пункт. И потому нас ожидало горькое, но неизбежное разочарование, когда мы обнаружили, что действенность такого договора зависит не столько от сжато сформулированных пунктов, сколько от политической обстановки, царившей на данный момент. Если отношения между нашими странами были дружественными, германскому консулу могли позволить посетить немецких граждан, заключенных в тюрьму ГПУ, а если нет, то бесполезны были самые энергичные протесты и ссылки на статьи договоров. То есть выполнение обязательств, взятых на себя согласно договору, было для Советского Союза — диктатуры в своей основе — лишь вопросом целесообразности.

Наши с Ранцау политические беседы с Чичериным были также отложены. Комиссар по иностранным делам не клюнул на приманку формулы Гауса, а продолжительный обмен телеграммами с МИДом не привел к удовлетворительным результатам. Что мне оставалось делать? Продолжать переговоры или вернуться в Берлин с пустыми руками? Серьезно поразмыслив, я выбрал второе. Неприятное, каковым оно было в тот момент для меня решение, оказалось, тем не менее, верным с тактической точки зрения. Слишком упорное стремление к переговорам может быть расценено советскими представителями, отличавшимися своеобразным менталитетом, как признак слабости. И правильно было бы также придерживаться своего решения, коль скоро я его принял, и не поддаваться на призывы русских продолжить переговоры, сопровождавшиеся туманными обещаниями, что в процессе их выход может быть найден. Никогда не следует отменять поездку, если заказан спальный вагон на обратную дорогу. Таков один из важнейших принципов в переговорах с Советами. Так что я покинул Москву, не добившись каких-либо положительных результатов.

Тем не менее я с удовольствием и благодарностью вспоминаю об этих неделях, проведенных в Москве. Я очень хорошо ознакомился с русскими делами. Я также получил возможность окунуться в странную, необычную атмосферу русской столицы. И, самое главное, частые беседы с графом Ранцау способствовали возникновению между нами чувств симпатии и доверия, сохранившихся до самой его смерти. В ходе своих бесед с Хильгером, Шлезингером и многими другими важными и интересными людьми, посещавшими Москву, я расширил свои познания о России. Одним из таких людей был Фритьоф Нансен, которого сопровождал Квислинг, прославившийся в годы Второй мировой войны.

В Берлине были не слишком разочарованы отсутствием положительных результатов, ибо внимание всех было приковано к переговорам с западными державами. Кроме того, русские, крепкие задним умом, решили все-таки возобновить переговоры, значительно смягчив свои позиции в политической и экономической областях. Возможно, к подобному шагу их побудило растущее беспокойство в отношении того, что Германия может навсегда повернуться на Запад.

Сразу, как только большинство опасных камней преткновения в отношениях между Германией и западными державами были преодолены и было достигнуто согласие назначить день и место для конференции — а именно, начало октября, в Локарно, — советское правительство предприняло решительное наступление на Вильгельмштрассе. Последовала отчаянная попытка заставить Германию свернуть с дороги, которая непременно — согласно убеждениям Кремля — привела бы ее к беде и разрыву отношений с партнером по Рапалло.

Чичерин отправился в Берлин с визитом, который он увязал с напоминающим шантаж жестом, остановившись по пути на несколько дней в Варшаве и заявив о своем намерении посетить Париж после окончания визита в германскую столицу. Предполагалось, что мы должны были испугаться перспективы, что у Советского Союза могут появиться и другие возможности.

В ходе вечерних бесед, состоявшихся незадолго до отъезда германской делегации в Локарно, Чичерин оказывал на нас сильнейшее давление. Он пугал Штреземана якобы существующими секретными обязательствами, согласованными с прежним германским правительством — точка зрения, оказавшаяся крайне необоснованной, после того как критическому анализу были подвергнуты архивные материалы и показания имевших отношение к делу сотрудников МИДа. Чичерину пришлось довольствоваться заверениями канцлера Лютера и Штреземана в том, что германское правительство не намерено менять политику в отношении Советского Союза, и что пакт, который должен быть заключен в Локарно, ни в коем случае не противоречит духу и букве Рапалльского договора, и что германские государственные деятели будут стоять на страже общих интересов в отношении Статьи 16 Договора Лиги Наций в случае, если Германия вступит в Лигу.

В день своего отъезда в Локарно Лютер пригласил Чичерина, сотрудников советского посольства и многих ведущих германских министров и депутатов на официальный завтрак в канцелярию Бисмарка. Даже моя скромная персона была удостоена такой чести с тем, чтобы упрочить равновесие между Востоком и Западом в Локарно. В последний день перед отъездом было решено, что мне следует присоединиться к делегации, чтобы уменьшить подозрения Ранцау и Советов относительно того, что конференции в Локарно уготована участь стать исключительно западным мероприятием.

ЛОКАРНО

Во время переговоров в Локарно мне было суждено играть роль тени на пиру. Лютер, так же как и Штреземан, полностью сознавал свою обязанность действовать с учетом пока ненадежного, но центрального положения Германии в Европе. Общая ситуация была слишком драматичной и непредсказуемой, чтобы пойти на риск вызвать кризис желанием связать нашу судьбу с Западом, невзирая на цену.

Редко когда государственный деятель испытывает такое сильное напряжение и многостороннее давление, какие довелось испытать членам германской делегации в Локарно. Предложение, сделанное Штреземаном, само по себе было весьма рискованным и способным взорвать ситуацию внутри Германии. Предложить гарантии нерушимости западных границ — означало добровольно признать диктат Версаля или, по крайней мере, большую часть его. Эльзас и Лотарингия были не столь близки сердцу немцев, как «Данцигский коридор», и их отрыв от тела матери-родины не наносил столь роковой раны, какую нанесла потеря земель на востоке, однако существовали тесные связи между, например, южногерманскими землями и Эльзасом.

Трудно было переоценить и значение Лотарингии для нашей тяжелой промышленности. Но самое главное: разделяемое большинством немцев чувство, что Версальский договор был подписан по принуждению и, следовательно, мог рассматриваться как ни к чему не обязывающий, восстанавливало до некоторой степени самоуважение Германии, и ощущение несправедливости Версаля вряд ли было бы серьезно поколеблено обещанием гарантий западных границ. Кроме того, поскольку Польша и Чехословакия также получили приглашение на конференцию в Локарно для участия в переговорах о заключении пакта о ненападении, но без гарантий их границ, в общественном мнении Германии росло подозрение, что ее восточные границы также могут стать предметом торга. И человеку с улицы почти невозможно было разъяснить все хитросплетения и сложность формул, придуманных юристами. Даже мне, человеку, слегка обученному этой премудрости, приходилось снова и снова обращаться к Гаусу за разъяснениями, чтобы быть уверенным в том, что предлагаемые им формулы обеспечивают наши интересы на Востоке.

Эти соображения, и без того тягостные для Штреземана и Лютера, усугублялись тем фактом, что в результате победы на выборах в Reichstag в декабре 1924 года правые партии вышли на авансцену внутриполитической жизни Германии. В Кабинет наравне с представителями Deutsche Volkspartei вошли и члены правого крыла, хотя и без социал-демократов. После безвременной кончины президента Эберта рейхспрезидентом был избран маршал фон Гинденбург, что также способствовало усилению позиций правых партий, хотя старый фельдмаршал никогда открыто не выражал каких-либо партийных пристрастий.

В Локарно я часто задавал себе вопрос: как Штреземану удалось получить согласие своих коллег по Кабинету на начало и продолжение переговоров с Великобританией и Францией? Я могу объяснить это лишь тем фактом, что члены Кабинета просто не сразу ухватили суть предложения Штреземана, который представил им свою идею, использовав при этом как свое красноречие, так и педантичную юридическую изощренность Гауса. Но так или иначе, а по мере продолжения переговоров правое крыло Кабинета проявляло все большее и большее беспокойство и в результате почти довело дело до серьезного кризиса.

Давление на Штреземана и Лютера ощущалось как со стороны других участников конференции, так и со стороны мирового общественного мнения. В конце концов германская делегация отправилась на конференцию в Локарно как блудный сын, вернувшийся в отцовский дом, чтобы получить прощение. Да и мир в целом желал установления прочного мира. Здравомыслящие люди во всех странах приветствовали германскую инициативу и с нетерпением ожидали результатов мирной конференции в Локарно. Участвующие в ней государственные деятели находились в лучах прожекторов мировой прессы и пропаганды. За каждым их шагом следили и каждое их слово комментировалось; когда, например, Бриан имел беседу со Штреземаном или когда они вместе с Чемберленом отправлялись на катере на прогулку по озеру. Так что решение прервать конференцию и отвергнуть неудовлетворительный компромисс вряд ли стало бы легким. Немцам было бы трудно еще раз сыграть роль злодея и вернуться домой с пустыми руками, быть встреченными насмешками коллег, неизбежной бранью и обличительными речами со стороны всех тех, кто не осмелился взять ответственность на себя.

Но существовала и третья, самая серьезная угроза — это тень русского гиганта, нависшая над солнечными пляжами Лаго ди Маджоре. Вот почему две недели переговоров обречены были стать временем, насыщенным волнениями, драматическими поворотами и напряжением.

Место действия хорошо соответствовало разыгрываемой на нем пьесе: конференц-зал городской ратуши с его круглым столом, делегаты со своими экспертами, никаких толп зрителей, чтобы не нарушать спокойного течения сессий. Роли для главных актеров Локарно были распределены спонтанно, но с предельной ясностью выражали их характер и черты личности.

С самого начала на сцене доминировали Бриан со Штреземаном. Сэр Остин Чемберлен как из-за своей натуры, так и благодаря позиции, приписываемой Великобритании, ограничил себя ролью pere noble (благородного отца. — *Прим. перев.*) из драмы Шиллера «Вильгельм Телль» с его увещеванием: «Seid einig, einig, einig!» («Будьте едины!» — *Прим. перев.*). Недавно появившийся Муссолини был молчалив, и ему пришлось довольствоваться полученным паблисити.

Быть свидетелем публичной дуэли двух таких великих ораторов, как Штреземан и Бриан, — это незабываемо. Никогда раньше не слышал я Штреземана, защищавшегося и оправдывавшегося, выступавшего в защиту своих идей и интересов своей страны с большей смелостью, ораторским искусством и блеском, чем во время дебатов в Локарно. Сама суть его речей сводилась к обоснованию необходимости для Германии получить гарантии в отношении потенциальных последствий Статьи 16, то есть санкций, которые могли втянуть рейх в войну или, по крайней мере, превратить в поле битвы в конфликте между Востоком и Западом.

Роль Бриана, которому приходилось заявлять о мирных намерениях своей страны и уговаривать своего германского оппонента присоединиться к сообществу миролюбивых наций, была менее благодарной и более трудной. Прекрасно сформулированные фразы можно было отнести как за счет несомненного ораторского дарования Бриана, так и за счет возможностей французского языка.

Штреземану приходилось преодолевать последствия того невыгодного впечатления, который производил его несколько сиплый, почти хриплый голос и не вызывающая симпатии с первого взгляда внешность. Но когда он воодушевлялся и искренний пафос этого мощного и идеалистического ума становился очевидным для всех, Штреземан был равен Бриану и становился таким же влиятельным и убедительным, как и французский государственный деятель. Лично мне приходилось следить за дебатами самым внимательным образом, поскольку на мою долю выпала обязанность вести протокол.

После многих драматических дебатов и личных бесед, самая важная из которых состоялась во время экскурсии на катере «Апельсиновый цветок», было достигнуто соглашение, которое вполне удовлетворяло нашим требованиям и представляло собой компромисс между нашей поддержкой, в принципе, Статьи 16 и оговорками, оставлявшими нам достаточную лазейку, позволявшую избежать последствий, которые могли бы поставить под угрозу наши отношения с Советским Союзом.

Таким образом, главное препятствие было преодолено, и дальше переговорный процесс пошел более гладко. Заключение договоров о ненападении с Польшей и Чехословакией было увязано с условием несколько своеобразного понимания прошлого, с чем германской делегации было трудно согласиться, хотя наше право требовать ревизии пунктов, касающихся восточных границ Германии, оставалось в силе. Но внешний вид этих договоров был слишком скверным, чтобы можно было безболезненно проглотить их. Разочарование оказалось еще более глубоким, когда стало известно, что западные державы предоставили Польше место в Совете Лиги Наций. В конце концов, германское правительство предприняло инициативу, направленную на заключение пакта Локарно вовсе не для того, чтобы помочь Польше занять место в ряду великих держав в женевской иерархии! Кроме того, обязательство Германии согласиться с членством в Лиге Наций было — с точки зрения внутригерманских проблем — скорее минусом, нежели плюсом.

Еще большая опасность для членов германской делегации проистекала из того факта, что главная проблема их страны оставалась нерешенной, и их надежды оказались обманутыми, по крайней мере, на какое-то время. Это была известная проблема Версаля, доминировавшая на германской внутриполитической сцене все последующие годы. Штреземан не обещал идеологической капитуляции Германии в обмен на то, чтобы западные державы снисходительно похлопали бы его по плечу и поприветствовали в качестве члена, вернувшегося в клуб после десяти лет изгнания. Германская делегация отправилась в Локарно с твердой уверенностью, что за психологическим примирением последует истинная разрядка напряженности и что Германия будет признана в качестве полноправного члена европейского сообщества наций путем освобождения ее от гнета наиболее обременительных и позорных статей Версальского договора, касавшихся оккупации ее западных территорий войсками союзников.

Равенство в правах в отношении разоружения было и сентиментальной надеждой, и практическим требованием Германии. Но ни Бриан, ни сэр Остен Чемберлен оказались не готовы дать ясные и четкие заверения относительно вывода вооруженных сил своих стран из Рейнланда и в еще меньшей степени зафиксировать такого рода обязательство путем обмена нотами или включением соответствующего пункта в договор. Вместо этого западные державы ограничились туманными заверениями о готовности содействовать доброй воле народов Европы и уменьшению напряженности, что и должно якобы в ближайшем будущем привести к выполнению германских требований.

Переговоры шли к концу, и трудное решение — подписывать ли проект договора — уже нельзя было откладывать, настаивая на необходимости дальнейшего улучшения, например, пункта о выводе войск, или утверждая о необходимости проконсультироваться с членами Кабинета в Берлине. Все более явственно слышался в Женеве шум недовольства и сомнений, доносившийся из Берлина и предостерегавший Лютера и Штреземана о том, что растущая осведомленность общественного мнения о скрытых целях готовящегося пакта развязывала руки группе твердолобых в Берлине. Росла опасность того, что одновременно с успешным завершением переговоров может прийти вето из Берлина. С другой стороны, понимание того, что обмен мнениями с Берлином и формальное одобрение проекта договоров Кабинетом уменьшило бы ответственность членов делегации, могло стать немалым искушением для людей менее мужественных и смелых, чем германские делегаты. В то же время такой шаг мог бы оказать воздействие на делегатов западных держав, которые также стремились к скорейшему завершению переговоров, и побудить их к дальнейшим уступкам.

Давление, оказываемое на Штреземана и Лютера, все усиливалось. Непреклонное стремление мира, которое ясно выражала нетерпеливая пресса, — получить убедительную демонстрацию мирных намерений — давило на них все сильнее, а также делало все более настойчивыми вопросы их западных коллег. Задействованы были даже соображения сентиментального свойства, например прямо высказанный намек на то, что близится день рождения Чемберлена, 16 октября, и что подписание пакта стало бы для него лучшим подарком из всех, какие только можно было придумать.

Бесполезно сейчас размышлять над проблемой, могла бы подобная тактика промедления привести к более благоприятному для Германии проекту договора. Историю вершат факты, и Штреземан с Лютером чувствовали более важным для Германии не обмануть надежд, порожденных ее инициативой, и сохранить выгоды и преимущества проявленной доброй воли, которых следовало ожидать от добровольного примирения с Западом и всем остальным миром. Штреземан счел возможным положиться на заверения, данные ему относительно последствий договора Локарно. Он выполнил взятые на себя обязательства и был уверен, что позднее ему ответят тем же. В этом случае он был бы полностью оправдан и сохранил бы свои внутриполитические позиции. И хотя в данный момент ему пришлось столкнуться с противодействием, сомнениями и нападками, он верил в свою способность благополучно выдержать шторм, пока не подойдет подкрепление со стороны союзников, и потому подписал договор.

Первые последствия заключения пакта Локарно оказались такими, каких он и ожидал. Вздох облегчения прошелестел по всему миру. Миротворцы из Локарно расхваливались на все лады за проявленную гуманность. Штреземана приветствовали как одного из величайших европейских государственных деятелей. И этот престиж помог ему выдержать бурю, разразившуюся в Германии. Это был час триумфа для него лично и пик его политической карьеры. Но в то же время и начало трагедии всей остальной его жизни и смерти. Час триумфа стал тем моментом, когда трагический конфликт в третьем акте классической драмы наконец обретает форму, приводя с непреклонной, безжалостной логичностью к смерти героя.

Дальнейшую аналогию с классической драмой можно обнаружить даже в том факте, что последние годы жизни Штреземана характеризовались громкими успехами на международной арене, в то время как внутри Германии его политические достижения упорно сводились на нет. Штреземан в Женеве, принятие Германии в Лигу Наций, его дружба с Брианом, конференция в Туари, его ораторский триумф в ходе заседаний Совета Лиги — все это было неслыханным, беспримерным успехом для германского государственного деятеля спустя всего шесть лет после Версаля. Но в то время как пресса и общественное мнение Европы расточали ему похвалы, самому Штреземану приходилось сражаться на двух фронтах при все убывающих физических силах. Громкие фразы о духе Локарно были слишком пустыми, чтобы поддержать голодный организм Германии. Парламентская оппозиция с растущей силой настаивала на обещанных «результатах» Локарно, и с еще большей настойчивостью Штреземан напоминал своим партнерам по Локарно о необходимости выполнять принятые на себя обязательства.

Политическая атмосфера неуклонно ухудшалась. После ухода Бриана в отставку из Парижа задул обычный холодный ветер. И когда наконец Штреземану удалось добиться успеха в вымогательстве «beau geste» (красивый жест. — *Прим. перев.*) со стороны западных держав — даже столь незначительного, как вывод войск из первой зоны оккупации, — психологический момент был упущен и уступка не была оценена по достоинству и не смогла укрепить его положения.

Таким образом, последний акт трагедии Штреземана был торжественно открыт его собственным признанием на сессии Reichstag в ноябре 1928 года: «Права Германии нарушаются, поскольку ее требование о выводе войск до сих пор не выполнено». Лидер правой оппозиции граф Вестарп ответил: «Эпизод с так называемой «политикой Локарно» закончен. Франция угрожает безопасности Германии. Она продолжает держать свои войска на границах Рейна и вместе с Великобританией организует гигантские маневры на германской земле». Бесспорное утверждение. Генералы, командовавшие оккупационными войсками, начали маневры, отрабатывая стратегию нападения на Восток.

Непрекращающаяся и бесполезная борьба на два фронта подорвала физические силы министра иностранных дел, страдавшего смертельной почечной болезнью. Он мог бы продлить свою жизнь, бросив министерство и отправившись в Египет. Однако Штреземан предпочел сражаться до последнего. Благодаря высоким идеалам, за которые он боролся, благодаря тому безграничному доверию, с которым он верил, что его жертва не напрасна и рано или поздно будет вознаграждена, благодаря банкротству его политики и личному мужеству, с которым он работал до самой смерти, в памяти он останется как фигура великая и трагическая.

Еще одна политическая репутация была почти загублена, хотя и не столь драматическим образом, как у Штреземана, — это репутация графа Ранцау. Верно, что Штреземан добился сохранения удовлетворительной формулы договора, чтобы успокоить тревогу Москвы. Граф Ранцау мог даже похвастать неким маленьким контр-Локарно. Переговоры о заключении торгового договора с Советами шли к успешному завершению, поскольку русские наконец отказались от своей тактики проволочек по причинам политического характера. 12 октября договор с большой помпой был подписан в Москве на фоне все усиливающейся путаницы в Локарно. По-видимому, в зачахший было организм русско-германской дружбы были сделаны бодрящие вливания, и дела здесь пошли более гладко и спокойно, но, тем не менее, политическая атмосфера в отношениях между Москвой и Берлином изменилась кардинально.

Романтизм духа Рапалло, казалось, испарился. На смену лозунгу об общности судеб двух великих, униженных, побежденных народов со стороны Германии пришла многовекторная, тщательно сбалансированная политика многосторонних отношений. Все это было крайне непривычно и отвратительно для графа Ранцау: Локарно привело к тому, что политика графа в отношении Москвы дала трещину. Он предвидел это, но тем не менее уступил. Его уговорили остаться в Москве, и теперь он сожалел об этом. Он продолжал работать, но хребет его политики был сломан. Друзья графа согласились, что ему с его характером лучше было бы уйти в отставку, однако судьба была к нему благосклонна, и графу не пришлось долго жить в совершенно изменившейся атмосфере. Спустя несколько лет он умер. Его трагедия не столь бросалась в глаза, как трагедия Штреземана, но все равно это была трагедия.

Оправдала ли себя политика Локарно в дальнейшем? Принесла ли она политические дивиденды? В течение нескольких лет размышлял я над этим вопросом, особенно над тем, что касалось русско-германских отноше-

---

[1] Из письма Эрнста Ранцау Г. В. Чичерину в сентябре 1928 года: «Мой брат-близнец, посол граф Брокдорф-Ранцау призвал меня к своему ложу сегодня утром и просил сообщить Вам, народный комиссар, и г-ну Литвинову следующее: после заключения его врача он понимает, что в любой час может наступить его внезапная кончина; он просил меня в свой смертный час передать Вам, господа, что считал целью своей жизни доведение до желанного конца той политики, которую он проводил в последние годы. Он далее просил сказать Вам, что благодарит обоих комиссаров, особенно Вас, за ту веру в сотрудничество, которую он всегда встречал у Вас в трудные годы. Его последней и твердой надеждой, как он сказал, была надежда, что немецкий и русский народы могут совместно достичь желанной для них цели». (В день получения письма Чичериным посол Ранцау умер. — *Прим. перев.*)

ний. Из убежденного сторонника Локарно я превратился в скептика. Споря с русскими официальными лицами, так же как и с русофильски настроенными американцами, о достоинствах и заслугах политики Штреземана, я обычно напирал на то, что Германия просто не могла оставаться за бортом мировой политики, но была обречена искать modus vivendi в отношениях с западными державами, чтобы вновь занять свое место в качестве центральноевропейской державы. Мне возражали, что для достижения этой цели не было необходимости в Локарно и что решение проблемы репараций на конференции в Лондоне в 1924 году или, скорее, возвращение США на арену европейской политики, имели бы тот же результат, что и Локарно: восстановление позиций Германии в Европе. Будь мы более терпеливыми, мы могли бы избежать политических потерь, понесенных в Локарно и Женеве.

Оглядываясь назад, я склонен согласиться с этим утверждением. Провал Локарно — поскольку в дальней перспективе это оказалось именно провалом — повлек за собой самые тяжелые последствия, ибо означал, что западноевропейские государства потерпели неудачу в примирении с Германией и в привлечении ее к искреннему сотрудничеству в реконструкции Европы. Германия испытывала чувство неизбежного разочарования: снова ее одурачили, поскольку она не получила никакой награды за взятые на себя обязательства.

Здесь следует иметь в виду, что германских государственных деятелей времен Веймарского периода нельзя назвать «юнкерами», «фашистами», «реакционерами», «плутами», «обманщиками» или «идиотами». Нет, это были честные, способные, здравомыслящие люди, побуждаемые одним желанием — в сотрудничестве с другими европейскими народами восстановить свою страну, вернуть ей почетное место на европейском континенте. И Локарно представляется наиболее серьезной попыткой добиться этого, предпринятой самым способным из них. Наряду с Версалем, невыполненными Четырнадцатью пунктами президента Вильсона и неудачей идеи разоружения, провал Локарно стал одним из тех корней, из которых и вырос впоследствии национал-социализм.

БАЛАНСИРУЯ МЕЖДУ РАПАЛЛО И ЛОКАРНО

Период подготовки и подписания договора в Локарно стал одной из самых важных эпох в истории Веймарской республики. Постепенно, по прошествии времени стали все более проясняться последствия этого договора. Немедленная же реакция нашей внешней политики на Локарно, коснувшаяся даже Восточного отдела МИДа, состояла в том, что Советский Союз прекратил играть первостепенную роль в моей работе. Как только Германия вступила в Лигу Наций, проблема немецких меньшинств, проживавших на восточной границе, вышла для нас на передний план, поскольку мы, как члены Совета Лиги, имели теперь трибуну, с которой могли выступать в защиту немцев, оставленных на отданных Польше территориях.

Первое, что следовало сделать сразу после Локарно, — это постараться побороть остатки недоверия, которые немецкая эскапада 1914 года на Восток посеяла в умах наших подозрительных восточных соседей. Похваляясь формулой статьи 16, которую Германии удалось отстоять в Локарно, мы приготовились к возобновлению летних переговоров с русскими, чтобы поднять наши отношения с уровня пост-Рапалло на новый уровень — пост-Локарно и пост-Женевы. Наши надежды, что Советский Союз разделяет нашу трактовку формулы Локарно, касающуюся статьи 16, и потому откажется от своих подозрений, сменились глубоким разочарованием. На протяжении всей зимы 1925—26 годов тянулись переговоры, пока наконец не были согласованы пункты договора и последовал обмен нотами о гарантиях против угрозы применения санкций. Несотрудническое отношение графа Ранцау к переговорам с русскими еще более усложнило задачу МИДа.

Непреодолимое отвращение Ранцау к политике Локарно основывалось более на чувствах, нежели на интеллекте, и убеждение, что удар, нанесенный духу Рапалло, был непоправим, не позволило послу искренне сотрудничать с нами, хотя он и пытался заставить себя быть полезным. Он даже отклонил предложение, сделанное мною, что русско-германский договор следует подписать в Москве. Ранцау не хотел связывать свое имя с этим документом. На этот раз ему не хватило обычного чутья в отношении возможных последствий договора. Договор пришлось подписывать в Берлине, и дата подписания была назначена на 16 апреля. Советское правительство сумело очень эффективно обыграть сей факт, объявив о нем непосредственно в вечер подписания на сессии так называемого парламента в Москве, чем обеспечило себе аплодисменты послушных депутатов.

В намерения же Штреземана и Шуберта совсем не входило желание сопровождать подписание пакта всякими протокольными мелочами и прочими вещичками, подчеркивающими пылкую любовь и взаимную дружбу. Оба они рассматривали этот договор скорее как откуп, жертвуемый с целью замять неприятное семейное дело, а потому акт подписания был сведен к минимуму приличествующих делу mise-en-scene. После чего последовал ни к чему не обязывающий завтрак с несколькими поздравительными фразами, которые пробормотал Штреземан.

Мы так и не научились ковать московскую политику пока она горяча, и русские легко обошли нас в этом. После завершения периода Мальтзана — Ранцау и с провозглашением политики Локарно в нашим флирте с русскими всегда как бы присутствовал некий душок нечистой совести. Мы всегда чувствовали себя как мальчик, застигнутый родителями за любовным делом. Русских же совершенно не сдерживали эмоции подобного рода, они были неплохо осведомлены о нашем смущении и не упускали случая злопамятно напомнить о своих обидах, выжимая всю, до последней капли, пропагандистскую ценность из этой ситуации.

В апреле 1932 года, в десятилетний юбилей подписания Рапалльского договора, Литвинов и русская делегация, оставшаяся в Женеве на конференцию по разоружению, встретились с канцлером Брюнингом. Литвинов предложил Брюнингу в ознаменование юбилея обменяться речами за завтраком. Брюнинг согласился на завтрак, но отклонил речи, поскольку боялся, что это могло бы произвести неблагоприятное впечатление на представителей западного мира.

Начался нелегкий завтрак. Брюнинг и Литвинов подняли бокалы и выпили за здоровье друг друга. На этом официальная часть закончилась.

Романтический медовый месяц «духа Рапалло» постепенно сменился основанными на реалиях рассуждениями о развитии торговли между двумя странами. Германская экономика, выздоравливая после периода разрушительной инфляции и все прочнее становясь на ноги благодаря плану Дауэса и американским кредитам, искала возможности для экспорта. Советский Союз продолжал свой эксперимент по восстановлению экономики России. Поразительный ленинский поворот от жесткой большевистской доктрины к свободному предпринимательству времен НЭПа казался слишком хорошим, чтобы в него было легко поверить.

Но тем не менее политика невмешательства в хозяйственную жизнь привела к восстановлению свободного потока товаров внутри страны и несколько подняла благосостояние народа. Тот факт, что крестьяне, прирожденные враги большевизма, получили выгоду от НЭПа, стал причиной некоторого беспокойства для советского правительства, однако никаких решительных контрмер принято не было.

А вот внешняя экономическая политика русских полностью провалилась. Попытка привлечь иностранный капитал путем раздачи концессий не встретила отклика в западном мире. Германские промышленники продемонстрировали готовность делать бизнес в России, но — с пустым карманом. Германские концессии в России стали чахнуть, как только советское правительство осознало, что этот план не оправдал всех ожиданий. Верный своей обычной тактике, Советский Союз сумел превратить жизнь концессионеров в тяжкое бремя, с тем, чтобы избавиться от них и своих обязательств перед ними. Одна за другой возникали и множились неожиданные трудности, мешая успешной работе концессий. Рабочие требовали повышения оплаты труда, власти приказывали выделять чрезмерные суммы на обеспечение общественного благосостояния, сырье поступало не вовремя или не поступало вообще. Для любого, знакомого с советской тактикой, стало очевидным, что концессии никогда не станут процветающими предприятиями. Пришлось искать новые пути и использовать новые методы.

Русские желали покупать, но не платить наличными,

и потому просили предоставить им долгосрочные кредиты. Немцы желали продавать, но вынуждены были настаивать на немедленной оплате, поскольку война и инфляция лишили их финансовой основы, необходимой для торговли в кредит. Кроме того, поскольку экономическое процветание Советского Союза никоим образом не было гарантировано, немецкие фирмы считали выдачу кредитов России слишком большим риском. Более того, для экономического менталитета страны становилось характерным не мышление индивидуалиста или банкира, обладавшего смелостью рискнуть всем ради перспективного дела, а менталитет «менеджера», чей образ мышления и желание избегать рисков делали его похожим на обычного государственного служащего. «Управленческая» революция, описанная мистером Бернхэмом, была уже тогда в Германии в полном разгаре. Не то чтобы эти промышленники и банкиры были застенчивы и робки в получении огромных прибылей — нет, они, скорее, предпочитали перекладывать свой риск на плечи государства. Государство, конечно, могло бы пожелать пойти на риск по причинам общей экономической политики, но ценой, которую пришлось бы уплатить за это, стал бы жесточайший контроль над частным бизнесом. Эта мысль дошла до немецких бизнесменов лишь после того, как они были наполовину проглочены государственным Левиафаном: «Qui Mange de l'etat en meurt!»

Поначалу кредитный бизнес развивался по традиционным схемам. Кредит в сто или сто пятьдесят миллионов марок наличными был предоставлен Советскому Союзу четырьмя крупными немецкими банками с тем, чтобы получить его обратно в течение сравнительно короткого времени — шести месяцев или около того. А банкам кредит предоставил рейх. Потребовались бесконечные усилия, чтобы уговорить всех, имевших отношение к делу, отнестись благосклонно к новому рискованному предприятию. Мне лично пришлось уговаривать лидеров партий и представителей Reichstag дать свое благословение.

Результат был плачевным, поскольку большинство из этих людей слушали меня угрюмо и были полны недоверия к Советскому Союзу вообще и его экономической доброй воле в частности.

Этот краткосрочный кредит наличными никому не принес удовлетворения. Главное, русские стали возражать. Они приняли кредит лишь для того, чтобы позволить немцам совершить первородный грех предоставления кредитов. Чего они хотели на самом деле — это долгосрочных кредитов, с тем, чтобы вложенный капитал мог вернуться кредитору в виде продукции, произведенной заводами, построенными с помощью кредитов. Последовал долгий торг, пока не была, наконец, выработана новая форма — так называемый Kredit Ausfall-Garantie, что означало следующее: русские получали в кредит машины, заказанные в Германии, с тем чтобы расплатиться за них в течение двух лет или около того. Такая форма финансирования была оговорена между отдельными промышленниками-экспортерами и германскими банками, и было решено, что в случае неплатежеспособности Советского Союза вмешаются рейх или земли и оплатят германским промышленникам 70—80% вложенного капитала. Таким образом, отдельные немцы рисковали лишь своими прибылями, тем более что цены, назначенные нами, были несколько завышенными, на что русские отвечали тем, что выискивали дефекты в поставляемых товарах и снижали цену, после чего раздраженные промышленники или теряли терпение, или не могли долее выдерживать финансового бремени кредитования Советов. Весь этот план в целом представлял поле для споров, поскольку взаимоотношения между промышленниками и банкирами, между ними и представителями рейха и министерств федеральных земель, и между всеми ними и Советским Союзом мало чем отличались от торговли лошадьми, где каждый готов надуть другого. Бесконечным вариациям не было конца. Если русские заказывали оборудование, продаже которого мы придавали огромное значение, они настаивали на более длительном сроке кредита. Федеральная земля, где расположен был завод, производящий оборудование, усиливала давление на рейх, так что власти рейха, как правило, уступали, попав в такие клещи. Первая попытка финансирования по системе Ausfall-Garantie была предпринята в отношении кредита в 500 миллионов марок. Она прошла успешно и стала моделью для дальнейших сделок такого рода. Было это в 1927 году.

В то время как трудная, но конструктивная работа с кредитами заинтересовала меня и приносила удовлетворение, моя обычная деятельность по руководству русскими делами состояла из нескончаемой череды неприятных и тревожных инцидентов, которые пагубно влияли на политическую атмосферу и которые приходилось срочно как-то улаживать и утрясать. Большая часть из них не представляла особого интереса и вскоре счастливо предавалась забвению — способность забыть многое из прошлого я считаю одним из самых милостивых подарков судьбы; но я отчетливо помню два-три инцидента из тех лет и расскажу здесь о них, чтобы дать представление о том, как складывались в те годы отношения между двумя правительствами.

Так, однажды командование Красной Армии решило дать высокую награду — что-то «красное» — орден Красного Знамени, насколько я помню, бывшему главарю германских бандитов Максу Хольтцу, который во время восстания 1921 года в Саксонии занимался грабежами и убийствами, хотя и делал это неким романтическим и джентльменским образом. Это сильно разгневало наших военных, хотя они и доверяли тогда своим советским товарищам.

Другим случаем, имевшим куда более серьезные последствия, стало второе судебное шоу, начатое советским правительством весной 1928 года. И вновь «германский друг» был выбран в качестве козла отпущения, в частности, одна из крупнейших фирм, проявлявшая огромный интерес к реконструкции русской промышленности — Allgemeine Elektrizitatsgesellschaft (A. E. G.). Цель судебного шоу состояла в том, чтобы обратить внимание общественности Советского Союза на неверное управление угольными шахтами. Поскольку угольное производство отставало в своем развитии от потребности в угле, а вызванные нехваткой угля и широкораспространившиеся недовольство и озлобление грозили обернуться против правительства, советские власти прибегли к своему старому трюку — отвлечь внимание общественного мнения от реальных причин: засилья бюрократии и волокиты — и возложить ответственность на некоторых индивидуумов, заклеймив их как вредителей и саботажников. Среди обвиняемых, большинство из которых были русские инженеры и чиновники, находились и некоторые работники A. E. G. — инженеры и мастера, которые действовали как специалисты и советники. Их обвинили в соучастии в саботаже и причастности к тому, что оборудование, поставляемое A. E. G., было устаревшим и ненужным.

На этот раз тактика Советов обернулась против них самих. Волна негодования захлестнула Германию, вызвав всеобщий всплеск презрения и критику в адрес фальсифицированных судебных процессов в частности и советских методов вообще. Пресса, промышленность, профсоюзы, Reichstag — все присоединились к жесткой кампании обличения большевистского режима, в то время как Советы нагло возражали и продолжали настаивать на своих обвинениях. В Москву были направлены официальные ноты протеста. Я воспользовался случаем и посоветовал прервать переговоры с советской делегацией, которые тянулись в Берлине и касались некоторых второстепенных вопросов.

В соответствии с моими рекомендациями переговоры были прерваны, что принесло желаемый результат, породив значительные трудности для Москвы. Суд закончился обычным смертным приговором, один из немцев был оправдан, а двое других приговорены к тюремному заключению. Однако все они через несколько недель были освобождены. Постепенно волнение улеглось и дела вновь наладились. Но продолжительный сбой сказался на экономических отношениях между двумя странами, и желанию германской промышленности сотрудничать с русскими был нанесен существенный удар. Твердый отпор со стороны Германии, возможно, помог заставить Советский Союз впредь выбирать представителей других народов в качестве объектов для своих судебных фарсов.

Пакт Келлога, переговоры о заключении которого велись в Женеве на протяжении лета 1928 года, дал МИДу другую возможность продемонстрировать — хотя и не публично — один из своих главных принципов в отношениях с Советским Союзом. Мы никогда не боролись за монополию на дружбу с Советским Союзом, а напротив, усердно старались привести нашего русского друга обратно в сообщество наций и восстановить те связи с другими народами, которые были прерваны большевистской революцией, войной и интервенцией. Нами руководило убеждение, что Россия, которая вновь станет полноправным партнером великих держав, будет иметь больший вес и как союзник Германии, после чего распространенное во всем мире подозрение относительно тайного русско-германского заговора утихнет само собой. У нас также была надежда, что когда-нибудь революция захиреет, что откроет путь нормальным отношениям с Россией без Коминтерна и мировой революции. Сначала мы надеялись на восстановление торговли. Эти надежды постигло жестокое разочарование, поскольку НЭП был задушен по внутренним причинам. В последующие годы наши надежды были столь же хрупкими, как и надежды остального мира, но мы сочли, что можем попробовать еще раз.

Мы помогли преодолеть еще одно препятствие: нам удалось добиться успеха в том, чтобы склонить на свою сторону Советский Союз в вопросе подписания пакта Келлога. Нам удалось развеять подозрения Литвинова, и последняя помеха была преодолена. Между Советским Союзом и Швейцарией не существовало никаких дипломатических отношений, поскольку в Лозанне, в ресторане, швейцарский гражданин, ярый антибольшевик, убил русского дипломата. Пауль Шеффер, известный журналист, который в то время еще пользовался доверием Советов, действовал как посредник между Narkomindel и швейцарским правительством. Наконец, несколько запоздало, Советский Союз поставил свою подпись на этом важном документе, который с надеждой приветствовали народы мира.

Более яркая и разнообразная часть моей работы в те два года постлокарновского периода проходила на международном форуме в Женеве. Вступив в Лигу Наций в качестве постоянного члена Совета Лиги, Германия в лице ее правительства по-прежнему защищала права немецких меньшинств на территориях, отошедших к Литве и Польше, причем более эффективным способом, чем это было возможно раньше. Штреземан назначил меня постоянным членом германской делегации, и я выступал в качестве эксперта по этим проблемам. Таким образом, значительную часть года я проводил в Швейцарии, поскольку Совет ежегодно проводил четыре сессии — в марте, июне, сентябре и декабре, и каждая сессия продолжалась по крайней мере две недели. Так как делегация состояла из одних и тех же чиновников, из этого «цирка на колесах», как мы называли его, образовался довольно однородный коллектив, и мы работали в абсолютной гармонии. Штреземан и Шуберт с Гаусом и Геппертом из правового отдела, Бюлов — специалист по общим вопросам политики Лиги и я, как ответственный за восточные дела, составили основу делегации. Герр Редлхаммер выступал в качестве Chef de Protocole; герр Бернгардт — как личный секретарь Штреземана, герр Стром и герр Труттер — как секретари Шуберта. В случае крайней необходимости на время сессии к делегации прикомандировывались несколько дополнительных чиновников.

На ассамблее, собиравшей всю Лигу в сентябре, к нашей делегации присоединялись пять членов Reichstag, представлявшие все политические партии, кроме коммунистической. Это были герр Хойетч и герр фон Рейнбаден из правых партий, герр Каас из центристской партии, фрау Баумер от демократов и герр Брейтхейд от социал-демократов.

Наш последний вояж в Женеву в сентябре 1926 года навсегда остался в моей памяти. Наконец-то все камни преткновения были убраны и Германия должна была быть принята в качестве члена Лиги. Церемония этой знаменательной сессии, торжественный вход германской делегации, впечатляющая речь Бриана: «Pas de canons...», красноречивый ответ Штреземана. Все это не раз описано. Превалировала общая атмосфера дружбы и примирения, усиливая желание всех присутствующих немцев добросовестно сотрудничать с этой всемирной организацией и делать это как можно успешнее. Я убежден, что большинство немцев разделяло это твердое и искреннее желание.

Женева на время ассамблеи была настоящим местом сбора для политиков и важных персон — и тех, кто считал себя таковыми, — со всех континентов. В делегации, представлявшие 52 нации, входили влиятельные и известные политики, а мировая пресса направляла своих самых выдающихся представителей. Толпы международных любителей достопримечательностей, мнивших себя политиками, и элегантных леди добавляли некий колорит скучному однообразию сессий и кальвинистской простоте Женевы. Переходя улицу, куря сигарету в вестибюле ассамблеи, посещая небольшие прокуренные гостиницы, можно было встретить интересных людей и начать беседу о международной политике. Для нас, немцев, находившихся более десяти лет в изоляции, этот ослепительный новый мир оказался полным откровением.

Первые заседания сессии Лиги исправно посещались и все речи выслушивались внимательно, но по мере того, как шло время, дебаты эти постепенно отступали на второй план и верх брали удовольствия мирской жизни. Делегации устраивали приемы, обеды и завтраки для журналистов, для делегаций дружественных стран и «выдающихся иностранцев». Гостеприимные швейцарские власти устраивали приемы для своих зарубежных гостей.

Следовала непрерывная череда светских мероприятий, конференций, заседаний делегаций, экскурсий. Мы, эксперты, мелкая сошка, не принимали участия в большинстве этих торжеств, поскольку множество постоянных делегатов уже заполонило все залы и комнаты до отказа. Но мы участвовали во всех светских мероприятиях нашей делегации и назначали встречи с друзьями в одном из многочисленных маленьких ресторанчиков Женевы. Вскоре мы обнаружили из практического опыта, что Швейцария производит замечательные вина, являясь, кроме того, одной из крупнейших винопроизводящих стран Европы. Воскресенья посвящались экскурсиям, в основном во Францию или в какое-нибудь место, которое соблазняло нас изысканной кухней, поскольку и Штреземан, и Шуберт были, к счастью, так же неравнодушны к хорошей еде, как и я.

Однако эти недели, проведенные в Женеве, не были заполнены исключительно удовольствиями земной жизни. Трудная и хлопотная работа постоянно маячила на горизонте и держала нас занятыми до позднего вечера и даже ночи. Жалобы немецких меньшинств были многочисленны, трудно решаемы и находились в центре внимания европейского общественного мнения, особенно общественного мнения Германии. Столь важными их делал тот факт, что решение этих проблем могло рассматриваться средним немцем в качестве пробного камня, на котором можно было проверить, является ли Лига по-настоящему серьезным институтом и годится ли для восстановления справедливости, беспристрастности и доверия в отношениях с внешним миром — чувств, сильно поколебленных в Германии невыполнением западными державами Четырнадцати пунктов президента Вильсона.

Другим мерилом действенности Лиги стала проблема разоружения, которая, однако, сыграла свою решающую роль позднее, на специальной конференции в Женеве.

Не могу утверждать, что я был популярен у членов германской делегации и не доставлял хлопот секретариату Лиги. Напротив, мне приходилось наводнять обе эти занятые организации запутанными и очень спорными вопросами, лишенными политического очарования, но полными ловушек как международного, так и чисто внутриполитического характера. Меньшинства нелегко было удовлетворить, и оппозиционная пресса нетерпеливо выжидала момента, чтобы нащупать слабое место и начать атаку на правительство. Нападая на деятельность Лиги, эта пресса убивала двух зайцев: ослабляла позиции Штреземана и могла открыто не одобрять вступление Германии в Лигу наций ввиду неэффективности последней.

Пройти столь серьезные испытания без ошибок означало приобрести очень большой опыт в дипломатии. Таков был урок, который я извлек из своего женевского опыта, и я был очень удовлетворен этим результатом, как и тем, что получил возможность увидеть изнутри, как работает дипломатическая машина. Постепенно нас затягивала определенная рутина, которая начиналась сразу после прибытия делегации беседой с нашим генеральным консулом, очень толковым герром Ашманом и сотрудниками германского секретариата, которым приходилось знакомить нас с «климатом», царившим на тот момент в секретариате. Им приходилось выслушивать различные вопросы, которые следовало бы обсудить во время сессии, советуя по ходу дела, как нам лучше их решить. Потом следовало собрание германской делегации и беседы с представителями меньшинств, лоббирующими в Женеве, чтобы привлечь внимание членов Совета Лиги к своим требованиям и склонить их на свою сторону.

Мои попытки убедить представителей меньшинств, что сокращение количества их жалоб означало бы усиление воздействия оставшихся, в основном оставались бесплодными. Представитель Данцига, дружелюбный человек, как правило, оставался непоколебим, и на одной из сессий Совета Лиги Данциг выступил с семью жалобами, начиная с жалоб на бедственное положение нескольких школ, которым угрожало польское вмешательство, и кончая серьезным конфликтом из-за польского склада вооружений на Вестерплатте. Неудивительно, что любой участник сессии, заслышав слово «Данциг», начинал злиться.

Германские представители из Познани и Верхней Силезии начали судебный процесс против польских властей, обвиняя их — и справедливо — в дискриминационном налогообложении немцев с целью уничтожить их экономически и выдавить из страны. Иногда и из Мемеля поступало несколько жалоб на Литву. Но в остальном мы довольно удовлетворительно сотрудничали с литовским делегатом в Женеве — хитрым М. Сидрикаускасом, посланником в Берлине, и с премьером литовского правительства Вольдемарасом, человеком упрямым, как мул. Нас с литовцами больше объединял общий антагонизм к Польше, чем желание сражаться друг с другом на глазах международной аудитории.

Таким образом, предварительная подготовка заканчивалась и следующим шагом была беседа с чиновником секретариата Лиги. Шефом отдела меньшинств Лиги был норвежец М. Кольбан, позднее в качестве норвежского посланника ставший моим коллегой в Лондоне, и датский юрист М. Ростинг. Оба умные, интересные и здравомыслящие люди, но, конечно, находившиеся под постоянным напряжением из-за своего нелегкого положения между молотом и наковальней. Впоследствии была выработана некая формула, которая могла стать приемлемой для обеих заинтересованных сторон.

Полный надежд, я присоединился к германской делегации и постарался объяснить все запутанные сложности возможного компромисса. Было трудно поймать

Штреземана, который любил исчезать из резиденции, отправляясь гулять пешком или на машине, или встречался с друзьями и журналистами. В основном он сам знакомился с деталями перед заседанием Совета.

Само заседание всегда было рискованным предприятием, во многом сродни азартной игре. Все шло не так, как это предусматривалось подготовленной и согласованной повесткой дня. Или у секретариата возникали трудности с другими отделами, или же поляки предпринимали совершенно неожиданные демарши, или сам Штреземан, отложив в сторону приготовленные для него заметки, начинал со свойственной ему способностью к импровизации говорить на совершенно постороннюю тему. Ребенок, рожденный от этих многократных усилий, как правило далеко не всегда устраивал даже своих родителей. Но приходилось нянчиться с ним так же прилежно и старательно, как и с любимым дитятей.

После заседания я бросался к телефону для доверительного разговора со своими коллегами из МИДа. Мне приходилось информировать их, успокаивать, утешать и наставлять на путь истинный, поскольку они, как правило, были далеко не удовлетворены результатами, полученными в Женеве. Делал я это потому, что когда они были в курсе дел, они могли дать свое толкование событий для прессы и депутатов и всех остальных берлинских любителей вмешиваться в чужие дела. Сделав это, я старался «держать за пуговицу» германских журналистов, присутствоваших в Женеве. Следовала та же процедура уговаривания и разъяснения, после чего даже те из них, кто стремился облить грязью Штреземана и правительство, в любом случае давали в своей газете нашу версию положения дел, довольные, что кто-то другой поразмышлял за них.

Это была живая и интересная работа для человека, чьей страстью является внешняя политика, но она разочаровывала и угнетала тех, кто вкладывал душу в работу и пытался уничтожить или, по крайней мере, сделать терпимым зло, причиненное миллионам немцев.

Когда я ближе познакомился с менталитетом женевских обитателей и с мотивами, лежавшими в основе выбора тех или иных решений, я еще больше осознал тот факт, что стремление к справедливости не было фундаментальным мотивом, лежавшим в основе деятельности этого международного института. Скорее, здесь всячески стремились замять все волнующие и беспокоящие противоречия и прийти к компромиссу любой ценой, чтобы в результате бросить униженным и отверженным меньшинствам не более чем кость, которая заставит их воздерживаться от лая, пока они находятся в Женеве.

Обозревая положительные результаты, полученные в области защиты прав меньшинств за эти два года моих близких отношений с Лигой, я вынужден признать, что они были незначительны. Впоследствии я понял, что Совет Лиги не был судом справедливости с судьями, высоко стоящими над партийной политикой и твердо намеренными выяснить истину и вынести приговор, а представлял собой всего лишь политическую группу, которая, сообразуясь с силой каждого из своих членов, старалась придать любому вопросу форму компромисса, подслащенного высокопарными фразами для общественного потребления.

В Лиге Наций доминировали Франция и Великобритания, и вопрос меньшинств не интересовал ни ту, ни другую страну. Их интересовал баланс сил, а также то, сколько можно уступить Германии, чтобы удержать ее от попыток возмутить приятную сонную атмосферу Женевы. Те немцы, которые еще верили в справедливость и беспристрастность международных организаций, утратили остатки своего идеализма, когда несколько лет спустя международный суд в Гааге в конфликте, вызванным заключением австро-германского таможенного союза, предложенного в 1931 году германским министром иностранных дел Куртиниусом и австрийским канцлером Шобером, вынес приговор, обусловленный политическими причинами.

В основе этой отчужденности, царившей в отношениях между Германией и другими странами, лежала дефектная государственная политика западных держав, проводившаяся ими на протяжении всего периода между двумя мировыми войнами. А разочарование, вызванное Лигой Наций, усилило чувство крушения планов и надежд, символом которого стала трагедия Штреземана.

И это также способствовало росту влияния национал-социализма.

Я уже готовился в июне покинуть Берлин и отправиться на обычную сессию Совета Лиги Наций, когда получил известие, что мой отец смертельно болен. Я поспешил в Гродитцберг, однако отец уже был без сознания и через сутки скончался. Он завещал мне имение Гродитцберг и назначил меня своим душеприказчиком. Таким образом, на долгие последующие годы дополнительное бремя легло на мои плечи.

Вернувшись в Берлин, я возобновил свою официальную работу. В августе граф Ранцау приехал в отпуск. Он неважно себя чувствовал и спустя несколько недель, 8 сентября 1928 года, скончался от ангины. Потребовалось несколько месяцев, чтобы назначить его преемника, поскольку президент Гинденбург отклонил кандидата, представленного ему Штреземаном, а тот отклонил кандидатуру Гинденбурга. Наконец обе стороны, истощенные борьбой, просеяли всех кандидатов в поисках компромисса. Компромиссом стало согласие сторон назначить на вакантный пост меня, и в последний день ноября 1928 года я был направлен послом в Москву.

После нескольких многотрудных недель, прощальных обедов и устройства личных и официальных дел, 6 января 1929 года мы с женой отправились к новому месту моей службы.

Глава 3

ПОСОЛ В МОСКВЕ

РОССИЯ В 1929 году

Когда мы прибыли на пограничную станцию Негорелое, где начиналась более широкая железнодорожная колея, нам пришлось пересесть в поезд, который предоставило в наше распоряжение советское правительство. Он оказался со специальным вагоном, принадлежавшим главнокомандующему российскими армиями времен Первой мировой войны великому князю Николаю Николаевичу. В гостиной вагона можно было спустить с потолка огромную карту, на которой были отмечены линии фронта обеих армий.

После прибытия в Москву я действовал быстро и в соответствии с тщательно разработанным планом. Сначала встретился с Литвиновым, а затем поехал в Кремль, чтобы вручить свои верительные грамоты Калинину — доброжелательному старику в очках и с острой бородкой, похожему на сельского школьного учителя. Протокол был довольно неформальным, несмотря на присутствие фоторепортеров, которые толпились вокруг. Вспышки их камер обстреливали нас с разных сторон, так что старик Калинин запнулся и извиняющимся голосом спросил меня: «В Германии такие же наглые газетчики?»

Когда в беседе мы коснулись стран Балтии и Ревеля, Калинин задумчиво заметил: «Да, я знаю Ревель. Я там несколько месяцев сидел в тюрьме». Калинин был очень добрым и симпатичным человеком, хотя и чисто номинальной фигурой во властной иерархии, лишенной какого-либо политического влияния. Церемония проходила без военного антуража, и генерал ГПУ Петерсон, комендант Кремля, позднее ставший жертвой чистки 1936 года, был единственным военным среди присутствовавших.

Вернувшись в посольство на почти доисторическом автомобиле Narkomindel'a в сопровождении Chef de Protocole M. Флоринского, я стал готовиться к вечернему приему. Дело в том, что советское правительство устроило «Германскую инженерную неделю», для участия в которой было приглашено значительное число ведущих немецких инженеров и профессоров технических колледжей. Как всегда, когда они хотели начать что-либо важное, Narkomindel и советское посольство в Берлине с огромной скоростью и не ставя заранее в известность германский МИД, занялись тщательной разработкой плана, согласно которому они пригласили всех перспективных немецких гостей — каждого персонально, собрав довольно представительную компанию. И лишь прибыв в Москву, я понял, что «Неделя» эта задумывалось как нечто большее, нежели простой конгресс. На открытии недели присутствовала вся научная элита Советского Союза и многие известные партийные деятели. Моя речь, мастерски написанная герром Хильгером, вызвала неподдельный энтузиазм, который превзошел все наши ожидания. Прием, устроенный в германском посольстве, посетил даже Микоян, и атмосфера дружбы, уважения и энтузиазма, царившая на приеме, понравилась немецким гостям.

Постепенно стали проясняться истинные мотивы, стоявшие за этой «Германской инженерной неделей»: своим присутствием мы помогли провести торжественное представление первого пятилетнего плана и согласились с просьбой русских об участии Германии в индустриализации Советского Союза. Таким образом, благодаря столь необычному стечению обстоятельств, моя миссия в Москву совпала с новым стартом в русско-германских отношениях. Одновременно мне довелось участвовать и в открытии новой эпохи в истории большевистской революции и России.

Когда я осторожно попытался ознакомиться с обстановкой, царившей в те месяцы в русской столице, я отметил некоторые трудности, характерные для переходного периода, нечто неопределенное и неустоявшееся в функционировании государства и партийной машины. Сталин вытеснил Троцкого. Период НЭПа окончательно ушел в прошлое. Разработанный государством план индустриализации России начал претворяться в жизнь. Добровольная коллективизация сельскохозяйственных ферм провалилась, и на смену ей должна была прийти коллективизация принудительная. Русский элемент внутри партии почти готов был оказать открытое сопротивление безжалостному обращению с крестьянами. Безусловная победа Сталина, похоже, пока не была гарантирована, и новые стратегические цели и методы еще не были вбиты в мозги рядового партийного чиновника.

Троцкий был отправлен в ссылку: сначала в Алма-Ату, в Центральную Азию, затем на остров Принкипо, после того как Турция согласилась предоставить убежище эмигранту, окончательно опозоренному экспатриацией. Но в те первые несколько месяцев 1929 года еще продолжалась смута в рядах партии. Распространялись листовки в поддержку Троцкого, которые контрабандой попадали даже в наше посольство; в то время как члены «группы Троцкого» — Каменев с женой, сестрой Троцкого, Зиновьев и «разносторонний» Радек — по-прежнему занимали влиятельные посты и ничего не могли сказать низам и тому сонму поклонников и последователей Троцкого, которые позднее были заклеймены ставшим со временем смертельно опасным эпитетом «троцкист». Едва ли хоть один из них был пощажен во время чисток. Лишь Радек стал приметным исключением, поскольку в долгосрочной перспективе советская пресса вряд ли могла обойтись без его блестящего пера.

Постепенно в этой сумятице идей и мнений стала проявляться твердая политическая сущность, принявшая форму сталинской доктрины «социализма в одной стране», выдвинутой в противоположность лозунгу Троцкого о перманентной мировой революции. Выводы, сделанные в мире после знакомства со сталинской доктриной, а именно, что Советский Союз решил остепениться и вернуться к разумной политике и что большевистская Россия готова к мирному сотрудничеству с капиталистическими государствами, были, возможно, несколько преждевременными. Скорее, здесь происходила лишь смена методов, когда фронтальная атака была заменена тактикой подкопа, с тем чтобы бомбы могли бы взорваться под штаб-квартирами врага в тот момент, который Советы сочтут благоприятным.

Но едва ли следование этой политике было делом решенным. Необходимо было еще разбить всех ее врагов — приверженцев старомодной доктрины Троцкого, еще совсем недавно столь широко распространенной. Экономический бум, порожденный НЭПом, почти воскресил процветающее крестьянство. Наиболее трудолюбивые и усердные из них, Kulak'и, разбогатели и, соответственно, были менее склонны соглашаться с политикой коллективизации, в частности, и к тому, чтобы благословить советскую власть вообще. Партия чувствовала, что необходимо действовать. Эту потенциальную открытую оппозицию, которая могла бы добавиться к уже существующей скрытой оппозиции, следовало уничтожить, прежде чем она станет слишком могущественной.

Сам Сталин не был страстным приверженцем коллективизации лишь ради самой идеи. На него нападали за его промедление более горячие теоретики. И вот теперь он, наконец, решился на проведение принудительной коллективизации и уничтожение Kulak'a как класса. При этом были использованы насильственные методы, такие, как депортация, несмотря на катастрофические последствия для сельскохозяйственного производства и мнение 80% населения России. Именно тогда были заложены предпосылки катастрофы 1932—33 годов.

Антикулацкая кампания была несколько ослаблена знаменитой статьей Сталина в «Известиях», в которой он осудил чрезмерное усердие, выросшее на дрожжах огромных успехов. Этот избыток рвения при проведении коллективизации очень плохо сказался на настроениях в Красной Армии, которая в своем большинстве состояла из крестьянских детей. Более того, русский крестьянский элемент внутри высших эшелонов партии был еще слишком силен, чтобы Сталин опрометчиво и безрассудно решился бы вытеснить его. Главный представитель этого элемента — Рыков, который был популярен в народе, несмотря на — или, скорее, благодаря своему запойному пьянству, был все еще премьер-министром. Ему пришлось предусмотрительно перейти на запасной путь в далекое от политики министерство почт и телеграфа, прежде чем его могли бы уничтожить сначала психологически, а затем и физически. (Несколько лет спустя зловещий шеф ГПУ Ягода получил свое первое memento more, когда был назначен на такой же пост.) Бухарин, интеллектуал и ученый, представитель русского элемента, все еще оказывал бесспорное влияние на умы громадного большинства населения. Молодой и симпатичный Сырцов, недавно назначенный премьер-министром РСФСР — русского федеративного государства внутри Советского Союза, был единственным, кто открыто восстал против преследования Kulak'a. Он был снят с должности и больше о нем никто и никогда не слышал. Таковы были важные причины, которые заставляли Сталина не спешить с кампанией против крестьянства.

НЭП — новая экономическая политика, в основе которой лежало поощрение частной инициативы, провалился не только по причине возросшего богатства и, соответственно, возросшей независимости и враждебности со стороны крестьян. Он также разочаровал и тех, кто надеялся провести индустриализацию страны путем предоставления концессий иностранным капиталистам. (Как уже говорилось выше, результат оказался слишком скудным.) Произошел возврат к ортодоксальному марксизму, доказавшему свою эффективность в экономической области. Государственное планирование вновь вышло на первый план, а вскоре был составлен и опубликован пятилетний план развития страны. Его основополагающим принципом была, конечно, автаркия.

Советский Союз хотел быть независимым от зарубежных стран в области тяжелого машиностроения и производства всех остальных товаров. Но главная причина, стоявшая за этим планом, — решимость создать оборонную промышленность. После окончания первой, несколько бурной фазы интервенционистских войн и лидерства Троцкого начался систематический процесс создания регулярной армии. Глубокое недоверие, которое испытывали Советы к агрессивности капиталистических стран, заставляло их стремиться к тому, чтобы сделать Союз абсолютно независимым от иностранной промышленности вооружений.

Это стремление ощутили зарубежные писатели, которые восхищались коллективизацией и индустриализацией, классифицируя эти феномены как вторую фазу русской революции, как «революцию сверху». Однако, по моему мнению, эта классификация была искусственной и по сути своей — запоздавшей. И факты ее не подтверждали. Правление Сталина характеризовалось в первую очередь целесообразностью, стремлением преодолевать возникающие трудности и решать проблемы адекватными мерами, без слишком жесткой приверженности принципам. Когда НЭП пережил себя, необходимо было найти другой способ достижения цели индустриализации страны. Это было постепенное и плановое построение промышленности под руководством государства. Поскольку как следствие свободного предпринимательства во время НЭПа выросла и новая опасность в лице богатого, антибольшевистски настроенного крестьянства, эту смертельную для партии угрозу пришлось как-то устранять. Принудительная коллективизация лучше всего служила этим целям и хорошо укладывалась в рамки ортодоксальной доктрины.

Однако вполне могло бы случиться так, что задача, поставленная пятилетним планом, оказалась на самом деле невыполнимой. Практически все условия, необходимые для претворения в жизнь этого грандиозного плана, отсутствовали. Не было наличного капитала. Квалифицированные рабочие составляли лишь ничтожный процент трудоспособного населения. Инженеры и техники были уничтожены революцией. Существующая промышленность, и так развитая незначительно, сократилась за многие годы войны и гражданской борьбы и находилась в запущенном состоянии. Иностранную помощь из Франции и Великобритании принимать было опасно, а Соединенные Штаты предпочитали другие рынки, которыми было легче управлять, чем загадочной, революционной и далекой Россией. Вот почему взоры людей в Кремле повернулись к Германии. *Вот именно*

Способный и энергичный Орджоникидзе, близкий друг и земляк Сталина, был убежденным сторонником

118

этого поворота к Германии. Во-первых, она поддерживала дружественные отношения с Советским Союзом. Во-вторых, вследствие своего поражения в войне, не представляла военной опасности и, кроме того, обладала высокоразвитой промышленностью, первоклассными инженерами и квалифицированными рабочими. «Германская инженерная неделя» призвана была поощрить немецкий технический персонал и ученых принять участие в этом новом, рискованном деле — индустриализации России. В первую очередь России нужна была техническая помощь, тогда как вопрос ее финансирования должен был быть решен позднее.

Признаки переходного состояния можно было различить и во внешней политике. Чичерин в течение нескольких месяцев проходил курс лечения в германском санатории, и в дополнение к своему слабому здоровью страдал еще и от своего рода нервного срыва или глубокого внутреннего конфликта. В доходивших до нашего посольства небеспочвенных слухах утверждалось, что Чичерин хочет остаться в Германии навсегда, в то время как Кремль с растущей тревогой настаивает на его возвращении. Тогда еще только начиналась эпоха «nievozvrazhenti» — «невозвращенцев», то есть тех, кто сбегал за границу и начинал представлять опасность для Москвы, разглашая секреты узкого круга советских властителей. В конце концов, два друга Чичерина, один из которых — доктор Левин, кремлевский врач, казненный в ходе чистки 1937 года, отправились в Висбаден, чтобы уговорить комиссара по иностранным делам покориться и вернуться. Они добились успеха. Чичерин подчинился и провел оставшиеся годы, живя в небольшой квартире и размышляя о превратностях жизни.

А моим партнером стал Литвинов и оставался им на протяжении всех пяти лет моего пребывания в Москве. Он наконец достиг предела своих амбиций, выйдя из тени своего ненавистного соперника Чичерина. Литвинов сменил пост международного эмиссара на пост независимого государственного деятеля. Независимого, по крайней мере, настолько, насколько это было возможно в Москве. Но он был еще далек от достижения полного счастья, поскольку не являлся членом Политбюро, как Чичерин, и потому находился намного ниже своего предшественника в системе партийной иерархии.

В те времена внешняя политика еще не стала приоритетным объектом для Политбюро, и прошло десять лет, прежде чем назначение Молотова на пост министра иностранных дел ознаменовало собой глубинные изменения в отношении Кремля к международным делам. И потому Максим Максимович Литвинов страдал от некоего комплекса неполноценности. Однако его трудолюбие было безмерным, а сам он не был приверженцем того несколько неустойчивого образа жизни, который был характерен для Чичерина, и работавшая по ночам команда Ранцау — Чичерина сменилась дневной командой Дирксена — Литвинова.

Хотя Литвинов и не обладал исключительным мастерством и блеском Чичерина в области стиля, его записки были сжатыми и ясными, с примесью наглости и дерзости. Это был действительно грозный противник, быстро соображающий и очень сведущий и опытный в делах. За годы, проведенные в решении трудных вопросов в духе примирения, наши личные отношения почти достигли уровня дружбы. Прощальное письмо, которое он написал мне спустя несколько месяцев после моего отъезда из Москвы, — Литвинов был в Турции, когда я оставил свой пост, — неопровержимо свидетельствовало об этом.

Мое официальное общение с ним оказалось несколько более трудным, нежели с его предшественником, по причине того, что Литвинов не был заядлым сторонником политики Рапалло, но всего лишь вынужденно следовал ей по долгу службы. Хотя он горячо отрицал какие-либо сомнения и колебания в отношении его веры в возможность сотрудничества с Германией, симпатии его явно были на стороне Великобритании, где он провел годы ссылки и где женился на англичанке. Его, безусловно, сурово одернули бы, продемонстрируй он какие-либо признаки отклонения при проведении внешней политики в каком-либо особом направлении. В целом, однако, он оставался лояльным к истинной вере до тех пор, пока приход национал-социалистов к власти не предоставил ему приятного предлога стать одним из первых, покинувших идущий ко дну корабль политики Рапалло. Дальнейший ход его карьеры был весьма показательным, поскольку, начиная с этого времени и далее любое его появление на политической сцене было вызвано желанием Кремля продемонстрировать свою примирительную позицию по отношению к англосаксонским державам.

В подобных обстоятельствах назначение Николая Николаевича Крестинского, на протяжении девяти лет бывшего послом в Берлине, заместителем шефа в комиссариат иностранных дел продолжило приветствуемую нами консолидацию рядов тех, кто питал искренние симпатии к Германии. Что до его места в партийной иерархии, оно было значительно выше, чем у Литвинова. Крестинский принадлежал к старой гвардии и, более того, он сражался в революционной войне в России, а не сбежал в сравнительно комфортабельную ссылку в Цюрих, Берлин или Париж. Этими большевиками, которые оставались в России и страдали от тюрем и ссылок в Сибирь, такими, как Сталин, Молотов, Ворошилов, Крестинский, восхищались как солдатами с передовой, в то время как интеллектуалы, которые после короткого периода тюремного заключения в России сбежали в ссылку за рубеж, как это сделали Троцкий, Каменев, Радек и как это сделал Литвинов, так никогда и не смогли полностью избавиться от клейма людей, приятно проведших время в тылу, в то время как их товарищи рисковали своими жизнями на фронте. Ленин был единственным исключением из этого правила.

Несмотря на свои прогерманские настроения и честность натуры, Крестинский не был человеком, с которым легко было иметь дело. У него был, скорее, склад ума юриста, нежели политика, и со своей козлиной бородкой, выпуклыми стеклами очков и резким, пронзительным голосом он больше походил на провинциального адвоката, чем на государственного деятеля. Ему так никогда и не удалось избавиться от этой склонности к юридическому теоретизированию, которая неплохо послужила ему в революционный период его карьеры, давая возможность до самого конца прокладывать путь бесплодной теории, обосновывая ее истинность. Как министр финансов в первые годы революции он стал автором закона, поощрявшего крах российской валюты, что, по его мнению, должно было расчистить дорогу для перехода к ортодоксальному марксистскому обмену. Его не волновало, что в истории останется память об этом его юношеском сумасбродстве и экстравагантности. Его героическое поведение во время суда, последовавшего за чисткой 1937 года, хорошо известно. После вынужденного признания всех преступлений, приписанных ему прокурором Вышинским, Крестинский на суде отказался признать себя виновным, утверждая, что признания были получены с помощью пыток и шантажа. Однако на следующий день он повторил свое первоначальное признание: его сопротивление было сломлено с помощью допросов третьей степени, которые, вероятно, включали в себя и угрозу подвергнуть пыткам его жену и любимую дочь Наташу.

Кроме Литвинова и Крестинского были еще двое, входившие в коллегию Narkomindel (все управление в Советском Союзе было организовано не на принципе единоначалия, а на базе коллегиальности — когда несколько людей действовали совместно). Этими двумя были Стомоняков и Карахан. Стомоняков, болгарин и бывший торговый представитель Союза в Берлине, был умным, лояльным и приятным человеком, чей интеллект работал более точно и аккуратно и в более западном стиле, нежели усложненный и временами извращенный ум русских.

Карахан, хитрый и коварный армянин, царствовал в отделе Дальнего Востока. Благодаря своему посольскому опыту, полученному за время работы в Китае, он хорошо разбирался в хитросплетениях восточноазиатской политики. Он мог играть в теннис, водить собственный элегантный кабриолет и ухаживать за балеринами Большого театра, не особо задумываясь, как все это соотносится с его партийным положением. Ходили слухи, что у него были близкие отношения со Сталиным через его друга Енукидзе — государственного секретаря в сталинском офисе, белокурого, голубоглазого, добродушного грузина с явными прогерманскими симпатиями. Так или иначе, но оба — и Енукидзе, и Карахан часто ходили в театр и даже заходили за кулисы. И оба встретили свою смерть от одной и той же расстрельной команды в ходе чистки 1937 года.

ПОЛИТИЧЕСКОЕ РАЗВИТИЕ, 1929—1930 гг.

Опыт, приобретенный мною в Берлине, говорил мне, что наследство, оставленное мне графом Брокдорфом-Ранцау, было полностью заложено и в долгах и что управлять им придется с великой осторожностью. Брешь, пробитая в русско-германской дружбе политикой Локарно, не была и не могла быть заделана, поскольку в основу этой политики был положен тезис о том, что центральноевропейское положение Германии не позволяет ей хранить какую-либо исключительную верность одному партнеру. Опасность того, что отношения между двумя странами могут быть нарушены по причине их диаметрально противоположного государственного устройства и агрессивности коммунистического кредо, по-прежнему существовала, нисколько не снижаясь. Но, с другой стороны, налицо был и определенный дефицит политических соблазнов, которые могли бы заставить одного из партнеров свернуть с путей добродетели: ни Франция, ни Великобритания, ни какие-либо другие державы не делали попыток завлечь Германию или Советский Союз в свою орбиту.

Приходилось продолжать и развивать реалистическую политику, учитывающую интересы обоих партнеров. Такая политика соответствовала и натуре тех людей, которые пришли на смену своим более обаятельным и блестящим предшественникам, — графу Ранцау и Чичерину. Хотя в то время я еще не мог разглядеть взаимосвязи между «Германской инженерной неделей» и пятилетним планом, но тем не менее был твердо убежден, что крепкие экономические отношения между нашими двумя странами будут служить на благо обеих и в то же время станут лучшим способом укрепления их политических отношений. Я уже знал достаточно, чтобы понять, что другим важным фактором здесь являлось сотрудничество между армиями двух стран, способствовавшее сохранению всего политического здания русско-германских отношений. До тех пор, пока в этом деликатном вопросе, отрицательные стороны которого граф Ранцау знал не хуже меня, будет превалировать доверие, политические бури, вызванные, например, вмешательством Коминтерна во внутренние дела Германии, будут иметь не столь негативные последствия.

Я прибыл в Москву, имея в наличии несколько политических заготовок. Мы с Литвиновым подписали договор о мире и согласительной процедуре (Schlichtungsabkommen), о котором ранее велись переговоры в Берлине и который рассматривался нами как замена обычного договора об арбитраже (третейском суде); ибо Советы были решительно против подобного метода улаживания противоречий, поскольку придерживались мнения, что трудно найти посредника, свободного от предубеждений против советской системы. Но поскольку они страстно желали продемонстрировать свою волю к сотрудничеству в этой сфере и опробовать некоторые новые формы международных отношений, мы согласились на межгосударственный договор, который предполагал создание двух согласительных комиссий, способных в дружественном духе обсудить существующие различия и прийти к какому-то решению.

Хотя мы и не питали иллюзий в отношении новой схемы, но понимали, что, будучи первым подписантом подобного договора, советское правительство будет заботиться о том, чтобы он работал, по крайней мере, какое-то время. Советы рассматривали нас как удобный, подходящий объект, пригодный для апробирования одной из новых схем международной политики, которые неустанно изобретали их плодовитые мозги. Эти ожидания исполнились, поскольку договор функционировал достаточно удовлетворительно в одном или двух случаях, когда мы оказались в политическом тупике. Однако вскоре он изжил себя и пришлось изобретать что-то другое.

Beau geste — подписание договора о согласительной комиссии — был несколько уравновешен рядом суровых упреков, которые мне пришлось высказать Литвинову. В декабре 1928 года германский МИД был проинформирован, что советское правительство предложило своим западным соседям подписать договор о ненападении. Хотя этот шаг совсем необязательно был бы направлен против Германии, а был, скорее, своего рода тестом, предназначенным для проверки того, насколько государства, которых это предложение касается, за-

124

интересованы в перспективе участвовать в осуществлении французской политики «cordon sanitaire» (санитарного кордона. — *Прим. перев.*); мы сочли эту одностороннюю акцию, предпринятую без предварительного уведомления, нарушением, по крайней мере, духа обоих договоров — Рапалло и Берлинского. В ответ на это Литвинов с удовольствием выразил свое неодобрение политики Локарно.

Существовали, однако, более деликатные и нерешенные вопросы, с которыми Литвинов обращался ко мне в первые месяцы моего пребывания в Москве. Например, правда ли, что германское правительство намерено дать Троцкому визу на въезд в Германию? Я был тем более поставлен в тупик этим запросом, что Троцкий уже был выслан из России и нашел идеальное убежище на прекрасных островах Принкипо. Ни его здоровье, ни его жизнь не были в опасности, и им ничто не угрожало. Но несмотря на мои настойчивые заверения, Литвинов отказался объяснить более глубокие причины своего запроса, которые, вероятно, явились результатом каких-то партийных групповых интриг в высших эшелонах власти в Кремле. Однако МИД, питая отвращение к самой мысли оказаться втянутым в нечто, что могло бы обернуться опасной ситуацией, ответил отказом на запрос Литвинова.

Первого мая, в советский национальный праздник, произошел весьма показательный инцидент. Дипломатический корпус собрался на Красной площади, чтобы присутствовать на параде Красной Армии и демонстрации, которая должна была состояться после него. Сталин и другие известные советские руководители стояли на трибуне мавзолея Ленина. Это был впечатляющий спектакль, предоставлявший нам одну из тех редких возможностей удостовериться в прогрессе, которого добилась армия в области механизированного оружия и авиации. В те дни во всей Европе царило сильное общественное напряжение в связи с приближением неминуемого экономического кризиса, и над многими странами нависла угроза всеобщих забастовок. И когда Ворошилов, восседая на великолепной лошади, пересек Красную площадь и обратился к войскам, я был ошеломлен, услышав его подстрекательскую, сугубо пропагандистс-

1929 г.

кую речь. Суть ее состояла в том, что Красная Армия — защитник и гарант прав угнетенного мирового пролетариата, однако заканчивалась речь открытой угрозой, что с этого самого дня трудящиеся массы начнут борьбу за улучшение своей судьбы.

И именно это они и сделали в Берлине, Вене и некоторых других столицах, где начались восстания, которые пришлось подавлять силой. Я никогда, ни на минуту не мог себе представить, что именно Ворошилова, спокойного и несамонадеянного человека, выберут для того, чтобы швырнуть подобное оскорбление в лицо собравшимся зарубежным представителям, которые были гостями советского правительства.

Но самое худшее было еще впереди. Сразу после парада последовала тщательно отрежиссированная демонстрация «ликующего» населения Москвы. Сотни тысяч человек прошли мимо своих руководителей в бесконечных колоннах, неся знамена с лозунгами, а карикатуры на «буржуйских» государственных деятелей были укреплены на украшенных машинах. Покидая Красную площадь вместе с членами дипломатического корпуса, я почти столкнулся с машиной, которая ехала в голове этой радостной демонстрации. Приглядевшись внимательнее, я обнаружил, что машина представляла собой макет учебного крейсера, укомплектованного нелепыми, смешными фигурами. Не нужно было долго всматриваться, чтобы понять, что на макете изображен один из тех германских крейсеров, вопрос о строительстве которых был темой тогдашних дебатов в Reichstag, тогда как стоявшие на нем фигуры представляли собой карикатуры на германских министров.

Я был в бешенстве от подобного оскорбления, нанесенного Германии и другим странам, поскольку Германия всегда демонстрировала лишь дружественные чувства по отношению к Советскому Союзу и готовность помочь. Я поспешил в Narkomindel, у входа в который стоял лишь один часовой. После нескольких часов ожидания мне удалось поймать Карахана и высказать ему все, что я думаю по этому поводу. Однако результат был такой же, как обычно: «К чему все эти волнения?» и несколько уклончивых сожалений. Речь Ворошилова якобы никак нельзя расценивать как вмешательство в германские внутренние дела, и что, мол, невозможно контролировать праздничное веселье русских народных масс. Германский МИД, который обычно изображал гнев в связи с любым открытым проявлением деятельности Коминтерна, на этот раз не поддержал меня, как я того ожидал. Так все это дело и закончилось.

Я довольно подробно рассказал об этом инциденте потому, что он ясно иллюстрирует те методы, которыми пользовался Коминтерн, и те ситуации, с которыми нам приходилось сталкиваться в Москве. В данном случае «хэппи энд» был достигнут благодаря Крестинскому, который спустя несколько дней прибыл из Берлина. Он пригласил нас с женой в один из загородных домов, расположенный в красивых окрестностях Москвы, где отдыхала элита партии.

Здесь мы встретили Ворошилова с женой, а также других влиятельных людей, обычно недоступных для иностранных дипломатов. Ворошилов воспользовался случаем, чтобы извиниться и заявить о своих дружественных чувствах к Германии. После чего пригласил нас в Дом Красной Армии и провел по музею, показывая реликвии времен интервенционистских войн. Он также показал нам тир, где мы с ним соревновались в стрельбе из малокалиберной винтовки. Затем последовал приятный завтрак, на котором мы познакомились с несколькими известными генералами. Так начались мои личные отношения с Ворошиловым, воспоминания о которых остаются в ряду самых приятных из сохранившихся у меня о службе в Москве. Этот случай был увековечен на фотографии, которая помогла сохранить мне жизнь шестнадцать лет спустя, когда Красная Армия заняла Силезию и оказалась в Гродицберге.

К концу лета я счел необходимым отправиться в Берлин для доклада Штреземану и отчета в МИДе. Последний раз я встречался с министром иностранных дел во время недолгой поездки домой, которую я предпринял на Пасху. Штреземан тогда отдыхал от переутомления в «Шлосс-отеле» в Гейдельберге.

Здоровье Штреземана заметно ухудшилось. Несмотря на живой интерес, проявляемый им к политике, было очевидно, что жить ему оставалось недолго. Он страдал от частых приступов упадка сил, которыми был обязан своей изнурительной работе. Два дня, которые я провел с ним, были полны меланхолии, и ее не смог развеять даже визит к одному из наших старых Studentenkneipen (собутыльник студенческих времен, участник студенческих пирушек. — *Прим. перев.*), хотя визит этот чрезвычайно понравился нам обоим.

И вот теперь, в сентябре, Штреземана опять не было в Берлине, и мне пришлось прождать некоторое время, прежде чем от него пришел ответ. Наконец 1 октября я получил телеграмму, в которой Штреземан приглашал меня к себе в Берлин. И тут же следом поступило известие о его смерти.

Телеграмма ко мне была последней из отправленных им — он умер от удара спустя несколько часов. Давая распоряжения своему секретарю телеграфировать мне, Штреземан добавил: «Не обязательно использовать секретный код, не страшно, если русские и дешифруют ее».

Я поспешил в Берлин, чтобы присутствовать на похоронах. Герр Куртиус был назначен преемником Штреземана. Он был членом той же партии и министром экономики. Куртиус был человеком рафинированным и талантливым, он придерживался умеренных взглядов и демонстрировал значительный интерес к развитию торговых отношений Германии с Россией. Но у него не было ни авторитета, ни веса, ни того влияния и проницательности, которые подняли Штреземана до уровня государственного деятеля европейского масштаба.

Из Берлина я отправился в Weisser Hirsch, санаторий близ Дрездена, чтобы подлечить сердце. Но мое лечение вскоре было прервано одним из тех неожиданных инцидентов, что всегда были столь обычны для советской политики. Из Москвы было получено известие, что крестьяне-меннониты, выходцы из Германии и Дании, собрались со всех частей России близ столицы. Предков этих меннонитов Екатерина Великая уговорила эмигрировать в Россию, где благодаря своему трудолюбию и прогрессивным методам ведения сельского хозяйства они значительно разбогатели. Поскольку за эти же самые качества они стали подвергаться гонениям со стороны советских властей, меннониты организовали массовый марш на Москву и многотысячным лагерем стали в пригороде.

Спустя несколько дней число их выросло с шести тысяч до тринадцати. Они требовали разрешить им эмигрировать в Германию, и советское правительство, озадаченное и пребывавшее в полной растерянности, не знало, что делать в столь неожиданной ситуации и все больше склонялось к тому, чтобы согласиться с их требовниями, поскольку протест меннонитов стал громкой сенсацией для дипломатического корпуса и представителей иностранной прессы.

Германский Кабинет, в котором большинство составляли представители левых партий, не смог прийти к какому-либо решению, и дело затянулось. Сознавая потенциальную опасность, которую таит в себе этот инцидент, задевший больной для немцев вопрос о положении немецких колонистов в России и неприятии ими коллективизации, я решил прервать лечение и вернуться на свой пост.

В Москве обстановка продолжала накаляться. Правительство, преодолев первоначальный шок и желая убрать меннонитов подальше от глаз публики как можно быстрее, принялось насильственно их высылать. Наконец и Кабинет в Берлине дал свое согласие на въезд меннонитов в рейх. Число их тем временем уменьшилось до шести тысяч человек, но даже этим оставшимся не было позволено поселиться в Германии. Из-за недостаточного понимания нужд германского сельского хозяйства и незнания всего разнообразия немецких меньшинств, проживавших за границей, левые министры германского Кабинета решили, что меннонитов следует отправить в Бразилию, где они и должны будут поселиться.

За зиму 1929—1930 годов германо-российские отношения ухудшились. Крупных конфликтов не было, но износ от ежедневного трения, вызванного «московитскими» методами, порождал все растущее раздражение в Германии. Годами, например, Москва рассматривала радио как свое любимое средство атаки на внешний мир, и ныне почти ежедневно в эфире на весь мир звучали брань и оскорбления в адрес германских государственных институтов и партий. И что меня бесило больше всего, так это тот факт, что радиостанция эта находилась в Германии. Море протестов, заявленных мною и поддержанных МИДом, не сдвинули дело с мертвой точки. Нас вежливо информировали, что правительство не имеет власти над какими-либо радиостанциями, поскольку их содержат профсоюзы.

Появились и другие трудности: всеобъемлющий экономический и консульский договор, заключенный в 1925 году во время конференции в Локарно, оказался не стоящим даже бумаги, на которой он был написан. Он утратил для русских очарование новизны, и Советы теперь не очень-то заботились о том, чтобы придерживаться его положений. Жалобы германских граждан, живущих в Советском Союзе, все множились, так же, как и жалобы со стороны наших консулов. Что-то надо было делать, и мы решили, что самый эффективный способ разрядить обстановку и выпустить пар из перегретого котла — это привести в движение механизм согласительных комиссий, предусмотренный подписанным в 1929 году договором. Соответственно, в апреле 1930 года меня вызвали в Берлин, чтобы обсудить этот вопрос.

Но вскоре я понял, что в Берлине против меня плетется довольно тщательно разработанная интрига и что моя поездка инспирирована министром Куртиусом совсем не для того, чтобы обсудить московские дела. Интригу эту начал мой коллега, страстно желавший занять пост посла в Москве и пользовавшийся в этом мощным содействием со стороны своих друзей в канцелярии Reichsprasident'a и одного журналиста, с которым у него были хорошие отношения. Ряд других националистических газет также принял участие в этом деле по своей собственной инициативе. Лейтмотивом их выступлений стало утверждение, что хотя я хорошо зарекомендовал себя в качестве шефа Восточного отдела, но ныне недостаточно энергично отстаиваю германские интересы в отношениях с советским правительством. Утверждалось также, что послом в Москве должен быть более жесткий человек, с более жестким отношением к Советам. Куртиус дрогнул и, лишенный авторитета Штреземана, похоже, склонялся к тому, чтобы уступить давлению, оказываемому на него Вильгельмштрассе, 76 — а именно канцелярией рейхспрезидента.

Он осторожно поинтересовался, не готов ли я вновь

вернуться на пост шефа Восточного отдела, от чего я категорически отказался. Из бесед с политиками и высокопоставленными функционерами — среди которых были и депутат от социалистов Брейтшейд, и генерал фон Шлейхер — я вынес убеждение, что все они осуждают плетущиеся против меня интриги и желают, чтобы я остался на своем посту. Наконец, и Куртиус принял решение и не стал больше настаивать на моем уходе, уполномочив меня вести переговоры с советским правительством о разрешении острых вопросов средствами, предусмотренными статьями договора о согласительной процедуре. Почти в это же время Шуберт был назначен послом в Рим, и Бюлов стал его преемником на посту статс-секретаря германского МИДа.

Едва я вернулся в Москву и начал переговоры с Narkomindel, как разразилась буря в берлинской прессе. Некоторые газеты вновь обратились к своим заявлениям о моей вялости при выполнении возложенных на меня обязанностей, и все они опубликовали сообщения о том, что смена посла в Москве является делом решенным. Некоторые из демократических газет, такие как Berliner Tageblatt, разоблачили эти интриги. Однако отдел МИДа по связям с прессой по-прежнему хранил молчание. Должен сказать, я был сильно взбешен как тем, что приходится отбивать атаки с тыла в тот самый момент, когда мне приходится вести важные переговоры с Советским Союзом, так и тем, что не получил в этой ситуации никакой поддержки со стороны своего руководства. И потому был настроен добиться окончательного решения вопроса, попросив министра Куртиуса опубликовать официальное опровержение того, что в посольстве в Москве предстоят какие-либо перемены, причем сделать это в течение 48 часов. Если Куртиус откажется, я сообщу ему, что ухожу в отставку.

Опровержение было опубликовано, интригу разоблачили, и с тех пор я мог спокойно заниматься делом, причем намного более успешно, чем раньше.

Что касается плана задействования согласительной комиссии, Narcomindel с готовностью согласился, и встреча была запланирована на июнь. Руководителем германской делегации был назначен герр фон Раумер. Я уже упоминал о нем в своем рассказе о конференции в

Женеве как о блестящем и остроумном человеке, ведущем промышленнике и члене Reichstag от той же партии, что и Штреземан. Другими членами делегации были мой друг герр фон Мольтке из МИДа и герр Хенке — бывший адъютант графа Ранцау. Они остановились у нас в посольстве, и мы от души наслаждались ежедневным общением с этими интеллигентными и приятными людьми.

Начавшиеся переговоры приняли неизбежный оборот, характерный для всех переговоров с советскими властями в то время, а именно: максимум ссор из-за пустяков и минимум конструктивных результатов. Однако примирительная комиссия работала в соответствии с нашими ожиданиями, ввиду того, что она служила своего рода предохранительным клапаном, позволяя в конце концов принять взвешенное решение после предварительных накаленных дискуссий.

Эксперимент был повторен на следующий год с менее удовлетворительными результатами, после чего окончательно оказался преданным забвению, выполнив свою задачу — позволив продемонстрировать всему миру «прогрессивные дипломатические методы», придуманные советским правительством, а также некоторые новые способы, которые могли быть использованы в дипломатической практике.

Несколько более долговечные результаты, чем эти чисто юридические, были достигнуты в беседах, которые состоялись у герра фон Раумера с некоторыми из ведущих советских функционеров, такими, как, например, Микоян. Раумер был слишком сообразительным человеком, чтобы не догадываться о потенциальных возможностях целого континента, приступившего к своей индустриализации, и перспектив, которые открываются здесь для германской экономики. Хотя Раумер всегда стоял за развитие торговли с Советским Союзом, он согласился с моими мыслями и предложениями, которые я изложил ему в ходе наших долгих бесед, и с тех пор стал одним из самых стойких сторонников предоставления кредитов Советскому Союзу. Его помощь была тем более ценной для меня, что он находился в дружеских отношениях с недавно назначенным канцлером — доктором Брюнингом.

ГЕРМАНСКИЕ КРЕДИТЫ СОВЕТСКОМУ СОЮЗУ

Пятилетний план вступил в решающую стадию. Непосредственное воздействие, оказанное им на русско-германские экономические отношения, ограничивалось главным образом растущим наплывом германских специалистов и технических работников — как результат наступления, начатого СССР «Германской инженерной неделей». По крайней мере пять тысяч из них были разбросаны по многочисленным промышленным предприятиям на всей огромной территории Советского Союза. Многие из них осели в Москве, работая в качестве экспертов в министерствах и плановых организациях, но большинство трудилось за Уралом, в бассейне Дона, на Кавказе и даже в более отдаленных областях. Среди них было много высококвалифицированных специалистов, хотя большинство из них были просто обычными людьми, потерявшими работу в Германии вследствие усиливающейся экономической депрессии и потому были рады найти работу в далекой России.

Наиболее талантливые из этих инженеров не были, конечно, уволены своими германскими работодателями. Но в России им платили не в рублях, а в иностранной валюте. Инженеры высокого класса получали «капиталистические» зарплаты от 60 до 80 тысяч золотых марок, в то время как средний инженер в Германии получал от 5 до 8 тысяч марок в год. Такой приток иностранной валюты был важным фактором для германской экономики, и он тем более приветствовался в Германии, что эти люди не только не были безработными во время депрессии, но и имели возможность приобретать ценный опыт работы в зарубежной стране.

Что до политического аспекта вопроса, то эти германские инженеры, разбросанные по всей России, были для меня самым ценным источником информации. Поскольку те из них, кто выполнял наиболее важные задачи, поддерживали постоянную связь с посольством и с германскими консульствами в других городах, мы были всесторонне информированы не только об экономическом развитии в стране пребывания, но и по другим вопросам, таким, как, например, взгляды и настроения людей, а также процессы, происходившие внутри партии.

Полагаю, что ни одна зарубежная страна ни до, ни после не имела в своем распоряжении такого количества подробной информации о Советском Союзе, сколько имела Германия в начале 30-х годов.

Эта информация подкреплялось еще и компетентностью сотрудников германского посольства и консульств в разных частях СССР. Как только германские специалисты покинули страну и политические отношения между двумя странами ухудшились, следом за ними опустился «железный занавес», изолировав нас столь же надежно, как и остальной мир, от событий, происходивших внутри Советского Союза.

Если исключить наплыв инженеров и техников, то можно сделать вывод, что русско-германские отношения оказались не очень сильно затронуты пятилетним планом. Кредит, предоставленный Советскому Союзу где-то в 1928 году, до сих пор не поступил. Он не был увеличен, как не было и каких-либо переговоров об этом, ведущихся или планируемых.

Чем больше я знакомился с развитием событий в Советском Союзе, и особенно с пятилетним планом, тем сильнее становилось мое убеждение, что у Германии есть уникальная возможность значительно увеличить свой экспорт и утвердиться в стране с, похоже, практически неограниченными потенциальными промышленными возможностями.

У меня не было иллюзий относительно долговечности подобного состояния дел, поскольку я отчетливо сознавал, что Советы обратились к Германии за помощью и сотрудничеством в индустриализации своей страны не просто из чистой симпатии. Я достаточно хорошо был осведомлен о том факте, что истинной целью, стоявшей за пятилетним планом, была автаркия, столь полная, насколько это возможно. Идеальным для Советов было бы вообще ничего не импортировать. Более того, я принял во внимание и тот факт, что в тоталитарном государстве любая покупка и продажа — вопрос в высшей степени политический. Если бы Советский Союз начал проводить политику установления близких отношений с Соединенными Штатами или Великобританией, заказы на оборудование и другие товары были бы сразу переключены на нового друга и мы остались бы не у дел.

Но несмотря на эти соображения, а возможно, именно благодаря им, мое позитивное отношение к сотрудничеству с Россией не претерпело изменений. Даже если первый пятилетний план был для Германии не более чем преходящей возможностью наладить торговлю с Советским Союзом в большем масштабе, за нее все равно следовало ухватиться. Игра стоила свеч, поскольку открывала новый рынок для германского экспорта, пусть даже всего на несколько лет, и давала шанс продажи товаров на сотни или тысячи миллионов марок в момент острого кризиса мировой экономики. Но я был не очень уверен, что русские смогут обойтись без иностранных товаров и после завершения своей индустриализации. Они и дальше будут зависеть от Германии в вопросе снабжения запасными частями, и в любом случае существовала вероятность того, что многие предприятия предпочтут оборудование, которое они знают и к которому привыкли, тому, что произведено неопытными рабочими на новых русских предприятиях.

Но самое главное, я, как немец, очень гордился качеством германских товаров и высокой квалификацией рабочих и потому был достаточно уверен, что Германия с ее изобретательностью и техническим мастерством всегда будет далеко впереди русских, которым так или иначе придется прибегать к нашей помощи, если они собираются достичь вершин в технической сфере и эффективности производства. У меня не было сомнений в том, что Советы захотят приобрести самое новейшее оборудование, поскольку мне была знакома эта черта русских и, особенно, советских русских — они всегда стараются заполучить самые современные технические разработки, даже если эти разработки и не подходят к их сравнительно отсталой экономической системе.

Проблему конкуренции всегда должно пристально исследовать. У Германии был определенный приоритет на русском рынке как благодаря дружественным политическим отношениям, которые установились между двумя странами, так и благодаря тому, что она сама была высокоиндустриальной страной с первоклассными техническими и промышленными мозгами, но не имеющей в своем распоряжении военной или политической мощи, что в какой-то момент могло стать опасным. Но главное — не было в то время у Германии серьезных конкурентов и в области использования богатств Советского Союза. Так, дипломатические отношения между Союзом и Великобританией были разорваны, и последняя полностью вышла из игры; Соединенные Штаты также не проявляли какого-либо особенного интереса к России, хотя компании «Дженерал Электрик» и «Форд» уже занимались или планировали заняться бизнесом в Союзе, а полковник Купер проектировал Днепрогэс в соперничестве с концерном Симменса. Но, похоже, у Соединенных Штатов не было очень сильного желания выходить на российский рынок. Кроме того, условия такого выхода были довольно суровы: требовались наличные деньги и никаких кредитов не предоставлялось.

Германская монополия на сомнительном и революционном русском рынке была обречена стать временной и очень быстро могла подойти к концу. Как только обстановка в России успокоится или депрессия в Америке достигнет столь катастрофического уровня, что новые рынки придется искать любой ценой, англо-саксонские державы могут явиться на русский рынок уже в качестве серьезных конкурентов. Советский русский питал определенные симпатии ко многим аспектам американского образа жизни. Обширность американского континента была привлекательна для него и вызывала родственные чувства, в то время как грандиозное промышленное развитие Америки было мечтой, которую он желал бы увидеть воплощенной в жизнь в своей собственной стране. Америка, думал советский русский — единственная страна, равная России.

Однако Германия никогда и не стремилась обрести монополию на российском рынке, поскольку он слишком велик, чтобы его могла заполнить одна страна. Да и риск при этом считался весьма серьезным. И потому мы старались привлечь интерес к русскому рынку, особенно в Америке и Франции, равно как стремились способствовать установлению политических контактов Советской России с внешним миром. В основе этого стремления лежало убеждение, что риск участия в долгосрочных кредитах следует делить с другими странами. Наш генеральный консул в России герр Шлезингер был убежденным сторонником подобных планов и обсуждал их в Париже и в Соединенных Штатах. Однако идеи эти получили развитие лишь позднее, где-то в 1932 году, и прежде чем за них ухватились капиталисты, всегда медлившие заняться чем-то новым, если они с куда меньшими затратами могут делать деньги другими способами, национал-социализм уже пришел к власти и покончил как с этими планами, так и со многими другими.

Конечно, идея разделенного общего риска и совместного бизнеса могла созреть лишь после того, как Германия сумеет прочно утвердиться на российском рынке. Чтобы достичь этого, нам пришлось дать русским некоторые стимулы, чтобы побудить их предоставить Германии приоритет перед другими конкурентами. Если бы они могли платить наличными, они, вероятно, приобретали бы оборудование в Америке. Но у русских не было золота или других активов, по крайней мере в каких-то значительных количествах и потому они стремились платить излишками своего зерна или другими товарами, которые еще только собирались производить.

Мы могли бы сохранить их заказы, если бы согласились предоставить им долгосрочные кредиты. И это не явилось бы для нас чем-то новым, поскольку на протяжении последних нескольких лет экономические отношения между Германией и Советским Союзом развивались именно таким образом. Проблема, которую теперь следовало бы решить, состояла в том, должны ли эти кредиты быть множественными или нет. Именно здесь и встал важный вопрос, на который требовался прямой ответ: можно ли доверять Советскому Союзу как должнику?

После долгих и серьезных размышлений и всесторонней оценки ситуации я собрал все свое мужество и решил, что Советам должно доверять и что нам следует сделать первый шаг к реализации наших торговых планов. Главной причиной, побудившей меня занять эту позицию, было осознание с моей стороны того факта, что русская экономическая система была на деле тождественна советскому государству. Кредиты, предоставленные некоему тресту, лишь номинально могли считаться сделкой, заключенной с частным концерном. На самом деле возвращало бы эти кредиты советское государство. Если советское государство будет платежеспособным, то и возврат кредитов будет гарантирован.

Все эти размышления свелись к вопросу: собирается ли Советский Союз оставаться платежеспособным предприятием, и я был уверен, что да. Безграничная энергия и целеустремленность советских руководителей произвели на меня глубокое впечатление. Хотя им еще предстояло пережить немало экономических трудностей, но многие тяжелейшие препятствия они уже преодолели и теперь более уверенно стояли на ногах. Я был убежден, что они сделают все от них зависящее, чтобы оплатить свои обязательства, поскольку каждый неоплаченный вексель означал бы банкротство государства.

Подобные мысли кажутся логичными и довольно простыми, однако они стоили мне многих бессонных ночей. Ведь все это происходило в то самое время, а именно — в 1930—1932 годах, когда Советский Союз, казалось, делал все возможное, чтобы подорвать собственную платежеспособность. Путем форсированной коллективизации он разрушал само основание оставшихся у него активов — свое сельское хозяйство. Он проводил безумную политику по отношению к своим человеческим ресурсам — крестьянам и промышленным рабочим. Вместо смягчения своего языка и методов, с тем, чтобы хоть в какой-то степени снискать расположение и заслужить доверие капиталистического мира, он продолжал враждовать с этим миром. Стало окончательно ясно, что надежды многих наивных людей во всем мире на возможное превращение Советского Союза в нормальное государство не оправдались.

Последнее, что я мог возразить всем тем, кто не верил в платежеспособность Советского Союза, это то, что если Союз станет неплатежеспособным, кредиты, вложенные в него, можно будет, по крайней мере, рассматривать как достаточно эффективный способ облегчить бремя безработицы. Мне казалось, что этот довод неоспорим, поскольку базировался на катастрофическом экономическом кризисе, охватившем Германию в 1930—1932 годах. При шести миллионах безработных и миллиардных суммах, выплачиваемых в качестве пособия по безработице, нельзя было совершить большей глупости, чем отказаться от возможности занять сотни тысяч германских рабочих и инженеров полезным трудом.

И наконец, мне могли возразить, что, помогая России, мы тем самым как бы поощряем потенциального преступника. Могли ли мы взять на себя ответственность за помощь в приумножении ресурсов страны, которая может стать опасным соперником и целью которой было добиться автаркии и создать собственную промышленность? Мой ответ на этот вопрос был таков, что Россия в любом случае станет индустриальной страной и что, отказываясь сотрудничать с ней, мы можем лишь замедлить или отложить этот процесс, но никак не предотвратить его. Однако подобный отказ может быть сделан лишь ценой отказа от широких возможностей, которые открывала торговля с Россией для германского экспорта. Промышленники из стран-конкурентов ухватятся за такую возможность, и русский рынок будет потерян для Германии. Возможно, навсегда.

Таковы были вкратце размышления, которые побудили меня с растущей энергией защищать идею о необходимости для Германии более настойчиво проявлять инициативу в ее экономической политике по отношению к России. Я обратился к представителям германских промышленников и произнес перед ними соответствующие речи, договоренность о чем была достигнута во время моего пребывания в Берлине. В том же духе я набросал отчет в МИД и обсудил этот вопрос с моими коллегами в Берлине — как в беседах, так и в частных письмах. Чем более смутными становились перспективы у промышленности во всем мире, тем больше энтузиазма проявляли представители федеральной германской промышленности. Многие ведущие фирмы направили руководителей своих Восточных отделов в Москву, чтобы на месте изучить ситуацию в России. Однако «ключевые» люди германской индустрии были все еще слишком горды, чтобы самим отправиться в Москву, что русские — всегда очень чувствительные в подобных вещах — воспринимали как снобизм и оскорбление.

Таким образом, вскоре германские промышленники оказались достаточно подготовленными, чтобы взяться за получение огромных прибылей, которые ожидали их в России, тем более что это не влекло за собой никакого риска, поскольку финансировать это предприятие должны были другие. Именно на данном этапе вступали в игру министерства финансов как рейха, так и отдельных федеральных земель. Крупные германские банки — D-Banks, например, отказались, конечно же, финансировать эти кредиты. Они оживленно занимались предоставлением долгосрочных кредитов на довольно фантастические проекты из денег по тем краткосрочным кредитам, что были получены от Соединенных Штатов. Что и стало одной из причин их краха в 1931 году.

Метод делания денег путем крупных банковских операций всегда и везде один и тот же: когда банки занимают, они платят 2%, а когда ссужают — то просят 8%. Банковские магнаты приобретают психологические привычки функционеров, и они верно служат им в те эпохи, когда государство приходит, чтобы поглотить их путем проведения национализации. Однако в случае с русскими кредитами D-Banks снизошел до того, чтобы образовать группу, которая должна была ссужать России суммы, занятые им самим у государства и следить за их использованием. Один из членов такой группы, Якоб Голденшмидт из Darmstadter Bank, был так горд, что отказывался даже говорить на эту тему. Постепенно, после долгих и сложных дискуссий и переговоров с министрами и банкирами рейха и федеральных земель, был выработан план, создавший основу для проведения крупномасштабных кредитных операций.

Таким образом, общая ситуация, наряду с приобретенным к этому времени опытом в технике долгосрочного кредитования, а также сравнительно спокойная политическая атмосфера благоприятствовали дальнейшему расширению нашей торговли с Россией. Определенная инициатива была предпринята и Советским Союзом и, в частности, творцом пятилетнего плана Орджоникидзе. Он пригласил ведущих германских промышленников посетить Советский Союз для ознакомительного путешествия. Как всегда, подготовка плана такой поездки, которой советское правительство придавало огромное значение, была проведена с крайней тщательностью и эффективностью. Некоторые из ведущих советских экономистов — среди них Пятаков, если не ошибаюсь, — были направлены в Германию, чтобы вручить приглашения лично и оказать на предполагаемых гостей мягкое давление, с целью побудить их ответить согласием. При этом русские обошли германский МИД, который лишь нехотя бросил беглый взгляд на то, что происходит. На этот раз советские инициативы ожидал полный успех, поскольку все важнейшие германские фирмы приняли приглашения и направили своих представителей в поездку по России.

Это была действительно весьма представительная делегация германской промышленности, которая прибыла в Москву в марте 1931 года. В нее входили люди из концернов Круппа, AEG, Симменса, Демана, Клекнера, Борзига. Ведущие фирмы в металлургии, электро- и станкостроительной промышленности направили своих самых известных людей. Петер Клекнер, владелец литейных заводов, угольных шахт и различных других предприятий в Руре, был избран главой делегации.

Клекнер был, что называется, «сам себя сделавшим» человеком. Привлекательной внешности, очень искусный в переговорах и в общении с людьми. После завтрака в посольстве я произнес перед членами делегации длинную речь с тем, чтобы кратко познакомить их с царившей в Москве атмосферой. Делегаты последовали моему совету не спешить в ходе коммерческих и деловых бесед, а соблюдать приличия, предписываемые ознакомительным характером путешествия, ради которого, в конце концов, они и были приглашены.

После роскошного обеда, данного в их честь Орджоникидзе, на котором присутствовали многие руководящие деятели Советского Союза, наш хозяин разочарованно сказал мне: «Твои люди, похоже, не очень интересуются делом». Он явно воображал, что буржуи-капиталисты окажутся жадными дельцами, которых интересует только бизнес и больше ничего.

В течение нескольких последующих дней казалось, что дело зашло в тупик, поскольку каждая из сторон ждала от другой, что та проявит инициативу. Гости в сопровождении хозяев ездили по Москве, прилежно осматривали достопримечательности и дружно ходили на экскурсии на предприятия.

На приеме а-ля фуршет, как называли его русские, устроенном в посольстве, мне удалось, наконец, начать серьезный разговор с помощью намеренной оговорки, сделанной в ходе беседы с Орджоникидзе и Клекнером. В результате была назначена встреча, и начался тяжелый торг. Русские почти завалили наших людей заказами на общую сумму более чем миллиард марок, но породили в своих собеседниках немалый скепсис и недоверчивость продолжительностью кредитных сроков, которые они потребовали. Однако немецкие промышленники не имели полномочий заключать сделку или уступать в вопросах кредитных сроков. Собственно, члены делегации были использованы лишь как наконечник копья, движущая сила, направленная на то, чтобы сокрушить стены бюрократии и инерции.

И здесь русские добились полного успеха. На германских представителей произвели впечатление уже достигнутые результаты в создании тяжелой промышленности как в самой Москве и близ нее, так и в Ленинграде, а также перспективы, открывавшиеся здесь для германской промышленности. Но более всего их поразили энергия и неукротимый дух советских руководителей. Соответственно они были совершенно готовы хоть сейчас взять на себя смелость пойти на ограниченный риск, главное бремя которого должно было лечь на плечи правительства. Привыкшие действовать решительно и прямо, они не желали ждать проведения бюрократических совещаний за закрытыми дверями, прежде чем высказать свои взгляды, и потому еще до того, как поезд, доставивший их из России, остановился на Schleischer Bahnhof в Берлине, члены делегаций уже начали давать свои первые интервью прессе, а именно «B. Z. am Mittag» — крупной берлинской дневной газете.

Промышленники в эмоциональных выражениях описывали возможности, открывавшиеся для германской экспортной торговли в России. Те, чьей функцией было скорее сдерживать, чем форсировать движущие силы германского экспорта, были совершенно ошеломлены подобными заявлениями. Но никакое эффективное сопротивление аккумулированной энергии тяжелой индустрии на фоне надвигающейся экономической катастрофы, как и уже проделанной подготовительной работе, было уже невозможно. Новый кредит в 300 миллионов марок был предоставлен Reichstag'ом и в дальнейшем был еще увеличен. А уже предоставленные кредиты были трансформированы в возвратные.

Что особенно запомнилось в этом лабиринте технических деталей, так это сложный управленческий аппарат, который был создан тогда и благодаря которому в течение двух или трех лет германские товары стоимостью почти два миллиарда марок были отправлены в Россию. В тот период Германия возглавила список импортеров «из» и экспортеров «в» Советский Союз — на ее долю пришлось почти 50% сумм экспорта и импорта; при этом мы не потеряли ни пфеннига на этих сделках, и долго еще после того, как русско-германская торговля была прервана вступлением на престол национал-социалистов, «золото из России» продолжало течь в сундуки Reichsbank'a.

В ходе визита германской промышленной делегации я подружился с некоторыми из ее членов. Когда мы с женой были в отпуске в Германии, мы посетили герра и фрау Клекнер в их гостеприимном доме, расположенном близ Дуйсбурга. Нас также пригласил к себе Geheimrat Reuter (тайный советник. — *Прим. перев.*) Демаг, работающий поблизости. Это стало для меня источником радости — посещать многочисленные промышленные предприятия Рура и повсюду видеть огромные ящики и упаковочные клети, предназначенные для отправки в Москву, Ленинград и другие города России. Эти заказы позволяли загрузить мощности значительной части промышленности Рура. Сотни тысяч немецких рабочих и инженеров смогли устроить свою жизнь и таким образом избежать лишений и нужды, неизбежно сопутствующих безработице во время самого страшного экономического кризиса, который в течение десяти лет терзал мир.

ПОПЫТКА ПОКУШЕНИЯ

Период, последовавший за предоставлением СССР долгосрочного кредита и визита делегации германских промышленников в Москву, был одним из самых спокойных и самых приятных из пяти лет, проведенных мной в русской столице. Моя уверенность в том, что тесные экономические отношения будут способствовать

143

созданию гармоничных политических отношений между Германией и Россией, подтвердилась. Однако эта атмосфера спокойствия была вскоре нарушена драматическим инцидентом.

В полдень, в субботу 5 марта 1932 года мне позвонили и сбивчивым голосом проинформировали, что в советника нашего посольства герра фон Твардовски было произведено несколько выстрелов и что он серьезно ранен. Я немедленно отправился в госпиталь, чтобы увидеться с Твардовски которому только что сделали рентгеновский снимок руки. Две кости левой руки были раздроблены пулей, и необходима была операция. Хотя он сильно страдал от боли и шока, но тем не менее продемонстрировал огромное мужество и присутствие духа.

Вскоре появились Крестинский и начальник германского отдела Narkomindel Штерн и принесли извинения от имени советского правительства за покушение на жизнь Твардовски и мою, поскольку уже было установлено, что убийца намеревался выстрелить в меня и что Твардовски стал жертвой ошибки преступника, который был схвачен ГПУ сразу же после покушения. Вот как это произошло.

Твардовски возвращался домой из посольства, и когда он оказался у оживленного перекрестка, где его машина была задержана плотным потоком транспорта, какой-то молодой человек выстрелил через заднее стекло его машины, целясь Твардовски в голову, но, к счастью, пуля лишь слегка задела его. Твардовски инстинктивно поднял руку, которая и была прострелена второй пулей. Быстро наклонив голову, Твардовски, избежал трех последующих пуль, выпущенных хладнокровно и точно. Они лишь прошили окно в нескольких дюймах от головы советника. После чего убийца бросился к машине и попытался убить Твардовски последней пулей, однако его револьвер дал осечку, и нападавший был арестован на месте преступления несколькими сотрудниками ГПУ, которые, к еще большему счастью, случайно проезжали на своей машине мимо. Задержанный оказался молодым студентом по фамилии Штерн.

До позднего вечера я был занят обычной рутинной работой, которую повлек за собой этот инцидент. К счастью, Твардовски сравнительно быстро оправился от своих ран, хотя потребовалось еще несколько операций, и прошли годы, прежде чем его рука полностью зажила.

У меня состоялась серьезная беседа с Крестинским, и я настоятельно просил его обязательно провести расследование этого инцидента и информировать меня о дальнейшем развитии событий. У меня не было сомнений, что советское правительство выполнит свою обязанность задержать и наказать преступника. Я чувствовал, что власти сделают это не столько из уважения к дружественной державе, сколько из-за того, что Штерн совершил преступление против Советского Союза, поскольку было очевидно, что предпринятая им попытка убийства имела политический характер, а не личный. Я сделал все возможное в данной ситуации, настоятельно убеждая Крестинского немедленно уладить некоторые острые вопросы, чтобы успокоить германское правительство. Я также телеграфировал в МИД, посоветовав спокойно дождаться конца расследования, прежде чем предпринимать какие-либо решительные шаги. Поздно вечером я побывал на собрании членов германской колонии. Жившие в Москве немцы, узнав об этом инциденте, готовы были удариться в панику и боялись, как бы не начались массовые немецкие погромы.

Однако по-настоящему важным и интересным аспектом данного инцидента стали, скорее, вызванные им сложности политического характера. Политические убийства в России — дела запутанные и сложные, они превратились здесь в почти освященный веками институт. Эти убийства лучше, чем что-либо другое, отражают извилистый, запутанный процесс мышления, столь характерный для славянского ума. Наиболее распространенная ошибка, которую обычно совершают западные наблюдатели, — предположение, что подобные убийства совершаются для того, чтобы уничтожить человека, которого убийца рассматривает как врага или помеху. На самом деле зачастую бывает как раз наоборот. Заговорщик и его шайка часто рассчитывают, что убийство, которое они совершат, вызовет некую реакцию, ожидаемые последствия которой и есть их настоящая цель.

Когда Столыпин был убит в киевской опере, он был убит не революционером-одиночкой, желавшим освободить Россию от преступника, но тайным агентом полиции, который хотел спровоцировать правительство на принятие определенных репрессивных мер в отношении революционного движения. Когда один из моих предшественников в Москве граф Мирбах был убит в 1918 году, сей акт был совершен отнюдь не твердокаменным большевиком, ненавидевшим представителя реакционной милитаристской Германии, но злейшим врагом большевистского правительства, социал-революционером, чьей целью было свержение советского строя, поскольку он рассчитывал, что на убийство своего представителя германское правительство отреагирует объявлением войны Москве.

Сама идея заговора против моей жизни не была для меня новостью, поскольку я часто получал письма с угрозами, особенно, что казалось довольно странным, после заключения кредитного соглашения. Анонимный автор писал, что за машины, покупаемые в Германии, будет заплачено русским зерном и что в результате в России появится еще больше голодающих. Таким образом, когда этот человек, Штерн, предпринял свою попытку убрать Твардовски, моей первой мыслью было, что какой-то недовольный гражданин намерен поставить свое правительство в трудное положение. Я еще сильнее убедился в этом, когда стало известно, что Штерн был исключен из Komsomol'a — коммунистической молодежной организации, и что это была озлобленная личность, которой с самого начала было трудно управлять.

ГПУ в своем раследовании исходило из этих фактов, однако был в этом деле еще один — и довольно важный — запасной путь, по которому пошли компетентные органы. Они обнаружили, что в этом заговоре участвовал второй человек, по фамилии Васильев. И Штерн, и Васильев тщательно подготовились к своей акции и в течение нескольких недель следили за всеми посетителями посольства из окна здания, расположенного как раз напротив нашего посольства в Леонтьевском переулке. И особенно внимательно изучали они мои привычки, и в частности время моего прибытия в офис и отъезда с работы. И лишь благодаря тому, что в ту роковую субботу я уехал из посольства на десять минут раньше, чем обычно, я остался жив.

Однако ГПУ считало, что здесь замешано еще и польское посольство. Факт этот был якобы установлен, и потому мне сообщили, что и Штерн, и Васильев поддерживали связь с польским посольством и антигерманскими кругами Польши.

В дальнейшем было заявлено, что в качестве посредника выступал шофер, возивший Твардовски, поляк, работавший в посольстве на протяжении десяти лет. Таким образом, мотив, которым руководствовались оба преступника, был ясен: путем убийства посла они хотели втянуть Советский Союз в конфликт с Германией и были поддержаны в своих действиях антигерманским подпольным движением в Польше.

Я энергично протестовал против попытки втянуть нашего шофера-поляка в это явно состряпанное дело, поскольку знал, что он был надежным и порядочным парнем. И я проследил, чтобы подобные утверждения были отброшены. Более того, я не поверил и в историю о польском заговоре и сразу нанес ответный визит своему польскому коллеге Патеку, который посетил меня в этой связи.

Совершенно по-иному о подоплеке этого покушения было рассказано в книге германского коммуниста по фамилии Альбрехт, идеалиста, много лет проведшего в России. Он служил Советскому Союзу на неполитическом посту — в качестве инспектора лесного хозяйства. Лишившись иллюзий и почувствовав отвращение, он, подобно многим другим немецким коммунистам, вернулся в свой старый фатерланд и написал интересную и разоблачительную книгу размером около 600 страниц под названием «Предательство социализма».

Альбрехт утверждает, что он получил из первых рук информацию, касающуюся заговора Штерна — Васильева от сидевшего с ними в тюрьме приятеля. Согласно этой версии, Коминтерн считал, что ситуация в Германии созрела для революционного переворота, и рассматривал убийство германского посланника в Москве в качестве лучшего способа вызвать в стране кризис. Переоценивая важность, придаваемую в Германии фигуре посла, коммунисты решили, что на это преступление германское правительство немедленно ответит разрывом дипломатических отношений с Советским Союзом. Они были уверены, что германский пролетариат, разгневанный подобным оскорблением, поднимется, как один человек, и освободит себя от оков Веймарской республики.

И хотя подобная версия звучит довольно фантастически, она, конечно, характерна для извилистого мышления этих людей. Мой коллега, неплохо знакомый с практикой ГПУ, заподозрил неладное, когда я сказал ему, что машина ГПУ случайно оказалась на месте происшествия, поскольку не был уверен, не является ли подобное совпадение частью заговора.

Кульминация события, а именно — суд над Штерном и Васильевым, также поставила несколько трудных вопросов. Narkomindel очень желал, чтобы я побывал на суде. Но я не был готов легализовать этот процесс своим присутствием. Хотя в то же время чувствовал своим долгом подчеркнуть значение, которое германское правительство придавало должному ведению судебного процесса, и потому не мог его совсем проигнорировать. Я решил посетить ту часть его, где в заключительном судебном заседании должен был рассматриваться иностранный аспект дела.

Шоу — ибо только так я смог бы охарактеризовать это — отличалось идеальной постановкой. Председателем суда был Ульрих, тогда как пресловутый Крыленко выступал в роли прокурора. Вышинский на этот раз занимал скромное место наблюдателя.

Все шло по плану — по советскому плану. На вопросы давались ответы — без запинки и колебаний, и было очевидно, что каждый знал свою роль наизусть. Но один сбой все же произошел, когда Штерну был задан некий вопрос, на который он ответил слегка запинаясь. После чего замолчал и сболтнул, не подумав, следующую фразу: «Я должен сказать здесь, что во время предварительного следствия со мной обращались совсем не на европейский манер». Он имел в виду пытки, которым был подвергнут.

Судьи и прокурор были ошарашены, и Ульрих объявил перерыв на 20 минут. Когда Штерн вернулся на скамью подсудимых, он отвечал на все адресованные ему вопросы без каких-либо задержек и строго согласно плану. Во время перерыва удалось уладить возникшую проблему. Оба обвиняемых были приговорены к смерти и, как пишет Альбрехт в своей книге, казнены.

Но даже после суда количество поступающих мне писем с угрозами не уменьшилось. Спустя несколько дней я получил одно, в котором неизвестный, очевидно из добрых побуждений, предупреждал, что против меня замышляется новый заговор. Поскольку попытка убить меня с помощью оружия не удалась, автор намекал, что на следующий раз заговорщики воспользуются бомбой. Но все обошлось.

Дело это оказало заметное воздействие на нашу повседневную жизнь, а именно: ГПУ стало еще более строго и внимательно следить за каждым моим шагом. Тайная полиция с радостью ухватилась за предоставившуюся ей возможность отказаться от тайной слежки за передвижениями дипломатических представителей и теперь даже не делала попыток скрыть свою деятельность. Под предлогом того, что после покушения на жизнь Твардовски сотрудникам посольства необходима более эффективная защита, послов стали сопровождать одетые в штатское агенты полиции в «форде». Стоило мне, отправившись на прогулку, остановиться, как пассажиры «форда» делали то же самое и окружали меня более или менее незаметно. Они сопровождали меня в моих поездках, а когда я охотился на Северном Кавказе, настояли на том, чтобы быть рядом. Когда мне удавалось убить зайца, они восторженно восклицали: «Isklyuchitelno udachno!» («Исключительно удачно!») И когда в 1933 году русско-германские отношения стали напряженными, ГПУ, ссылаясь на якобы враждебное отношение к немцам со стороны общественного мнения, стало использовать для слежки за мной уже два «форда», набитых людьми в штатском.

ВТОРОЙ ПЕРИОД В МОСКВЕ

Второй период моей миссии в Москве продолжался с осени 1930 года по 30 января 1933 года. Он начался с переговоров о создании согласительной комиссии, которая должна была бы улучшить удручающе скверные отношения между двумя странами, и достиг кульминации в ходе визита германских промышленников в Советский Союз, и политического и экономического успеха этого визита. Несмотря на то, что последствия этого визита еще сказывались, политическая обстановка в стране являла первые признаки коллапса. Трудно было бы назвать точную дату или определенную причину возникновения этой напряженности.

В высших сферах Германии произошли важные перемены. Министр иностранных дел Куртиус стал жертвой попытки заключить таможенный союз с Австрией, хотя и он, и австрийский канцлер Шобер действовали совершенно искренне и открыто, но последовала незамедлительная и острая реакция со стороны французского правительства. И потому пост министра иностранных дел оставался вакантным до 1932 года, когда герр фон Нейрат стал членом кабинета фон Папена. До его назначения в роли министра иностранных дел выступал сам канцлер Брюнинг. Он приобрел славу и известность во всем мире за свою политическую прозорливость, смелость, верность принципам и, главное, за свой гуманизм и глубокую религиозность, которые и руководили всеми его поступками. Но времена были слишком тревожными, политическая ситуация дома слишком запутанной, а его собственная умеренность слишком ярко выраженной, чтобы он мог уделять иностранным делам нечто большее, чем поверхностное внимание.

Таким образом, доминирующей фигурой во всем, что касалось формирования германской внешней политики, был в те годы статс-секретарь, который плодотворно сотрудничал с канцлером. Был, однако, один аспект в отношениях с Советским Союзом, по которому Брюнинг имел свое определенное мнение. Его религиозные убеждения слишком много значили для него, чтобы он мог питать какие-либо другие чувства, кроме отвращения, к этому антирелигиозному государству и его методам. Брюнинг был всегда готов выслушать аргументы, высказанные в поддержку политики сотрудничества с Советским Союзом, если это сулило экономические выгоды его стране, которая в результате ужасного кризиса была истощена и доведена до отчаяния. Но он избегал любой инициативы в этом направлении, сводя к минимуму поддержку, которую он оказывал развитию такого сотрудничества.

Таким образом, на протяжении этого периода я в основном обращался к Бюлову. Хотя мы и были с ним добрыми друзьями, но, занимаясь вместе рутинной работой и решением вопросов политического характера, мы оба поняли, сколь фундаментально отличаются наши характеры. Его личность была талантливо и очень симпатично описана в книге бывшего французского посла в Берлине М. Франсуа-Понсе. Высокий интеллектуальный уровень Бюлова, его политическое чутье и обширные познания в международных делах, в их самых разных аспектах, были, отчасти, помехой его критическому и аналитическому уму, мешая позитивному и творческому подходу к политическим проблемам. Его анализ любой ситуации был столь исчерпывающим, что он всегда находил весомые причины для проведения политики «ждать и наблюдать». Более того, все связанное с советскими делами вызывало у него почти физическое отвращение. Таким образом, можно сказать, что в русско-германских делах события тащили его за собой, тогда как в других случаях он не упускал возможности отстаивать свои воззрения и быть напористым.

Для меня это стало источником искреннего сожаления, но произошли также некоторые радикальные перемены и среди высшего руководства Восточного отдела. Мой преемник Траутман был назначен послом в Нанкин, а мой друг Мольтке — в Варшаву. Главой отдела стал герр Рихард Майер, чья буйная и динамичная личность снискала ему прозвище «Рихард-ракета». Он вел русские дела скорее с учетом колебаний в настроениях, превалирующих в Берлине, нежели придерживаясь какой-либо твердой долгосрочной политики. Мне часто приходилось напоминать ему о политике, которую должно проводить.

Следующий пример может помочь почувствовать царившую тогда в германо-русских делах атмосферу. В 1931 году, до истечения срока, был продлен на тот же период Берлинский договор 1926 года. Чтобы отметить это событие, Крестинский пригласил меня и руководящих работников посольства на завтрак, на котором, как нам сказали, в роли хозяина будет выступать Молотов, к тому времени сменивший Рыкова на посту премьер-министра. Событие совершенно исключительное, поскольку Молотов вообще-то терпеть не мог общаться с иностранцами. Но поскольку мы довольно бегло говорили по-русски, а Хильгер говорил как настоящий русский, у нас состоялся приятный завтрак с интересной беседой.

В середине завтрака меня пригласили к телефону, чтобы поговорить с Майером, который раздраженно спросил, была ли информирована пресса о пролонгации договора. Когда я ответил, что весьма вероятно, что да, он настойчиво попросил меня сделать все возможное, чтобы остановить публикацию.

Я вернулся к завтракающей компании с неспокойным чувством, поскольку было очевидно, что происходит нечто неблаговидное. Когда спустя несколько часов я ответил Майеру, что пресс-бюро Narkomindel проинформировало прессу, Майер пришел почти в отчаяние и вновь настоятельно потребовал сделать все, что в моих силах, чтобы воспрепятствовать публикации этого сообщения. Майер настаивал, что канцлер придает огромное значение этому запрету.

Сделать это было, конечно, совершенно невозможно — отменить сообщение, которое уже пошло в прессу для публикации, и конечный результат бурной деятельности «Рихарда-ракеты» неизбежно оказался таким, какого и следовало ожидать: мы спровоцировали вспышку глубокого недоверия и раздражения со стороны советских властей, которые, конечно же, перехватили наш телефонный разговор, и таким образом благотворный эффект самого факта пролонгации договора был сведен к нулю, а у договора оказалась плохая судьба. В результате потрясений, невероятной путаницы внутри Германии, порожденной кабинетной чехардой и разногласиями между тридцатью двумя или более того партиями, ратификация договора тянулась почти два года. И он так и не был ратифицирован до тех пор, пока нацисты не пришли к власти.

Подобные случаи были характерными для всей тогдашней атмосферы, царившей в Берлине, и поведения всех персон, руководивших МИДом в то время. Канцлер Брюнинг пожелал утаить информацию о подписании договора, поскольку германское правительство намеревалось предпринять demarche в Париже по поводу настоятельных и крайне важных экономических вопросов, давно ожидавших своего решения. И канцлер боялся, что, услышав сообщение о некоем русско-германском соглашении, французское правительство будет не склонно благоприятно рассмотреть те предложения, которые мы намеревались ему представить. Да, никогда ранее правительствам союзных держав не приходилось иметь дело со столь честными германскими правительствами, открыто стремившимися доставить им удовольствие, как правительства времен Веймарской республики, и никогда больше у них уже не будет стольких возможностей воздействия на Германию, которые они упустили самым непостижимым образом.

Однако и люди в Кремле были достаточно твердыми и закаленными политиками, чтобы не обращать внимания на подобные незначительные инциденты. Их куда больше беспокоило развитие общей ситуации в Германии. Крах банковской системы, за которым последовали мораторий на платежи и разрушительный экономический кризис с шестью миллионами безработных, привели к тому, что политический вес Германии в мире опустился до нуля. Предпринятые в 20-е годы попытки восстановить экономику и политический престиж оказались тщетными. Социальные волнения поставили страну на грань революции. Размах левого и правого радикализма давал основания говорить о возможности развязывания гражданской войны. Едва ли хоть один день проходил без каких-либо актов насилия, совершенных друг против друга противниками-антагонистами. Коммунисты захватили власть в Лейпциге и удерживали ее в течение нескольких дней, пока не вмешался Reichswehr и не восстановил порядок. В Берлине нападали на офицеров полиции и убивали их среди белого дня, а в ноябре 1932 года коммунисты и национал-социалисты объединились в призывах ко всеобщей стачке.

Кабинет фон Папена, одобренный рейхспрезидентом, пользовался поддержкой лишь со стороны Reichswehr'a и полиции, в то время как в Reichstag'e его поддерживали только умеренные правые, число последователей которых катастрофически сокращалось с каждыми последующими выборами. Советское правительство могло злорадствовать и внутренне ликовать, видя этот рост левого радикализма. Однако чаша весов, очевидно, склонялась в сторону правых. Советы относились к Кабинету фон Папена не очень благожелательно, поскольку по своим убеждениям фон Папен был ярый антибольшевик. Тот факт, что генерал Шлейхер, который был популярен у русских, также входил в состав Кабинета в качестве министра обороны, служил для них слабым утешением.

Гитлер в то время пока лишь неясно маячил где-то на заднем плане, но Narkomindel едва не ударился в панику, когда в августе стали ходить слухи о переговорах, якобы состоявшихся между маршалом фон Гинденбургом и Гитлером. На сей раз опасность миновала, и перестановки в правительстве, в результате которых фон Папен был вытеснен и заменен Шлейхером, дали русским некоторую передышку, хотя она обречена была стать весьма недолговечной.

Пока Советский Союз, с некоторым сомнением, недоверчивостью и дурными предчувствиями следил за развитием ситуации в Германии, на нее было оказано давление с другой стороны, с тем, чтобы побудить Германию разорвать узы, связывавшие ее с партнером по Рапалло. Политика Франции по отношению к России стала более позитивной, чем была на протяжении последних нескольких лет. Открытая враждебность, столь характерная для отношений между двумя странами после революции 1917 года, сменилась со стороны Кэ д'Орсе попыткой подружиться с Советским Союзом и примирить его со своей союзницей Польшей. Период франко-германского примирения, защищаемый Брианом и отмеченный переговорами в Локарно, Женеве и Труа, подошел к концу с уходом в отставку этого государственного деятеля. Его преемники, и в особенности Барту, с подозрением взирали на растущую волну национализма, поднимавшуюся в Германии, и в конце концов решили усилить коалицию союзников, целью которых было держать Германию как можно дальше от ее восточных границ.

Уменьшить трения с Кремлем оказалось для Парижа сравнительно несложной задачей. Влияние западников в Москве, которое никогда не сбрасывали со счетов в Берлине, росло пропорционально чувству беспокойства в отношении Германии. Литвинову не составило особого труда убедить членов Политбюро в том, что предложение Франции заключить пакт о ненападении не содержит никакого риска и может быть полезным в любом случае. Никаких возражений со стороны Берлина не ожидалось, хотя подобный пакт мог вызвать у немцев чувство ревности, сравнимое с соответствующим настроением в Москве во время переговоров, которые привели к заключению пакта Локарно. Считалось, что подобные дурные предчувствия могли быть даже несколько полезны тем германским политикам, которые отличались устоявшимися прозападными взглядами. Таким образом, начались франко-русские переговоры, и вскоре договор был подписан.

Однако достичь тайной цели, столь желанной для Франции, а именно польско-русского примирения, оказалось для французов значительно более сложной задачей, поскольку Польша и Россия никогда не были по-настоящему дружественными по отношению друг к другу. Советский Союз все еще таил обиду и негодование на поляков из-за нападения Пилсудского и стойких антирусских настроений его последователей. Русские с опасением и недоверием наблюдали за новорожденной Польшей, считая ее сторожевым псом Франции в Восточной Европе и силой, направленной как против России, так и против Германии.

Подобное отношение к Польше, разделяемое как Россией, так и Германией, было важной связующей нитью в дружбе двух стран. Москва была прекрасно осведомлена о чувствительности Германии ко всему, что может легализовать обладание Польшей восточно-германскими территориями, отошедшими к полякам под диктатом Версаля. Статья 19 Договора Лиги Наций, предусматривавшая возможность пересмотра границ, которая, между прочим, оказалась совершенно неработающей, стала для германского правительства одним из сильнейших стимулов для положительного решения вопроса о вступлении в Лигу.

МИД был глубоко встревожен известием о русско-французском договоре. Но самое интересное, что особенно беспокоились те, кто никогда не проявлял како-го-либо интереса к поддержанию температуры наших отношений с Россией на уровне выше точки замерзания, а именно — Бюлов и, даже более того, Майер, бурно не-годовавший на неверность «наших русских друзей». Меня несколько раз вызывали в Берлин, чтобы я разъяс-нил намерения Narkomindel. Но я был спокоен, по-скольку чувствовал глубокую уверенность, что русские не намерены каким-то драматическим образом менять политику, при условии, что им не придется сталкиваться с неискренностью и нерешительностью со стороны Гер-мании. Заключение русско-польского договора пред-ставлялось мне политически опасным, поскольку это означало бы, что был бы построен мост, по которому русские смогут перейти к другой политической комби-нации, если почувствуют себя вынужденными разорвать узы, связывавшие их с Германией. И в этом мне удалось убедить МИД, особенно когда я привлек внимание ми-нистерства к интервью, которое Сталин дал Эмилю Людвигу. Это было совершенно необычно для действу-ющего правителя России — выйти из привычного состо-яния анонимности и в столь определенной манере ут-верждать, что переговоры с Польшей никоим образом не направлены на подрыв отношений с Германией. Но даже такое сильное лекарство не смогло оказать какого-либо успокоительного эффекта на МИД.

Когда летом 1932 года Литвинов, направляясь в Же-неву, остановился в Берлине, его с пристрастием пытали относительно скрытых мотивов, стоящих за переговора-ми, которые вел Советский Союз с Польшей. Литвинов заверил в неизменной верности Союза его отношениям с Германией. Вернувшись в Москву из отпуска, который мне пришлось прервать, чтобы уладить вопрос с забас-товкой экипажей германских судов в русских портах, я на протяжении всех последующих месяцев осени этого года продолжал поддерживать тесный контакт с Литви-новым. Он держал меня в курсе событий и доверительно информировал о ходе переговоров и даже как-то раз по-казал мне наброски статей договора, находившихся в стадии рассмотрения. Таким образом, я мог высказывать возражения и выдвигать контрпредложения, которые в итоге до некоторой степени были учтены.

Конечно, экстравагантные требования, которыми Рихард Майер бомбардировал меня из Берлина, не могли быть полностью удовлетворены, поскольку, в конце концов, это был польско-русский договор, по которому еще велись переговоры, но никак не русско-германский. Однако наше главное требование было недвусмысленно удовлетворено, а именно, что Советский Союз воздержится от гарантий, даже в самой косвенной форме, в отношении ныне существующих границ между Германией и Польшей.

А затем случилось неизбежное — договор был подписан. Событие это прошло, не породив каких-либо великих волнений в германском общественном мнении, которое было поглощено кризисами, следовавшими один за другим на протяжении нескольких месяцев, и которые в конце концов и привели к 30 января 1933 года.

Что касается договора, я был склонен поверить заверениям Литвинова, что его подписание не означает изменений в сути наших отношений и что советское правительство по очевидным политическим причинам не может уклониться от заключения договора, который декларирует столь мирные намерения. Однако все пакты о ненападении можно сравнить с чашей, которая может быть наполнена не только молоком мирных намерений, но и ядовитым напитком угрозы. Первостепенную важность имел здесь тот факт, что русско-германские отношения, без сомнения, пошатнулись. По крайней мере в том, что касается Москвы. Любой сделал бы такой вывод из высказывания маршала Егорова, начальника штаба Красной Армии и одного из вернейших сторонников русско-германской дружбы. Егоров, высокопоставленный офицер, который позднее был казнен в ходе чисток 1937 года, настоятельно просил нашего военного атташе генерала Кестринга убедить германское правительство в том, что Германии следует решить, желает ли она ориентироваться в своей политике на Запад или на Восток. Если же она предпочтет колебаться между ними или однозначно принять сторону Запада, то фундаментальные изменения в советской политике будут неизбежны.

Таким образом, приход к власти национал-социалистов совпал с кризисом в русско-германских отношениях, но не он породил его. Конец позитивной политики сотрудничества, проводившейся обеими странами, наступивший в 1934 году, в правление Гитлера, не был неизбежным. По крайней мере, он мог быть отложен.

Именно в такой, в высшей степени сложной ситуации, взорвалась страшная, хотя и давно ожидавшаяся бомба: во время приема в японском посольстве в Москве поступило сообщение, что Кабинет Шлейхера ушел в отставку и что президент фон Гинденбург поручил Гитлеру сформировать новый Кабинет. Национал-социалисты пришли к власти.

ТРЕТИЙ ПЕРИОД, 1933 год

Столь важное событие, как начало эпохи национал-социализма, обречено было оставить свой след в жизни каждого человека. Конечно, профилактика лучше, чем лечение, и легко после катастрофы выносить приговор тем, кто был уверен, что сотрудничество умеренных и разумных людей с этим новым массовым движением сможет направить силы, востребованные Гитлером, в русло нормальной и продуктивной деятельности. Мы, кадровые чиновники, вынесли пятнадцать лет кризиса, сдвигов и переворотов, граничивших с революцией, частые смены Кабинетов и экономическую катастрофу. Для нас было очевидно, что рушатся основы парламентского режима Веймарской республики и что Германия оказалась перед альтернативой: правление коммунистов или национал-социалистов. Мы все ненавидели коммунизм, но и национал-социалисты не казались нам лучше, и мы были весьма скептически настроены в отношении их лидеров. Сам Гитлер был, похоже, удачливым и очень способным демагогом, его доктрина, как она изложена в «Mein Kampf», опасна и неоригинальна, тогда как программа партии представляла собой набор туманных разглагольствований.

И тем не менее в нашей среде превалировало мнение, что это движение высвободило огромную энергию, накопленную в народе, что появился энтузиазм, и это давало надежду, что новое состояние умов сможет способствовать наступлению творческого периода, который придет на смену пятнадцати годам тревоги, неуверенности и усиливающегося экономического и социального хаоса. В конце концов история научила нас, что первые лидеры революции бывают избраны судьбой не за свои консервативные или конструктивные качества, но за присущее им искусство демагогии и неутомимую энергию. Таково было всеобщее убеждение, и мы надеялись, что патологические революционеры в свое время сойдут со сцены, а их преемники, испробовав вкуса вина власти и тех удобств, которые она приносит, вернутся к продуктивной, производительной работе и более консервативному мышлению.

И потому мы чувствовали, что наш долг — участвовать в этом процессе нормализации жизни страны. Мы утешали себя тем, что попытаемся научить недавно пришедших к политическому руководству новичков вести государственный корабль прямым курсом, несмотря на штормы, с которыми ему приходится встречаться на пути. Таким образом, почти все карьерные дипломаты, так же, как и другие кадровые чиновники, остались на своих рабочих местах. Лишь годы спустя я узнал, что этому содействовали и серьезные, искренние, настойчивые просьбы канцлера Брюнинга, обращенные к Бюлову. Что до конституционных и юридических сложностей, вызванных новой ситуацией, то кадровые чиновники были совершенно правы, предоставляя свои услуги в распоряжение партии, которая получила власть путем конституционных и демократических выборов.

МИД в особенности остался безучастным к смене власти в Германии. Нацисты не настаивали на занятии в нем ключевых должностей, как они это делали в других министерствах, и все руководящие чиновники МИДа остались на своих постах, включая одного еврея и немца, женатого на еврейке. Хотя нацисты и посадили своего довольно, впрочем, безвредного человека в личный отдел, у него не было никаких распорядительных функций и он погряз в изучении папок с личными делами, не получая при этом никакой информации, а спустя несколько месяцев канул в Лету.

Вскоре в МИД на второстепенную должность был посажен Риббентроп. Но его безграничное честолюбие и непомерные амбиции не были удовлетворены этим. Он лишь посещал светские приемы, устраиваемые МИДом, однако вскоре было найдено средство окончательно поставить его на место. Одним из поводов для этого стал завтрак, устроенный в честь м-ра Идена. Вместо того чтобы занять место рядом с британским государственным деятелем, Риббентроп вынужден был довольствоваться местом среди младших сотрудников, после чего ему ничего не оставалось делать, как продемонстрировать свой гнев, оставив МИД и открыв собственное предприятие, конкурирующее со старым министерством.

Вряд ли столь провокационное и явно негативное отношение со стороны Бюлова и Нейрата можно было назвать мудрым. Возможно, более примирительное отношение предотвратило бы контрманевры Гитлера — Риббентропа, направленные на то, чтобы при ведении дел с другими странами полностью игнорировать официальные каналы МИДа, в результате чего по-настоящему важные проблемы решались исключительно Риббентропом и его любительской конторой, а не МИДом. Однако сейчас, оглядываясь на это событие, осознаешь, что конечный результат все равно был бы тот же, поскольку рано или поздно Риббентроп все равно возглавил бы МИД в качестве министра иностранных дел.

Из стран, наиболее обеспокоенных внешней политикой нацистов, Россия, вероятно, была самой первой. В своей книге «Mein Kampf» Гитлер, который и сам был ярым антибольшевиком, изложил свое намерение расчленить Россию и аннексировать Украину.

Самым важным вопросом и для нашей политики вообще, и для меня лично был следующий: будет ли Гитлер как ответственный лидер Германии выполнять это намерение или же его книга была просто бессознательной и необдуманной вспышкой юношеской горячности, и с тех пор он отказался от таких принципов ради более взвешенного подхода к государственным делам?

Если Гитлер намеренно планировал вызвать враждебность со стороны Советского Союза, то мою работу в Москве следовало заканчивать. Если же, с другой стороны, он ограничится лишь подавлением германских коммунистов, то в этом случае я считал возможным поддер-

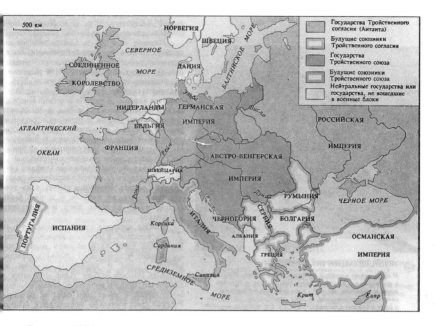

Европа в 1914 году

Борьба за колонии между
Англией и Францией.
На кону — доступ
к чужому труду и ресурсам.
Сатирический рисунок
из «Пти журналь».
20 ноября 1898 г.

«Европейская пальма мира»:
все говорили о мире и готовились
к войне

Мобилизация в Германии: «Завтрак в Париже! Удар штыком и нет
француза!»

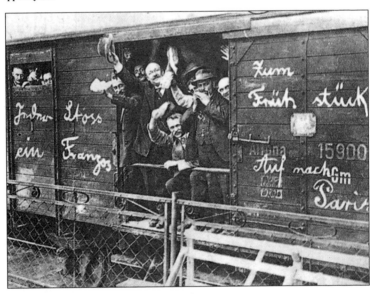

Западные лидеры после подписания Версальского договора. Германия на коленях

«Долой насильственный мир!» — требуют немцы. «Версальский договор был подписан по принуждению и, следовательно, мог считаться ни к чему не обязывающим»

Берлин 20-х годов: «отвратительная смесь порока, беспорядка и упадка, к которой примешивалась большая доза отчаяния...»

«Варшава до сих пор носит печать русского провинциального города...»

Варшава. «Все, касавшееся Польши, было несимпатично с самого начала, а столица государства и места расположения германских консульств — просто омерзительны...»

«ГЕРМАНСКИЕ
ГОСУДАРСТВЕННЫЕ
ДЕЯТЕЛИ ВРЕМЕН
ВЕЙМАРСКОГО ПЕРИОДА... —
ЧЕСТНЫЕ, СПОСОБНЫЕ,
ЗДРАВОМЫСЛЯЩИЕ
ЛЮДИ...»

Глава рейхсвера генерал фон Сект:
«Германия лежит между Западом
и Востоком. Она не должна
слиться ни с тем, ни с другим»

Рейхсканцлер Куно — глава
«крайне правого Кабинета»,
но сторонник сотрудничества
с СССР

Президент Эберт, канцлер Вирт и генерал фон Сект обходят строй частей рейхсвера. 1922 г.

Адам — начальник Генерального штаба рейхсвера

Доктор В. Ратенау — «блестящий и далеко не простой человек, западник по самой своей сути, питавший отвращение к русским методам управления и террора», но подписавший Рапалльский договор с СССР

Бриан (в центре) и Штреземан (справа) в Женеве. «Необходимо что-то делать, чтобы вернуть Германию в сообщество наций...»

Конференция в Локарно. «Неагрессивные
договора» являлись богатыми охотничьими
угодьями для специалистов
по международному праву, игравшими
формулировками статей и пунктов»

Руководители Наркоминдела СССР.
Слева направо: М. М. Литвинов,
Г. В. Чичерин, Л. М. Карахан, Я. С. Ганецкий

Посол Германии в СССР граф Брокдорф-Ранцау в Кремле. «В глубине души лишь тех он считал равными себе, у кого в роду было не менее шестнадцати знатных предков»

Н.Н. Крестинский — «несмотря на свои прогерманские настроения и честность натуры, не был человеком, с которым легко было иметь дело»

Г. В. Чичерин (слева) и У. Мальтзан
в Берлине, 1922 г. «События тогда
развивались стремительно: Генуэзская
конференция и переговоры в Рапалло,
одурачивание Советов, игра в одиночку
против всех остальных...»

М. И. Калинин (справа), А. С. Енукидзе
во время приема монгольской делегации,
1925 г. «Мои коллеги из восточных
государств — сателлитов Союза, приезжали
только по великим советским праздникам,
одетые в свои живописные национальные
костюмы»

Г. В. Чичерин в Берлине в 1928 г. «В доходивших до нашего посольства небеспочвенных слухах утверждалось, что Чичерин хочет остаться в Германии навсегда»

Г. В. Чичерин и сменивший его на посту главы Наркоминдела М. М. Литвинов, «достигший предела своих амбиций, выйдя из тени своего ненавистного соперника»

«Постоянные трудности, которые
преследовали нас в Москве, были связаны
с валютой. Золотое обеспечение бумажного
рубля было мифом... Открытие специальных
магазинов для дипломатов не могло решить
проблему»

Делегация германских рабочих на
Харьковском тракторном заводе, 1931 г.
«Главная причина, стоявшая за пятилетним
планом — решимость создать оборонную
промышленность»

живать взаимные отношения с Россией на удовлетворительном уровне.

Мы на протяжении столь многих лет подвергались провокациям и терпели трудности, налаживая отношения с Советами, что теперь была их очередь принять наши заверения, что подавление германских коммунистов не является проявлением каких-либо враждебных чувств по отношению к Советскому Союзу и должно рассматриваться им как исключительно внутреннее дело Германии. Политика двусторонних отношений, столь характерная для наших стран, которая так долго работала на пользу одной стороне, должна была стать более сбалансированной.

В моем нетерпеливом желании прояснить фундаментальный вопрос отношения Гитлера к России мне несколько препятствовали Нейрат и Бюлов. Они советовали отложить намеченный визит в Берлин, пока здесь все не наладится. Поэтому мне пришлось ждать.

С советской стороны в течение этих первых нескольких месяцев превалировала тактика глухого молчания. Пресса воздерживалась от обличительных речей и уничтожающей критики и ограничивалась простым сообщением фактов. Однако тревога и скептицизм, царившие в руководящих кругах России, сквозили во всех беседах, которые мне довелось вести с ведущими советскими политиками. Они с готовностью признавали тезис, что меры, предпринимаемые Гитлером в отношении германских коммунистов, не скажутся на наших отношениях. Но при этом демонстрировали крайний скептицизм относительно гитлеровских намерений вообще и нетерпеливо ждали первой официальной речи нового диктатора. Гитлер, однако, откладывал ее на протяжении почти двух месяцев.

Тем временем появились первые серьезные помехи в проведении дружественной политики по отношению к России, с тех пор уже не исчезавшие. Они приняли форму длинной серии инцидентов, спровоцированных шумными, гангстерскими методами, применяемыми отдельными людьми из СА и второстепенными партийными чиновниками, которые в своей решимости извести коммунистов допускали оскорбления советских граждан. Так, они избили в поезде еврея, который оказался важным представителем какого-то треста. Они по собственной инициативе напали на советское консульство и арестовали сотрудников советского торгового представительства. Растущее раздражение, которое все это вызывало в Москве, было очевидным, и стало ясно, что взрыв может последовать в любую минуту.

Постепенно в Берлине выкристаллизовалась более ясная политическая линия в отношении России. 23 марта Гитлер произнес свою знаменитую речь о внешней политике Третьего рейха, которая оказалась сравнительно умеренной по тону, а в том, что касалось России, даже позитивной. Он желает, сказал Гитлер, установления дружественных отношений с великим восточным соседом при условии, что не будет вмешательства с этой стороны во внутренние дела Германии. И Гитлер даже представил доказательства искренности своих намерений, пойдя на шаг, который хотя и держался в строгом секрете, но оказал важную услугу Советскому Союзу в деликатном вопросе платежей по долгосрочному кредитному соглашению, переговоры о котором велись два года назад. До сих пор Советский Союз всегда очень аккуратно выполнял свои обязательства. Но вот впервые нам конфиденциально сообщили из Москвы, что отсрочка платежей за март и апрель была бы крайне желательна.

Банки и заинтересованные министры готовы были пойти на это, однако вопрос, конечно же, необходимо было доложить Гитлеру — для окончательного решения. Вопреки нашим ожиданиям, Гитлер объявил о своем согласии.

Вот теперь, наконец, Нейрат и Бюлов сочли момент благоприятным для моей поездки в Берлин и встречи с Гитлером. Мне не пришлось долго ждать дня приема, но когда я прибыл в назначенное время, мне пришлось просидеть в приемной почти час. Точность и пунктуальность нельзя было отнести к числу выдающихся качеств Гитлера и его окружения. В то время как маршал Гинденбург принимал посетителей строго в назначенный час, и канцлер изо всех сил старался поступать так же, встреча с Гитлером и другими руководящими нацистами была обычно чем-то вроде рискованного предприятия. Существовала большая вероятность того, что встреча в последний момент будет отложена или перенесена на другой день, или же вас заставят ждать до бесконечности. И наконец, эти неприятности могли закончиться тем, что вас вообще откажутся принять, как это случилось со мной после моего назначения послом в Великобританию.

Ни один вопрос не задавали мне так часто, как вопрос о моих впечатлениях от встреч с Гитлером и бесед с ним. Должен признать откровенно, что Гитлеру вообще не удалось произвести на меня никакого впечатления, а что касается моих бесед с ним, то лишь немногие факты остались в моей памяти и они не подтверждены записями или дневниками. Я был прекрасно осведомлен о демоническом обаянии Гитлера и о том мощном воздействии, которое он мог оказывать на своих слушателей благодаря дарованному ему ораторскому искусству, когда, например, он обращался к собравшимся в Нюрнберге или в Reichstag, но ему не удавалось проявить этот гипнотизм в приватной беседе, по крайней мере, со мной. Ему недоставало самоуверенности и достоинства по-настоящему сильного характера — качеств, совершенно не зависящих от социального положения человека. Эберт произвел на меня впечатление своим скромным достоинством; Отто Браун, прусский премьер-министр, — своим сильным, волевым характером; Носке — своей грубоватой откровенностью, а Брюнинг — скромностью благородного ума. Но, встречая меня с преувеличенной любезностью и обращаясь ко мне «Ваше Превосходительство», Гитлер не смог загипнотизировать меня, и его холодные голубые глаза избегали моего взгляда.

Наша беседа, однако, приняла благоприятный оборот. Гитлер выслушал мой отчет, задал мне несколько вопросов и вновь подтвердил свое желание, выраженное им в речи в Reichstag'e: поддерживать дружественные отношения с Советским Союзом при условии, что тот не будет вмешиваться во внутренние дела Германии.

После чего случился эпизод, который я никогда не смогу забыть. Гитлер встал, подошел к окну, уставился немигающим взглядом в парк, окружавший рейхсканцелярию, и мечтательно заметил: «Если бы только мы могли договориться с Польшей! Но Пилсудский — единственный человек, с которым это было бы возможно». Я ответил, что это было бы возможно только в том случае, если бы Германия отказалась от своих требований в отношении «Данцигского коридора» и что эти требования, поддержанные всем народом, объединили немцев в годы внутренней борьбы и смуты. Однако Гитлер уклонился от дальнейшего обсуждения этой темы.

В то время у меня появилась также возможность познакомиться и с умонастроениями президента Гинденбурга. Когда он принял меня для обычной беседы, я обратился к нему с личным вопросом, поскольку он всегда был добр ко мне. Я справился о его здоровье. Он ответил, вздохнув: «Все это очень трудно. Взгляните сюда» — и указал на кипу бумаг на своем столе. «Это дело еврейского адвоката, достойного, уважаемого человека, который всегда пунктуально платил налоги, а теперь совершил самоубийство». Президент рейха требовал, чтобы с евреями обращались приличным образом. Он получил обещание Гитлера, что евреям, которые служили в действующей армии в Первую мировую войну, будет позволено сохранить посты чиновников и адвокатов. Но Гитлер, конечно же, очень скоро нарушил это обещание.

После встреч с Герингом, Геббельсом и Фриком, которым я повторил свои увещевания и предостережения относительно Советского Союза и возможных последствий, которые может вызвать продолжение оскорблений со стороны отдельных людей из СА, я покинул столицу, вполне удовлетворенный результатами своих бесед. У меня сложилось впечатление, что власти лишь утверждали себя в глазах неуправляемых элементов партии и что в конце концов механизм русско-германских отношений вновь будет приведен в рабочее состояние.

Однако время, когда еще возможно было успокоить и умиротворить СССР, ушло. Литвинов внимательно, но недоверчиво выслушал мой отчет о визите в Берлин. Инциденты по-прежнему не прекращались, и однажды в апреле советская пресса взорвалась серией гневных статей, после которых последовала резкая нота Narkomindel. Выжидательное отношение кончилось. Последовало наступление. Наиболее благоприятный момент для восстановления нормальных отношений с Россией был упущен.

Но даже тогда еще оставалась возможность поправить положение. Мы послали сравнительно любезный ответ на советскую ноту, признав большую часть актов произвола и дав заверения, что будут приняты меры для пресечения подобных беззаконий, а решение о ратификации соглашения о пролонгации Берлинского договора дало новый импульс примирительной тенденции.

Как я уже упоминал в предыдущих главах, соглашение о пролонгации договора было подготовлено еще в 1931 году, но германское правительство не смогло обеспечить его ратификацию компетентными властями и Reichstag'гом из-за непрерывной череды правительственных кризисов и новых выборов. Ничто не могло бы лучше проиллюстрировать степень упадка в последние годы Веймарского периода, чем неспособность государства выполнить чисто рутинную функцию ратификации незначительного соглашения, по которому не существовало каких-либо существенных возражений со стороны политических партий и правительства. Русские, которые на протяжении этих двух лет так и не смогли уяснить тот факт, что все эти отсрочки были вызваны лишь несовершенством германского конституционного аппарата, с трудом воспринимали успокоительные заверения и продолжали питать подозрения, что существует какой-то тайный заговор, направленный против них. Теперь же ратификация была завершена в течение нескольких дней, и в мае 1933 года состоялся обмен ратификационными грамотами.

Сторонники русско-германского взаимопонимания, такие, как Крестинский, откровенно радовались, тогда как Литвинов не мог скрыть досады и недоверия. Он, очевидно, порвал с Рапалло раз и навсегда.

Хотя дела несколько наладились и выпады со стороны прессы поутихли, ограничившись спазматическими одиночными снайперскими выстрелами, ситуация по-прежнему оставалась далекой от нормальной. Процесс разрушения здания, которое сооружалось на протяжении многих лет и с определенными усилиями, был теперь продолжен с обеих сторон и более научным способом. В Германии была обыскана и разгромлена штаб-квартира

«Derop» — могущественной советской организации по продаже советской нефти по всему региону, которая также, без сомнения, использовалась для распространения советской пропаганды (или, по крайней мере, для обеспечения хорошо оплачиваемой работой сочувствующих коммунистов и их попутчиков). Сделано это было частично для того, чтобы искоренить коммунистические ячейки, частично — чтобы заменить советских фаворитов в составе персонала нацистскими. Советское правительство в свою очередь уведомило о своем намерении ликвидировать так называемый Drusag — громадную сельскохозяйственную концессию, которую рейх унаследовал от частных владельцев на Северном Кавказе почти десять лет назад. Целью концессии было пропагандировать и распространять германские методы ведения сельского хозяйства, породы скота, семена и сельскохозяйственные машины. Под умелым и энергичным руководством д-ра Дитлоффа, которому помогали шестьдесят квалифицированных германских специалистов по сельскому хозяйству и простых рабочих, за эти годы была проделана серьезная работа. Но, следуя недвусмысленному совету, высказанному Narkomindel, мы предпочли закрыть концессию и передать ее советским властям, нежели ждать принудительной ликвидации.

По инициативе Советского Союза отношения в военной области были теперь также прекращены. Они довольно успешно пережили первый шторм, и я воспользовался представившимся случаем, пригласив Ворошилова, Буденного и других ведущих генералов на обед в посольство. После некоторых колебаний они согласились.

Когда обед закончился, мы показали им фильм, в котором было и несколько сцен из русской жизни, снятых моей женой, а также кадры, посвященные проведению так называемых «дней Потсдама», на которых Гинденбург и Гитлер отдавали дань уважения Фридриху Великому и традициям Потсдама.

Однако в мае или июне нашим военным дали понять, что Красная Армия желала бы разорвать связи с рейхсвером. Делегация рейхсвера, возглавляемая генералом фон Бокельбергом, прибыла в Москву, и все удалось уладить в дружественном духе. Военные представители обеих стран попрощались друг с другом в несколько меланхолической манере, скорее как добрые друзья, которые расстаются не по своей воле, но под давлением неблагоприятных, даже враждебных обстоятельств.

Начал созревать другой негативный фактор, берущий начало еще из донацистских дней, вносивший свой вклад в общее ухудшение германо-русских отношений. Первый пятилетний план подходил к концу. Его результаты впечатляли и были должным образом преувеличены советской пропагандой. Как и ожидалось, триумф с выполнением плана значительно увеличил самоуверенность коммунистов. Общей характерной чертой отсталых наций, зависящих от иностранной помощи для своего развития, является стремление изгнать иностранцев сразу, как только они сослужили свою службу, и именно эта черта и проявилась сейчас в полной мере в России. Русские хотели избавиться от немецких инженеров и техников. И в 1932 году это желание стало очевидным благодаря тому безошибочному признаку, что неожиданно у немцев стали повсеместно возникать трудности. Компетенция некоторых германских специалистов стала подвергаться сомнению, и контракты разрывались под тем или иным надуманным предлогом.

Затем русские произвольно стали платить немцам в рублях, вместо того, чтобы платить в твердой валюте, в то время как многие из них были вообще уволены по непонятным причинам. Эта тактика в еще большем масштабе продолжалась и в 1933 году, порождая чувства обиды и негодования в среде германских инженеров, которые тысячами возвращались в родную страну. Публикуя в прессе свои воспоминания о том, что довелось им пережить, они способствовали возникновению в Германии недобрых чувств по отношению к Советскому Союзу.

Подобный эффект производила и общая экономическая ситуация, сложившаяся в Советском Союзе. Процесс насильственной коллективизации, начатый Сталиным в 1928—1929 годах, вошел в заключительную фазу. Советы намеревались любой ценой сломить пассивное сопротивление крестьян. Те, кто не желал отказаться от своей частной собственности и вступить в Kolkhoz, были депортированы или умерли от голода.

По самым сдержанным оценкам, от шести до семи

миллионов человек умерли от голода. В то время как в самой Москве внешние признаки этой трагедии были не столь очевидны, ситуация в провинциальных городах, где мертвых приходилось собирать на улицах и грузить на телеги, была столь ужасающей, что семьям наших консулов пришлось покинуть Россию. Голодающие люди собирались толпами и преодолевали многие сотни миль с тем, чтобы добраться до немецкой сельскохозяйственной концессии, известной как Drusag, о которой я уже упоминал, в надежде получить там немного еды. Сотни ~~их~~ них были найдены мертвыми неподалеку от концессии.

Несмотря на все принятые секретные контрмеры, невозможно было скрыть эту катастрофу от Германии, поскольку связи, установленные между двумя странами как с помощью жителей старых немецких colonies, так и тысячами инженеров и техников, были слишком глубоко укоренившимися. Германская публика была искренне шокирована этими сообщениями, и были немедленно предприняты шаги для облегчения положения немецких поселенцев. На Украину и в колонии на Волге отправились стандартные посылки. Однако советские власти стали возражать и принялись саботировать это мероприятие, что дало толчок началу кампании критики и негодования в германской прессе. Советы, будучи выставлены на осуждение мирового общественного мнения за свои истребительные методы, пришли в бешенство.

К тому времени еще один урожай трудностей созрел на другом поле. Призыв национал-социалистов был направлен в значительной степени к крайне левым, и многие бывшие коммунисты стали вступать в ряды партии Гитлера. Среди них было множество стойких членов партии и честных германских коммунистов, которые эмигрировали в Россию во времена Веймарской республики с тем, чтобы принять участие в строительстве «рая для рабочих». Большинство из них были глубоко разочарованы и утратили иллюзии, пережив многие тяжкие испытания на своей новой родине, и теперь они хотели вернуться в Германию. Для тех из них, кто принял советское гражданство, надежд никаких не было. Если же они оставались немецкими гражданами, германское правительство давало им разрешение на возвращение, но приходилось долго и упорно бороться, прежде чем удавалось заставить советские власти ослабить хватку.

Лекции о пережитых в Советской России испытаниях, с которыми выступали эти репатрианты, отнюдь не способствовали восстановлению взаимных дружественных отношений между двумя странами. Книга Альбрехта «Предательство социализма», о которой я уже упоминал и которая представляла собой произведение в 600 страниц, произвела сенсацию. Около 60 тысяч экземпляров было продано до того момента, как она была запрещена после заключения Пакта Гитлера-Сталина в 1939 году. Но она вновь появилась на прилавках книжных магазинов после нападения Гитлера на Россию в июне 1941 года.

Самым замечательным и трогательным примером несостоявшегося репатрианта стал пресловутый главарь бандитов Макс Хольтц. Как-то вечером ему удалось установить контакт с сотрудником германского посольства и он попросил выдать ему разрешение на въезд в Германию. Хольтц предложил прочитать публичные лекции о пережитом у большевиков. Он также опасался, что его товарищи планируют избавиться от него и что так или иначе, но он будет ликвидирован. Несмотря на пропагандистскую ценность, каковую представлял из себя один из перестроившихся лидеров большевиков и «герой Красного Знамени», произносящий антибольшевистские речи, посольство не имело полномочий решить этот вопрос, поскольку Хольтц был советским гражданином. Однако дурное предчувствие не обмануло его, поскольку вскоре он утонул в Волге близ Нижнего Новгорода во время лодочной прогулки. По крайней мере, так утверждали упорные слухи, и это подтверждает и Альбрехт в своей книге.

В то время как все эти действия подрывали русско-германские отношения, которые и так уже находились в состоянии ухудшения, сокрушительный удар был нанесен с совершенно неожиданной стороны. И нанес его лидер консервативной партии Хугенберг, который увенчал свою карьеру политического головотяпства колоссальным промахом, допущенным им, когда он напал на Россию в своем выступлении на Всемирной экономической конференции в Лондоне в 1933 году. Удачливый бизнесмен и хитрый политик, Хугенберг нес ответственность за провал надежд представителей умеренного правого крыла времен Веймарского периода на то, что сильное правое движение под руководством прогрессивного лидера может помешать росту влияния радикальной ультранационалистической партии нацистов. Но из-за своего реакционного упрямства он едва не привел к расколу правых на выборах 1931 года, после которых повернулся к Гитлеру и основал так называемый Harzburger Front, названный так в честь крупного слета нацистов и националистов, проведенного на этом очаровательном курорте, расположенном в горах Гарца.

Этот альянс был далек от искренности, поскольку оба партнера при случае намеревались обмануть друг друга. Самоуверенный и тщеславный Хугенберг так и не понял, что в лице Гитлера он встретил равного себе мастера подобной практики. К великому облегчению президента Гинденбурга, Хугенберг и некоторые из его последователей стали членами первого Кабинета, сформированного Гитлером. Они послужили новому диктатору в качестве голубей-манков на протяжении того недолгого срока, пока Гитлер желал сотрудничества с промышленниками и старыми консерваторами. Потом, в июне 1933 года, Хугенберг как министр экономики был направлен в Лондон в качестве представителя Германии на Всемирной экономической конференции. По какой-то неизвестной причине Хугенберг счел возможным представить Конференции меморандум, даже не спросив на это согласия Гитлера. Я не помню в деталях подробностей этих предложений, но главным блюдом стала обличительная речь, в которой он подверг уничтожающей критике Советский Союз, ударив эту страну в наиболее уязвимое место, а именно — затронув проблему расчленения Союза и должной эксплуатации богатств Украины, чего он, возможно, и не хотел говорить, но, безусловно, постоянно имел в виду.

Это, конечно, стало последней каплей для Москвы и дало мощный стимул всем тем, кто до сих пор занимал взвешенную позицию, отказаться от своей прогерманской политики и ступить на более безопасную почву англо-французского сотрудничества. Теперь мне кажется, что опасения русских, вызванные гитлеровскими намерениями, как они заявлены в его книге, были справедливы. Русские расценили выступление Хугенберга как акт недружественный и вдвойне недоброжелательный и враждебный, поскольку нацисты выбрали трибуну всемирной конференции капиталистов, чтобы именно с нее сделать подобные официальные заявления. Ведь никто не поверил бы, что в авторитарном государстве действующий министр осмелился бы представить подобный меморандум без одобрения своего руководителя.

В московской прессе поднялся вой негодования. Радек, который до сих пор был ярым врагом Версаля, теперь выступил в поддержку Diktat'a. Литвинов, глава советской делегации на конференции в Лондоне, не теряя времени, начал переговоры, в первую очередь с Францией, и вскоре была достигнута договоренность о том, что Хэрриот и Пьер Кот нанесут официальные визиты в Москву. Тот факт, что Хугенберг ушел в отставку, не помог разрядить ситуацию, поскольку буря продолжала бушевать еще какое-то время, пока постепенно все не улеглось. Но последствия ее продолжали ощущаться.

Несмотря ни на что я по-прежнему надеялся, что мне удастся поправить положение. Я понял, что в СССР почти сформировались две фракции: с одной стороны были те, кто отвергал любую политику, которая могла бы привести к дружественным отношениям с Германией, тогда как с другой собрались те, кто, возможно, и готов был предпринять еще одну попытку примирения.

Два представителя последней группы, несмотря на правление национал-социалистов, провели свой отпуск в Германии, а именно — Крестинский, лечившийся, как обычно, в Бад Киссингене, и Енукидзе, пробывший несколько недель в Кенигштейне, в горах Таурус. Из этой поездки Енукидзе, по-видимому, вынес явно благоприятное впечатление о Германии. Он наблюдал новый дух активности и энергии на фоне отсутствия инцидентов, которые омрачили бы его пребывание в стране. Енукидзе пригласил нас с женой и чету Твардовски на datcha под Москвой, где к нам присоединился и Крестинский. Я обсудил с ними вопрос и попытался убедить их, что с новым режимом Германии вполне возможно найти modus vivendi. Я предложил, чтобы влиятельный представитель Советского Союза встретился для беседы с Гитлером. Казалось, они в принципе согласились, и вскоре выкристаллизовался план, согласно которому после лечения в Киссингене Крестинскому следовало добиться встречи с Гитлером.

Я не придерживался правила, согласно которому Твардовски работал, когда я покидал Москву на летние каникулы. Я сам сформулировал идею, что в случае, если беседа Гитлера — Крестинского будет успешной, можно будет приступать к выработке новой политической и экономической основы и политического протокола, регулирующих отношения двух стран. В таком случае стало бы возможным договориться и о новом долгосрочном кредите на восстановление системы русских железных дорог, которые испытывали сильную нужду в паровозах и вагонах. Поскольку германская промышленность в то время только оправлялась от мук экономического кризиса и пока не работала на полную мощность на перевооружение армии, любой мог бы оценить справедливость утверждения, что эта сделка могла бы обеспечить также выгоду и Германии. После моего отъезда из Москвы Твардовски был проинформирован, что Гитлер готов принять Крестинского.

По прибытии в Берлин я получил подтверждение уже ходивших некоторое время слухов относительно моего будущего. Друзья сообщили мне, что я, вероятно, буду назначен на другой пост. Это освященная веками традиция нашей внешнеполитической службы, что извещение о подобных переходах никогда не достигают чиновника, которого они касаются, прямым путем, в виде личного письма от министра иностранных дел или с помощью официального Ukase, но всегда путем кружным и неофициальным. Намек на предстоящий переезд в основном дается в виде появления подрядчика, предлагающего перевезти вашу обстановку со старого места на новое.

Эта практика легко объяснима тем фактом, что большинство этих подрядчиков пользуется услугами одного из второстепенных чиновников МИДа, который с помощью контактов со своими бывшими коллегами в личном отделе оказывается немедленно информирован о любых изменениях в министерстве еще до того, как такие изменения произойдут.

Когда я получил подобное подтверждение ходивших обо мне слухов, я спросил герра фон Нейрата, есть ли для них какие-то основания. Министр иностранных дел подтвердил слухи и добавил, что моим новым местом пребывания будет Токио, при условии, что японское правительство не будет возражать.

Мне так никогда и не удалось выяснить истинные причины этого перевода. Если смотреть с объективной точки зрения, вряд ли было мудро менять германского представителя в Москве в столь критический момент. Предположение, что намечается изменение политики, не имело под собой почвы, поскольку мой предполагаемый преемник был еще более откровенным сторонником примирения с Москвой, чем я, и жаждал этого поста в течение нескольких лет. Нейрат, которому я задал вопрос на эту тему, объяснил, что после пяти лет пребывания в одной стране перемена необходима и что после напряжения, которого потребовала от меня работа в Москве, мне следует дать более приятный пост. Бюлов подтвердил эту версию, сказав, что моя жизнь так долго подвергалась опасности, что теперь настала очередь другого рисковать. Представляется вполне вероятным, что с точки зрения партийцев это означало повышение, поскольку они считали Москву таким ужасным местом для жизни, что любой другой город казался им более предпочтительным. Обдумав проблему, я пришел к выводу, что перевод был вопросом чисто рутинным, не связанным с соображениями политического характера.

Я не стал уговаривать Нейрата позволить мне остаться в Москве. Вопрос, добился ли я успеха в своих усилиях и попытках восстановить приемлемые отношения между двумя странами, должен был в любом случае решиться еще до моего отъезда в Японию. Более того, это было моим принципом: никогда не вмешиваться в вопросы, связанные с моей карьерой. Япония казалась нам с женой очень привлекательным местом, и мне было все равно, что эта страна имела для Германии меньшее политическое и экономическое значение, нежели Россия. Не волновал меня и тот факт, что в штате посольства в Токио числились лишь советник, четыре секретаря и две машинистки, в то время как в Москве работал один из самых крупных аппаратов среди всех наших посольств.

Наиболее привлекательными чертами нового поста были, во-первых, отдаленность Токио от Берлина (и долгое путешествие в прекрасную и интересную страну) и во-вторых, возможность, вновь посетить Дальний Восток, который произвел на меня глубокое впечатление во время моего первого визита туда, состоявшегося четверть века назад, и в-третьих, то, что в Японии я смогу удовлетворить свою страсть к коллекционированию и изучению восточного искусства и керамики.

Я вернулся в Берлин в октябре, чтобы приготовиться к заключительному акту моего срока службы в Москве, а именно к визиту Крестинского к Гитлеру. Но этот план был сорван: от Твардовски была получена телеграмма, в которой говорилось, что Литвинов сообщил ему, что Крестинский возвращается в Москву через Вену. Я был рассержен и разочарован тем, что план примирения, казавшийся столь удачным и обещавший хороший результат, был, скорее всего, сорван из-за какой-то московской интриги. Я сразу же решил указать Литвинову на политические последствия этого отказа, в то время как сам я холодно отнесся к тому, что Москва фактически дезавуировала меня.

Итак, я немедленно телеграфировал Твардовски, велев ему сообщить Литвинову о моем разочаровании, и что я вернусь в Москву лишь на несколько дней, без жены, только чтобы нанести официальные прощальные визиты. Литвинов ответил в оправдательном тоне, утверждая, что изменение маршрута возвращения Крестинского основано не на каких-то политических соображениях, но что он был срочно необходим в Москве, поскольку сам Литвинов вместе с маршалом Ворошиловым собирался отбыть с государственным визитом в Турцию.

Позднее я узнал, что отмена визита Крестинского в Берлин была подстроена самим Литвиновым в ходе личной интриги против своего коллеги. Литвинов был довольно ревнив к другим сотрудникам Narkomindel, привлекавшим всеобщее внимание. Он мог также с неодобрением воспринять любую попытку помешать его усилиям выстроить советскую внешнюю политику в одну линию с внешней политикой западных держав.

У меня состоялись встречи и с маршалом Гинденбургом, и Гитлером. Последний в ходе разговора ограничился несколькими общими фразами, не открыв своих пожеланий, касающихся политики в отношении Японии. Встреча же с Гинденбургом стала моей последней встречей со старым президентом.

Несколько дней, проведенные мною в Москве, были заняты обедами, приемами и тяжелой работой. Я испытал удовлетворение, узнав, что русские, как и немцы, выразили искреннее сожаление по поводу моего отъезда, а также и свою благодарность за те усилия, что я предпринимал на протяжении пяти лет моего пребывания в Москве. Советское правительство устроило в мою честь большой прощальный обед, на котором присутствовали многие из сановников, обычно избегавших каких-либо контактов с иностранцами. В качестве прощального подарка мне преподнесли прекрасную чашу из оникса. Ворошилов приказал одному из своих генералов передать мне его личный подарок — письменный прибор, украшенный лаковой миниатюрой, с современным дизайном, но выполненном в знаменитой старой технике.

Спустя несколько месяцев я узнал, что Narkomindel намерен был даровать мне высочайший из всех знаков внимания — встречу со Сталиным. Но так как я покинул Россию до того, как диктатор вернулся в Москву с летнего курорта Сочи, то этот план не был исполнен. Поскольку Сталин в то время формально не имел никаких официальных полномочий и был совершенно недоступен для иностранцев, это стало бы самым большим исключением из правил, если бы мне позволили встретиться с ним.

Литвинов написал мне очень теплое и дружеское письмо, в котором с похвалой отозвался о моей лояльности по отношению к России и постоянных усилиях, направленных на установление дружественных отношений между нашими двумя странами.

Таким образом, я покинул Москву вполне удовлетворенный, по крайней мере тем, что касалось меня лично. То, что моя работа осталась, так сказать, «незаконченной симфонией» — так это обычный жребий тех, кого должность обязывает содействовать установлению дружественных отношений между народами.

МОЯ ЧАСТНАЯ ЖИЗНЬ В МОСКВЕ

Рассказ о моей жизни в России был бы в высшей степени неполным без кратких замечаний о моей частной жизни в Москве. Россия, и особенно Советская Россия, слишком выразительная и волнующая страна, чтобы не поставить каждого временного гостя, а к этой категории относятся и дипломаты — перед альтернативой: чувствовать себя здесь крайне несчастным или быть ею странно увлеченным. Мы с женой принадлежали к последней категории. Все это время мы очень старались установить тесный контакт с русскими людьми, ближе познакомиться с русским искусством и музыкой, с ландшафтом и архитектурой страны. Поскольку русские очень чувствительны к самым тонким нюансам поведения своих гостей, они быстро прознали о нашем, пусть и не выраженном явно, желании узнать и понять их без предубеждения и вознаградили нас, оказывая нам доверие и знакомя с духовной жизнью своей страны. В целом в Советской России очень трудно установить человеческие контакты. Но дружественная атмосфера, которая тогда царила в отношениях между двумя правительствами, облегчала нам эту задачу. Таким образом, мы с женой обогатились впечатлениями и опытом, которые не могли не оставить свой след в нашей жизни.

К нашему великому сожалению, у нас были ограниченные возможности для удовлетворения нашей страсти к путешествиям и осмотру достопримечательностей. И не только потому, что мы были привязаны к Москве рутинной работой, которую должны были выполнять, но каждый раз, когда мы мы отправлялись в поездку, скажем, в Киев или Ленинград, случалось нечто такое, что мешало нам ехать: политический инцидент, важный гость или какое-то другое неожиданное событие. Я сейчас не могу вспомнить, сколько раз мне приходилось откладывать такие поездки или отъезд на выходные, но даже будучи в отпуске, я едва ли был в состоянии спокойно наслаждаться отдыхом. Не однажды мне приходилось прерывать поездку, чтобы мчаться в Берлин на совещание или спешить обратно в Москву.

Но, конечно же, главным препятствием для путешествий, знакомства со страной и просто отдыха была работа. Никогда ранее в своей жизни я не работал так напряженно, как в те годы в Москве. Нет нужды говорить, что очень много времени и сил требовали мои официальные обязанности. Штат посольства был самым большим или, по крайней мере, вторым по величине среди всех германских представительств за границей — и это было самым убедительным доказательством важности и масштабности выполняемой нами работы.

Кроме выполнения официальных обязанностей мне приходилось вести и свои личные дела, связанные с выполнением воли моего отца, согласно которой на меня легло бремя управления наследством. Эта задача была тяжела для моей нервной системы, поскольку работа по управлению имением была не созидательной, а состояла, в основном, в уплате долгов.

Кроме официальных обязанностей и личных забот было у меня еще одно занятие, которое забирало много свободного времени, но которое, скорее, можно было назвать почти удовольствием — это изучение русского языка. Когда я был назначен на свой пост в Москву, я твердо решил сделать все, что в моих силах, чтобы овладеть по крайней мере деловым русским языком. У меня было желание читать газеты, понимать беседы и театральные представления и уметь пользоваться по крайней мере несколькими элементарными фразами разговорного языка. Поскольку представители политически влиятельных кругов в России практически не владели никакими другими языками, кроме родного (и довольно посредственно, если они были родом, скажем, из Грузии или Армении), и поскольку люди в массе своей, как правило, очень чувствительны к попыткам иностранцев выучить их язык и признательны им за это, я полагал, что стоит тратить на подобное занятие время и силы. Таким образом, три раза в неделю в посольство приходил маленький профессор, человек образованный и культурный, которого звали совершенно по-русски — Александр Карлович Шнейдер, чтобы познакомить меня с хитросплетениями прекрасного, но крайне трудного русского языка. Три других рабочих дня в неделю были посвящены вбиванию новых слов и грамматических правил в мои усталые и озабоченные мозги.

Постепенно я достиг успехов на пути к цели, однако

высшая точка была достигнута, когда я смог, наконец, беседовать с ответственными лицами России на русском языке. Как правило, утром я репетировал свои исходные высказывания с учителем. Произнося их, я внимательно слушал ответ партнера и затем продолжал беседу, стараясь изо всех сил и пользуясь фразами, которыми уже владел, и новыми словами, усвоенными во время урока.

Мы с женой чувствовали себя в Москве как дома, главным образом благодаря тому, что и окружение, и вся атмосфера повседневной жизни отвечали нашим вкусам. Сразу после прибытия в Россию мы решили снять дом, который до этого занимал граф Ранцау, и отклонили предложение Narkomindel предоставить в наше распоряжение один из великолепных дворцов бывшего московского сахарного магната. Скромная одноэтажная вилла в тихом переулке удовлетворяла нашим требованиям: пять гостиных, большинство из которых небольшие по размерам, но хорошо обставленные (частично нашей собственной мебелью), столовая, способная вместить 25 человек, несколько крошечных комнат для переговоров, а на верхнем этаже наша спальня и гардеробная, внизу — превосходная кухня, гараж и помещение для слуг. В Москве не было необходимости в устройстве многолюдных официальных обедов, а тех гостей, что собирались на обычный вечерний прием, не составляло труда разместить в имеющихся комнатах, расположение которых позволяло присутствующим легко передвигаться из одной комнаты в другую. Сад, примыкавший к дому, был достаточно просторен для устройства в нем теннисного корта. Распоряжение об этом стало одним из первых Ukases, которые я издал в Москве.

Одной из главных причин, почему наша жизнь в Москве была столь гармоничной и приятной, было то, что мои коллеги и их жены составили довольно однородный коллектив. На протяжении всех этих пяти лет герр фон Твардовски выступал как советник посольства, и я вполне мог положиться на его квалификацию и прилежание, политический такт и искусство управлять людьми и делами. Его жена, обладавшая превосходным чувством юмора и наделенная замечательным поэтическим даром, отличалась в организации новогодних вечеринок и любительских спектаклей, в которых играли более молодые члены дипломатического корпуса. Герр Хильгер, советник по торговле, заслужил международную известность как один из выдающихся специалистов по России, так что нет нужды подробно описывать его способности. Собственные таланты Хильгера, а также доброта и отзывчивость его жены, намного облегчали жизнь тех, кто был менее знаком с российскими условиями, чем эта пара. Узы дружбы, связывавшие меня с Твардовски и Хильгером, сохранились и после окончания нашего совместного периода службы в Москве.

Очень ценным сотрудником нашего посольства был атташе по сельскому хозяйству. После того, как занимавший этот пост профессор Аухаген, превосходный человек, был отозван по требованию советского правительства, которое обиделось на смелую поддержку, оказанную им германским колонистам-меннонитам, я воспользовался услугами молодого ученого и практического специалиста по сельскому хозяйству доктора Шиллера, который некоторое время провел на одной из германских сельскохозяйственных концессий на Северном Кавказе. Он стал выдающимся специалистом в области русского сельского хозяйства. Его ежегодный отчет, публикуемый в одном из технических периодических изданий, стал своего рода библией для сельскохозяйственников всех наций, интересующихся российским делами. Прекрасно владея русским языком и проезжая по стране по пять-шесть тысяч миль ежегодно, Шиллер приобрел непревзойденные познания в области очень сложных проблем России.

Репутация доктора Шиллера как специалиста по сельскому хозяйству была сравнима лишь с репутацией генерала Кестринга как военного эксперта. Родившийся от родителей-немцев, владевших имением в России, он провел юность в этой стране и приобрел кроме совершенного знания языка глубокое и почти инстинктивное понимание русского менталитета.

Поскольку русские — самые трудные для управления люди, понимание их психологии — намного более великий плюс, нежели острый интеллект или хитрая тактика. Генерал Кестринг, образец прусского кавалерийского офицера старой закалки, честный, интеллигентный и мужественный, пользовался безграничным доверием как со стороны командования Красной Армии, так и своих коллег.

Его неофициальному предшественнику, герру фон Нидермайеру, нравилось иметь прозвище «немецкий Лоуренс». Во время Первой мировой войны, выполняя военную миссию в Афганистане, он прошел в одиночку через персидскую пустыню и под видом персидского пилигрима пересек русские и британские линии фронта. По возвращении в Москву он вновь служил в германской армии, а позднее стал профессором географии в Берлинском университете. В годы Второй мировой войны он командовал дивизией, составленной из русских военнопленных и солдат из Грузии, Азербайджана и Туркестана, добровольно перешедших на службу в германскую армию. После 20 июля 1944 года Нидермайер был осужден за критику нацистов и в конце концов приговорен к смертной казни. Его казни помешала капитуляция. Он попал в руки русских и ныне находится в Москве. Нидермайер был одной из самых ярких и энергичных личностей, с которыми я когда-либо встречался. Чистокровный баварец, несколько, впрочем, смягченный благодаря общению с иностранцами, он имел аскетический и упрямый ум. Он был интеллигентным, остроумным человеком и хорошим спортсменом. Играя на порядок лучше меня, Нидермайер, тем не менее, часто снисходил до игры в теннис со мной.

Герр Баум был очень опытным и компетентным пресс-атташе. Херрен Пфейфер, Браутингам, Пфлейдере, Брунхоф и Херварт — способные и надежные молодые сотрудники посольства, и неутомимый Chef de Bureau (начальник отдела. — *Прим. перев.*) герр Ламла — таков полный список наиболее значительных сотрудников посольства, работавших со мной в Москве. Их число замыкали наши консулы и генеральные консулы, которые были разбросаны по всей обширной российской территории. Они оказывали самые ценные услуги в чрезвычайно тяжелых условиях. Так, например, жизнь, которую в течение почти десяти лет вели в Новосибирске консул Гросскопф и его жена, можно было назвать почти героической. Гигант шести футов роста, сильный, способный много выпить, любитель медвежьей охоты, в совершенстве владеющий русским языком, Гросскопф мог, вероятно, выдержать подобное напряжение. Он стал ведущим специалистом по Сибири. Его коллеги — Цехлин в Ленинграде, Динстман в Тифлисе, Зоммер и Хенке в Киеве, Бальдер во Владивостоке оказывали столь же ценные услуги, но при этом находясь в куда более приятных условиях жизни.

Еще с тех пор, как я был назначен в Восточный отдел, я старался создать в МИДе квалифицированную русскую службу. Я не большой сторонник систем обучения, практикуемых в различных школах, готовящих чиновников внешнеполитической службы для различных регионов, таких, как Европа, Средний Восток и Дальний Восток. Но эта система, конечно, оказывалась крайне полезна, когда требовался специальный опыт и долгий период обучения. Способный молодой человек, переведенный в Москву или Нанкин без какой-либо подготовки, особенно в области языка страны пребывания, не годился для эффективной работы. Он мог лишь затеряться в числе других иностранцев и писать отчеты из переведенных для него другими людьми отрывков из местных газет. На протяжении девяти лет моей работы, посвященной русским делам, а позднее и в Японии, я предпринимал систематические усилия, чтобы обучить чиновников посольства специальным знаниям, касающимся страны пребывания, и привить им особую гордость своей работой. Думаю, мне это удалось. Без преувеличения могу сказать, что узы дружбы продолжали связывать нас даже после постигшей Германию катастрофы.

Тем, что в те годы германское посольство было полностью в курсе всего, что происходило в политическом развитии России, оно было обязано не только эффективной работе своего персонала, но и царившей тогда атмосфере экономического и политического сотрудничества между Германией и Россией, столь характерной для периода пост-Рапалло. Как я уже упоминал, тысячи германских специалистов и техников были заняты на строительстве новых российских заводов, и отношения между двумя армиями также были весьма дружественными. Круг хорошо информированных людей был расширен замечательными германскими журналистами, жившими в Москве, — Паулем Шеффером и Артуром

Джастом. Да и случайные посетители посольства, такие, как исследователи или ученые, направлявшиеся со специальными миссиями в университеты или исследовательские институты куда-то в провинцию, во многом дополняли наши знания о положении дел в России.

Работники посольства сформировали ядро немецкой общины в Москве, число членов которой значительно выросло из-за наплыва германских специалистов. Это была несколько разношерстная толпа, которая раз в месяц собиралась на танцы и светские вечеринки в «Гранд-отеле»: известные интеллектуалы, несколько мастеров и инженеров и довольно много молодых искателей приключений. Из когда-то богатой и многочисленной довоенной германской колонии никто не выжил, за исключением нескольких старых, обнищавших супружеских пар.

Гости и посетители постоянно прибывали в Москву из Германии или останавливались здесь на обратном пути домой. Промышленники, которым приходилось вести переговоры по каким-то важным делам, ученые, приглашенные прочитать курс лекций, артисты, инженеры, чиновники — словом, люди из всех слоев общества и разных профессий — собирались два-три раза в неделю в посольстве на завтрак, и они также связывали нас с внешним миром. Все они были вынуждены входить в контакт с посольством. В то время как в других странах иностранцы стремятся встретиться со своими дипломатическими представителями только в случае беды, всем немцам, прибывавшим в Москву, приходилось во всем полагаться на отзывчивость сотрудников посольства.

Нам приходилось обеспечивать транспорт для них самих и их багажа, чтобы довезти их от вокзала до отеля, где мы заказывали им номера. Нам приходилось давать советы, с какими из многочисленных чиновников им следует связаться, и мы же договаривались об обратном билете для них. Таким образом мы познакомились со всеми нашими земляками, посещавшими Россию, и имели превосходную возможность собирать информацию об условиях в России, впрочем, так же, как и в Германии. Кроме того, это давало нам еще и привилегию заводить друзей среди самых интересных людей и очень важных персон.

Часто нас навещали друзья и родственники; иногда они по нескольку недель были нашими гостями.

Светской жизни приходилось приспосабливаться к особенностям советской столицы. Резкие различия, которые делались между русскими и иностранцами, не могли не оказать воздействия на светское общение. В результате члены дипломатического корпуса скоро составили одну большую семью. Близость наших отношений еще более подчеркивал тот факт, что в Москве было сравнительно немного дипломатических представителей. Дипломатические отношения между Соединенными Штатами и Советским Союзом еще не были установлены. Тем не менее многие американские граждане приезжали в Москву и довольно многие из них навещали меня. Великобритания разорвала дипломатические отношения с Советским Союзом из-за инцидента с «Аркос» и знаменитым письмом Зиновьева и не появлялась на сцене до осени 1929 или начала 1930 года. Южно-Американские государства и многочисленные мелкие европейские страны, такие, как Швейцария, Бельгия и Нидерланды, вообще не были представлены в Москве. Не все миссии постоянно находились в Москве. Мои коллеги из восточных государств — сателлитов Союза, такие, как Танну-Тува или Внешняя Монголия, приезжали только по великим советским праздникам, одетые в свои живописные национальные костюмы.

Таким образом, оставшиеся посольства и дипломатические миссии составляли своего рода общину, члены которой поддерживали близкое светское общение, особенно если они были сильны в игре в бридж или теннис. Мы регулярно проводили теннисные турниры по очереди в итальянском, британском и германском посольствах, но главным событием сезона был турнир в июле. Вручение призов всегда происходило в нашем посольстве, после чего, как правило, следовали танцы. Другая группа энтузиастов предавалась бриджу — или в небольших компаниях, собиравшихся для этой цели, или после официальных обедов, к ужасу неучаствующих — некоторых женатых пар, например, или других, равнодушных к игре, которые были обречены ждать, пока не кончится последний роббер. Подобная участь часто выпадала моей жене.

Я находился в очень дружественных отношениях со своими итальянскими коллегами — Керруби и Аттолико и их очаровательными женами. После отъезда из Москвы они сменяли друг друга в качестве послов в Берлине.

Я также подружился с моим британским коллегой, сэром Эдмундом Оби. Мы оба увлекались теннисом и бриджем. Он сам и леди Оби устраивали английский уик-энд в великолепном помещении британского посольства и прилегающем к нему обширном парке. Прибыв с утра, мы начинали с игры в теннис. После ланча отдыхали и затем после полудня снова отправлялись играть в теннис и играли, пока не наступало время переодеваться к обеду. Игра в бридж завершала день. Оби был остроумным и не лез за словом в карман, но не любил музыку. Тем не менее время от времени я приглашал его на вечеринки с музыкой. Так, когда очень известная певица давала концерт в нашем посольстве, я решил утешить Оби и, приветствуя его у входа, добавил: «Кстати, певец — очень красивая женщина». На что Оби заметил: «Тогда к чему еще и шум?»

Что касается моих коллег из Скандинавских стран, я с благодарностью вспоминаю гостеприимство, проявленное к нам норвежским посланником Урби и датским посланником Энгелем. Трое моих французских коллег — Хербетт, граф Дижо и Альфанд, сменявшие друг друга на протяжении этих пяти лет, были людьми совершенно разными, но каждый из них был интеллигентен, любезен и в высшей степени культурен, хотя и не испытывал интереса ни к бриджу, ни к теннису.

Из трех японских коллег, с которыми я познакомился в Москве, — Танаки, Хироты и Ота, именно с Хиротой мы с женой поддерживали самые дружеские отношения. Именно с ним также сотрудничал я дольше всего в ходе своей миссии в Японии.

Мои контакты с представителями дипломатического корпуса были особенно частыми благодаря тому факту, что после сравнительно короткого пребывания в Москве я занял довольно почетный пост дуайена. Мои функции ни в коей мере не были ограничены тем, чтобы служить свадебным генералом в праздничных случаях. Сложные условия жизни и работы в Советской России требовали постоянного обмена мнениями и советами между главами дипломатических миссий, а иногда даже полномасштабных военных действий.

Постоянной темой наших бесед было косвенное вторжение ГПУ в любовные дела сотрудников посольств, особенно военных атташе и просто военных. Обычно эти джентльмены знакомились с привлекательными русскими леди, которые умело имитировали принадлежность к высшим кругам бывшей аристократии. Военных приглашали на чай, но вскоре tete-a-tete бывал грубо нарушен полицией или ГПУ, которые обвиняли леди в контрреволюционной деятельности, а джентльмена — в попытке шпионажа. Единственно возможным решением столь затруднительной проблемы был, конечно, быстрый отъезд расстроенного любовника из страны.

Однажды мой итальянский коллега, изумленный и расстроенный, пожаловался на странное наблюдение, сделанное им: почта из итальянских консульств в Советском Союзе отправлялась в запечатанных конвертах, и он заметил, что почта консульства в Одессе была запечатана печатью итальянского консульства, расположенного в Кракове. Я без труда объяснил ему этот феномен, указав, что ГПУ совершило точно такую же ошибку, отправляя почту германских консульств. И там также была некоторая путаница с печатями. С другой стороны, те же самые власти оказывались очень полезными, прикладывая русский перевод к письмам из Германии в Москву, цензорская quid pro qou («одно вместо другого», путаница, недоразумение. — *Прим. перев.*), так сказать.

Конечно, слухи о перехвате телефонных разговоров и устройствах, скрытых, например, в электролампах и предназначенных для передачи бесед «заинтересованным властям», были общей темой для наших разговоров в Москве. Но я не знаю, есть ли какая-то доля правды в утверждениях, что телефонная связь с такими маленькими государствами, как Литва и Эстония, вообще прерывались на время обеденного перерыва — с 12 до 2 часов пополудни, поскольку имелся лишь один переводчик, способный понимать их язык, а он тоже имел право в конце концов пообедать и передохнуть.

Но лишь когда бывали задеты их собственные пустячные, мелкие интересы, представители дипломатического корпуса все, как один, поднимаются до высот истинной страсти и красноречия — таков, по крайней мере, мой опыт.

Постоянные трудности, которые преследовали нас в Москве, были связаны с валютой. Золотое обеспечение бумажного рубля было мифом, за который с великим упрямством цеплялось советское правительство. Теоретически обменный курс был рубль за две марки и два рубля за доллар. Таким образом, фунт масла, продаваемый за 10 рублей, стоил бы 5 долларов. Ясно, что на таких условиях прилично жить в Москве невозможно. Открытие специальных магазинов для дипломатов не могло решить проблему. Сейчас я не могу вспомнить все детали, но в любом случае, многие другие покушения на то, что мы уверенно считали своими дипломатическим привилегиями, стали однажды той соломинкой, что переломила спину верблюда. Волна негодования захлестнула дипломатический корпус. Звучали пылкие горячие призывы к общему demarche, и было решено обсудить вопрос на встрече Chefs de mission (глав дипломатических представительств. — *Прим. перев.*).

Собрание состоялось, и я старался как мог, чтобы остудить бушующие страсти. Я был убежден, что легальная ситуация — с неизбежной покупкой рублей на одном из европейских черных рынков — даст Narkomindel сильное оружие, достаточное, чтобы разбить даже объединенный фронт представителей дипломатического корпуса в Москве.

С другой стороны, я знал, что советские власти обижались, когда слышали в свой адрес фразы типа «восточные методы», «нарушение правил международной учтивости» и т. д., и потому сопротивлялся любым попыткам решить вопрос путем официальных протестов или общего demarche, а настаивал на необходимости постепенно уладить вопрос в личных разговорах с Литвиновым. Когда я писал эти строки, меня очень позабавила прочитанная мной заметка о подобном инциденте, случившимся в Москве совсем недавно: вновь нарушение дипломатических привилегий (на этот раз в связи с денежной реформой), снова волна раздражения и опять совещание Chefs de mission, на котором, однако, югославский посланник расстроил единый фронт. Plus ca change, plus c'est la meme chose... (Чем больше перемен, тем больше все остается по-старому. — *Прим. перев.*).

Брешь, образовавшуюся в отношениях между дипломатами и русскими, закрывали собой несколько сотрудников Narkomindel, которым была дарована privilegium odiosum общения с иностранцами и ношения вечерних платьев. Но они посещали лишь те дипломатические обеды, которые устраивались странами, приписанными к их отделам. Общее разрешение было дано лишь двум персонам: одной из них был М. Флоринский, Chef de Protocole, бывший сотрудник царской внешнеполитической службы, хитрая и коварная личность по натуре и воспитанию, успешно уклонявшаяся от всех наших попыток побудить его изложить пожелания и просьбы дипломатического корпуса своему начальству. Однако он замечательно играл в бридж.

Другим был его коллега Борис Сергеевич Штейнгер, бывший офицер, который устраивал для дипломатов посещения театров и был полезен в решении общих вопросов. Люди посвященные понимали, что он был шефагентом ГПУ, внедренным для наблюдения за иностранными представителями. Но этот факт, будучи известным, мог быть полезным для нас: связи Штейнгера можно было использовать для передачи замечаний или предупреждений тем людям, которые были определенно более влиятельны, нежели министр иностранных дел. И, vice versa, его мнения и высказывания были иногда инспирированы взглядами по-настоящему важных персон. После моего отъезда из Советского Союза и Флоринский, и Штейнгер вдруг исчезли со сцены в Москве. Флоринский был сослан в Сибирь, а драматический арест Штейнгера во время обеда в одном из двух «элегантных» отелей был описан бывшим послом Соединенных Штатов Дэвисом в его книге «Миссия в Москву». Позднее было публично заявлено, что Штейнгер принадлежал к группе из восьми человек, которые были расстреляны в ходе чистки. Другими, разделившими его судьбу, были такие выдающиеся и влиятельные люди, как Енукидзе и Карахан.

Легко можно было понять, что хождение по лезвию ножа, чем, собственно, и занимался Штейнгер, рано или поздно должно было привести к внезапному и трагическому концу, но я так никогда и не смог выяснить, что могло вызвать подозрения диктатора в отношении двух других жертв. Енукидзе, земляк Сталина и один из его самых верных и преданных приверженцев, конечно же, не принадлежал ни к какой оппозиционной группе. Карахан, который плыл в кильватере Енукидзе и, как армянин, так или иначе принадлежал к грузинскому клану, тоже казался мне неуязвимым, хотя его мирская жизнь была, конечно, подходящей для того, чтобы возбудить зависть и поощрить интриги.

Я вспоминаю эпизод с Караханом, характеризующий некоторые стороны московской жизни. Как правило, Карахан обычно приходил в германское посольство играть в теннис, при молчаливом соглашении, что никаких других иностранцев в это время здесь не должно было быть. Когда он узнал, что я увлекаюсь верховой ездой, он пригласил меня отправиться с ним на прогулку верхом. Он заехал за мной в своем элегантном кабриолете и привез в комфортабельный дом отдыха, расположенный на окраине Москвы. Очень хорошая лошадь, типа ирландского охотника, из конюшен Красной Армии, и капитан Красной Армии ждали нас. Мы прекрасно покатались в уединенном лесу и по лугам, еще не тронутым индустриализацией. По нашему возвращению нас ждал a dejeuner a la fourchette (плотный завтрак с мясным блюдом. — *Прим. перев.*). Никого из обитателей дома не было видно, кроме Орджоникидзе, которого я наблюдал гуляющим по саду. Возвращаясь на машине домой, мы подвезли супружескую пару: тучный дородный мужчина показался мне похожим на Бела Куна, высокопоставленного большевистского лидера времен кровопролитного периода большевистского правления в Венгрии, случившегося после Первой мировой войны. Вскоре после этой поездки Карахан осторожно спросил меня, не мог бы я выдать визу жене Бела Куна, которая хотела пройти курс лечения в Германии. Поскольку Бела Кун был a bete noir (предмет особой ненависти. — *Прим. перев.*) в Германии, мне пришлось дать уклончивый ответ. Это была моя первая и последняя верховая прогулка с Караханом.

Из приглашения сходить на охоту на медведя ничего не вышло. Однажды, когда мы обсуждали нашу общую страсть к охоте, маршал Егоров, начальник штаба Красной Армии, пригласил меня принять участие в медвежьей охоте. Он прямо спросил Крестинского, сидевшего за тем же столом, есть ли какие-либо возражения против моего приглашения на такую охоту. Крестинский принялся размышлять вслух: «Британский посол не увлекается охотой, как и французский, и итальянский послы — так что вот вам мое благословение». Но подобного прецедента не было создано. И хоть мое присутствие на охоте не принесло бы никому никакого вреда, но ничего подобного не произошло. Очевидно, мои хозяева остыли и по здравому размышлению решили, что лучше не следует позволять мне слишком близко знакомиться с их личной жизнью.

Этот эпизод до некоторой степени отвечает на вопрос, который мне задавали столь же часто, как и вопрос «Встречался ли я когда-нибудь со Сталиным лично?», а именно: на что было похоже наше светское общение с русскими? Ответ таков: все зависело от двух условий — политической ситуации и личных качеств дипломата. Если между некоей страной и СССР возникали длительные трения, светское общение с представителями этой отдельной страны постепенно сходило на нет, и ни одному русскому не позволялось больше посещать ее дипломатическую миссию. Если же, с другой стороны, взаимоотношения были дружественными, то приемы, концерты и другие светские мероприятия посольства, о которых идет речь, посещались многочисленными русскими интеллектуалами, которые приходили не по отдельности, а группами, специально подобранными для этой цели. Таким образом, на приеме, устроенном в честь некоторых немецких ученых, с русской стороны появлялись их коллеги, а делегацию германских экономистов встречали известные представители экономической науки Советской России. Но если бы вы попытались пригласить одного из ваших гостей лично на ланч, он, конечно, начал бы заикаться, запинаться, и с крайним смущением пробормотал бы, что он, вероятно, в этот день будет болен. На партийных шишек, конечно, эти ограничения не распространялись, они сами, в основном, чувствовали себя неуютно в компании иностранцев. Однако посещали посольства и приглашали послов, если они нравились им лично, а также если ценили атмосферу, царившую в данной миссии.

Обычной формой подобных светских мероприятий был вечерний прием с buffet (стойка с закусками. — *Прим. перев.*). Это больше отвечало вкусу русских, которые питали отвращение к строгим формальностям официальных обедов с вечерними платьями и предпочитали появляться и уходить, когда захотят, выбирать из набора еды и напитков и, главное, курить и разговаривать. Кроме этих организованных групп людей — партийных деятелей и интеллигенции, появлявшихся по особым случаям, было довольно много других русских, с которыми мы познакомились и даже подружились — художники, ученые, певцы, актеры, которые шли на риск прийти и повидаться с нами, или просто не боялись делать это.

Некоторые молодые сотрудники нашего посольства успешно вели своего рода богемную жизнь на квартирах, где собирались актеры и художники, демонстрировавшие свои таланты.

Посещения наших консульств, а также промышленных предприятий, таких, как автомобильный завод в Нижнем Новгороде, тракторное производство в Харькове или Dniepostroi, способствовали углублению моего знания не только самой страны и ее возможностей, но также и ее человеческого элемента.

В Ленинграде, Харькове, Киеве и Тифлисе ограничения на общение были не столь строгими, как в столице. Руководители в провинциальных городах не могли удержаться от встречи, когда представитель дружественной державы наносил им визит. Мое владение русским языком, хотя и достаточно скромное, необычайно облегчало эти контакты. Беседы с рабочими и чиновниками открывали значительно больше, чем чтение заметок в «Izvestia» или «Pravda».

Оглядываясь назад на те пять лет в Москве, которые дали мне возможность встречаться с людьми практически из всех слоев общества и разных профессий, я могу сказать без какого-либо предубеждения, что неплохо узнал русских людей вообще и советских русских в частности. Я быстро находил с ними общий язык и сохранил к ним определенную симпатию благодаря их человеческой доброте, их близости к природе, их простоте, бережливости и терпению. На меня произвела глубокое впечатление их способность страдать и приносить жертвы, делая тяжелую работу и проявляя при этом энтузиазм.

На меня также произвел глубокое впечатление страстный фанатизм рядовых членов партии, стремившихся поднять свою отсталую страну, чтобы она могла занять место в ряду самых развитых наций, — попытка трогательная и патетическая. Я близко наблюдал разные типы партийцев — от низших рангов и до самого высокого уровня — и не могу удержаться от вопроса: где истоки той грандиозной яркости их планов и безжалостной мощи их решений, которые требовали жертвовать не только благосостоянием, но даже самой жизнью миллионов людей ради цели, маячившей, как они знали, где-то далеко на горизонте, и которую большинство иностранцев считали абсолютно недостижимой?

Внешне эти члены партии были простыми и скромными людьми, которые не производили впечатления сильных, волевых, подавляющих собою личностей. Среди них были блестящие умы, большей частью еврейского происхождения, с которыми, как, например, с Радеком, беседовать было истинным удовольствием.

Но за этой кажущейся простотой ума была сокрыта горячая и непоколебимая, почти религиозная, вера в их учение, которая заранее делала любые глубокие дискуссии совершенно бессмысленными. Я помню беседу с Ворошиловым в 1932 году, в ходе которой я выразил серьезное сомнение относительно того, не окажется ли принудительная коллективизация опасной или даже разрушительной мерой для сельского хозяйства России, составлявшего основу ее экономики, и не уменьшится ли до нуля экспорт зерна и, соответственно, средства для оплаты наших кредитов? Ворошилов внимательно выслушал и постарался развеять мои сомнения, однако позднее он, глубоко разочарованный и безутешный, сказал одному из сотрудников нашего посольства: «Посол не верит в нас». Он просто не мог понять, что друг его страны может таить хоть тень сомнения в отношении принципов и планов советского правительства.

Восхищаясь решимостью, с которой была завершена индустриализация, я все же не могу удержаться от вывода, что минимальный нетто-эффект был достигнут с максимальными затратами и человеческими страданиями.

Но больше всего среди советских представителей меня интересовали офицеры Красной Армии. Фактически был создан новый класс, уровень подготовки и развития которого соответствовал — по крайней мере в том, что касалось генералов и старших офицеров, — приблизительно тому же стандарту, который существовал для руководителей в старой германской армии. Эти офицеры Красной Армии были всецело преданными своей стране, людьми убежденными, сдержанными и умелыми. Образовательная работа среди личного состава, проведенная Красной Армией в ходе сражения с неграмотностью и отсталостью, должна быть признана наиболее выдающимся достижением советской системы.

Генералы, такие, как Уборевич, Егоров, Корк, Хейдеман, Путна, Алкснис могли быть отнесены к тому же уровню, что и лучшие представители германского генералитета. Этих людей можно смело хвалить, поскольку все они стали жертвами чистки наряду с такими сомнительными, авантюрного склада типами, как Тухачевский. Создание нового поколения руководителей, способных вести такие кампании, какие они проводили в войне против Германии, следует признать выдающимся подвигом, который Красная Армия совершила всего за два года. Учитывая тот факт, что около 70—80% офицеров Красной Армии, начиная с ранга полковника и выше, были ликвидированы, этот результат можно считать почти необъяснимым.

Выражение «необъяснимый» приложимо и к русскому уму, и к менталитету вообще. Под поверхностью доброты, доброжелательности, искренности, понимания и огромной готовности помочь, скрывался пласт, который оказывал непреодолимое сопротивление любым попыткам исследовать его, предпринимаемым мыслящими по-западному европейцами. Это выходит за рамки данной главы — дать анализ русской души во всех ее проявлениях. Мне необходимо лишь упомянуть имя Достоевского, чтобы указать направление своих мыслей. Смиренное утверждение Киплинга относительно пропасти, разделяющей западный менталитет от дальневосточного, — «и вместе им не сойтись» — может быть в еще большей степени приложимо к пропасти, разделяющей западный ум от русского. Даже внешне эта пропасть выражается шрифтом «кириллицей». А большевистское кредо сделало ее вообще непреодолимой.

Есть много других точек зрения, с которых можно рассматривать эту проблему. Я столкнулся с ней, когда посещал театральные представления, слушал русскую музыку, восхищался старой русской архитектурой или даже когда наслаждался необозримостью русских ландшафтов. Представление исторических персонажей, таких как Петр Великий или Распутин, бесконечные духовные поиски, дискуссии о сценическом воплощении толстовских романов классическим театром Станиславского, психологические лабиринты современных пьес, особое, странное исполнение «Бориса Годунова» — все эти вещи открывали мне новые подходы к тайне русского менталитета, который оказывался точно так же необъясним, как фанатизм самобичевания и самообвинения, идущий по восходящей от Достоевского к показательным процессам большевистской эры.

Возвращаясь из Днепропетровска и ожидая поезд-экспресс в середине ночи на вокзале, наш харьковский консул Вальтер, который досконально знал российский образ жизни, поинтересовался относительно железнодорожного расписания и получил следующую информацию от начальника вокзала: «Nikto nichevo ne snaet!» Генеральный консул заметил: «Как абсолютно по-русски — тройное отрицание!» Но потом, совершенно неожиданно, поезд прибыл, несмотря на расписание, спальные места имелись в наличии, и путешествие обратно в Москву было довольно комфортабельным. Такова Россия в двух словах.

На ранних стадиях моей миссии в Москву мы находились под обаянием новых впечатлений, предоставленных нам русской сценой и советским строем, который тогда был не более, чем экспериментом, с тех пор ставший, однако, достаточно распространенным явлением, ныне копируемым многими другими странами. Но постепенно жизнь в Москве становилась для нас все более тяжким бременем, поскольку по мере того, как шло время, становилось все более ясно, что Москва никогда не была приятным для жизни местом, даже когда не было советского правления. Мрачная помпезность Кремля и грациозная элегантность, которую итальянские архитекторы сумели пересадить на российскую почву при строительстве Новодевичьего монастыря в стиле барокко, не могли поднять нам настроение на фоне серого однообразия ветхих домов, тусклых, скверно одетых толп на улицах и торжественной, пугающей пустоты магазинных витрин, украшенных лишь бюстами Ленина или Сталина. Не было парков, способных оживить эту однообразную каменную пустыню, чем, собственно, и была Москва. Чтобы прогуляться или подышать свежим воздухом, вам приходилось ехать в какое-нибудь место в окрестностях города и там прогуливаться вокруг скромных лесов и холмов, любуясь их тихим очарованием и яркими красками, приобретенными за короткие недели трансконтинентального лета.

Во время зимнего сезона я делал несколько попыток покататься на лыжах по холмам и косогорам, куда меня тянул сын Твардовски.

Когда волнение, вызванное новым окружением, начало спадать, старожилы, принадлежавшие к иностранным общинам в Москве, становились все более подвержены депрессиям, особенно после того, как взгляд, брошенный за кулисы, открывал им многочисленные личные трагедии, происходившие на фоне всевластия государственной полиции. Некоторые из наших знакомых исчезли, тогда как их жены кончали жизнь самоубийством. До нас доходили слухи о пытках в Бутырках и других тюрьмах.

Наша жизнь в России предлагала два вида развлечений: музыку и театр и путешествия. Русская музыка стала для нас с женой откровением. Разница между представлением «Пиковой дамы» Чайковского или «Бориса Годунова» Мусоргского в Западной Европе и представлением тех же опер в Москве была примерно та же, как между стаканом воды и бокалом бургундского. Русский балет можно было сравнить лишь с бокалом шампанского. Что касается балета, то мы не были ни столь помешаны на нем, ни столь большими знатоками, как московские и ленинградские поклонники, которые мгновенно воспламенялись и вели жаркие споры о том, московская или ленинградская техника движения рук более грациозна, оставляя в покое пируэты и па, и споры эти порой обретали форму научных трактатов.

Кроме вышеупомянутых «стандартных» опер мы познакомились со многими чисто русскими шедеврами, которые мало известны на европейских сценах, такими, как «Псковитянка» и «Хованщина». В то время как тщательно сделанное искусство классического театра Станиславского способно было удовлетворить старомодные вкусы, Вахтангов ставил «Гамлета» в форме почти кощунственного эксперимента, а Таиров погружался в крайний сюрреализм.

Конечно, текущие события и достижения, гражданская война с ее партизанской деятельностью и пятилетний план со смелым инженером-комсомольцем и плохим старым вредителем (который, к счастью, нашел свою судьбу в 4-м акте) были основой для сюжетов бесчисленных пьес, выдержанных в духе партийной линии. Возбуждать патриотические чувства не дозволялось, однако слегка благосклонное чувство к Петру Великому было ясно различимо.

Даже в театрах аудитория не могла избежать партийной пропаганды. Помню, однажды я смотрел пьесу О'Нила, в которой одним из героев был негр. Во время антракта к зрителям обратился человек, упомянувший о предстоящей казни двух американских негров, приговоренных к смерти, и этот человек настоял на единогласном голосовании в защиту осужденных. Мы с Твардовски проголосовали «против».

На концертах превалировала ортодоксальная манера исполнения, эксперимент с оркестром без дирижера был отвергнут. В репертуаре классические симфонии занимали первое место, и никаких Шостаковичей не было повода порицать за пристрастие к западной музыке.

Нас особенно интересовали многочисленные образцы классической русской архитектуры, начиная от старых церквей периода великих князей XII или XIII веков, до зданий, построенных в стиле русского ампира, представленного дворцом князя Юсупова в Архангельском, включая русские вариации архитектуры Ренессанса и барокко, а также прекрасные архитектурные достижения периода правления Александра I.

Мы ходили на экскурсии по осмотру достопримечательностей, ради которых иногда приходилось уезжать на расстояние более чем 125 миль от Москвы, иногда проводя ночь в маленьком провинциальном городке, который, однако, был единственно возможным местом, выбранным после тщательных приготовлений, проведенных германским отделом Narkomindel. Поездка в прекрасный старинный Владимир, с его золотыми куполами и красивыми шпилями стоящих далеко в лугах церквей, оставила незабываемые впечатления.

Столь же впечатляющим оказался и похожий на крепость монастырь — Сергиевская лавра и собор в Иерусалимском. Параллельно с этим восхищением старыми русскими церквами я стал все больше разбираться в иконах и даже почувствовал легкое стремление коллекционировать их.

В качестве желанного отдыха от трудностей повседневной жизни в Москве мы использовали частые поездки в Ленинград. «Окно на Запад», прорубленное Петром Великим, сохранило немногое из присущей ему ранее европейской атмосферы. Гостеприимство, которое генеральный консул Цехлин оказывал нам, принимая нас в здании бывшего германского посольства, в огромной степени способствовало тому, что эти дни отдыха были по-настоящему спокойными и комфортабельными.

Сокровища Эрмитажа казались несметными. Нам особенно нравилась уникальная коллекция скифских золотых монет и безделушек. Экскурсии в царские дворцы, расположенные поблизости от Ленинграда, — в Гатчину, Павловск, Царское село — были всегда интересным развлечением.

Я также продолжил свое знакомство с Украиной, нанеся несколько визитов в Киев и Харьков.

Однажды нам удалось совершить туристическую поездку с осмотром достопримечательностей в Одессу, куда нас пригласила приморская молодежная организация. Поездка эта включала в себя и круиз вдоль побережья Крыма на прекрасной яхте, которую мы потом поменяли на комфортабельный пассажирский пароход. Мы проплыли вдоль восточного побережья Черного моря вниз до полутропического Батума.

Нам очень понравились Тифлис и грузины, сочетавшие в себе манеры джентльменов с питейными привычками гейдельбергских студентов. Мы также проехали на машине по знаменитой горной дороге до Владикавказа, проложенной среди покрытых снегами гор.

Направляясь в Баку, мы обнаружили, что за ночь сцена изменилась. Баку был типично азиатским городом, со своими засушливыми песчаными равнинами, караванами верблюдов, своей верностью персидским обрядам солнцепоклонников и, самое главное, со своими колодцами и хрупкими растениями. Обед на продуваемой ветром крыше в саду нашего отеля с величественным видом на Каспийское море, мерцающие огни города и оркестр, играющий русские и азиатские народные песни, — все это соединилось в единое целое, оставив у нас незабываемое впечатление.

Однако, что нам нравилось больше всего — это наше ежегодное путешествие в германскую сельскохозяйственную концессию Drusag, расположенную близ станицы Кавказской, в богатом сельскохозяйственном районе Северного Кавказа, куда мы ездили на охоту. С доктором Дитлоффом за рулем мы скользили вниз по покатому склону к берегу реки Кубань, чтобы в течение нескольких дней наслаждаться атмосферой немецкой деревенской жизни вместе с герром и фрау Дитлоффом и его коллегами.

Спортивная сторона нашего визита — охота — была представлена в соответствии со старыми добрыми немецкими традициями. Там не было ни медведей, ни волков (я видел лишь одного, и то издалека), но были зайцы, фазаны и кролики, изредка — лисы и бекасы, и лишь сами охотники придавали сцене экзотический штрих: большинство из них были жителями одной из соседних Stanitsas — так называемые гордые кубанские казаки, носившие меховые шапки и цветные шелковые кушаки. На меня произвело огромное впечатление, когда в мой первый визит, летом, д-р Дитлофф привез меня на холм, который был окружен настоящим океаном пшеницы, покрывающей пространство в радиусе около 2,5 миль. Подобные картины, вероятно, достаточно обычны для Соединенных Штатов и Аргентины, но для немецкого глаза это было нечто изумительное.

В последние дни октября я навсегда уехал из Москвы. Я поехал через Вену в Рим, где встретил жену и несколько дней отдохнул на вилле Бонапарта у своей сестры и зятя — германского посла в Ватикане, герра фон Бергена. Я также захватил с собой свою племянницу Элку Ведель, которая сопровождала нас в Японию. В Неаполе мы сели на борт японского корабля «Хакусан Мару». Мы сделали выбор в пользу морского путешествия, поскольку по пути к новому месту службы я хотел познакомиться с проблемами Дальнего Востока, делая хоть краткие остановки в некоторых важных городах, — таких, как Сингапур, Гонконг и Шанхай. Лишь за несколько дней до Рождества «Хакусан Мару» пришвартовалась к причалу в Кобе. И отныне евроазиатский кризис сменился для меня кризисом дальневосточным.

Глава 4

ПОСОЛ В ТОКИО (1933—1938)

ЯПОНИЯ В БРОЖЕНИИ, 1933—1936 гг.

Ко времени моего прибытия в Японию условия для работы германского посла в этой стране были идеальными, почти идиллическими. Япония — одно из самых отдаленных от моей родины мест, а это само по себе бесценный плюс в профессии дипломата. Никакой другой пост не доставлял больших удобств и приятностей в повседневной жизни иностранца вообще и дипломата в частности, чем работа в Японии: красивая, гостеприимная и интересная страна, в которой смешались черты дальневосточной культуры и западной цивилизации, очень недорогая жизнь, квалифицированный и дружелюбный японский персонал, неограниченные возможности для комфортабельных путешествий, удобства на морских и горных курортах с их европейскими отелями, исторические храмы и замки с ценными коллекциями произведений искусства. Действительно, в Японии были все возможности для изучения дальневосточного искусства, истории и культуры, равно как и возможности для поддержания достаточно тесных контактов с западным образом жизни и мыслей благодаря частым посетителям из Европы, а также концертам и кинофильмам.

Официальные обязанности германского посла в Японии не были осложнены какими-либо столкновениями интересов или застарелыми конфликтами между двумя странами. Напротив, в течение шести лет Германию и Японию связывали дружественные отношения, еще более укрепившиеся благодаря сотрудничеству в сфере науки и присутствию германских военных советников в японской армии.

В Германии хорошо понимали, что разрыв этой дружбы и участие Японии в Первой мировой войне стали следствием колоссальной политической ошибки, допущенной в годы царствования императора Вильгельма II, а именно, поддержки Германией русско-французского протеста против заключения китайско-японского мирного договора, подписанного в Симоносеки в 1895 году. После захвата Японией германского опорного пункта в Китае, Циндао и принадлежавшей Китаю группы островов в Тихом океане, Япония потеряла интерес к своим партнерам по Первой мировой войне, а вскоре и вообще отошла от союзников из-за послевоенной перегруппировки в рядах великих держав. Прошло немного времени, и Япония возобновила прежние отношения со своим бывшим противником. Экономические отношения, которые оказались очень выгодными для обоих партнеров на протяжении всего послевоенного периода, стали еще более активными после включения Маньчжурии в японскую сферу влияния. Таким образом, пассивный баланс Японии в торговле с Германией был теперь уравновешен германскими закупками основного экспортного продукта Маньчжурии — соевых бобов, самыми крупными покупателями которых были именно германские фирмы.

Эти дружественные отношения были дополнены развитием политических отношений в послевоенный период. Хотя она и была одной из победивших наций, Япония тем не менее чувствовала, что союзники военного времени ею пренебрегали, третировали и унижали, в то время как ее многочисленные амбиции по-прежнему не были удовлетворены. Под давлением англо-саксонских держав она была вынуждена ослабить свою хватку и сдать позиции в Китае. Об этом было открыто, хотя и несколько преждевременно, объявлено в 1915 году пресловутыми «21 требованиями». Циндао больше не был японским оплотом в Китае. Японии пришлось уйти и из русских приморских районов, а острая обида, которую чувствовали японцы, будучи нацией гордой, из-за расовой дискриминации в Соединенных Штатах, стала еще более глубокой из-за отклонения статьи о расовом равноправии, предложенной на Версальской конференции президентом Вильсоном, а также новых дискриминационных законов, принятых в Америке. Япония считала, что пакт Четырех держав, так же, как и Пакт

Девяти, был направлен против нее, и эта уверенность была усилена соотношением «2:1», на которое ей пришлось согласиться на конференции по военно-морскому флоту в Вашингтоне, что означало двойное превосходство англо-американского флота над японским.

Как видим, сходство между послевоенным развитием Германии и послевоенным развитием Японии вполне очевидно. Как и Германия, Япония предприняла честную попытку достичь реального и всеохватывающего соглашения с западными державами. На протяжении 1920—1931 годов, вошедших в историю как период Шидехара (по имени выдающегося государственного деятеля, защищавшего эту политику), сменявшие друг друга либеральные Кабинеты правили Японией в соответствии с принципами демократического парламентаризма и следовали западной модели в политике своей страны. В Германии, так же, как и в Японии, подобная попытка была обречена на провал.

Я уже упоминал об истоках японской обиды. В Японии, как и в Германии, катастрофический кризис в экономике усилил чувство растерянности и политический радикализм. Убеждение, что будущее благосостояние Японии может быть достигнуто лишь при полной независимости от мировых рынков и подводных течений мировой политики, прочно укоренилось в умах японских политиков и усилило позиции ультранационалистических твердолобых. Убеждение, что независимость может быть обеспечена лишь включением китайского или, по крайней мере, маньчжурского или северо-китайского рынков в японскую сферу влияния, стало почти евангелием этих экспансионистов. Эти мечты были реализованы захватом Маньчжурии и, позднее, Северного Китая. Вмешательство Лиги Наций и комиссия Литтона, которая была отправлена на Дальний Восток, вызвали антипатию к международному сотрудничеству как в Японии, так и в Германии, — примерно равной в обоих случаях интенсивности. В течение года Германия последовала примеру Японии и тоже покинула Лигу.

В обеих странах период либерализма подошел к концу, и обе под давлением обстоятельств скатывались к тоталитарному правлению. Но в то время как в Германии переходный период продолжался лишь год (1932), в

Ниппоне борьба между двумя системами затянулась на десятилетие и проходила с применением чисто японских методов. Источники, породившие этот революционный и разрушительный динамизм, также были различны в обеих странах. В Германии самыми первыми приверженцами национал-социализма были выходцы из тех слоев общества, которые первыми стали жертвой инфляции и экономического кризиса. В дальнейшем их ряды росли за счет разгневанных мужчин из самых разных слоев общества и честных патриотов, которые не могли смириться с «унижением Версаля». Это были люди, отчаявшиеся возродить свой фатерланд с помощью парламентской системы, которая расколола нацию на 32 партии и оказалась неспособной справиться как с левым, так и с правым радикализмом. И когда обществу пришлось столкнуться с альтернативой: править ли Германией коммунистам или национал-социалистам, народ проголосовал за то, что, как он был убежден, окажется меньшим злом.

В Японии брожение шло внутри более ограниченной сферы. Младшие офицеры армии и, в меньшей степени, военно-морского флота, студенты и прочие горячие головы, воодушевленные безграничным национализмом, истоки которого коренились в бедственном положении крестьян, создали тайные общества, «Черный дракон», например. Эти общества находились под духовным руководством философов-аскетов, таких, как Тояма, или псевдофилософов из числа военных более поздних лет, как, например, генерал Араки. Усилия этих революционеров были направлены не на формирование массового движения, чтобы в конечном счете захватить власть большинством голосов на выборах, но на физическое устранение главных представителей парламентского и капиталистического строя. Однако с помощью террористических актов, серии страшных убийств, жертвами которых были известные государственные деятели и ведущие промышленники, они не смогли добиться каких-либо политических результатов. А захват Маньчжурии сыграл роль временного предохранительного клапана, сфокусировавшего энергию этих активных кругов на новое поле действия, открывшееся им на азиатском материке.

Внутриполитические события развивались примерно в том же направлении, но в более замедленном темпе. В то время, как по-настоящему либеральный государственный деятель был отвергнут за ненадобностью, формирование полностью националистического Кабинета было отложено из-за противодействия со стороны старых государственных деятелей. И в последующие годы стало сверхочевидным, что ультранационалисты не были склонны долго терпеть эту отсрочку.

Таким образом, когда я прибыл в Токио, Германия и Япония находились «на марше» — в состоянии потенциальной агрессии. В то время, как японское националистическое движение уже одержало первый международный триумф в виде захвата Маньчжурии еще до того, как оно приобрело контроль над правительством, национал-социализм господствовал исключительно внутри Германии, ожидая возможности для экспансии. Тот факт, что Германия и Япония были связаны дружескими чувствами, достигли свободы одинаковыми методами и преследовали одинаковые цели, усиливал чувства симпатии и дружбы между двумя странами, зародившиеся в те давние времена, когда Япония вновь была вынуждена отказаться от своей средневековой изоляции.

Но оба народа были связаны на почти подсознательном уровне еще более крепкими узами. История и основополагающие факты национального существования подтолкнули немцев и японцев к заключению Союза, который покоился на более солидном основании, нежели просто общее желание расширить территорию. Сходство фундаментальных идей о роли государства и отношениях между государством и личностью было достигнуто в обеих странах несмотря на явные различия, которые во многом уравновешивались похожими чертами.

Германия и Япония были избраны богом для трагической судьбы, неизбежность которой проистекала из различных, зачастую почти противоречивых, источников. В то время как географическое расположение в центре Европы, без определенных границ направляло развитие германского рейха и мешало достижению национального единства до 1871 года, история Ниппона была обусловлена его географической изоляцией как островного королевства, усугублявшейся проводимой ее властями недвусмысленной политикой изоляции. История не знает страны, которая бы на протяжении 250 лет рассматривала политику изоляции от внешнего мира как свою единственную и высшую цель, как это было в случае с Японией.

В течение всех этих веков японские государственные деятели сосредоточили свои усилия на формировании в высшей степени эффективной бюрократической и военной машины, предназначенной для решения задач ограждения их страны от любых связей с кем бы то ни было из внешнего мира. Они верили, что таким образом японцы сумеют избежать пагубного иностранного влияния и не станут жертвами жадности других наций, которые бросали завистливые взгляды на Дальний Восток на протяжении всей первой половины XIX века.

Но островному королевству недолго позволили продолжать эту оборонительную и негативную по отношению к пришельцам политику, и вскоре «Черные Корабли» эскадры адмирала Перри вынудили Японию открыть ворота для вторжения западных наций в их конкурентной борьбе за новые рынки и новые сферы влияния. Теперь ей пришлось столкнуться с альтернативой: или быть низведенной до уровня полуколониального и зависимого государства типа Турции или Китая, или же принять вызов и проложить свой путь наверх, пробиться к статусу суверенного современного государства, способного противостоять иностранному влиянию.

Несмотря на свою поистине средневековую отсталость, феодальную армию, вооруженную лишь мечами и стрелами, Япония решает принять вызов. Преодолевая трудности своего положения, обусловленные бедностью почв и отсутствием природных богатств, Япония, благодаря неустанным усилиям на протяжении десятилетий и огромной жертвенности, добилась успеха в построении государства по западному образцу с могущественной армией и современной промышленностью. Но в результате этого самого успеха Япония оказалась втянутой в мировые дела. Для того чтобы обеспечить свое растущее население едой и другими жизненно необходимыми товарами, она была вынуждена покупать сырье для своей индустрии в зарубежных странах. В качестве средства платежа за это сырье ей пришлось экспортировать конечную продукцию. Само ее существование стало зависеть от готовности остального мира продать ей сырье и желания купить ее готовую продукцию, и потому Япония стала очень чувствительной к малейшему волнению в мировых делах и была обречена на ненадежное существование. Любой сбой в регулярном потоке импорта — экспорта неизменно угрожал самому существованию государства.

Сходные причины привели и германский рейх на путь индустриализации и роста экспорта. Будучи новичками на мировом рынке, обе страны вынуждены были бороться за свою долю экспортной торговли методами выскочки: высокой производительностью труда, демпингом, продолжительным рабочим днем, и обе достигли одних и тех же результатов, а именно: растущей враждебности имущих наций к неимущим. Пока в мировой экономике господствовали свободная торговля и безудержная конкуренция, у новичков был шанс заработать себе на жизнь. Но как только для защиты внутренних рынков были воздвигнуты таможенные барьеры, трудности неизмеримо возросли. В результате ограничений на мировых рынках эти нации почувствовали неудержимое стремление создавать собственные экономические сферы влияния, в пределах которых они могли бы без помех покупать сырье и продавать конечную продукцию.

Подобное стремление расшириться не могло не угрожать всеобщему миру, и опасность была значительно усилена наличием в характерах обоих народов многих сходных черт. Так, в фундаментальных проблемах отношений личности и государства и немцы, и японцы по разным причинам, но пришли к одному и тому же выводу. Согласно их философии, государство должно быть институтом высшим и первичным, которому подчинены все личные интересы и желания индивидуума. Лишь работая на благо общества и граждан, объединенных в государство, индивидуум может выполнить высочайшую обязанность, возложенную на него богом, а именно: способствовать дальнейшему повышению благосостояния соотечественников. Этот спартанский образ мыслей был принят как в Пруссии, так и в Японии, и привел к возникновению авторитарного государства с очень эффективной исполнительной властью, управляемой солдатско-чиновничьей иерархией.

Столь простое и строгое установление в соединении с нуждой, лишениями и скудными землями и породило типы людей, которые вознаграждали себя за свое самопожертвование и тяжелую работу автократическим методом правления. И Германия, и Япония привыкли к своей непопулярности в мире. Факт, что методы, используемые этими непопулярными режимами, достигли результатов, которые делали им честь, таких, как Корея, Формоза и восточные провинции Пруссии, был проигнорирован остальным миром и не получил какого-либо признания до самого их крушения.

Ни Германия, ни Япония не добились успеха в поиске решения проблемы — как им следует приспособить себя к сообществу государств, развивавшихся в другом направлении — иначе говоря, к западным демократиям. Когда эти две страны почувствовали, что самому их существованию угрожают растущие барьеры, воздвигнутые, чтобы воспрепятствовать экономической экспансии или эмиграции излишнего населения, тогда и возникла опасная философия «жизненного пространства», которая, будучи насильственно применена на практике, и привела к всемирной катастрофе.

Склонность к применению силы также была характерной чертой, общей для обоих народов. Они оба дисциплинированны; сознательное повиновение сильному и эффективному руководству — одно из их выдающихся качеств. Но если они узнают, что их ведет и ими правит неэффективное правительство, эта готовность подчиняться сменяется неожиданным и страшным взрывом. Подобное же характерно и для их поведения в международных делах: Германия и Япония прошли длинный путь по дороге сотрудничества с мировым Сообществом: немцы на протяжении периода существования Веймарской республики и японцы — во времена либеральной эпохи Шидехара. Но когда они чувствуют растерянность и видят тщету своих усилий, они резко останавливаются и вновь обращаются к мирному труду.

Тесная близость, которая установилась между немецким и японским народами после того, как они выбрали тоталитарный путь развития, и которая привела к заключению альянса в 1940 году, имела, таким образом, глубокие корни с обеих сторон. Но в то время как дружеские чувства к Германии были широко распространены в Японии, симпатии к японцам в Германии были весьма ограничены. В Японии чувства особой дружбы и восхищения Германией испытывали представители науки, особенно медицинской, и армии. Эти люди учились у германских инструкторов и наставников, а пожизненная благодарность учителю — одна из благороднейших черт японского характера. Один германский профессор или военный инструктор привлек на сторону Германии сотни или даже тысячи людей, тогда как число немцев, симпатизирующих Японии, ограничивалось лишь немцами, когда-то жившими в Японии, и теми, кто по роду деятельности или по другим причинам интересовались Японией и знали ее.

Германские симпатии на Дальнем Востоке больше относились к Китаю, чем к Японию. Китай представлялся германскому уму родиной конфуцианства. Лао Цзы был философом, чьи работы и учение появились в многочисленных популярных изданиях. Романы Перл Бак и других американских писателей многое добавили к этой популярности. Китайское искусство очень высоко ценилось растущим числом немецких коллекционеров. Были и такие, кто считали себя настоящими ортодоксальными знатоками — поклонниками ранней китайской керамики эпохи таких мастеров, как Сунг и Танг, а были и просто коллекционеры, кто ценил фарфор XVIII века и неплохо в нем разбирался. Некоторые эклектики даже специализировались на художественных свитках. В сравнении с этой огромной армией поклонников китайского искусства немного было энтузиастов японских гравюр на дереве и изделий из лака, тогда как рынок был наводнен ужасными подделками, наштампованными японскими торговцами для иностранных покупателей. По-настоящему утонченное или иначе говоря «сдержанное», классическое искусство Японии приходилось усиленно изучать, совмещая эту страсть с привязанностью к самой стране.

В Германии, равно как и в других европейских странах, все китайское пользовалось большей популярностью, нежели японское. Легкая, веселая манера, чувство юмора и владение иностранными языками делали китайцев более привлекательными и особо располагали к ним на фоне подчеркнутой официальности японцев, чья преувеличенная вежливость, даже если она и служила прикрытием для робости и застенчивости, равно и отсутствие каких-либо способностей к изучению иностранных языков, граничили с надменностью. Даже немцам, много лет прожившим в Японии, так и не удавалось отыскать путь к сердцам своих японских хозяев, хотя не существует более надежного и верного друга, чем японец, если европейцу однажды удалось пробить кору подозрительности и формализма и завоевать его доверие. Японцы действительно являются самым сложным и трудным для управления народом.

Даже германские военные, традиционно дружественно настроенные по отношению к японской армии, перенесли свои симпатии на Китай. В то время как военные круги Германии оказывали по долгу службы услуги Японии, в душе они испытывали большую привязанность к Китаю, поскольку маршал Чан Кайши пользовался услугами сильной делегации опытных немецких офицеров для обучения китайских дивизий. Под умелым руководством генерала фон Фолькенхаузена немецкие инструкторы оказали несколько ценных услуг китайскому правительству. Эти офицеры пользовались огромной популярностью и испытали на себе глубокое воздействие той удивительно привлекательной атмосферы Китая, которая иногда с поразительной скоростью завоевывает сердца и страстную привязанность поклонников. Примеры такого рода можно было найти в Пекине — как, например, случай с немецким юристом, который в свои пятьдесят лет приехал в Пекин по делу и должен был провести там несколько недель, но так никогда больше и не вернулся домой. Он поддался очарованию этого красивого и таинственного города, в совершенстве овладел китайским языком, довольно талантливо перевел китайские стихи на немецкий и теперь вел счастливую жизнь в уединении близ Пекина.

Примеров столь полного погружения в жизнь Дальнего Востока со стороны иностранцев не найдешь в Японии. Такое погружение, если оно есть, как правило, бывает обусловлено межнациональным браком. Но хотя эти браки, в основном, оказываются гармоничными, их число ограничено противодействием со стороны обеих рас.

Градус германо-японской дружбы, естественно, повысился, когда централизованный Третий рейх поставил своей целью установить более тесные отношения с дальневосточной островной империей. Волна симпатии была поднята и должна была удерживаться всей мощью партийной машины.

Я лично приветствовал политику дружбы с Японией. Я был слишком пруссаком сам, чтобы не чувствовать симпатии к другим народам, которые как и мы, «истощили себя до величия». Более того, я сознавал, что после того как отношения между Германией и Советским Союзом стали более напряженными, необходимо приделать в некотором роде тормоз к русской машине.

Я никогда не верил в возможность русско-японской войны, развязанной по инициативе Японии. Более того, я всегда с одобрением относился к плану Джозефа Чемберлена, направленному на установление взаимопонимания между Британией, Германией и Японией. К плану, который был сорван психопатическим руководителем германской внешней политики Хольстейном. Но я считал, что подобная комбинация вновь может возникнуть. Уверенность эта усилилась после заключения в 1935 году англо-германского соглашения по военно-морскому флоту, положившему конец соперничеству между двумя странами на море. Суждение мое оказалось ошибочным, но, вероятно, это можно извинить.

Как обычно, в МИДе мне не дали никаких особых инструкций, когда я уезжал из Берлина. Но из намека, оброненного военным министром генералом фон Бленбергом, я сделал вывод, что Гитлер намерен установить тесные отношения с Японией.

Роль германского посла в Японии сводилась поначалу к роли зрителя на основной политической сцене. Это была интересная задача и легко выполнимая благодаря наличию двух факторов: квалифицированного персонала посольства и благоприятных политических обстоятельств. Герр Нобель, мой коллега по берлинскому периоду работы в Восточном отделе, был назначен советником посольства. Мы работали вместе в совершенной гармонии, и наши судьбы оказались еще теснее связаны превратностями Второй мировой войны. Два старших секретаря посольства — герр Кольб и герр Кнолль — были особенно ценными коллегами, поскольку в совершенстве владели японским языком. Первый ведал культурными делами, а второй выполнял обязанности коммерческого секретаря. Список гражданского персонала завершал герр фон Эцдорф, который был моим личным секретарем. Нобель и Кольб оставались со мной на протяжении всего срока моей службы в Токио.

В стране, где армия и флот играли столь важную роль, человеческие качества и профессиональная квалификация военного и военно-морского атташе были особенно важны. Мне повезло, что в качестве военного атташе у меня работал один из самых известных офицеров германской армии как с точки зрения личных качеств, так и квалификации — генерал Отт. В качестве политической «правой руки» генерала фон Шлейхера, бывшего на протяжении пяти лет военным министром, он играл ведущую роль в переговорах с нацистами. Хотя Гитлер решил не вынуждать Отта повторить судьбу генерала Шлейхера и генерала фон Бредова, убитых 30 июня 1934 года, новый военный министр счел благоразумным в течение нескольких лет держать Отта подальше от глаз диктатора. Несмотря на отчаянные попытки вернуться к командованию дивизией или армейским корпусом — поскольку он был прирожденный солдат, Отту пришлось оставаться на своем полудипломатическом посту. Благодаря сильному характеру и способностям он заслужил уважение японского генерального штаба, равно как и уважение дипломатического корпуса.

Военно-морской атташе, капитан Веннекер, откровенный и прямой моряк, веселый и надежный товарищ также очень хорошо подходил для своей работы. Как капитан крейсера «Deutschland» в ходе первой стадии Второй мировой войны он прославился благодаря своим рейдам в Карибское море. Потом он вернулся в Токио на второй срок службы, где и оставался до самой капитуляции.

Мне также повезло, что у меня наладились хорошие отношения с сотрудниками японского МИДа, и особенно с Коки Хирота, с которым я дружил на протяжении всего срока моего пребывания в Японии. Все эти годы он занимал посты или премьер-министра, или министра иностранных дел. Он был действительно самым «японским» из всех государственных деятелей, с которыми мне пришлось иметь дело. Десятилетия, проведенные им в зарубежных странах, едва ли изменили его образ мыслей и манеру мышления. Сам он скромного происхождения, его отец был каменотесом из Фукуоки (остров Кюсю), но его способности не прошли мимо внимания графа Като — одного из ведущих государственных деятелей начала века. Като покровительствовал Хироте и выучил его на чиновника внешнеполитической службы, а затем взял своим секретарем в Лондон. Поскольку Хирота весьма слабо владел английским языком, контакты его с западными коллегами были ограничены; жена никогда не сопровождала его в отъездах на дипломатические посты, а все симпатии, которые он испытывал к зарубежным странам, ограничивались Великобританией.

Он был активным националистом, верным последователем учения Тоямы, этого проповедника национализма, и членом националистического общества «Черный Дракон». Я часто спрашивал себя, как подобная точка зрения может сочетаться с добрым, скромным, почти застенчивым поведением Хироты, которого я успел очень высоко оценить, как спокойного и разумного человека. Но европейцу невозможно составить себе точное представление о восточном образе мышления, и потому я считал, что он был, вероятно, одним из тех последователей философии национализма, которые следуют принципам в теории, тогда как на практике проводят более умеренную политику.

Трудности процесса ознакомления с механизмом работы японского ума усиливались не только сложностью японского языка, но и тем, что, пытаясь объяснить свой образ мышления, японцы пускались в бесконечные разъяснения о том, что, по их мнению, является исключительным достижением системы дальневосточного просвещения, которое рассматривало западное мышление как довольно банальное. Но как бы там ни было, нет сомнений, что Хирота со всем своим мужеством противостоял бы рискованной политике националистического триумфа и работал бы изо всех сил, используя все свое влияние, ради мира и согласия. Я рад, что мой коллега мистер Джозеф Грю пришел к такому же выводу в своих дневниках, опубликованных под названием «Десять лет в Японии», немецкий перевод которых недавно попал ко мне.

Другие высшие чиновники в Gaimusho — министерстве иностранных дел — были столь же толковыми и любезными людьми, с которыми приятно было иметь дело. Заместитель министра Сигемицу, позднее ставший моим коллегой в Лондоне и японским министром иностранных дел во время капитуляции в 1945 году, был способным чиновником с явными пробританскими симпатиями и сугубо японским менталитетом. Самым важным чиновником — с точки зрения деятельности посольства — был Того, глава политического департамента японского МИДа. Того прекрасно говорил по-немецки, поскольку провел десять лет в Берлине и был женат на немке. Симпатизируя Германии и будучи более европейски мыслящим, чем его начальство, он всегда был готов помочь нам, и с ним приятно было иметь дело. Как посол в Берлине и позднее в Москве и как министр иностранных дел в момент вступления Японии в войну, он на момент написания этой книги готовился вместе с Хиротой и Сигемицу предстать перед судом за преступления, вся ответственность за которые, честно говоря, лежит на партии войны.

Мое общение с Куруси, шефом экономического департамента японского МИДа, было столь же приятным. Он также был кадровым чиновником с огромным опытом работы, бегло говорившим по-английски (его жена была американкой) и довольно сведущим в международных делах. Как посол в Берлине и член дипломатической миссии в Вашингтоне накануне нападения на Пирл-Харбор он также играл важную роль во внешней политике своей страны.

Мне не потребовалось много времени, чтобы установить личные контакты в Японии. Возвращая мне визит, Хирота в частном и конфиденциальном разговоре сразу же поднял вопрос, которому он, очевидно, придавал огромное значение. Он хотел ввести марионеточное государство Маньчжоу-го в режим взаимного уважения законов и обычаев другого народа путем приобретения своего рода дипломатического признания от какой-нибудь дружественной державы. Хотя он и не сказал так много, он, конечно, подразумевал именно это. Хирота пригласил меня принять участие в неофициальной так называемой ознакомительной поездке в Маньчжоу-го. Я телеграфировал в Берлин, прося указаний и советуя принять это предложение, но первая же полученная мной из МИДа в январе 1934 года телеграмма содержала отрицательный ответ. Последовал довольно оживленный обмен письмами, в которых я указывал Бюлову, что политика более тесного сотрудничества с Японией находится в Германии в процессе становления и что это было бы неярким, но тем не менее весьма эффективным способом продемонстрировать наше дружественное отношение.

Как и следовало ожидать, партия обсудила вопрос без участия МИДа, и спустя несколько недель молодой человек по имени Хейе прибыл в наше посольство в Токио. Герр Хейе навестил меня в Берлине еще до моего отъезда в Токио и сообщил мне тогда, что в высших кругах партии испытывают глубокий интерес к коммерческим возможностям Маньчжоу-го. Он также сказал мне, что, поскольку он провел несколько лет на Дальнем Востоке в качестве торговца, ему, вероятно, будет доверена задача представлять эти интересы на месте.

Эта смесь партии, бизнеса и Маньчжоу-го отнюдь не радовала меня, а вскоре из высказываний Хейе стало ясно, что и он сам, и те люди, которые стоят за ним, пустились в рискованное предприятие, затрагивавшее более широкую область воздействия, чем это можно было предположить. В этот круг жадных до прибылей и алчных партийцев входили, помимо прочих, зять Геринга — Ригеле, Кепплер, который позднее стал «заместителем статс-секретаря», выполнявшим случайную работу в МИДе, и Хейе. Хейе был отпрыском богатой и респектабельной семьи промышленников из Дюссельдорфа, не лишенным художественных дарований и коммерческих амбиций. Он крайне неохотно распространялся о каких-либо деталях своей деловой карьеры на Дальнем Востоке. Но хуже всего, что эта группа получила для своей авантюры благословение Гитлера и выжала из него назначение Хейе кем-то вроде «Верховного комиссара по Маньчжоу-го». Все это пришлось сообщить японцам в полуофициальном порядке. Хейе должен был начать свою деятельность в очень сложной сфере торговли соевыми бобами, находясь при этом в некоем полуофициальном качестве. Все это дело было настолько любительским, и от него так несло душком безрассудной спекуляции, к которой примешивались и вопросы политики, что оно не могло не нанести вреда.

И действительно, прошло совсем немного времени, и так оно и случилось. Множились слухи, что Германия готова признать Маньчжоу-го на дипломатическом уровне, и Хейе рассматривался как первый претендент на должность посла, а в воздухе носились всевозможные коммерческие комбинации. Хейе часто бывал в Токио, и амбициозные и спекулятивные японцы толпились вокруг него. Вместе с ними он оказывал сильное давление на Берлин с тем, чтобы добиться официального признания Маньчжоу-го со стороны Германии. Ситуации, подобные этой, были во все времена проклятием для официальных представителей страны.

Не переставая указывать на вред, который столь безрассудная политика обязательно должна была принести всем имеющим к ней отношение властям, я продолжал собирать данные о личностях, замешанных в этом жульничестве. Наш консул в Харбине откопал несколько отвратительных фактов о деятельности Хейе в этом городе. Так, несколько лет назад он втянул в темное, сомнительное дело одного из своих партнеров и обманул его, в результате чего последний покончил жизнь самоубийством и в прощальном письме возложил всю вину за свою смерть на Хейе. Хотя партийные круги в Берлине, несмотря на подобные разоблачения, упорно продолжали поддерживать своего эмиссара, но в конце концов они все же были вынуждены лишить его своей защиты. И вскоре Хейе сошел со сцены. А вместе с ним и должность неофициального посла в Маньчжоу-го также была предана забвению.

С этого момента и впредь делами Маньчжоу-го занимались на регулярной основе. Следующим шагом к установлению официальных отношений между Германией и Маньчжоу-го стала отправка делегации в Токио и в Синьцзин (столица Маньчжоу-го. — *Прим. перев.*) для заключения торговых соглашений с обоими правительствами. Это было осенью 1935 года. Под умелым руководством герра Кипа, бывшего генерального консула в Нью-Йорке (позднее казненного нацистами за участие в германском Сопротивлении), делегация сделала несколько полезных дел.

После бесславной кончины миссии Хейе нацисты отправили в Токио еще одного неофициального эмиссара и наблюдателя. Поскольку Риббентроп создал свою, конкурирующую с МИДом, фирму, он надоедал посольствам и дипломатическим миссиям, посылая свою подающую надежды молодежь за границу шпионить за официальными представителями рейха путем установления широких связей, о которых не сообщалось в посольство. В составе одной из таких миссий Риббентроп направил в Токио профессора Альбрехта Хаусхофера, сына известного основателя «Geopolitik» и горячего друга Японии, где он провел много лет в качестве военного инструктора. Но Альбрехт Хаусхофер был слишком умен и слишком лоялен, чтобы выполнять обязанности, вытекающие из его миссии, подпольным образом. И потому он поддерживал тесный контакт с генералом Оттом и со мной. Несколько лет спустя он посетил меня в Лондоне. Когда пропасть антагонизма и взаимной неприязни между ним и Риббентропом стала непреодолимой, он покинул Бюро Риббентропа и вступил в Сопротивление, был заключен в тюрьму и подвергнут пыткам, а потом тайно застрелен гестаповцами в апреле 1945 года во время перевода из Моабита в другую тюрьму, став одной из последних жертв нацистского террора. Стихи, написанные им в тюрьме, были найдены зажатыми в руке мертвеца. Они были опубликованы под названием «Моабитские сонеты» и получили известность не только за свои поэтические достоинства, но и за документальную ценность.

Политическая обстановка в Японии на протяжении двух первых лет моего пребывания там характеризовалась повсеместной неуверенностью в выборе политики, которой надо следовать. В действительности же шла борьба за власть между соперничавшими фракциями. Националистический революционный элемент, представленный армией, еще не приобрел полного контроля над государственной машиной, в то время как умеренные и либеральные элементы по-прежнему оставались на своих местах. Эта неуверенность отражалась и в смелых, но незавершенных попытках выбрать некий средний курс, предпринимавшихся различными Кабинетами, приходившими к власти. И таким же образом происходили постоянные изменения в триединой проблеме отношений с Россией, Китаем и Соединенными Штатами — в соответствии с ослаблением одних и усилением других соперничавших элементов.

Едва ли из такой внутренней борьбы могло проистекать постоянство во внешнеполитических делах. Хирота предпринимал отчаянные усилия, чтобы улучшить отношения Японии с Соединенными Штатами, сильно поколебленные оккупацией Маньчжурии и выходом Японии из Лиги Наций. С другой стороны, националистические элементы хотели освободить страну от ограничений, наложенных на ее военно-морские силы соглашением о соотношении «2:1», вытекающим из Вашингтонского договора. Это желание, которое в конечном счете привело к денонсации договора, естественно, имело эффект едва завуалированной угрозы для правительства Соединенных Штатов и вызвало похолодание в отношениях между двумя странами, в то время как они, казалось, улучшались в результате усилий мистера Хироты и мистера Грю.

Температура русско-японских отношений колебалась от точки замерзания до чуть заметного потепления. В течение 1933 года, когда генерал Араки занимал пост министра обороны, перспектива развязывания войны казалась более вероятной, чем сохранение мира. Араки вместе с Тоямой, идолом националистов, проповедовал в своих речах необходимость и неизбежность войны, а также некую неясную философию, которая, будучи очищенной от таинства мистических оберток, оказывалась не более чем набором вульгарных трюизмов. Таково было, по крайней мере, мое впечатление, когда меня пригласили на личную и конфиденциальную беседу с Араки после его отставки.

Он был отправлен в отставку почти одновременно с моим прибытием в Японию. Разрядка, ставшая результатом его исчезновения с политической сцены, предоставила Хироте удобный случай попытаться выпутаться из паутины частично совпадающих и сталкивающихся интересов обеих сторон в опасном месте — Маньчжурии. Его усилия увенчались успехом, поскольку Советский Союз, степень военной готовности которого все еще была недостаточной, считал эту страну слишком ненадежной, чтобы держаться за нее. В долгом торге, проведенном по классическим канонам этого искусства, как это принято во всех восточных странах, было достигнуто соглашение относительно покупки Японией Восточно-Китайской железной дороги за сравнительно низкую цену. Лишив Советский Союз этого последнего остатка царского наследства, японский империализм получил полный контроль над Маньчжурией. Теперь опасные точки потенциальных обострений были ликвидированы, русско-японские отношения улучшились и ограничивались лишь ежегодными переговорами, касавшимися аренды рыбных промыслов близ Владивостока. Переговоры эти либо шли в виде жаркого спора и торга, либо быстро завершались к удовольствию сторон и служили для внешнего мира своего рода термометром для измерения температуры отношений между двумя странами.

Пока Хирота писал дружественные ноты нанкинскому правительству, а затишье в японском наступлении в Северном Китае сделало взаимные японско-китайские отношения близкими к нормальным, тот же Хирота 17 апреля 1934 года опубликовал сенсационную декларацию, которая не могла рассматриваться иначе, как вызов всему миру и новое унижение для Китая. Поскольку эта декларация была подготовлена Амеем, шефом департамента, она стала известна как «Декларация Амея». Но было бы более точно и более соответствовало бы характеру изложенных в ней стремлений назвать ее «Доктриной Хироты». Этой декларацией японское правительство сделало своего рода заявку на «господство» над Китаем и угрожающе прокричало на весь мир: «Руки прочь от Китая!», особенно адресуя свою угрозу тем державам, которые были сторонниками политики «открытых дверей» и «равных возможностей».

Главным поборником этой политики были Соединенные Штаты. Японская акция стала мостиком на пути к провозглашению паназиатской доктрины, выраженной в лозунге «Сфера Восточно-Азиатского сопроцветания». Но поскольку «сопроцветание» являлось не более чем идеологическим боевым кличем в войне с западными державами, «доктрина Хироты» была провозглашена с некоторой робостью и признаками нечистой совести.

Нанкинское правительство не могло отбиться от обвинений в том, что оно поддерживало отношения с Японией, хотя, возможно, и довольно неуклюже. Оно понимало, что пришлось бы пожертвовать слишком многим, пытаясь улучшить отношения с Японией, имея в виду окончательное примирение между двумя великими восточными народами. Однако, будучи реалистом, маршал Чан Кайши не мог игнорировать тот факт, что из-за общей ситуации в Китае, которая была чревата войной и революцией, страна лишена способности противостоять японской агрессии. Более того, он сознавал, что Китаю необходимо еще десять — двадцать лет нормального развития, чтобы набрать силу и создать армию и что ему придется пойти на жертвы, чтобы продлить этот период мирной реконструкции.

На протяжении этих лет, когда в Японии правили сравнительно умеренные правительства, до того как окончательно было построено авторитарное государство, Китай мог получить необходимую передышку путем предоставления японцам своего рода автономии в Северном Китае. Возможно, он тем самым ослабил узы, связывавшие центр страны с этими провинциями, не отрывая их совсем от родины и без слишком большой потери престижа. Таким образом, аппетит голодного волка был удовлетворен. Однако в Китае, как и повсюду, нравственное, личное мужество — вещь намного более редкая, чем смелость военная, и с этой точки зрения было намного безопаснее продолжать политику непреклонности по отношению к Японии, чем рисковать стать жертвой внутренней вражды и распрей, а также соперничавших группировок, которые могли воспользоваться предательством «священнейших прав Китая» в своих собственных экономических интересах.

Таким образом, сравнительно мирный период в Токио закончился, не будучи использованным Нанкином, и сцена была готова для конфликта.

В своих экономических отношениях с Великобританией и ее империей на протяжении всего периода правления Хироты Япония, скорее, находилась в обороне. Нет нужды говорить, что Кабинет пытался установить тесную дружбу с Великобританией. Это была цель, которую с энтузиазмом преследовали почти все политики, имевшие отношение к формированию японской внешней политики.

Но энтузиазм в отношении англо-японского альянса был более заметен в Токио, нежели в Лондоне. В то время и Кабинет, и старые государственные деятели, стоявшие «за троном», и экономические круги, и — «последний, но не менее важный» — военно-морской флот поддержали этот альянс. И лишь армия стояла в стороне. Однако по причинам, которые не были достаточно ясны — возможно, из антитоталитарных побуждений, или по чисто экономическим мотивам — Великобритания и ее доминионы действовали в ущерб японским интересам, особенно в том, что касалось вопросов импорта и экспорта. Экономические договоры были денонсированы, таможенные барьеры повышены и даже воздвигнуты дополнительные препятствия на пути торгового обмена с Австралией, Индией, Египтом, а также, если не ошибаюсь, с Южной Африкой. Покупки австралийской шерсти были прерваны, египетский хлопок было трудно достать, а экспорт хлопковой одежды в Индию также был задушен. После длительных, затяжных переговоров эти трудности были до некоторой степени преодолены. Но постоянная угроза жизненно важной для страны циркуляции товаров, необходимость обеспечения беспрепятственного импорта сырья и экспорта готовых изделий еще больше прояснили для среднего японца тот факт, что лишь независимость экономической сферы страны от внешнего мира позволит покончить с этими постоянными угрозами ее жизненно важным интересам.

Роль Германии на протяжении всего активного периода японской внешней политики была ролью заинтересованного и бдительного наблюдателя, пока ее внимание не было отвлечено событиями внутриполитического характера, приведшими к ужасным последствиям. Чистка 30 июня 1934 года завершилась ликвидацией

Рэма и его фракции и убийством десятков других людей, которые, как нас пытались уверить, были потенциально опасными врагами — такие, как генерал фон Шлейхер, например, и вызвала значительные волнения и определенные сомнения в отношении стабильности гитлеровского режима. Однако скудная информация, просочившаяся в прессу и масса самых фантастических слухов не позволили заглянуть внутрь нацистской партийной машины, и потому все, включая и жителей германских колоний, предположили, что с радикальным революционным элементом в Германии отныне покончено и что теперь СА с ее стремлением заполучить политический контроль над вооруженными силами, оказалась разгромлена. Был сделан вывод, что регулярная армия заявит о себе и что отныне Гитлер будет больше опираться на поддержку консервативных сил страны.

Неудачный путч в Вене и убийство канцлера Дольфуса дали повод для возрождения страхов, но и там, похоже, наблюдалось сильное стремление к возвращению к нормальной жизни.

В то время когда эти гангстерские методы порождали недоверие и неодобрение в обществе, смерть фельдмаршала фон Гинденбурга отвлекла внимание общественного мнения от этих злодеяний и сосредоточила его на почтенной личности одного из истинно великих людей Германии. Таким образом, даже своей смертью старый президент сослужил последнюю службу стране.

Германская община в Токио была тем более глубоко тронута этой утратой, что инстинктивно чувствовала, что с уходом Гинденбурга уходят в небытие последние остатки дорогой ей старой Германии. Предчувствие это подтвердилось, когда Гитлер узурпировал офис президента рейха и наделил себя неограниченной исполнительной властью.

Единственным событием международного значения, случившимся в Японии в течение осени 1934 года, была международная конференция Красного Креста в Токио. Делегация, возглавляемая герцогом Саксон-Кобургским, прибыла в Токио, чтобы представлять германский Красный Крест. Мне, к сожалению, помешал присутствовать на конференции и различных ее светских мероприятиях серьезный приступ бронхита, на несколько дней уложивший меня в постель и вынудивший отправиться на лечение на мой любимый курорт Нару. На этот раз мое здоровье полностью восстановилось, но следующий приступ, который я перенес год спустя, оставил мне в наследство астму, которая и вынудила меня в конце концов покинуть свой пост раньше, чем я намеревался это сделать.

Что касается Японии, то 1935 год прошел без особых событий. На смену кабинету Саито пришло правительство Окады. Новый премьер-министр, отставной адмирал, был просто номинальной фигурой в той компании министров, которая несла на себе мету временности, и где один лишь Хирота был стойким человеком и выдающейся личностью.

Последовал новый взрыв военного терроризма, который послужил дурным предзнаменованием событий, ждущих своего часа. Некий полковник, получив новое назначение, решил, что им пренебрегли и унизили, а потому явился к главе личного отдела в министерство обороны, и, когда генерал отказался удовлетворить пожелания полковника, последний застрелил его на месте. Эта жестокость была самым явным и неопровержимым признаком революционного разложения японской армии.

ФЕВРАЛЬСКИЙ МЯТЕЖ, 1936 год

В конце февраля я уехал из Токио в Нагасаки, где должен был встретить германский крейсер «Карлсруэ», который в ходе кругосветного плавания планировал нанести визит в Иокогаму и в столицу. Командующий крейсером, капитан Сименс, позднее ставший военно-морским атташе посольства в Лондоне, пригласил меня подняться на борт корабля и проплыть с ними через Внутреннее море до Иокогамы. Однако в Модзи, когда я садился на паром до Симоносеки, один из полицейских чиновников шепотом сообщил мне, что сегодня ночью в Токио были совершены какие-то политические убийства.

В Нагасаки мне удалось связаться по телефону с Токио и получить несколько более подробную информацию. Группа националистически настроенных молодых офицеров совершила серию жестоких убийств. Жертвы — экс-премьер Маркус Саито, министр финансов Такахаши (которому было 86 лет) и генерал Ватанабе — были убиты, несмотря на героические попытки их жен защитить их. Другие чиновники были ранены. Премьер-министру Окаде удалось бежать благодаря самопожертвованию его зятя, которого убили вместо Окады. Граф Макино, наиболее влиятельный из старых государственных деятелей, был предупрежден и спасся благодаря смелости своей внучки, чей отец, М. Йосида, позднее посол в Риме и Лондоне, оказал ценную услугу своей стране, когда стал премьер-министром после капитуляции Японии.

Однако это было еще не все. Третья пехотная дивизия, расквартированная в Токио, подняла мятеж под командованием группы молодых офицеров, захватив контроль над жизненно важными районами столицы. И потому мой круиз через Внутреннее море пришлось отменить, а поскольку никакого воздушного транспорта в наличии не было, мне ничего не оставалось, как совершить утомительное восемнадцатичасовое путешествие на поезде, чтобы попасть в Токио. Однако наш поезд был остановлен на станции, не доезжая Токио, и сотрудники посольства потребовали, чтобы я не ехал дальше, поскольку главный вокзал в Токио находится в руках мятежников.

Мы отправились на машине в дом военно-морского атташе, куда уже были эвакуированы моя жена и другие леди из посольства. Поскольку телефоны еще функционировали, у меня состоялся долгий разговор с генералом Оттом, который вместе с остальным персоналом был осажден в здании посольства, расположенном всего лишь в сотне ярдов от военного министерства.

Поскольку величественное здание парламента находилось как раз напротив нашего посольства и штаб-квартира Генерального штаба также была недалеко, здание германского посольства оказалось в районе величайшей стратегической важности.

Мятежники заняли все правительственные учреждения и живо окапывались, готовясь к отражению любых попыток выбить их из этой цитадели, которые могли бы быть предприняты верными правительству войсками.

Генерал Отт согласился попробовать прорваться через кордон и таким образом дать мне возможность попасть, наконец, в посольство. Спустя час он благополучно прибыл в сопровождении «верного» жандарма-японца, и мы немедленно отправились в обратный путь.

Было темно, и шел дождь. Широкие улицы с нагромождением маленьких домишек выглядели еще более заброшенными и одинокими, чем в обычные дни. Когда мы ехали через районы города, занятые мятежниками, они показались нам необычно зловещими. Улицы были пустынны. В разных точках их небольшие толпы гражданских и солдат собирались вокруг какого-нибудь оратора в военной форме, который обращался к ним с речью, произносимой с революционным пылом.

Мы решили покинуть главную улицу и попытаться прорваться в центр через одну из узких и извилистых боковых улочек, и нам это удалось. Один из мятежников, лежавший на животе перед пулеметом, не высказал никаких возражений после того, как к нему строго обратился «верный» жандарм. Так что нам беспрепятственно удалось добраться до посольства.

Мятеж приближался к своей кульминации. Его лидеры отказались подчиниться приказам своих начальников сложить оружие, так что теперь следовало вынудить их сделать это, используя совместные атаки «лоялистов» и тяжелой артиллерии. Бомбардировка должна была начаться на следующее утро в 8. 30, и потому мы подготовились к этому критическому моменту. Еду и кое-что из мебели снесли в подвал. Конфиденциальные архивы были сложены перед топкой бойлерной на случай внезапной опасности, и герр Кольб, один из секретарей посольства, не скрывал энтузиазма в отношении возможности сжечь бумаги, говоря, что у него уже есть опыт подобной работы, который он приобрел, когда внезапно началась война в 1914 году. Многочисленные телефонные звонки из канцелярии министра иностранных дел настойчиво призывали нас эвакуировать персонал посольства, как это было сделано в отношении других посольств и дипломатических миссий. Мы отказались, подчеркивая, однако, что имеем право на защиту со стороны японского правительства и что это оно обязано следить за тем, чтобы нам не причинили никакого вреда.

После довольно тревожной ночи мы были готовы к худшему, и с 8 утра ждали первого взрыва. Но в 8.30 было по-прежнему тихо, и в 9 часов мы осторожно поднялись наверх, на крышу, чтобы оценить обстановку. С этой удобной точки мы смогли заметить небольшие фигурки, слезавшие по одному с куполов парламентского здания. Очевидно, мятежники капитулировали. Это наше наблюдение вскоре подтвердилось, когда мы увидели «лоялистские» танки, проезжающие мимо посольства. Один из офицеров сообщил нам, что император приказал мятежникам подчиниться, и листовки с этим приказом сбросили с самолета. Мятежники не осмелились ослушаться императорского приказа. Уже через несколько часов все вернулось на круги своя, к той точности и дисциплинированности, которые до сих пор были столь обычны в японской армии. Мятежников собрали в небольших полицейских отделениях, а затем отправили дальше под охраной вооруженных «лоялистов». Руководители мятежа капитулировали и были заключены в тюрьму.

Невероятное нарушение верности и дисциплины, допущенное мятежниками, потрясло японское государство до основания. Страна привыкла к политическим убийствам и, возможно, не прореагировала бы столь сильно на бойню, совершенную в отношении нескольких известных старых и честных людей. Но неповиновение целых соединений императорской армии приказам своих начальников и восстановление дисциплины лишь с помощью крайней меры — императорского приказа — произвело эффект грозы, очистившей перегретую и нездоровую атмосферу. К их великому изумлению, зачинщики не отделались лишь несколькими годами тюремного заключения. Тринадцать капитанов и лейтенантов были приговорены к смерти и казнены, тогда как второстепенные виновники получили длительные сроки тюремного заключения. Присутствие на трибунале и казнях вызвало ужасный душевный надлом у многих офицеров, имевших отношение к этому делу. Один из судей сошел с ума, а другой покончил с собой. Однако, вообще говоря, кризис был преодолен, и в дальнейшем акты терроризма больше не повторялись. Начавшийся год спустя китайский «инцидент» полностью отвечал желаниям националистов, а последовавшие восемь лет войны поглотили все без остатка физические и душевные силы армии.

Мне особенно хотелось, чтобы мятеж быстрее закончился, поскольку я записался пассажиром до Ванкувера на корабль, отплывающий из Иокогамы 9 апреля. Зимние месяцы оказались довольно напряженными для меня, и я тщетно старался побороть свою коварную астму — осложнение после бронхита, который, вероятно, был вызван каким-то неизвестным раздражителем, присутствовавшим в японском воздухе. Вместе с другими страдальцами я с октября по февраль подвергался мукам полуудушья, причем лишь в то время, когда находился на японской земле. После нескольких часов на борту корабля я снова был в полном порядке.

Главные дела были устроены. Торговые отношения между Японией и Маньчжоу-го регулировались соглашениями, о которых говорилось выше, в то время как в других сферах начинало развиваться более близкое сотрудничество между Германией и Японией. Группа специалистов германских ВМФ нанесла визит в Японию и попросила поделиться опытом и техническими подробностями создания авианосцев. Германский ВМФ раньше не имел возможности собрать информацию на эту тему, которая до сих пор была ему неизвестна. Отзывчивость и желание помочь, проявленные японцами, прямо противоречили их обычной скрытности. Это было тем более примечательно, что несмотря на старые узы, связывавшие японскую армию с ее бывшими германскими инструкторами, отношения между двумя флотами были не особенно близкими.

Но существовала еще и другая причина, которая делала мой визит в Берлин настоятельно необходимым. В декабре 1935 года мы получили от японского генерального штаба конфиденциальную информацию о том, что Риббентроп и военный атташе японского посольства в Берлине полковник Осима начали переговоры в германской столице, имея в виду установление более тесных политических отношений между двумя правительствами. Никаких подробностей узнать не удалось. И МИД и, как и следовало ожидать ввиду необъявленного состояния войны, превалирующего в отношениях между двумя соперниками, риббентроповский офис хранили глухое молчание. Поскольку я все еще придерживался старомодного убеждения, что в подобных случаях совет посла, находящегося непосредственно на месте, мог иметь некоторую ценность, я решил поближе ознакомиться с вопросом.

Таким образом, первая часть моей миссии в Японию завершилась 9 апреля 1936 года, когда корабль «Impress of Canada» отплыл из Иокогамы в Ванкувер. Первая половина из четырех с половиной лет, проведенных мною в Японии, составила более приятную и разнообразную часть моего срока службы там. Светские и общественные обязанности, а также рутинная работа часто прерывались короткими путешествиями, которые приходилось совершать, в то время как у меня была, конечно, возможность посещать и более отдаленные районы японской империи. Даже обычная повседневная жизнь оживлялась игрой в теннис и посещением многочисленных антикварных магазинов. Поскольку моим надеждам вылечиться от астмы в Германии не суждено было исполниться, то вторая половина моего пребывания в Японии прошла под знаком прогрессирующей болезни и, конечно, китайско-японского конфликта. И потому я полагаю, что в подобном положении дел полезно дать краткий обзор моих путешествий и более личного опыта жизни в Японии.

ИСКУССТВО, ПУТЕШЕСТВИЯ И СВЕТСКАЯ ЖИЗНЬ

Токио с Иокогамой и Кобе с Осакой являли собой два центра культурной и экономической жизни Японии, и официальные обязанности часто вынуждали меня совершать поездки в провинцию Кобе Осака, или Кансай, как она называлась, и должен признать, что поездки эти доставляли мне огромное удовольствие. Мы провели много приятных часов в гостеприимном доме генерального консула Вагнера в Кобе. Местная германская община, столь же многочисленная здесь, как в Токио и Иокогаме, была процветающей, состоятельной и отзывчивой на все призывы благотворительных и культурных организаций. Действовали также и два японских общества с сотнями членов, которые посвятили свою деятельность развитию дружбы и понимания между Германией и Японией. Огромная индустриальная активность этих городов, которые по степени концентрации предприятий тяжелой индустрии сравнимы с Руром и портовыми возможностями Гамбурга, была интересна и как объект для изучения, и как важный фактор развития взаимных торговых отношений.

Но больше всего меня привлекал Киото — культурный центр Японии и — в еще большей степени — религиозное святилище в Наре, где я провел несколько самых счастливых за все время моего пребывания в Ниппон дней. Киото действительно утратил большую часть своего очарования за те тридцать лет, что прошли после моего визита сюда во время первого кругосветного путешествия. За это время он превратился в процветающий индустриальный город с миллионом жителей, и в этом процессе роста величественные старые храмы и дворцы почти растворились в море современного дорожного движения и шума. Но они по-прежнему существовали. Старомодный отель «Мияко» все так же стоял на старом месте и благодаря владельцу, д-ру Ниши, получившему степень доктора в Лейпциге, по-прежнему в большей степени был домом для друзей, нежели прибежищем для странников. А рядом, в часе езды на машине, находилось озеро Бива, которое казалось почти океаном в сравнении с незначительностью и мелководностью большинства других японских озер. Здесь можно было убежать от городского шума, гуляя по тихому холму, где жил поэт Басе, японский Омар Хайям, и где он задумывал свои изящные, прелестные 17 или 32-слоговые стихи.

Профессор Траутц, президент германо-японского культурного института, был знающим и увлеченным толкователем духовного наследия Киото. Именно в те годы началось возведение нового здания Kultur-Institut (культурного центра. — *Прим. перев.*), на строительство которого японские друзья Германии сделали крупные денежные пожертвования, и стройка эта символизировала растущий интерес, который испытывали оба народа к культурным достижениям друг друга.

Однако в еще большей степени меня привлекало старое японское и китайское искусство. Поскольку японцы избегают каких-либо проявлений национализма в отношении китайского искусства, которое они коллекционируют почти столь же страстно, как и свое собственное, Япония была раем для коллекционера и поклонника восточного искусства. Почти все те же самые торговцы антиквариатом что и тридцать лет назад, были на своих местах, и среди них Яманако, прославившийся на весь мир благодаря прекрасному антиквариату и низким ценам. Он с энтузиазмом приветствовал меня в своем магазине.

Так как даже торг совершается в Японии с некоторыми элементами грации, посещение торговцев антиквариатом — лучшее средство узнать Японию с одной из наиболее милых ее сторон: утонченный вкус и совершенное мастерство ее ремесленников, скрытое почти до точки исчезновения сильнейшим желанием избежать какой-либо помпезности.

Чем меньше внешнего очарования у произведения искусства или здания, тем выше оно ценится в Японии. Можно упомянуть в этой связи гончарных мастеров, и прежде всего семью Раку — гончарную династию из Киото как наиболее яркий пример. Я побывал в мастерской этого ремесленника-художника, который принадлежит уже к двадцатому поколению семьи и профессии. Как свой собственный шедевр и олицетворение своего художественного идеала и ремесла, каждое поколение семьи создавало чайные чашки, воплощая в этих скромных предметах повседневной жизни свой идеал красоты и многовековой опыт работы. Необходима крепкая самодисциплина, чтобы выразить художественную идею и страстное желание красоты в крошечном предмете глиняной посуды всего лишь несколько дюймов высотой. И даже сын мастера, шестнадцатилетний юноша, пытался создать чашку по своему собственному вкусу, и довольно удачно. Нет нужды говорить, что полный набор чашек Раку — одно из величайших сокровищ для любого коллекционера. И кроме мастерской семьи Раку я обнаружил их лишь в музее Метрополитен в Нью-Йорке и еще некоторые из них в доме американской леди, живущей в Лондоне.

Хотя и сосредоточенные здесь в более концентрированной форме, искусство и история Японии производили огромное впечатление на посетителя Нары. Это место избежало пагубного воздействия современной индустриализации, и посетитель испытывает благоговейный трепет, знакомясь с культурными и историческими традициями, зародившимися 1200 лет назад. Соединение величественных деревянных храмов с мягким изгибом крыш и леса из старых, гигантских криптомерий, каменных фонарей, которые освещают дорожку, ведущую к храму, и изящных ланей, бродящих между похожими на готические колонны деревьями, заставляет проникнуться духом, который породил это святилище: эти храмы поднялись не просто как храмы, не только для того, чтобы произвести впечатление на посетителя своим великолепием и пышностью. Гармония и простота их пропорций, совершенное соединение природы и искусства были предназначены для того, чтобы возвеличить душу истинно верующего.

По соседству с Нарой располагалось несколько старейших монастырей, таких, как Хорюдзе, где самые древние, прекрасные и почитаемые произведения искусства были сохранены от уничтожения благодаря островной изоляции Ниппона, на чью землю никогда не ступала нога завоевателя. Фрески более чем тысячелетней древности украшали стены храма, подвергаясь лишь небольшой опасности из-за воздействия климата. Они, однако, были доступны для обозрения лишь в течение нескольких коротких недель в ноябре, тогда как в остальные дни года их приходилось защищать от разрушительного воздействия жары и сырости. В прилегающих зданиях и храмах несравненная статуя Каннон из Хорюдзи и деревянные изображения священников изумляют посетителя тем, что уже в те давние века японское искусство достигло таких высот совершенства. Странно, но вопреки врожденному чувству гармонии, которым обладают японцы, эти статуи часто стоят рядами как солдаты, выстроенные на параде, под обширным низким навесом, который также пагубен для их сана, как и для производимого ими художественного эффекта.

Одной из редчайших и самых интересных достопримечательностей, даже если она была мало привлекательной в смысле красоты и гармонии, был Шосоин, или императорская сокровищница. Посетители допускались в нее только по специальным рекомендациям и, как в случае с храмом Хорюдзи, лишь в ноябре. Но даже тогда посещение зависело от влажности воздуха. Вам приходилось идти на риск вернуться ни с чем, если дождь повлияет на обычный уровень гигрометра. Поскольку сокровища, хранимые тут уже 1200 лет, не могли быть выставлены на дневной свет, посетителя приходилось снабжать мощным фонарем. В Шосоине хранились предметы прикладного искусства, такие, как седла, гобелены, стрелы и предметы домашнего обихода; и это зрелище кажется еще более потрясающим, когда сознаешь, что видишь нечто уникальное, и чувство это сильнее, чем просто восхищение красотой, которое испытываешь, глядя на сокровища.

Мне повезло, что я успел объездить большую часть территории Японии, прежде чем болезнь вынудила меня избегать каких-либо усилий. Что касается путешествий, то в этом отношении 1935 год особо выделяется в моей памяти. Вместе с генеральным консулом Вагнером я посетил Кюсю — самый южный остров Японии, который своей растительностью и культурой несколько отличается от главного острова. Печать индивидуальности, которой отмечены были его жители, поражает посетителя. Учитывая их изоляцию и характер племени, которое они составляют, их можно было бы назвать «баварцами» Японии, хотя их ум более гибок и соображают они быстрее, чем соответствующее племя в Германии.

Кюсю — красивый остров, со своими вулканами, тропической растительностью и теплыми веснами, но его ландшафты более похожи на ландшафты острова Хонсю. Скалы Шимабары напоминают о трагедии, постигшей в средние века японских христиан, которые в войне между христианами и буддийскими даймонами были разбиты у этого места, и тысячи их оказались сброшены со скал. И трогательно вспоминать, что после 250 лет подавления христианской веры во времена сегуната вновь объявились тысячи японцев, сохранившие свою веру, хотя и в весьма своеобразной форме, когда броня изоляции была пробита «Черной эскадрой» адмирала Перри.

В то время как Кюсю — составная часть Японии, отделенная от материка как бы случайно, пролив Симоносеки-Фусан между Японией и Кореей — это граница между двумя континентами. Корея окружена морем и связана с континентом лишь узким перешейком, но тем не менее сухой субконтинентальный климат господствовал на всей территории Кореи, и это большое облегчение для посетителя после угнетающей влажности японского климата. Корея почти столь же гориста, как и Япония, где пахотные земли составляют меньше 20% территории, хотя и лишена почти пугающей красоты японских вулканов. Кукушки и другие птицы оживляют леса, которые после многих веков опустошения и запустения были окультурены японцами и их германскими советниками. Хотя корейцы и подчеркивают белыми одеждами свое нежелание слишком много работать, спокойное достоинство мужчин и грациозность женщин прекрасно гармонируют с ландшафтом. Корея стала известна под названием «земля утренней тишины», и это кажется мне самой подходящей характеристикой для этой очаровательной страны.

В моем распоряжении было всего несколько недель, и я спешил пересечь всю страну, которая вытянулась, подобно тонкому пальцу, указующему на юг, и потому был принужден совершить множество длинных железнодорожных путешествий.

Столица Сеул потрясла меня, скорее, сокровищами своих музеев, нежели очарованием архитектуры. Я взобрался на вершину горы Даймонд, где меня приветствовали гигантские статуи Будды и его учеников, высеченные в скалах благочестивыми средневековыми священниками, и провел несколько интересных дней у немецких монахов-бенедиктинцев в Гензане, которые во главе с епископом Сауэром делали самую ценную работу — обучали население наукам и ремеслам.

Я побывал в Хейдзи, в Северной Корее, где находится знаменитая «золотая жила» в миллионы тонн антрацита, и, странное совпадение, китайские могилы тысячелетней давности, недавно исследованные японскими археологами.

Мои путешествия привели меня в Кайшу, самую южную точку страны, и я бросил взгляд на узкий пролив Цусима, где ровно 30 лет назад на долгие поколения вперед решилась судьба России как великой державы Восточной Азии. Я также отдал дань уважения знаменитому храму Букокудзи и прекрасной статуе Будды, окруженного двенадцатью учениками.

Мое изучение страны, сколь бы поверхностным оно ни было, и беседы со многими японскими чиновниками, особенно с широкомыслящим и толковым генерал-губернатором Угаки, подтвердили сложившееся у меня мнение относительно колонизационной способности японцев. Они, без сомнения, за несколько десятилетий сделали великолепную работу по развитию некогда отсталой страны, разоренной веками внутренних распрей и нападений извне и населенной умным и критичным, хотя и не очень индустриальным, народом. Сеть замечательных автомобильных и железных дорог покрыла страну. Промышленность и сельское хозяйство были развиты до современных стандартов. Горы вновь были засажены лесами. Существовала очевидная тенденция среди части японцев к дальнейшему образованию корейцев, с тем, чтобы им могли быть доверены административные должности. Уже сейчас из двенадцати губернаторов семь были корейцами.

Однако корейцы все равно ненавидели своих хозяев, которых рассматривали как иноземных захватчиков. Мир, по большому счету, никогда не мирился с принудительной оккупацией и жестокостями, совершенными захватчиками в первые несколько лет. Японцы разделили участь пруссаков, которые были лишены способности завоевывать симпатии внешнего мира, хотя и сумели поднять население оккупированных ими стран из средневековой убогости и нищеты к жизненным стандартам XX века. Это равно приложимо как к германскому, и к прусскому правлению в Познани и в других колониях, так и к японскому управлению Кореей, Маньчжурией и Формозой; и было подтверждено ходом событий на Формозе после изгнания оттуда японцев, когда двух лет скверного китайского правления хватило, чтобы превратить цветущий и спокойный остров в страну, бурлящую от восстаний и смут.

Эти мои впечатления в дальнейшем подтвердились после визита на японский северный остров Хоккайдо, на котором мы с женой побывали примерно два месяца спустя. Здесь мы вновь обнаружили, что находимся в стране, которая совершенно отличается от главного острова и заставляет посетителя думать, что перед ним колония.

Хоккайдо показался мне своего рода домом, расположенным на полпути между японскими островами и Азиатским континентом. Многочисленные действующие вулканы открывают ландшафт, напоминающий Хонсю или Кюсю, но Гольфстрим поворачивает прочь, не доходя до берегов Северной Японии, и потому климат здесь континентальный, с долгими и холодными зимами и огромными массами выпавшего снега.

Хоккайдо был чем-то вроде Эльдорадо для растущего зимой числа энтузиастов зимнего отдыха, но холодный климат обеспечивал непреодолимое препятствие для любых японских планов населить эту страну людьми из перенаселенных южных провинций. Так что Хоккайдо оставался колониальным по своей природе и, несмотря на свои размеры — а он равен по площади Баварии и Вюртембергу вместе взятым, — имел всего три миллиона населения. Эти три миллиона влачили довольно нищенское существование, живя в деревянных домах с тонкими стенами, которые они были не в состоянии заменить на каменные. Они обменивали картофель, который выращивали, на рис, несмотря на убытки от подобных сделок. Разведение крупного рогатого скота, производство пшеницы и вообще сельское хозяйство Хоккайдо были адаптированы к европейским методам.

Повсюду можно было встретить свидетельства того, что японские администраторы делали все возможное для развития Хоккайдо. Была построена, хотя и сравнительно небольшая, сеть автомобильных и железных дорог и современные фермы; главные города — Хакодате и Саппоро — были чистыми и современными и застроены величественными зданиями. Год назад Хакодате был опустошен пожаром. Половина города была разрушена, и две тысячи человек погибли. Но теперь он восстанавливался в лихорадочном темпе. Странное очарование северному острову придает контраст между северным климатом и ландшафтом и постоянной опасностью вулканических извержений. Действующие вулканы и многочисленные горячие источники говорят о небезопасности острова. Дюжины таких источников, разных по цвету, температуре и содержащие серу, йод и квасцы, с кипящей голубой водой сосредоточены в Ноборибецу — знаменитом лечебном курорте.

Самым интересным было путешествие, которое мы совершили в рамках программы «Сфера Паназиатского сопроцветания». К моему великому сожалению, невозможно было включить в маршрут поездки Пекин и Китай, поскольку как раз в тот момент, когда я был готов отправиться в путь, начался так называемый «китайский инцидент» — именно так японцы называют восьмилетнюю войну с великим континентальным соседом. Но зато мы использовали любую возможность, чтобы как можно больше узнать о Японии, совершая краткие поездки по бессчетному количеству красивых мест: на два десятка крошечных островков Мацусима, в священную часовню в Това Бей, где замечательно талантливый мастер М. Микимото выращивает искусственный жемчуг, и, конечно, в такие всемирно известные места, как Хаконе — красного лака храм в Никко, выстроенный в стиле барокко и скрытый в лесу из старых японских кедров, а также в симпатичный отель «Камагори», близ Нагои, и в Атами.

На время теплого и дождливого сезона мы снимали небольшой домик в Каруизава, где большинство европейских и японских представителей высшего общества находили убежище от удушающей жары и влажности Токио.

Увы, я недостаточно хорошо играл в гольф, чтобы воспользоваться возможностью посетить по-настоящему идеальные курсы по гольфу, которые можно было найти в Японии. Герр Нобель, советник нашего посольства, и миссис Росс, жена британского помощника военно-морского атташе, немка по происхождению, с неослабевающим пылом старались посвятить меня в секреты этого вида спорта. Но каким-то необъяснимым образом мячи, как правило, казалось, предпочитали резко сворачивать направо и исчезать среди деревьев. И лишь украдкой и с помощью некоторого жульничества я осмелился пройти курс обучения у одного из обычных инструкторов. Японские мальчишки — подавальщики мячей — были, конечно, чуть более почтительны, чем их европейские коллеги, но ненамного. И все же, несмотря на все эти унижения, я во время «игры» по крайней мере мог наслаждаться превосходными видами на море и горы.

И только раз в жизни мне удалось добиться триумфа в том, что касалось гольфа. Случилось это в Лондоне, когда по прибытии в страну пресса брала у меня интервью и меня спросили, доволен ли я своим назначением в Лондон. Я ответил утвердительно и добавил, что, кроме всего прочего, надеюсь здесь «улучшить свой гольф». Этот ответ очень оценили мои коллеги, сочтя его забавным образчиком той любви к преуменьшению, что так укоренилась в британском характере. Если бы они только знали, как бесконечно далек был мой ответ от хитрого трюка, якобы задуманного, чтобы произвести благоприятное впечатление на англичан! Это была простая, неоспоримая правда, ибо мой гольф допускал только улучшение. Ухудшить его было невозможно.

Мои самые приятные воспоминания о Токио связаны с часами, а иногда и днями, проведенными за изучением или коллекционированием произведений восточно-азиатского искусства. К моей страсти к старой китайской керамике и любви к восточному искусству вообще добавился и официальный штрих, поскольку после смерти моего замечательного предшественника в Токио, посла Сольфа, меня избрали его преемником в качестве президента германского «Общества восточно-азиатского искусства», объединявшего в своих рядах людей, испытывающих интерес к Востоку и особенно к китайскому искусству. Японцы — великие знатоки своего искусства, и, будучи фанатиками во всех своих занятиях, они и особо фанатичные коллекционеры. В своих оценках тех произведений искусства, что восхищают европейцев, они руководствуются лишь собственным чувством красоты. Японцы платят большие деньги за китайскую керамику, свитки, скульптуру и бронзу, но далеко не все предметы удостаиваются с их стороны самой высокой оценки. Они столь же отвлеченно абстрактны, сколь и искренни в своей любви к произведениям искусства, как и в своих оценках архитектуры, природы или интерьера. Узкий круг коллекционеров может выражать свое самое восторженное восхищение свитком с иероглифами, написанными на шелке смелой и уверенной кистью великого ученого. Миниатюрная чайная ложка, сделанная из бамбука, с несколькими китайскими иероглифами, написанными на ней, принадлежавшая известному государственному деятелю или поэту, может стоить тысячи иен.

Настоящими абстракционистами среди японских коллекционеров можно считать тех, кто посвятил себя коллекционированию мечей, но не роскошных мечей с позолоченными рукоятками и ножнами, а тех, что ценятся остротой лезвия и качеством стали. По оттенкам в ковке различных слоев стали такой коллекционер в состоянии определить мастера-кузнеца, создавшего это лезвие. Конечно, великие мастера известны здесь поименно и уважаются в соответствии с их заслугами и достоинствами. Десятки тысяч иен были уплачены за лезвия, выкованные мастером из Гифу, или за чайный бокал, сделанный знаменитым гончаром.

За тщательностью, с которой японский коллекционер произведений искусства прячет свои сокровища, стоит некоторое презрение к тем непосвященным, которые могут только осквернить их своими глупыми замечаниями и недостойны даже смотреть на них. Конечно, нет нужды говорить, что эти сдержанность и скрытность объясняются еще и недостатком места. Конструкция японского дома не позволяет устроить в нем выставку многих предметов искусства. Кроме того, подобную выставку сочли бы варварством, поскольку, по мнению японцев, человеческий глаз и чувства способны проникнуть в душу лишь одного предмета. Вот почему мы обнаруживаем в японских домах небольшой декоративный угол, где стоит всего лишь одна чаша или ваза, украшенная тщательно отделанной веткой цветущей вишни.

Было в то время несколько богатых коллекционеров, таких, как барон Ивасаки, глава фирмы «Мицубиси», и маркиз Хосокава, которые в своих выстроенных в европейском стиле домах выставляли принадлежавшие им прекрасные коллекции керамики в таком количестве, которого хватило бы для целого европейского музея. Но большинство из них хранили свои сокровища подальше, в так называемых Kura — небольших каменных башнях, примыкавших к их деревянным домам, с тем, чтобы защитить наиболее ценные предметы от огня и землетрясений. Так что показывать свои коллекции посетителям было для таких коллекционеров делом затруднительным. И они, как правило, нанимали торговца антиквариатом, чтобы он пришел за день до ожидаемого визита гостя и распаковал свитки и керамику из деревянных ящиков, в которых они хранились, искусно завернутые в длинные узкие полоски шелка. Если ожидалось прибытие гостя-знатока, то хозяева оказывались на высоте положения и показывали намного больше, чем первоначально планировали.

Я оказался в завидном положении, когда профессор Рейдемейстер, один из выдающихся специалистов по восточно-азиатскому искусству, посетил нас со своей женой в Токио. Подобный тандем ученого и посла открыл нам двери самых сдержанных коллекционеров. Было очень забавно наблюдать их изумление, когда Рейдемейстер, выразив свое восхищение раритетом, вежливо, но твердо просил хозяев показать другие, точно названные им, предметы их коллекции. Японцы были просто ошеломлены, когда поняли, что этот европейский «варвар» знал все о каждом предмете из их коллекции. И после того, как достигалась эта стадия, уже не было конца сокровищам, которые все появлялись и появлялись из своих укрытий и обсуждались со знанием дела.

В этой связи мне вспомнился один из самых приятных эпизодов — визит, который мы с Рейдемейстером нанесли в дом восьмидесятилетнего барона Мацуда, бывшего управляющего фирмы «Мицуи» и обладателя одной из самых известных коллекций. После того, как мы в течение нескольких часов восхищались бесценными сокровищами, во дворе дома с видом на тщательно спланированный и ухоженный японский сад с его небольшими холмами и старыми, изогнутыми елями, был сервирован завтрак. На горизонте синело глубокое море. Наш хозяин продемонстрировал всю свою любезность и интеллигентные манеры, столь характерные для старшего поколения японцев, а его внучка в своем кимоно веселых весенних расцветок поразила нас столь присущим молодым японским женщинам очарованием.

Даже повседневная жизнь давала мне некоторую возможность расширить свои познания в области восточно-азиатского искусства. Каждую субботу в различных районах Токио проводились аукционы по продаже антикварных изделий. Аукционы эти давали коллекционеру отличную возможность найти и купить какое-то редкое сокровище или, как часто случалось, пережить горькое разочарование, приобретя подделку. Хотя безопаснее всего было посещать магазины торговцев антиквариатом на улице Камадори, не всегда мы следовали голосу благоразумия. Я с благодарностью вспоминаю многие подобные экскурсии, совершенные мной в компании с М. ле Галле, представлявшем люксембургские сталелитейные заводы, а позднее и свою страну в качестве посланника в Вашингтоне. Он разделял мою любовь к восточно-азиатскому искусству и открывал все новые «охотничьи угодья», где мы с ним любили предаваться нашей страсти.

Время от времени организовывались выставки произведений искусства из обширных и бесценных коллекций императорского дома или из других коллекций, дававшие возможность восхищаться недоступными во всех других случаях сокровищами.

Возможно, самой впечатляющей и для европейца самой понятной формой японского искусства являются ширмы. Золотая ширма с несколькими ветвями старой, покрытой снегом сосны, нарисованная Корином, или бамбуковые заросли, едва видимые в туманном осеннем воздухе, изображенные Хасегавой, — возможно, самым знаменитым художником, взывают к чувству красоты любого человека, независимо от национальной принадлежности. То же самое можно сказать о свитках с рисунками Сессо. Я до некоторой степени испытал чувство гордости, когда моя увлеченность восточно-азиатским искусством получила высокую оценку в виде дара, который преподнес мне Хирота при моем отъезде из Японии, — не роскошной пышной вазы, обычно принятой в подобных случаях, но довольно неприметной чаши — произведения японского гончарного искусства XVI века. Она была тем более ценной, что у японцев не было столь древних традиций в гончарном деле, какие существовали, к примеру, у китайцев.

Светская жизнь в Токио была более напряженной, чем это мог предположить случайный наблюдатель, пребывающий в уверенности, что огромное расстояние, отделяющее нас от Германии, лишало нас гостей из родной страны. Это действительно факт, что за исключением нескольких богатых семей, японцы в целом не принимают гостей в собственном доме, а делают это в ресторане, куда приглашают друзей на вечеринку с гейшами. И тем не менее у нас бывало много гостей из-за границы, особенно с тех пор, как германский торговый флот приобрел три новых первоклассных пассажирских корабля — «Gneisenau», «Scharnhorst» и «Potsdam» — и все они по очереди стали заходить в Японию. В течение весны и лета ежегодно наблюдался устойчивый поток германских гостей из процветающих немецких общин Китая и Маньчжоу-го, в то время как и немцы, жившие в Токио и Иокогаме, также занимали много нашего времени. Большинство из них были богаты и имели высокое положение в обществе, и потому ожидали индивидуальных приглашений в посольство и Немецкий клуб, после чего приглашали нас к себе.

Большинство наших гостей были, конечно, японцы. Бывшие дипломаты или семьи, имевшие связи за рубежом, охотно принимали приглашения на обеды и ланчи. Не существовало никаких препятствий для общения с иностранцами, что было обычным делом в Москве. Кроме того, языковый барьер преодолевался сравнительно легко благодаря тому, что наши гости имели некоторые познания в иностранных языках. Ученые и офицеры японской армии неплохо говорили по-немецки, в то время как дипломаты и промышленники, как правило, владели английским. Я не предпринимал никаких попыток выучить японский язык, поскольку в моем возрасте мозги уже недостаточно восприимчивы для изучения этого крайне сложного языка, перевод с которого одних и тех же понятий разнится в зависимости от социального положения собеседника. В беседе с членами императорского двора, например, используются совершенно отличные формы от тех, что приняты при обращении к ровне или к кому-то из более низкого сословия.

Свободное владение языком было бы полезно для меня лишь в беседах с высокоинтеллектуальными людьми, поскольку обыкновенные японцы говорили на некоем подобии «пиджин-инглиш». Кроме того, мне приходилось пользоваться услугами нашего посольского переводчика, когда я беседовал с теми японцами, которые не говорили ни на каком иностранном языке. И эти люди, как правило, оказывались намного более влиятельны, чем те из их земляков, которые легче поддавались иностранному воздействию. Лишь моя племянница Элка Ведель с ее более молодыми мозгами сумела набраться достаточного количества японских слов, чтобы свободно беседовать со своими друзьями.

Как и все остальное в Японии, светская жизнь находилась под сильным влиянием императорского двора. Император и императрица всегда приглашали вновь назначенных послов на завтрак. Император присутствовал и на официальных банкетах, которые устраивались в официальные праздничные дни. Известные гости представлялись ему на специальных аудиенциях. Он также встречался с иностранными представителями на празднике цветения вишни весной и на вечеринках в садах хризантем осенью. Братья императора — принц Чичибу и принц Такамацу — оба были хорошо знакомы с зарубежными странами благодаря своей любви к путешествиям. Им нравилось общаться с дипломатами и иногда оказывать им честь, принимая ответное приглашение на обед.

Приятный в общении, с несколько старомодными манерами принц Канин, фельдмаршал и главнокомандующий японской армией, несколько раз приглашал меня вместе с германскими и японскими офицерами. Высшие чиновники императорского двора, гофмейстеры и камергеры, постоянно присутствовали на светских мероприятиях, наблюдая и прислушиваясь к происходящему в дипломатическом корпусе, и всегда держали двор исключительно хорошо информированным.

Были два других обычных приглашения — на утиную охоту в феврале и на рыбную ловлю с бакланами в июле, что давало дополнительную возможность для общения с принцами и придворным обществом. На новогодний праздник к императорскому двору приглашался весь дипломатический корпус для обычной церемонии поздравления.

Бремя этих придворных приемов намного перевешивалось доставляемыми ими удовольствиями и их занимательностью. Спокойное величие, строгая официальность и превосходная организация императорского двора производили сильное впечатление и внушали чувство, похожее на благоговение. Император всегда считался не только наследственным главой японского государства, но и воплощением бога на земле. Он был не просто первым среди своих пэров, как в конституционной монархии, но и с общего согласия наделен особыми привилегиями. Существовала непреодолимая дистанция между ним и его народом, не говоря уже о европейцах.

В этих обстоятельствах было естественным, что даже дипломаты обязаны были подчиняться ритуалам этого культа. Например, когда император едет по улицам, окна верхних этажей посольств должны быть закрыты, поскольку их сотрудникам не подобает смотреть на священную особу сверху вниз. Даже когда принцы крови посещали какие-то приемы, это порождало запутанные проблемы, которые приходилось срочно решать. На поминальной службе, проводившейся в немецкой церкви по случаю смерти президента фон Гинденбурга мне впервые пришлось удостовериться, могут ли быть заняты галереи в присутствии принца Чичибу, который сидел внизу, как раз напротив алтаря. Сцена всегда была очень впечатляющей, когда толпа выказывала свое благоговение и почтение перед императором, соблюдая в его присутствии глубокую тишину, что вдвойне поражало, учитывая живой темперамент японского народа.

Временами строгий церемониал императорского двора ставил нас в несколько затруднительное положение. Всем Chefs de mission, например, приходилось решать проблему запрета на ношение верхней одежды на похоронах умерших членов императорского двора, таким образом, чтобы не подхватить при этом пневмонию, если смерть произошла в зимние месяцы. В таких случаях большинство моих коллег надевало двойное или тройное нижнее белье. Так же сделал и я, когда, с трудом поправившись после своего обычного зимнего приступа астмы, в холодный мартовский день присутствовал на похоронной церемонии в честь очень старой и никому не известной принцессы. Но как защитить себя от холода, не нарушая при этом этикета, который делает дипломатический мундир или, в моем случае, вечерний костюм обязательным? (Риббентроп тогда еще не изобрел роскошного мундира, который был чем-то средним между мундиром фельдмаршала и формой казначея ВМФ.) И тогда я прибег к отчаянному приему: вместо низко вырезанного черного жилета я просто надел кожаную нательную сорочку, которая обычно завершала мой охотничий наряд, причем она лишь частично закрывалась недавно пожалованной мне орденской лентой. Я смело выдержал обыскивающие, подозрительные взгляды придворных и таким образом сохранил свое здоровье.

Было два придворных приема — единственных в своем роде и уникально японских по своему характеру, — которые пользовались огромной популярностью среди представителей дипломатического корпуса — утиная охота и ловля рыбы с использованием бакланов. Мероприятия, не отвечавшие европейским идеалам спортивной охоты, но обладавшие всем тем очарованием, которое могла предложить Япония. Утиная охота — это эвфемизм для обозначения ловли диких уток, приманенных в наполненный водой ров ручными утками, с помощью сачка для бабочек. После поимки ловцы должны были сами свернуть пойманным уткам шеи.

Рыбная ловля с бакланами была более сложным делом. В летнюю жару нам приходилось ехать семь часов на железнодорожном экспрессе до Гифу, города, расположенного на берегу быстрой реки. Обед был сервирован на лодках, пока их буксировали вверх по течению. Гости высаживались в темноте на остров, откуда могли наблюдать за движением рыбацких лодок, освещенных факелами и быстро спускавшихся вниз по течению. На носу каждой лодки стоял рыбак, ответственный за шесть или семь бакланов, которые, направляемые тетивами, были натренированы ловить форель. Они бы заглотнули рыбу, но всякий раз их глотки затягивала веревка, и добыча падала на дно лодки. Не очень аппетитное зрелище, хотя и освященная веками традиция.

Сама постановка сцены — журчащая река, мчащиеся лодки с рыбаками и нетерпеливыми бакланами, веселые толпы вдоль берега — все это было незабываемо.

Хотя светское общение с японцами было, скорее, односторонним, те семьи, которые принимали иностранцев, оказывались исключительно гостеприимны и страстно желали доставить своим гостям максимум удобств. Мы получали приглашения на роскошные обеды с концертами и от нескольких членов знаменитой семьи Мицуи. Барон Ивасаки, глава концерна «Мицубиси», прилагал все усилия, показывая мне свою коллекцию, а после обеда играл оркестр из сямисенов, приобщая нас к тайнам японской музыки.

Граф Маеда, генерал и командующий армейским корпусом, убитый впоследствии на войне, также любил принимать членов дипломатического корпуса в своем наполовину японском, наполовину европейском доме и показывать свои коллекции японской керамики, автографов и рисунков французских импрессионистов. Профессор Араки, знаменитый художник, пригласил нас домой и был достаточно любезен, продемонстрировав свое искусство, когда он несколькими взмахами кисти у нас на глазах нарисовал утку, ветку с птицей и несколько веточек бамбука. Как хорошо известно, японские и китайские художники не копируют образцы. Они очень тщательно изучают предметы, которые собираются изображать, делая при этом сотни и даже тысячи предварительных набросков. Затем рисуют по памяти, выражая свои впечатления в символических представлениях идеала, олицетворяемого этим предметом.

Особое очарование этим светским собраниям придавали изящная красота и высокая культура замечательных японских леди, одетых в изысканные, разноцветные кимоно. Во время вечеринки в саду в летнее время, когда кимоно должно было быть светлого нежно-голубого цвета, силуэты молодых девушек выделялись на темном фоне из зарослей елей и сосен, напоминая собой грациозных бабочек.

Нигде различия между знатными аристократками и представительницами низов не были столь велики, как в Японии. В то время как средняя японская женщина — верная, умелая хозяйка и мать и покорная слуга своего, как правило, высокомерного, надменного мужа, имела пухлую фигуру, лишенную женской грации, аристократки являли собой тип экзотической красоты, грациозной и изысканной.

Поскольку японцам нравилось посещать посольства, особенно если у них были какие-либо связи с уважаемыми странами, мы находились в положении, когда нам приходилось оказывать гостеприимство огромному числу японских гостей. Мы часто устраивали вечеринки, или концерты, или, что особенно нравилось японским друзьям, вечеринки с пивом. Но в таком случае приходилось подавать настоящее «Steins» в сопровождении гамбургеров.

Несколько более интимными, но весьма очаровательными бывали вечеринки в японских ресторанах, куда нас часто приглашали друзья-японцы. Обычай сидеть на коленях и на корточках вынуждал представителей старшего поколения европейцев через некоторые интервалы времени менять позу. Еда вполне соответствовала вкусу европейцев, по крайней мере тех из них, кто любил деликатесные блюда. Подавалась она в чашках такого цвета, который гармонировал с содержавшейся в них едой. Я даже полюбил сырую рыбу, что, согласно японскому убеждению, является признаком того, что иностранец симпатизирует их стране. В целом европейские мужчины чувствовали себя после японского обеда несколько голодными, и поварам посольства приходилось быть настороже, когда мы возвращались с этих обедов.

После обеда подавалось sake — рисовое вино, которое, даже если его потреблять в больших количествах, не могло оказать какого-либо серьезного воздействия на европейских мужчин, хотя нескольких чашек было достаточно, чтобы привести японца в состояние легкого опьянения.

Выпивка за здоровье других людей была представлением, выполнявшимся с такой педантичностью, что даже матерый гейдельбергский Korpsstudent (выпивоха. — *Прим. перев.*) почувствовал бы себя здесь зеленым новичком.

Мне вспоминается забавный случай, происшедший на одном из таких японских обедов. Chefs de missions были приглашены на роскошный обед в один из японских ресторанов, который устраивал граф Мацудаира, гофмейстер императорского двора. Моей соседкой оказалась очаровательная жена бразильского посла. А рядом с ней сидел «посол» Маньчжоу-го — рослый, дюжий старый китаец, который ни слова не знал ни на одном иностранном языке и неукоснительно следовал обычаям своей древней расы. Когда обед закончился, он не преминул издать тот безошибочно узнаваемый звук, которым хорошо воспитанный китайский гость выразил свое удовлетворение едой, после чего моя очаровательная соседка ошеломленно прошептала: «Mondie, il explode!»(«Боже, его сейчас вырвет!»)

Светская жизнь дипломатического корпуса была до некоторой степени сравнима с московской, хотя изоляция не была столь строгой, как в русской столице. В Токио мы с женой находились в очень дружеских отношениях с моими коллегами, особенно с британским послом сэром Робертом Клайвом и его женой, и с моим итальянским коллегой Аурити, холостяком и страстным поклонником и коллекционером восточного искусства. Американский посол мистер Грю хорошо знал немецкий язык благодаря своей работе в Берлине и любил немецкую музыку и рейнские вина. Я был высокого мнения о его характере и способностях и был впоследствии глубоко разочарован, когда в своей книге «Десять лет в Японии», опубликованной во время войны, Грю не удержался от неуместных шуток в адрес моей жены и меня. И, наконец, последними, но отнюдь не худшими, были мои французские коллеги — Пила и Арсен Генри, чья жена была пианисткой-аккомпаниаторшей. Французы были очень гостеприимными людьми. Чешский посланник Гавличек составлял сильную конкуренцию французскому посольству с точки зрения музыкальных представлений и гостеприимства.

Встречи Chefs de mission были и в Токио столь же нечастыми, как и в Москве. А те встречи, что имели место, не обходились без юмористической нотки, как это было и в русской столице. За все время моего пребывания в Токио, Chefs de mission встретились только однажды, когда дипломатический корпус был ошеломлен некоей заметкой, опубликованной в японской прессе, в которой рассказывалось о якобы имевших место любовных связях помощника военно-морского атташе французского посольства. При этом имена и адреса самого любовника и всех его леди были указаны в печати полностью. Обнародование подробностей этого многостороннего пакта любви стало замечательным представлением, недвусмысленно указывающим, что представителям высших классов японского общества лучше держаться подальше от иностранцев и что любовные дела между знатными японками и европейскими мужчинами будут предаваться анафеме. (Тогда как к общению европейцев с гейшами в стране относились терпимо.) Не могло быть сомнений, что публикация этой скандальной заметки была осуществлена с ведома, если не по приказу, японских властей.

Дипломатический корпус кипел и бурлил от негодования по поводу столь явного оскорбления, нанесенного одному из его членов. Дуайен дипломатического корпуса, бельгийский барон де Бассомпьер, не лишенный рыцарских манер, срочно созвал встречу Chefs de mission. Поскольку имевшиеся в наличии помещения не могли вместить всех послов и посланников, им пришлось работать в две смены. В мою смену в зале находился и испанский посол Мендес де Виго, сполна наделенный страстностью и порывистым темпераментом своего народа. Дрожащим от волнения голосом Бассомпьер сделал сообщение об имеющихся фактах. Когда он упомянул о пяти любовных связях любвеобильного француза, Мендес де Виго, который явно был полностью в курсе этих дел, поднялся, чтобы поправить утверждения дуайена: «Pas cinque, mais quinze!» («Не пять, а пятнадцать!») Ввиду несколько деликатного характера вопроса коллеги попросили дуайена обговорить вопрос с Chef de Protocole японского МИДа, чтобы избежать официального протеста. Дуайен действовал соответственно, и больше никогда ничего не было слышно об этой любовной истории, связавшей Восток и Запад.

Сложность и размах общественных мероприятий, в которых приходилось участвовать германскому послу, могут быть проиллюстрированы тем фактом, что число наших гостей в течение одного сезона составило 2469 человек, не считая тех, кто был приглашен на чайные вечеринки. Вот почему после двух с половиной лет, проведенных в Восточной Азии, с ее тяжелым климатом, моим пошатнувшимся здоровьем и напряженными официальными обязанностями, мы с нетерпением ждали вполне заслуженного отдыха в Европе.

ОТПУСК В ЕВРОПЕ

Наше путешествие домой через Ванкувер — Квебек — Нью-Йорк стало само по себе приятным отдыхом. Мы на неделю остановились в Нью-Йорке и не преминули отметить прогресс, которого добился этот мегаполис с тех пор, как я посетил его, будучи еще зеленым юнцом, около тридцати лет назад. Пересекая Атлантику на борту комфортабельного германского лайнера «Europa», мы встретили «Цеппелин», направлявшийся в Америку, и почувствовали законную гордость за достижения Германии, которая оправилась от экономических бедствий и революционных волнений. 9 апреля мы прибыли в Бременхафен, чтобы провести шесть месяцев на родине.

Цель моего отпуска была тройной: я хотел поправить здоровье, получить общее представление об обстановке в Германии и встретиться со специалистами по дальневосточной политике. Пытаясь окончательно избавиться от своей астмы, я проконсультировался со специалистом в Берлине и прошел курс лечения в Бад Рейхенхалле, Верхняя Бавария, в месте, известном лечением бронхитов.

Будучи занятым этим лечением и своими официальными обязанностями, я только неделю провел в Гродицберге, радуясь всем появившимся там сельскохозяйственным усовершенствованиям. Цены на зерно были зафиксированы на удовлетворительном уровне, и фермеры заранее знали, что они получат за урожай. Они были независимы от капризов спекулянтов зерном на бирже в Чигако или где-то еще. И они больше не были вынуждены под давлением обстоятельств продавать зерно по низким ценам после того, как жатва закончится.

Все фермерские постройки также находились в отличном состоянии благодаря схеме, которая позволяла иметь недоимки по налогам, если деньги вкладывались в ремонт. Благодаря этому простому закону ремесленникам и мастерам, больше всего пострадавшим от кризиса, был дан мощный стимул.

Я объездил страну вдоль и поперек, главным образом на машине и по железной дороге. Мы навестили наших родственников на Рейне и друзей-промышленников в Дуйсбурге, в Рурском районе и в Людвигсхафене. Они показали мне свои заводы, которые невероятно разрослись и работали в полную мощность. Рабочие были довольны. Не было безработицы. На меня произвели очень большое впечатление некоторые новые технические процессы, такие, как патент Фишер — Троих на производство нефти из угля. На заводе И. Г. Фарбениндустри мне показали лабораторию, где в стадии эксперимента находилось производство Buna — искусственного каучука. А новый германский способ получения сахара из целлюлозы также был почти готов к промышленному запуску.

Дороги повсюду находились в отличном состоянии. Создавалась сеть автобанов. Железнодорожная служба работала так же эффективно, как всегда. Люди производили впечатление здоровых, хорошо питающихся и бодрых. В сравнении с бедственным положением 1932 года Германия ныне казалась фундаментально трансформированной страной. Слышался некоторый ропот, что партия-де осуществляет все более тотальный контроль за частной жизнью граждан и что дети отчуждены от родителей Гитлерюгендом. Однако чувство удовлетворения жизнью превалировало в обществе благодаря общему улучшению условий жизни. Внезапный ход Гитлера — восстановление германского суверенитета в Рейнланде, был с одобрением воспринят общественным мнением. Бремя всеобщей воинской повинности несли с готовностью. Политические успехи Гитлера за границей наполняли нацию чувством гордости. Соглашение с Великобританией об ограничении военно-морских вооружений было особенно популярно, поскольку оно, похоже, ликвидировало причины самых опасных трений, которые могли бы возникнуть между двумя странами. Что до меня, то я не мог удержаться от энтузиазма в оценке результатов, достигнутых за столь короткий отрезок времени.

В МИДе не было никаких признаков радикальных изменений. Штат его был укомплектован теми же сотрудниками, что работали здесь и до 1933 года, с Нейратом в качестве министра и Бюловым в роли статс-секретаря. Слегка завуалированные антинацистские настроения последнего были широко известны. Но когда он вскоре после моего прибытия скончался от приступа пневмонии, похороны его были проведены со всей возможной торжественностью в присутствии фюрера. Его преемники — Макенсен и Дикхофф также были старыми карьерными дипломатами. Среди высших чиновников МИДа не было ни одного партийного «бонзы». Членство в партии считалось делом второстепенным и необязательным. Большинство сотрудников внешнеполитической службы со временем вступили в партию. Так, например, когда я навестил шефа Auslands-organisation (партийные организации за рубежом. — *Прим. перев.*) Боле, он попросил меня вступить в партию, что я и сделал. Такова была моя позиция, которой я придерживался тогда: не проявлять инициативу, но подчиняться соответствующей просьбе, поскольку я не считал нужным уклоняться от обязанности проявлять лояльность режиму, которому служил.

Что до самого МИДа, то у него на горизонте постоянно маячила растущая угроза — полузловещий, полунелепый Риббентроп. Поскольку его амбиции не были удовлетворены МИДом, он открыл конкурирующую фирму, основав «Бюро Риббентропа», которое располагалось как раз напротив здания законного представительства германской внешней политики — на Вильгельмштрассе. Персонал «бюро» составляли выходцы из всех слоев общества, но главным образом молодые люди, у которых было больше опыта в карьеристском рвении и самоуверенности, нежели квалификации и такта.

Нельзя, однако, не заметить факта: Риббентроп находился в куда более выигрышном положении. Его «бюро» было заведением, слишком хорошо усвоившим гитлеровскую тайную стратегию натравливания одних своих сторонников на других, чтобы не дать Нейрату шанс вывести этого выскочку из игры. Нейрат был, конечно, джентльмен, человек с характером, с политическим чутьем и мужеством, чтобы просто так сложить оружие в критический момент. Но ему недоставало усердия и рвения в работе, совершенно необходимых для министра иностранных дел. Его страсть к охоте превалировала над страстью к работе. Так, на мой вопрос, когда ожидается возвращение Нейрата, отсутствовавшего в тот момент в Берлине, Бюлов ответил: «Приедет, как только подстрелит трех косуль».

Сам Бюлов был слишком глубоко убежден, что нацизм будет не более чем преходящим шоу и что бюрократия переживет любые заговоры против нее, чтобы вступать в конкурентную борьбу с Риббентропом. Подобное отношение было оправданно, поскольку мы, кадровые чиновники, были лишены наиболее эффективного оружия, используемого Риббентропом, а именно: возможности быть лакеем Гитлера, следить за каждым его шагом, подкрадываться в его присутствии к полуоткрытой двери, чтобы поймать взгляд или слово фюрера, а затем начать вдохновенно его пропагандировать, как если бы это была его собственная идея. Кроме того, приходилось еще учитывать тот факт, что Риббентроп добился значительного успеха в области внешней политики заключением военно-морского соглашения с Великобританией. Таким образом, вскоре МИД обнаружил, что он постепенно скатывается к состоянию полного ничтожества, имеющего дело лишь с решением чисто формальных задач внешней политики.

До какой степени МИД оказался вытеснен со сцены, до меня дошло, когда я начал задавать вопросы, касающиеся германо-японских переговоров о заключении политического соглашения, которое в итоге стало широко известно как «Антикоминтерновский пакт». Я знал, что эти переговоры вел Риббентроп, но полагал, что и МИД так или иначе был также проинформирован о них. Однако здесь я ошибся. Никто в МИДе ничего не знал об этом деле. И потому я решил прогуляться в логово льва и задать несколько вопросов самому Риббентропу, с которым до сих пор даже не был знаком.

Очевидно, озадаченный моей инициативой, Риббентроп поначалу продемонстрировал некоторое недоверие, но в конце концов выдал кое-какую информацию и внимательно выслушал мой отчет о политической ситуации в Японии. Я ушел от него, сказав на прощание, что думаю, он не будет против, если я проинформирую герра фон Нейрата о нашей беседе. Риббентроп ответил, что нет, он не возражает. Однако самую подробную информацию я получил от своего японского коллеги, графа Мисакои, с которым поддерживал весьма дружеские отношения. Он — один из наиболее интеллигентных, широкомыслящих и симпатичных японцев, с которыми я когда-либо встречался. Переговоры проходили гладко, и большинство вопросов, которые позднее должны были войти в договор, уже были согласованы. Я был определенно «за» в том, что касалось основной политической цели договора — тесном взаимопонимании с Японией.

Что касается официальной стороны вопроса, я полагал, что ссылка на деятельность Коминтерна, от причастности к которой постоянно отрекался Советский Союз, была довольно неглупым изобретением, придуманным одним из сотрудников Риббентропа, герром фон Раумером, способным и интеллигентным человеком, который вскоре, однако, вошел в конфликт со своим шефом и вынужден был оставить бюро.

Я был также удовлетворен тем, что соглашение не будет содержать каких-либо агрессивных статей, направленных против Советского Союза. Обе стороны лишь согласились консультироваться друг с другом относительно своей политики по отношению к России и давали понять, что в случае, если одна сторона будет втянута в войну с Советским Союзом, то другая воздержится от каких-либо действий, которые можно трактовать как помощь врагу.

Когда я сообщил об этих фактах в МИДе, они рассыпались в благодарностях за то, что я добыл столь ценную информацию. Это заставило меня осознать, до какой степени МИД позволил изолировать себя от происходящего в политической жизни страны. Вряд ли необходимо упоминать, что МИД был решительно против пакта с Японией.

Существовали и другие влиятельные силы, не согласные с прояпонской политикой Гитлера, хотя, казалось бы, можно было сделать вывод, что эта политика была как раз им по вкусу, отвечая их целям. Силы эти были из военного министерства. В то время как японская армия была настроена яро прогермански, в германской армии лишь те офицеры отвечали японцам взаимностью, кто служил в Японии инструкторами или имели какие-либо другие связи с этой страной. Основная часть сотрудников германского генерального штаба придерживалась все в большей степени прокитайской ориентации. И чем сильнее становились позиции германской военной миссии у Чан Кайши, тем больше за этими тенденциями усматривались другие, подкрепленные частично коммерческими, частично военными интересами, которые вскоре сошлись в одной точке в лице германского торговца и бывшего офицера капитана Клейна. Он обещал обеспечить доставку из Китая значительного количества ценных металлов, таких как молибден и вольфрам, необходимых для германского перевооружения, в обмен на поставку оружия китайской армии. Торговля военными материалами всегда была очень прибыльным, хотя и не очень уважаемым, делом. Эта истина оставалась верной и в данном случае, и Клейн, как и представители некоторых других германских фирм, постоянно жил в Восточной Азии, занимаясь процветающим бизнесом — продажей оружия Китаю.

Каким-то образом Клейну удалось добиться успеха в том, чтобы убедить некоторых официальных лиц Германии занять прокитайскую позицию. Так, генерал фон Сект, основатель рейхсвера, находившийся в отставке, но по-прежнему полный амбиций, получил приглашение от маршала Чан Кайши нанести ему визит и проинспектировать новую китайскую армию. Сект с радостью согласился и провел несколько месяцев в Китае, тщательно избегая визита в Японию с тем, чтобы не обидеть своих китайских хозяев. Генерал фон Рейхенау, находившийся на действительной службе, одна из ключевых фигур в военном министерстве, последовал его примеру и также подумывал о визите в Китай. Зная его лично, я постарался связаться с ним в Мюнхене, где он был командующим военного округа, чтобы предостеречь, что дела развиваются в несколько другом направлении. Так или иначе, но мы с ним разминулись, и он все-таки отправился в свой вояж. Оказавшись в Китае, Рейхенау ограничил себя тем, что наслаждался приятными сторонами дальневосточной жизни. Тем не менее, визиты этих двоих, хорошо известных, германских генералов не могли не оказать глубокого воздействия на политические круги Дальнего Востока. Спустя несколько месяцев военному министру пришлось начать строго следовать линии официальной политики, провоглашенной заключением Антикоминтерновского пакта. Однако германская военная миссия в Китае по-прежнему оставалась камнем преткновения в наших отношениях с Японией, как это будет видно из дальнейших событий.

Следующим и последним моим ходом на политической шахматной доске, пока я находился в отпуске в Германии, стала аудиенция у Гитлера. Вскоре после моего прибытия в Берлин он принял меня в канцелярии рейха. Я ждал этого события с огромным волнением, надеясь получить шанс представить Гитлеру полный отчет о политической ситуации на Дальнем Востоке и стать свидетелем вспышек его гения. Однако через две-три минуты после начала встречи Гитлер вдруг начал беспокойно ерзать в своем кресле и неожиданно извинился, что вынужден прервать нашу беседу, поскольку у него есть и другие неотложные дела, которыми он должен срочно заняться. Он выразил надежду увидеться со мной в Берхтесгадене.

Я ушел, совершенно сбитый с толку и кипя от ярости. Как и следовало ожидать в той атмосфере слухов и сплетен, тайком распространяемых в Берлине, спустя несколько дней друг, занимавший важный официальный пост, спросил меня, правда ли, что я впал в немилость у Гитлера, поскольку моя встреча с ним продолжалась всего лишь несколько минут?

Во время своего отдыха в Рейхенхолле, что неподалеку от Берхтесгадена, я предпринял еще одну попытку. На этот раз герр Мейснер, хорошо известный шеф Prasidialkanzlei (канцелярии президента. — *Прим. перев.*), которого я очень хорошо знал со времен совместного пребывания в Киеве в 1918 году, договорился о приеме на 8 июля.

Я прибыл в Берхтесгаден, где меня ожидала самая продолжительная и самая гармоничная встреча, которую я когда-либо имел с фюрером. Присутствовали также Геринг и Мейснер.

Я вошел в большую, красиво обставленную комнату, из которой благодаря огромным окнам открывался величественный вид на альпийский пейзаж вокруг Вальцмана и на долины, тянувшиеся к Вальцбургу. Беседа продолжалась более часа, и у меня было достаточно возможностей изложить свои взгляды.

Я считал, что главной проблемой был ответ на вопрос — подрывают ли основы японского государства революционные бунты армии или же Японии можно доверять как партнеру по Антикоминтерновскому пакту? Мой ответ на второй вопрос был утвердительным. Геринг также принял участие в разговоре. Он разделял мои взгляды. Это же дал понять и Гитлер, не прибегая, однако, к обвалу лавины своего красноречия. Должен признать, что и на этот раз ни одного слова из тех, что он произнес, не запечатлелось у меня в памяти, и я не чувствовал благоговейного трепета в его присутствии. Встреча эта была примечательна еще и тем, что на ней не прозвучало никаких оскорбительных высказываний в адрес Советского Союза.

За время нашей беседы собралась гроза. Сверкали молнии, за которыми следовали раскаты грома. Весь вид из окна оказался занавешен серой пеленой дождя. Но подобно тому, как это происходит в романтической опере, гром неожиданно стих, тучи как бы по мановению руки невидимого постановщика были развеяны и умчались вдаль, и солнце вновь засветило над освеженным ландшафтом. Гитлер закончил встречу, подарив мне, по инициативе Мейснера, свой портрет, лично надписав его и поставив дату.

Мое пребывание в Германии завершилось двумя знаменательными событиями, которые надолго остались у меня в памяти: Олимпийскими играми в Берлине и партийным слетом в Нюрнберге. Оба представления были подробно описаны в свое время, так что мне нет нужды входить в детали. Но чувствую, что должен сказать несколько слов о съезде.

Собравшимися в Нюрнберге массами двигала глубокая вера всего народа, готового принести жертвы ради лучшего будущего, будущего, которое, возможно, совсем рядом, несмотря на недостатки, нехватки и ошибки, и которое смутно предвиделось ими вопреки всем нелепостям режима, страстно желавшего скрыть свои конечные цели. Когда мы обращаемся к этому периоду, закончившемуся разгромом и бедой, кровопролитием и жестокостями, то именно этот растраченный зря энтузиазм огромных масс честнейших людей, обманутых бандой безрассудных революционеров, возможно, и составляет самую трагическую сторону германской трагедии.

Театрализованное представление в Нюрнберге произвело на меня глубочайшее впечатление. Сорок тысяч парней сначала торжественно вели диалог между массовым хором и его лидерами, а затем, без каких-либо приказов вслух, молча и с минутной точностью сделали несколько упражнений со своими пиками, так что на долю секунды блестящие лезвия их сверкнули на солнце. Мне показалось это самим воплощением массовой дисциплины.

Эффектным также был и ночной слет некоторых партийных организаций. Лучи суперпрожекторов сходились в виде огромного купола высотой несколько тысяч футов, в то время как парни и девушки из Гитлерюгенда своими песнями и танцами оживляли сцену.

Самым важным политическим событием по случаю съезда стала, конечно, знаменитая речь Гитлера, в которой он наметил курс политического развития Германии на предстоящие годы. В обоих случаях, когда я посещал нюрнбергский съезд, Гитлер неизменно оправдывал ожидания внешнего мира, давая ему пищу для ума в форме какого-нибудь нового тяжеловесного лозунга. В 1938 году это был лозунг против Чехословакии, в 1936 — ужасающе сильная обличительная речь против большевизма. Весь этот антураж партийных собраний с их знаменосцами и показными эффектами и упражнениями со свастикой несколько поистрепался в последние годы режима. Но, видя эту сцену впервые, нельзя было не поразиться.

Не мог я удержаться и от того, чтобы почувствовать себя зачарованным фейерверком ораторского мастерства Гитлера. Я чувствовал, что нахожусь под куда большим впечатлением, чем после встречи с ним лично. Что до программы, которую он изложил, то в ней не было ничего потрясающего, поскольку германо-советские отношения уже были достаточно плохими, так что дальнейшее их ухудшение не могло изменить существующую картину. Никто не верил в возможность войны, хотя для многих западных политиков мысль, что «динамизм» национал-социализма следует направить на Восток, была довольно привлекательной, и некоторые из моих коллег в Токио, которые и сами были антибольшевиками, искренне ее одобряли.

После речи Гитлера германские послы и посланники, присутствовавшие в Нюрнберге, собрались, чтобы выразить свое искреннее сочувствие своему коллеге в Москве графу Шуленбургу (казненному после 20 июля 1944 года) в связи с тяжелой задачей и ужасными неприятностями, ожидавшими его в русской столице. Я был единственным исключением в их хоре, поздравив Шуленбурга с тем, что теперь ему больше не будут надоедать просьбами из Берлина, никто не станет ожидать, что он будет настаивать на наших требованиях, и теперь у него будет возможность жить так, как ему заблагорассудится. И так оно и вышло. Шуленбург, дружелюбный, добродушный дворянин, который пользовался уважением со стороны советского правительства, имел беспрепятственную возможность путешествовать по всем районам европейской части России, собирая иконы и ковры и купаясь в приятной атмосфере прогерманских симпатий и сочувствия.

После смерти Бюлова наша дипломатическая служба пережила еще одну тяжелую утрату — безвременно скончался наш посол при Сент-Джеймском дворе герр фон Хойх, один из самых способных сотрудников внешнеполитической службы. В отношении преемственности фаворитом был Риббентроп, тогда как Хассель и я упоминались с большими оговорками. И когда послом был назначен Риббентроп, все были уверены, что он наконец достиг конечной цели своих амбиций. И лишь спустя несколько лет после окончания Второй мировой войны стало известно, что он был в бешенстве от этого назначения, поскольку боролся за пост министра иностранных дел и был вполне уверен, что именно он заменит Нейрата.

Я никогда не смог бы предсказать такого мрачного провала его лондонской миссии, каковой в конечном итоге последовал. Его назначение с удовлетворением было воспринято в Лондоне. «Таймс» опубликовала ряд статей под заголовками: «Желанный гость». В конце

«Постепенно в сумятице идей и мнений стала
проявляться твердая политическая сущность,
принявшая форму сталинской доктрины „социализма
в одной стране"»

Торжественная закладка Днепрогэса

Уплотнение бетона в плотине Днепрогэса.
«На меня произвел глубокое впечатление
страстный фанатизм рядовых членов партии,
стремившихся поднять свою отсталую страну,
чтобы она могла занять место в ряду самых
развитых наций — попытка трогательная
и патетическая...»

Строительство Турксиба, 1932 г. «Индустриализация — постепенное
и плановое построение промышленности под руководством государства.
Практически все необходимые условия для претворения в жизнь этого
грандиозного плана отсутствовали...»

Неделя русских ученых и русской науки в Берлине, 1927 г. Второй
справа — В. И. Вернадский, третий слева (сидит) — А. Эйнштейн

Первый трактор Сталинградского завода, 1930 г. На сомнения скептиков Дирксен отвечал: «Россия в любом случае станет индустриальной страной и отказываясь сотрудничать с ней, мы можем лишь замедлить или отсрочить этот процесс, но никак не предотвратить его»

На полях колхоза, 1931 г. «Сам Сталин не был страстным приверженцем коллективизации лишь ради самой идеи. На него нападали за его промедление более горячие теоретики...»

Парад войск Красной Армии, 1920 г. «После
окончания фазы интервенционистских войн
и лидерства Троцкого, начался систематический
процесс создания регулярной армии»

Парад войск Красной Армии, 1925 г.

«Правление Сталина характеризовалось, в первую очередь,
целесообразностью, стремлением преодолевать возникающие трудности
и решать проблемы адекватными мерами без слишком жесткой
приверженности принципа»

Парад войск Красной Армии, 1932 г.

«Люди в Кремле были достаточно твердыми
и закаленными политиками, ... но где истоки
той грандиозной яркости их планов
и безжалостной мощи их решений?»

Егоров, Блюхер, Буденный и «сомнительный, авантюрного склада» Тухачевский. «Больше всего меня интересовали офицеры Красной Армии. Фактически был создан новый класс, уровень подготовки и развития которого соответствовал стандарту старой германской армии»

Сотрудничество рейхсвера и Красной Армии. «Степень сердечности политической дружбы между народами всегда будет подвержена изменениям в зависимости от происходящих событий и силы давления извне»

Президент Гинденбург

«Боги стадиона»: «Нацизм будет не более, чем преходящим шоу». Поначалу — да...

«Наша последняя надежда: Гитлер». «Германия оказалась перед альтернативой: правление коммунистов или национал-социалистов. Мы все ненавидели коммунизм, но национал-социалисты не казались нам лучше, и мы были весьма скептически настроены в отношении их лидеров»

Парад в честь съезда национал-социалистов
в Нюрнберге. «Массами, собравшимися
в Нюрнберге, двигала глубокая вера всего
народа, готового принести жертвы ради
лучшего будущего...»

Germanskie
Вот это правильно

Германские войска вступают в Рейнскую область. «Внезапный ход Гитлера — восстановление германского суверенитета Рейнланде — был с одобрением воспринят общественностью»

Немецкий солдат вновь на посту, как и при кайзере. «Долой Diktat!»

Yermanskij

А. Гитлер

Г. Геринг

И. Геббельс

Регистрация
еврейского бизнеса
в Берлине.
«Гинденбург
требовал, чтобы
с евреями
обращались
приличным образом,
но Гитлер, конечно,
нарушил обещание»

«Выскочка» Риббентроп с визитом в Москве. «По-настоящему важные
проблемы решались исключительно Риббентропом и его любительской
конторой»

концов, Риббентроп обладал одним из самых важных для посла качеств — был вхож к главе государства и исполнительной власти. Кроме того, Риббентроп был проанглийски настроен, правда, лишь до степени, ограниченной снобизмом, и, по крайней мере я так думаю, он был достаточно умен, чтобы приспособиться к требованиям своего нового положения.

Гитлер больше всего желал дружбы с Великобританией. И тем не менее, несмотря на все эти благоприятные признаки, Риббентроп провалился с самого начала, когда, едва сойдя с трапа самолета в Лондоне, дал интервью прессе, в котором предостерег Великобританию в отношении ее политики, направленной на установление дружественных отношений с Советским Союзом.

Я был рад вернуться в Токио. Мне нравился Дальний Восток. Мне нравилась моя независимость, и я чувствовал уверенность, что здоровье мое явно поправилось. 9 октября в Генуе мы сели на борт «Gneisenau» — самого комфортабельного германского лайнера и от души насладились путешествием, в ходе которого посетили с короткими визитами самые красивые места в мире: Цейлон, датскую Ост-Индию и Манилу. В Шанхае мы провели два дня в гостеприимном доме нашего генерального консула герра Крибеля. Бывший офицер, тяжело переживший унижение мирных переговоров в Спа, в которых он принимал участие, он одним из первых вступил в нацистскую партию. Полный энтузиазма в отношении нового евангелия, честный и прямой, он вскоре пал жертвой интриги, задуманной окружавшей Гитлера кликой, и позднее был назначен шефом личного отдела МИДа, не приобретя при этом какого-либо влияния во внутрипартийном кругу.

Шанхай в то время медленно оправлялся от ран, нанесенных ему японскими бомбардировками 1932 года. Китайский мэр, которого мы посетили вместе с Кригелем, был, конечно же, генералом, как и большинство влиятельных людей в Китае. Он продемонстрировал огромный энтузиазм, рассказывая нам о планах строительства нового делового центра в Шанхае.

Мы также посетили открытие роскошного ночного клуба, принадлежавшего германскому эмигранту. Глядя на китайских леди, танцующих с сомнительными европейскими типами, я был вновь поражен нездоровой атмосферой, царившей в этой восточно-азиатской столице, в которой пороки Азии перемешались с пороками Европы.

9 ноября мы прибыли в Кобе.

МОЙ ВТОРОЙ СРОК В ЯПОНИИ

На следующий день после прибытия в Токио мы посетили обычную вечеринку в саду хризантем, на которую император пригласил дипломатический корпус и многих известных японцев. Обе императорские вечеринки — в саду хризантем и во время цветения сакуры — были очаровательными развлечениями, хотя один циник как-то заметил, что на вечеринке было «больше дипломатов, чем хризантем». Когда я направился к машине, чтобы ехать домой, мне вдруг стало трудно дышать, и я понял, что моя астма возвращается. Попытки избавиться от нее в Германии оказались тщетными.

Я поспешил в Кобе, чтобы полечиться у знаменитого немецкого врача, но через несколько дней слег с еще более мучительной болью, чем обычно.

На протяжении последующих месяцев я неделями не мог покидать своей комнаты, лишь несколько раз позволив себе медленные прогулки в саду. Моя жена преданно ухаживала за мной, выполняя в то же время представительские обязанности. Два замечательных и очень симпатичных японских врача — профессор Инада и доктор Икеда — делали все, чтобы облегчить мои страдания.

Таким образом, самое важное событие за все время моего пребывания в Японии в качестве посла — заключение Антикоминтерновского пакта — прошло без моего участия. Воздействие этого пакта на мировое общественное мнение было поразительным. Существовали влиятельные политические круги, противостоявшие столь безоговорочной декларации в пользу тоталитаризма. «Люди за троном» — Генро, принц Сайондзи, граф Макино, граф Мацудаиро, министр императорского двора и большинство промышленников хранили молчание. Милитаристы и националисты — вот кто отныне доминировал на политической сцене. Широкие массы испытывали облегчение, избавившихся от изоляции, которая тяжелым бременем давила на них, и были захвачены волной искренней симпатии и энтузиазма по отношению к Германии. Депутации, назначенные на массовых митингах, визиты и подарки от патриотов добавляли работы персоналу посольства. Политические перспективы представлялись еще более смутными, чем раньше, а о том, что экономические отношения процветали на здоровой треугольной основе (Германия — Япония — Маньчжоу-го), уже упоминалось. Говоря коротко, это было идеальное время для работы германского посла.

В июле 1937 года события приняли трагический оборот из-за начала конфликта с Китаем. Между 1932-м и 1937-м годами характерной чертой японской внутренней и внешней политики стал нелегкий компромисс. Перетягивание каната между умеренными и экстремистскими фракциями дало свои результаты: в области внутренней политики — постепенное отступление умеренных, сопровождавшееся случайными победами, такими, как, например, подавление февральского мятежа 1936 года, при сохранении внешних демократических процедур. В области же внешней политики Хирота и проанглосаксонские круги предпринимали бешеные усилия для поддержания дружеских контактов, чтобы прийти к соглашению с Китаем. С другой стороны, националисты сумели заключить Антикоминтерновский пакт с Германией, освободив Японию от ограничений на перевооружение ее военно-морского флота путем денонсации соответствующих соглашений, и завоевали Китай путем расчленения Северного Китая на несколько полуавтономных марионеточных государств. Однако бесстыдная коррупция, контрабанда наркотиков и другие злоупотребления, терпимые и поощряемые в Китае японскими кукловодами, вызвали волну всеобщего негодования.

Искрой, которая вызвала взрыв, стала перестрелка между китайскими и японскими военными у моста Марко Поло близ Пекина в ночь на 8 июля 1937 года. Никогда не удастся установить, была ли эта стычка подстроена японцами или имела место случайность как следствие наэлектризованной атмосферы. Я склонен верить, что дело в последнем. Иначе было бы необъяснимо, почему японская армия, в целом не склонная рисковать и известная тщательной подготовкой своих операций, таких, как, например, убийство Чан Цзолиня, столь явно плохо подготовила такое крупное мероприятие.

Уже спустя неделю после инцидента у моста Марко Поло японцам угрожала смертельная опасность утраты жизненно важных стратегических пунктов, таких, как аэродром в Тяньцзине, поскольку одного местного японского гарнизона было явно недостаточно, чтобы удержать его. С другой стороны, мирное урегулирование этого с виду локального конфликта, похоже, должно было быть слишком хорошо обосновано, чтобы нельзя было отказаться от него, как от чистой воды фабрикации японской пропаганды. После моей первой беседы с Хиротой, которого я действительно хорошо знал, у меня лично сложилось мнение, что его уверенность в мирном разрешении конфликта была искренней. Однако ответственность за инцидент у моста Марко Поло — дело второстепенное. Главный факт состоит в том, что Япония должна нести ответственность за развязывание войны в Китае, поскольку именно она постоянно проводила политику агрессии.

Нет необходимости особо подчеркивать, что начало военных действий в Китае было весьма нежелательным событием для Германии. В конце концов, Антикоминтерновский пакт был заключен совсем не для того, чтобы втянуть Германию в авантюру с непредсказуемыми последствиями на Азиатском континенте. И хотя я был твердо убежден, что пакт не имел целью возможное нападение на Советский Союз (насколько я мог удостовериться, германские документы, опубликованные до сих пор, не доказывают противного), эффект определенного давления на Россию, который, конечно, приветствовал Гитлер, был этой авантюрой сведен к нулю. Кроме того, общее направление нашей политики по отношению к Китаю было дружественным, и наши экономические отношения с этой страной были очень выгодны и очень важны для Германии. Соответственно в своей беседе с Хиротой я выразил в самых определенных выражениях надежду на то, что «инцидент» (этим эвфемизмом японцы пользовались на протяжении всех лет войны) будет непременно урегулирован.

Как я уже говорил, Хирота произвел на меня впечатление искреннего оптимиста. И спустя несколько дней бои в Северном Китае действительно свелись к стычкам местного значения. Однако вскоре события вышли из-под контроля или, говоря другими словами, милитаристская клика в Японии добилась успеха в превращении локального конфликта в полномасшабную войну. Очевидно, что решение маршала Чан Кайши открыть новый театр военных действий в Шанхае — вероятно, для того, чтобы привлечь внимание всего мира, распространив войну на столь чувствительное место, как столица Дальнего Востока, — задушило в зародыше перспективу локализации войны.

После нескольких продолжительных бесед мы с военным атташе Оттом пришли к согласию в том, что наиболее эффективным средством для Германии выступить в качестве посредника с перспективой восстановить нормальные условия стало бы продолжение деятельности германской военной миссии в Китае. То, что эта деятельность не снискала благосклонности генерального штаба в Токио, было очевидно. Но коль скоро мы повернулись глухим ухом к японским намекам, относившимся к этой проблеме, мы чувствовали необходимость продолжать свои усилия, успокаивая при этом японскую тревогу. До сих пор наши отношения с Китаем не подвергались серьезной опасности. Германская военная миссия, руководимая очень способным и политически мыслящим генералом фон Фалькенхаузеном, пользовалась полным доверием со стороны нанкинского правительства. И самое главное, со стороны маршала Чан Кайши. Если там вообще существовала какая-то перпектива посредничества между двумя враждующими сторонами, у миссии был шанс оказать Китаю бесценную услугу, оправдав китайских лидеров в глазах соотечественников. Если бы миссия выступила за компромисс лишь по чисто военным соображениям, учитывая неготовность китайской армии и безнадежность продолжения войны, существовал бы шанс восстановления мира. Такое направление мыслей и было изложено в длинной телеграмме в Берлин, и таким образом мы предотвратили опрометчивые шаги, которые могла бы предпринять партия экстремистов.

После нескольких месяцев боевых действий ситуация, похоже, созрела для новой попытки посредничества. Несмотря на героическое сопротивление и огромные жертвы, Шанхай был явно потерян для Китая, который переживал поражения и на других фронтах. Нанкин был захвачен. Брюссельская конференция, созванная согласно договору Девяти держав, не смогла принести каких-либо практических результатов. Нанкинское правительство столкнулось с необходимостью сопротивляться захватчикам, не имея больше моральной поддержки со стороны внешнего мира. С другой стороны, японцы приобрели дешевые, но многочисленные военные лавры победителей. Теперь, однако, они стали сознавать, что им все же придется принести огромные жертвы, чтобы заключить мир на своих собственных условиях. Международное вмешательство в войну в Китае, наличие иностранных поселений в Шанхае и других городах, и американские и британские военные корабли, крейсирующие по Янцзы, заставляли их чувствовать себя неуютно. Потопление на Янцзы японскими самолетами американской канонерки поставило Японию на грань войны с Соединенными Штатами. Наступило затишье в сражениях, и оба противника, казалось, раздумывали, что делать дальше.

Подобная ситуация предполагала, что Германии стоило бы попытаться вновь выступить в качестве посредника. Я получил одобрение МИДа, и наш посол в Нанкине, Траутман, получил указание сделать соответствующий demarche китайскому правительству. Японское правительство, Gaimusho, так же, как и генеральный штаб, не высказали возражений, хотя были настроены откровенно скептически в отношении наших попыток начать переговоры с китайцами. По крайней мере Япония согласились избегать каких-либо действий, которые могли бы подлить масла в огонь.

Пока мы ожидали ответа от китайского правительства, шла неделя за неделей без каких-либо признаков духа примирения. Китайцы не делали секрета из своей тактики промедления. Трудно было определить, придерживались ли они этой политики, чтобы выиграть время для военных приготовлений, или просто в связи с внутренними разногласиями. Тем временем японцы становились все более и более нетерпеливыми. Генеральный штаб открыто выражал свое недовольство в отношении якобы активного участия германской военной миссии в «войне перестрелок». Они утверждали — и это было позднее подтверждено, — что члены миссии руководили боевыми действиями китайских дивизий в оборонительных районах вокруг Шанхая.

Один из них, генерал Стрессиус, даже зашел так далеко, что призвал к ответу одного из китайских военачальников за его расхлябанность и проявленную слабость в выполнении своих обязанностей.

Военные спекулянты также увидели свой шанс. Несколько германских фирм в Шанхае и герр Клейн из Берлина, о котором я уже упоминал, были заняты отправкой в Гонконг фрахтовиков, загруженных под завязку военным снаряжением. Нечего удивляться поэтому, что японские офицеры испытывали чувства досады и горечи в отношении деятельности своего партнера по Антикоминтерновскому пакту и что они прозвали боевые действия, ведущиеся в Китае, «немецкой войной».

В первых числах января 1938 года, через месяц после начала наших посреднических действий, мы наконец получили сообщение от Траутмана, что китайский ответ будет готов через несколько дней. Я уговорил Хироту прийти и навестить меня в спальне, поскольку снова слег с приступом жестокой астмы. У меня состоялась с ним долгая беседа, во время которой я настоятельно убеждал его сохранять спокойствие и подождать еще немного. Но было очевидно, что он не в состоянии дольше удерживать своих буйных.

И снова нам пришлось прождать много дней. Заседание Кабинета было назначено на 13 или 14 января. Скоро мы узнали, что обсуждалось на нем. Я получил известие, что японское правительство решило считать посредничество неудачным и отменить все ограничения на ведение боевых действий. По трагической иронии судьбы ответ китайского правительства, переданный послу Траутману, расшифровывался в канцеляриии нашего посольства в то самое время, когда нам было вручено японское сообщение. Но оказалось, что ответ Чан Кайши никоим образом не продвигал решение вопроса, и суть его свелась не более чем к вежливому уведомлению о получении нашего предложения о посредничестве. В лучшем случае его можно было принять как выражение не совсем безоговорочной готовности к дальнейшему обсуждению проблемы. Из-за справедливого ли возмущения действиями агрессора, переоценки ли китайской силы, внутриполитической ли целесообразности или по каким-то другим причинам, но националистическое правительство Китая не сочло возможным вступить в официальные переговоры, а решило, что лучшая политика в данной ситуации — продолжать сражаться.

В то время как моя политическая миссия в Токио закончилась неудачей — пусть и почетной, — я смог добиться успеха в области культуры в качестве президента германского Общества восточно-азиатского искусства. Мои беседы с профессором Коммелем, генеральным директором Берлинского музея, всемирно известным специалистом по японскому искусству, так же, как и с профессором Рейдемейстером подвигли меня на реализацию давно лелеемого плана организовать выставку действительно первоклассного японского искусства в Берлине. Я был прекрасно осведомлен о практически непреодолимых трудностях, которые неизбежно влекло за собой столь рискованное предприятие.

Японцы, с их смесью гордости, застенчивости и обидчивости, всегда питают подозрения, что их искусство не будет достаточно оценено за границей. Много лет назад у них было несколько обескураживающих опытов в этом отношении в Лондоне или в Америке. И для них отправить свои культурные ценности за границу — больше, чем простой акт культурной пропаганды. Это знак искренней дружбы, обусловленный верой в то, что другие действительно поймут произведения искусства, столь близкие и дорогие их сердцу.

Подобные сентиментальные рассуждения дополнялись техническими трудностями. Кроме обычных опасностей транспортировки, рисунки и другие предметы искусства подвержены также неблагоприятным воздействиям климата.

Существовали, кроме того, и некоторые политические соображения, которые следовало принять в расчет. Высказанное за несколько лет до этого приглашение Великобритании организовать подобное шоу в Лондоне было отклонено японской стороной, и теперь японцы боялись, что британцы могут обидеться.

Медленно, но неуклонно знакомился я со всеми этими трудностями, которые были во многом обусловлены личными симпатиями и антипатиями — прогерманскими или англосаксонскими, имевших отношение к делу чиновников и коллекционеров. Мне потребовался почти год, чтобы преодолеть все препятствия, как явные, так и скрытые. Если бы не тот факт, что я способствовал заключению Антикоминтерновского пакта, и не чувство искренней дружбы к Германии и глубокого уважения к ее достижениям в области изучения восточно-азиатского искусства, мне бы никогда не удалось добиться успеха. Кроме того, у меня был мощный союзник в лице профессора Кеммеля, которого я пригласил в Токио. Поскольку он знал все и вся, связанное с японским искусством, никто не мог устоять перед его попытками уговорить коллекционеров расстаться на некоторое время со своими сокровищами. Так что, когда я покинул Токио, у меня было удовлетворение от того, что по крайней мере это предприятие я довел до успешного конца. Но, как мы увидим позднее, даже в этом случае в бочке меда оказалась ложка дегтя.

Между тем мой отъезд из Японии дальше нельзя было откладывать. Врачи советовали мне постараться избежать еще одной астматической зимы в Японии, и, соответственно, я попросил МИД освободить меня с моего поста в связи с ухудшением здоровья. Мне было заказано место на «Gneisenau» на сентябрь. Но когда случился китайский «инцидент», я почувствовал, что долг велит мне остаться. Мои астматические страдания всегда наступали пунктуально где-то в середине октября, и никакие предосторожности и контрмеры ничего не давали. Поэтому у меня не было альтернативы, кроме как оставить свой пост, и я решил уехать из Японии в воскресенье, 6 февраля, на борту знаменитого лайнера «Empress of Canada».

Сочувствие, высказанное мне японцами из всех слоев общества, когда они узнали о моей болезни, было по-настоящему трогательным. Дюжины упаковок более или менее полезных лекарств и советов пришли ко мне от доброжелательных людей со всей страны: от фермерских жен, ремесленников, чиновников в отставке. За несколько недель до этого японский офицер, без официального представления, постучал в мою дверь. Он оказался военным доктором, которого послал ко мне генеральный штаб. Они хотели удостовериться, что германский посол, которого все очень уважали, получает приличное лечение у «некомпетентных» гражданских врачей.

Принц Канин, принц и принцесса Чичибу и многие другие знатные японцы приглашали нас с женой к себе, прося меня назначить дату по моему усмотрению. Я не смог принять ни одного из этих приглашений, не смог даже выразить свое уважение императору или нанести прощальные визиты своим коллегам. Все это легло на плечи моей жены — выполнять светские обязанности и паковать вещи. Я сумел лишь прийти на чайную вечеринку, на которую советник посольства и фрау Нобель пригласили всех немецких и японских сотрудников посольства. По этому случаю я получил несколько смутную информацию о том, что в прессе якобы было опубликовано сообщение из Берлина, в котором объявлялось, что вместе с двумя моими коллегами — герром Хасселем, послом в Риме, и герром фон Папеном, посланником (в ранге посла) в Вене, мое имя было внесено в список уходящих в отставку. Были предприняты попытки утешить меня уверениями, что эти сообщения не кажутся внушающими доверия. Но я не обратил особого внимания на это.

В утро своего отъезда я получил личную, зашифрованную секретным кодом, телеграмму, подписанную герром фон Нейратом, о том, что сообщения о моей отставке были ошибочными и необоснованными. Я был несколько озадачен, не понимая, как это могло случиться, что столь четко контролируемые сообщения, как, например, сообщения о перемещениях на дипломатических постах, стали объектами для ошибок. У меня не было времени поразмышлять над этим вопросом, поскольку внизу ждала машина, чтобы доставить нас с женой в Иокогаму, где я поднялся на борт «Empress of Canada».

Я немедленно ушел в свою каюту в сопровождении маленького неразлучного со мной японского доктора, предоставив жене и персоналу посольства принимать многочисленных японских и германских посетителей, которые хотели попрощаться с нами, несмотря на тот факт, что было воскресенье.

Постепенно, когда мы шли уже вдоль китайского побережья, до меня дошло, что я оказался каким-то образом вовлечен в февральский кризис в Берлине. В первые дни февраля Гитлер и его партийные соратники начали свой поход против генералов. Главнокомандующий армией, генерал-полковник фон Фричбодин, один из способнейших офицеров и человек кристальной честности, был снят со своего поста по обвинению в гомосексуализме — низкая ложь, состряпанная Гиммлером и СС. Вместе с ним лишилось своих постов значительное число командиров, которым не доверял Гитлер.

В это же самое время имела место и перетасовка Кабинета, в ходе которой и Нейрата, и Шахта заставили подать в отставку. Риббентроп был назначен министром иностранных дел, достигнув, таким образом, предела своих амбиций. Очевидно, чтобы завершить картину, чистка коснулась и нескольких послов. Хасселя — из-за того, что он должен был быть отозван в соответствии с просьбой Муссолини, а Папена — потому, что его пост в любом случае ликвидировался. Меня же, вероятно, из-за того, что некоторые ушлые партийные юнцы услышав, что я оставляю свой пост в Токио, решили, что будет лучше иметь трех послов в списке подвергнутых чистке, чем только двух.

После своего возвращения в Берлин я постарался по всем доступным мне каналам выяснить, что же на самом деле произошло, однако никто ничего толком не знал. Но того, что довелось мне услышать во время плавания, оказалось вполне достаточно, чтобы вызвать мое глубокое негодование. В каждом порту, куда заходил наш корабль, мне приходилось отвечать на бесконечные вопросы журналистов, которые желали знать, правда ли, что я впал в немилость у Гитлера. Таким образом, гнетущее чувство от оставленной по причине моего слабого здоровья незаконченной работы усиливалось озлоблением от проявленного ко мне неуважения.

ВОЗВРАЩЕНИЕ В ЕВРОПУ

Это можно было счесть иронией судьбы, но моя астма прошла, и здоровье почти полностью восстановилось, как только побережье Японии исчезло в туманной дымке серого зимнего дня. Уже в Кобе я смог приветствовать многочисленных посетителей — представителей германской общины во главе с генеральным консулом Вагнером, а также японских чиновников и профессоров из университета Киото, которые пришли попрощаться со мной и принесли ценные подарки. А спустя сорок восемь часов я уже ехал на машине через Шанхай, глядя на опустошительные последствия войны. Целые кварталы были уничтожены авианалетами и артиллерийскими обстрелами, 140 тысяч солдат — 40 тысяч японских и 100 тысяч китайских — и бесчисленное количество гражданских оказались погребены под руинами — впечатляющий пролог к тому, что было уготовано Европе. Однако фешенебельные европейские кварталы находились в полной безопасности.

На реке на большинстве барж и джонок развевались германские, а также британские флаги — удивительный факт, который можно было объяснить лишь тем, что после захвата города японцами китайским флагам пришлось исчезнуть. И теперь хитрые китайцы решили, что германские флаги обеспечат им лучшую защиту против новых правителей. Вероятно, в конце концов их постигло разочарование, поскольку уже тогда было очевидно, что японцы не будут поощрять китайскую торговлю с другими странами, включая и тех, кто союзничал с Японией.

Германские торговцы горько жаловались, что им не давали разрешения посетить их торговые склады и что ценные товары портились и гнили. И на этот раз я снова был рад покинуть Шанхай. В европейских кварталах продолжалась бурная роскошная жизнь, не затронутая опустошительной войной. На фоне существенного ущерба и огромных человеческих жертв, понесенных городом всего лишь несколько месяцев назад, эта жизнь более чем когда-либо казалась призрачной и нереальной.

В то время как Шанхай утратил былое значение, на

роль столицы Дальнего Востока выдвинулся Гонконг. В нем процветала торговля сырьем и самыми разнообразными товарами. Контрабанда вооружением шла зачастую неожиданными способами, и мощные фрахтовики, например, использовались наряду с джонками и сампанами. Не испытавшие превратностей войны, спокойные и невозмутимые китайские торговцы нашли способы и средства для поддержания оживленного бизнеса через линии всех фронтов. Политики и спекулянты со всего мира собрались в Гонконге. Однако богатые китайцы держались особняком и вели роскошную жизнь, а чиновники всех китайских министерств имели в Гонконге свои представительства.

Патрулируя узкие проливы на торпедных катерах и небольших судах, японцы предпринимали отчаянные усилия для подавления контрабанды оружием, в то время как совсем рядом были прекрасно слышны разрывы бомб, сброшенных на соседний китайский район.

Рядом с нашей лодкой двигался германский фрахтовик с грузом военных материалов для армии китайских националистов. На завтраке в германском генеральном консульстве я вновь встретил известного американского журналиста Карла фон Виганда, фрау фон Фалькенхаузен — жену генерала, и некоторых наших консулов, находившихся в Южном Китае. Военные действия сильно продвинулись на юг, и высадка японцев на богатом и стратегически важном острове Хайнань казалась неизбежной. Позднее японцы озадачили мир количеством превосходных амфибий, действовавших на китайском фронте.

В Маниле мы покинули «Empress of Canada» для трехнедельного отдыха в Багио, как предписали мне врачи. И совершенно справедливо, поскольку я был все еще довольно слаб. Весь путь от Гонконга до Манилы я пролежал с высокой температурой, так что по-прежнему чувствовал себя довольно скверно, когда в Маниле нас приветствовали официальные представители: начальник штаба американской армии, Верховный комиссар и представитель президента Кесона, японский консул и, конечно, германский консул и фрау Саковски — всем им пришлось подняться на борт корабля. Столь дружественным приемом я был обязан любезности американского посла в Токио мистера Грю. Во все время нашего пребывания на Филиппинах власти были очень добры к нам и всячески старались помочь. Президент Кесон даже предоставил в мое распоряжение машину.

Однако не только благодаря столь любезному приему я почувствовал определенное расположение к этому земному раю. В Маниле смешались очарование тропического города с очарованием процветающей и элегантной современной столицы. Мы наслаждались удобствами отеля «Манила» — одного из наиболее эффективно управляемых отелей, в которых я когда-либо останавливался, а также клубом поло, современными avenidas, равно как и старыми узкими испанскими улочками.

В прохладном чистом воздухе Багио, этой Симлы Индии или Каруизавы Японии, я оправился от своей болезни. Я провел интересный день в качестве гостя мистера Вейнцгеймера, инспектировавшего принадлежавшие ему сахарные плантации. Президент Кесон пригласил меня на завтрак. Он произвел на меня впечатление сильного руководителя, личности суровой, но симпатичной, питающей дружеские чувства к Германии.

Что привлекло меня больше всего и вызвало чувство восхищения — это сам дух и результаты американских колониальных усилий, достигнутые за последние сорок лет. На протяжении двухсотмильной поездки от Манилы до Багио у меня было достаточно возможностей наблюдать высокий стандарт жизни людей, чистые деревни с опрятными домами и процветающим сельским хозяйством. Указательные знаки с такими надписями, как «Впереди питьевая вода» или «Междугородные телефонные переговоры», свидетельствовали о предусмотрительности администрации. Я также узнал, что два бича этих тропических островов — желтая лихорадка и малярия — почти полностью побеждены благодаря санитарным мероприятиям правительства.

Конгресс в Вашингтоне принял закон, предоставляющий Филиппинам независимость. Но я не переставал спрашивать себя, не повлечет ли этот государственный акт смертельно опасные последствия для этих островов? Не извлекая больше выгоды из таможенного союза с США, филиппинцы вынуждены будут продавать свои товары на мировых рынках на основе свободной конкуренции. И я сомневался, смогут ли они делать это на фоне более высокой стоимости своей продукции, вызванной их высоким жизненным стандартом, который много выше, чем у их отсталых конкурентов. Так что Филиппины могут однажды столкнуться с жесткой альтернативой: снижение стоимости продукции и отказ от благ более высоких жизненных стандартов или же сохранение высокого стандарта при ухудшении общей экономической ситуации.

Когда лайнер германской компании прибыл в Манилу, я взошел на его борт с чувством вновь обретенного здоровья. На корабле мне вручили телеграмму из личного отдела МИДа, в которой меня спрашивали, чувствую ли я себя достаточно крепким, чтобы по прибытии на родину получить назначение на новый пост.

Я был несколько ошеломлен этим предложением. Еще до получения сообщения о своей отставке, которое было впоследствии опровергнуто, я, не ожидая получить другое назначение, собирался вернуться в Гродицберг после более чем четырехлетнего отсутствия. Ложная тревога в отношении моего увольнения подтвердила правильность моих суждений, несмотря на последовавшее опровержение Нейрата. Перспектива получить новый пост казалась довольно соблазнительной ввиду того, что это стало бы наиболее эффективным опровержением пренебрежения, проявленного по отношению ко мне.

Поскольку известие о моем увольнении было передано по радио по всему миру, в то время как опровержение было адресовано лично мне и никому более, я почувствовал, что моя честь оказалась задета, и мне очень хотелось увидеть ее восстановленной. Мысль, что в те времена, возможно, более почетно было бы не служить нацистскому правительству, вообще не приходила мне в голову. Гитлеровский режим достиг вершины своих успехов, и страна, казалось, находилась на полпути к нормальному состоянию.

Я не был осведомлен о том, что происходит за кулисами. Даже Anschluss (аншлюс — присоединение Австрии к Германии. — *Прим. перев.*) еще был впереди. Я полагал, что чувствую себя достаточно хорошо, чтобы занять другой пост. И потому телеграфировал в МИД, что готов и физически пригоден к тому, чтобы получить новое назначение при условии более благоприятного климата в стране пребывания.

И после этого наступила самая идиллическая часть нашего путешествия. Плывя от Сингапура до Суэца, мы пересекли Индийский океан — двенадцать дней замечательной погоды, никакой удушающей жары и полный досуг. Наши посещения Медана (Суматра), откуда мы совершили экскурсию на горный курорт Брагасти, и Коломбо были приятными перерывами в расслабляющей монотонности морского путешествия.

Другое, менее приятное событие прервало наш досуг — передача по радио сообщения об Anschluss, которое мы услышали, находясь в океане. И хотя сам факт, как это представлялось нам, был лишь реализацией справедливых требований, в которых на протяжении последних двадцати лет отказывали Германии, мы тем не менее не смогли удержаться от чувства осуждения в отношении методов, какими это было осуществлено. К чему немедленная военная оккупация? Зачем полная интеграция страны в рейх? То, что реакция внешнего мира оказалась сильной и неблагоприятной, было фактом, который нисколько меня не удивил, когда я вспомнил о контршагах, предпринятых западными державами в 1931 году, когда демократические правительства Германии и Австрии пытались установить таможенный союз.

В Суэце мы покинули борт нашего судна для двухнедельной остановки в Египте. Мы провели незабываемые дни в Каире, Асуане и Луксоре. Прочитав и услышав огромное количество информации о земле фараонов и увидев к тому времени самые знаменитые и красивые места по всему миру, я не ожидал, что встречу нечто сенсационное, и все же впечатления переполняли меня: нежность красок, грациозное величие монументов, сделанных из камня или высеченных в скалах, утонченное совершенство предметов искусства, найденных в гробницах Тутанхамона, элегантность и гениальность архаических фресок в гробницах Луксора и Асуана и великолепие египетского искусства в целом — все это произвело на меня огромное впечатление.

Я был, однако, поражен невероятной отсталостью страны. Конечно, я не ожидал найти здесь повсюду машины, трактора и электролампы. Однако тот факт, что население живет и трудится как и его предки библейских времен, что огромные урожаи пшеницы убираются серпом, что молотьба производится людьми и волами, топчущимися на колосьях зерна, что мякина отсеивается от пшеницы путем подбрасывания ее в воздух лопатой, что все это делалось в стране, которая на протяжении долгого времени находилась в тесной связи с Европой и последние пятьдесят лет жила под британским управлением, стало, конечно, для меня откровением. Теперь я был склонен верить всему, что мне говорили о неграмотности феллахов и об эпидемиях, которые раз за разом собирали тяжелую дань. С этими нищенскими условиями поразительно контрастировали грандиозные планы по ирригации и выращиванию хлопка, хотя исключительное возделывание монокультуры было бы более прибыльным для иностранных инвесторов, чем для народа, который таким образом стал бы сильно зависим от импорта из-за границы.

В Луксоре у меня в номере раздался телефонный звонок из Каира. Сотрудник нашей дипломатической миссии проинформировал меня, что, согласно сообщению, полученному из МИДа, новый пост, на который я назначен — это пост посла при Сент-Джеймском дворце. Так что завеса неизвестности наконец спала! Радость от того, что мне доверили столь важную и огромную задачу, превалировала над сомнениями, как я, собственно, собираюсь выдерживать сырой и туманный климат Англии. Риббентроп как министр иностранных дел окажется, конечно, крепким орешком — в этом у меня не было сомнений. Но подобно тому, как браконьер, назначенный на пост лесника, становится уважаемым членом иерархии, так и Риббентроп, думал я, достигнув цели своих амбиций, может также стать восприимчивым к разумным доводам и хорошим советам. Более того, конкуренция между МИДом и «Бюро Риббентропа» теперь неизбежно должна была прекратиться, поскольку, как я уже писал, в конце концов, никто не может интриговать против самого себя. То, что Риббентроп окажется способным даже на такое чудо, дошло до меня много позже.

Что касается задач, ожидавших меня в Лондоне, то здесь я чувствовал себя довольно уверенно. Я знал наверняка, что одним из твердых убеждений Гитлера была его вера в возможность дружбы между Германией и Британией. Мне также было известно, что Риббентроп — не кто иной, как мальчик на побегушках у диктатора, и что даже если он имеет зуб на Британию (его нацистское приветствие королю получило широкую известность даже на Дальнем Востоке), он не осмелится открыто высказывать этого. Англо-германские отношения, по моему мнению, достигли довольно обнадеживающей стадии: камень преткновения в виде конкуренции военно-морских флотов на море был убран, когда Кабинет Чемберлена пришел к власти. Многие антигермански настроенные политики сошли со сцены, а министр иностраннных дел лорд Галифакс был человеком, установившим личный контакт с Гитлером в ходе своего визита в Берлин в ноябре 1937 года. И потому я ожидал, что осторожный подход к политическим проблемам и личностям способен свести к минимуму ущерб, нанесенный риббентроповскими неуклюжестью и грубостью, и что в англо-германских отношениях может быть достигнут дальнейший прогресс. То, что я не занимался ранее британскими делами из-за двадцатилетней карьеры в области восточной политики, было, без сомнения, минусом, хотя и не непреодолимым препятствием.

Что касается моих личных чувств, то я был прозападно настроенным и даже, скорее, англо-саксонски мыслящим человеком, несмотря на свое «восточное» прошлое. То, что усилия м-ра Джозефа Чемберлена, направленные на заключение альянса между Британией, Германией и Японией в начале века потерпели неудачу, было, на мой взгляд, непоправимой утратой. Добейся он успеха, и бедствий Первой мировой войны можно было бы избежать. Была у меня смутная надежда на то, что можно последовать по стопам великого британского государственного деятеля. Вполне вероятно, что и Японию можно было бы склонить к участию в англо-германском плане сотрудничества. Пока я находился в Токио, я настойчиво убеждал Хироту занять умеренные позиции по отношению к англо-саксонским державам. То, что он не только принял этот совет близко к сердцу, но и сообщил о нем англо-саксонским представителям в Японии, стало очевидным, когда мой британский коллега в Токио, сэр Роберт Крэги (ставший преемником сэра Роберта Клайва) спросил меня, правда ли, что я советовал японцам проявлять сдержанность и умеренность по отношению к Великобритании. Вот почему я был склонен быть оптимистом, рассматривая стоявшую передо мной новую задачу.

Поскольку меня просили ускорить возвращение в Берлин, мне пришлось сократить количество приятных дней, проведенных в Египте. После недолгой остановки в Каире для того, чтобы сделать необходимые приготовления и посетить нашу дипломатическую миссию, мы отправились в Александрию. Там мы сели на итальянский корабль, направлявшийся в Бриндизи. Когда я уже покидал отель, чтобы сесть на стоявший у набережной корабль, меня попросили вернуться, чтобы ответить на телефонный звонок из Каира. Звонили из нашей дипломатической миссии, чтобы проинформировать, что сообщение о моем назначении в Лондон было передано по радио вчера вечером. Это произошло 2 апреля, в мой день рождения.

После двух спокойных дней на борту корабля мы прибыли в Бриндизи, где нас ожидала моя сестра. Мы провели ночь в Бари. Неплохое представление «Мадам Баттерфляй» в провинциальном оперном театре стало для меня последним приветом с Дальнего Востока.

Несколько дней, проведенных нами с моей сестрой и зятем на вилле Бонапарта, примирили меня с мыслью, что отныне я навсегда вернулся в Европу. И вскоре мы уже спешили в Берлин, куда прибыли 12 апреля 1938 года.

Глава 5

ПОСОЛ В ЛОНДОНЕ

АНГЛО-ГЕРМАНСКИЕ ОТНОШЕНИЯ, 1933—1938 гг.

С захватом власти нацистами была открыта новая и, похоже, более обнадеживающая глава в трагической истории англо-германских отношений. Судя по «Mein Kampf», предполагаемая политика Гитлера по отношению к Франции и Советскому Союзу могла вызвать плохие предчувствия, в то время как выраженное им желание поддерживать дружественные отношения с Англией явно отвечало его убеждениям.

И в последующие годы, когда становилось все более очевидным, что программа, изложенная в книге Гитлера, была не безответственной болтовней молодого сорвиголовы, а планом, претворяемым в жизнь с неослабевающим упорством, более справедливым казалось заключение, что Гитлер сохранял непоколебимую приверженность своему заветному идеалу — дружбе с Англией.

Тем не менее, даже первый период взаимных отношений, продолжавшийся до аннексии Австрии, нельзя было расценить как успешную попытку их улучшения. Скорее, он характеризовался разногласиями, за одним ярким исключением — соглашением по военно-морскому флоту.

Без сомнения, столь неудовлетворительное развитие отношений в огромной степени было вызвано абсолютно ошибочным выбором человека, которому Гитлер доверил выполнение своего плана. Появление Розенберга в Лондоне в 1933 году превратилось в трагикомический эпизод, тогда как деятельность Риббентропа в качестве посла причинила серьезный вред. Истинная причина провала многих усилий по установлению взаимопонимания между двумя странами лежит глубже и основывается на тактике Гитлера и политическом положении Великобритании в мире.

Тактику Гитлера в эти годы можно кратко охарактеризовать как попытку поддерживать живой диалог с Великобританией, изучая в ходе его намерения англичан, частично с помощью упреков, частично — далеко идущих предложений, чтобы затем избегать ясных ответов, какие бы конкретные предложения ему ни делались. С другой стороны, британское правительство находилось под влиянием своего прочного союза с другими державами.

Поскольку все эти альянсы оставались темой для вариаций, Кабинету мистера Болдуина не доставало твердости и последовательности в отношениях с Гитлером. На политику Даунинг-стрит огромное влияние оказывал французский министр иностранных дел Барту, чьей путеводной нитью в политике была идея сохранения созвездия держав-победительниц, порожденного в Версале. Гитлер был бы плохим тактиком, если бы не стремился направлять удары своего копья в наиболее слабые места в вооружении противника, а именно — в вопрос о разоружении. Здесь требования Германии были абсолютно справедливыми. Снова и снова различным германским Кабинетам времен Веймарского периода отказывали в праве на равенство в масштабах разоружений, хотя совместная декларация западных держав и Германии в декабре 1931 года признала это равенство теоретически.

Наоборот, именно британское правительство устами министра иностранных дел сэра Джона Саймона озвучило на конференции по разоружению в октябре 1933 года предложение, что Германии следует предоставить равенство лишь по истечении первой четырехлетней стадии.

Гитлер только и ждал провозглашения подобного лозунга, чтобы покинуть конференцию по разоружению и выйти из Лиги Наций. На протяжении последующего периода деятельность британского правительства ограничивалась лишь смягчением враждебных высказываний Франции по вопросам разоружения либо ролью посредника между Германией и другими западными державами.

Никакого решения не было принято и в отношении

исчерпывающего германского меморандума 1933 года с его предложениями создать временную армию в 300 тысяч человек, имеющую право на использование лишь оборонительного оружия. Прекращение дискуссий по разоружению из-за самоуверенной ноты Барту в апреле 1934 года было также неизбежным.

И далее, в 1936 году Кабинет Болдуина допустил серьезный тактический промах, раздражая правительство Гитлера саркастическими вопросниками, остававшимися без ответа и не достигшими ни одной из двух целей, которые состояли в том, чтобы или поймать Гитлера на слове с помощью далеко идущих предложений по разоружению, или продемонстрировать миру его злую волю. Еще меньше успехов принесло следование по альтернативному курсу, то есть попытаться наложить энергичный запрет на тайное перевооружение Германии и таким образом подорвать престиж Гитлера. Подобная смесь булавочных уколов и политической слабости не могла привести ни к чему другому, кроме как вызвать сильное раздражение Гитлера и усилить его презрение к своим противникам.

Отношение Британии к вопросу перевооружения Германии не было рассчитано на то, чтобы произвести впечатление на Гитлера. Посредством выпуска Белой книги, представленной парламенту 1 марта 1935 года, британское правительство обнародовало свое заключение о тайном перевооружении Германии.

Целью этой публикации было сделать достоянием гласности военные приготовления германского правительства, которые нарушали положения Версальского договора, а также угрозу, которую несет миру национал-социалистический режим.

Сама по себе публикация подобных доказательств произвела бы впечатление на Гитлера, если бы сопровождалась процедурой иного рода.

Когда французское правительство снова ввело двухлетний срок военной службы и таким образом дало правительству рейха повод объявить о введении всеобщей воинской повинности, британское правительство действительно стало первым из правительств западных держав, кто протестовал против этого решения. Но оно не могло даже подумать о том, чтобы отложить планировавшийся визит в Берлин сэра Джона Саймона и мистера Идена. Оно даже сделало дополнительный запрос, состоится ли запланированный визит. Непоследовательность подобной позиции усиливалась тем фактом, что в те дни западные державы согласовали дату проведения конференции в Стреза, которая должна была продемонстрировать германскому диктатору тесное сотрудничество членов европейского оборонительного фронта, куда входил, кстати, и итальянский диктатор.

Гитлер сделал свои выводы из подобной оборонительной позиции, которая больше основывалась на словах, чем на делах и поступках, и потому мог торжествовать победу, когда беседы с Саймоном и Иденом позволили ему установить контакт с другой стороной. А чисто политические события 1935 года, поскольку они затрагивали англо-германские отношения, не могли быть подведены под один знаменатель.

В предшествовавший год британское правительство позволило своему французскому союзнику запутать себя в политических маневрах, которые не могли быть восприняты иначе, как угроза не только гитлеровским правительством, но и германской общественностью в целом. Это был план Барту о заключении Восточного пакта, который обеспечил бы постоянное давление объединенного альянса на германские восточные фланги при сохранении французских гарантий и включал бы в число участников Советский Союз. Кроме того, Восточный пакт запирал дверь перед пересмотром восточных границ и выбивал основу из-под договора Локарно. Британское правительство не только согласилось с этим планом, но и через своего посла представило его на рассмотрение со своими рекомендациями германскому МИДу.

В речи, произнесенной в том же году в Палате общин, Болдуин утверждал, что британская граница находится на Рейне. Вряд ли подобная речь была рассчитана на то, чтобы убедить германскую общественность в том, что Великобритания с пониманием относится к германским требованиям. Таким образом, когда конференция в Стреза в 1935 году объединила западные державы в оборонительный фронт, направленный против нарушений международных договоров, Гитлер расценил участие Великобритании в нем как крепостную зависимость британцев от агрессивной политики Франции. Соглашение вскоре показало себя как пустая демонстрация намерений, когда Муссолини, один из соучредителей фронта, напал на Абиссинию. Оно в любом случае оказалось бы неработающим из-за провала попыток применения санкций.

Публикация англо-германского военно-морского договора, последовавшая в июне 1935 года, имела еще более разъединяющий эффект. Благодаря британским предложениям, сделанным в ходе берлинских переговоров, это соглашение предоставляло Гитлеру необходимый уровень перевооружения на море, ограниченный 35% от требуемого им уровня британских военно-морских сил, но лишь после того, как это требование было решительно отвергнуто в первый же день работы конференции.

С политической точки зрения это соглашение, которое, похоже, ликвидировало бы главную причину англо-германского соперничества на море, оказалось невыполнимым. Путаница несвязных политических статей и пунктов, вставленных в разное время, принесла Британии лишь временное прояснение политического горизонта, но серьезно обидела ее французского союзника и сделала Даунинг-стрит легкой добычей германского посредника — Риббентропа.

Отправку Риббентропа к Сент-Джеймскому двору в качестве посла следовало бы оценить как важную и позитивную страницу в англо-германских отношениях тех лет, однако самые лучшие намерения этого чуда из гитлеровской политической школы в течение одного года были доведены до абсурда. Без сомнения, посылая одного из своих доверенных лиц, Гитлер стремился реализовать свое желание дружбы с островным королевством. В высшей степени сдержанная реакция германской прессы на королевский кризис 1936 года (отречение короля Эдуарда VIII из-за женитьбы на американке У. Симпсон. — *Прим. перев.*), особенно на фоне разнузданности американской прессы, полностью использовавшей данную ситуацию, должна была бы приветствоваться английской публикой, глубоко потрясенной отречением короля. Однако в важных вопросах не было достигнуто никакого прогресса, когда после отставки премьер-министра Болдуина, который был больше озабочен внутриимперской политикой, бразды правления внешней политикой были переданы в руки Невилла Чемберлена.

Такова уж судьба государственного деятеля, чьи цели опорочены и приговорены к забвению и замалчиванию — подвергаться критике со стороны мирового общественного мнения, которое задним числом безжалостно присваивает себе право бросить камень в человека, имевшего мужество проявить инициативу, особенно если его инициатива оказалась неудачной и бесплодной. Однако понимая, что подобное осуждение может быть высказано, современникам Чемберлена следует, тем не менее, ныне уверенно признать, что он был, бесспорно, выдающимся политиком мирового уровня и что помыслы его были чисты и благородны. Даже если он и не был сведущ в технике непосредственного ведения международных дел, он все равно прошел курс обучения, обязательность которого в Англии автоматически распространяется на всех общественных деятелей и политиков, и потому обладал достаточными возможностями доказать свои способности выдающегося государственного деятеля. В ходе долгой и честной политической карьеры он оказал огромные услуги своей стране и Британской империи в целом, особенно заключением Оттавского соглашения о тарифах и торговле.

В своем отношении к наиболее важным вопросам британской внешней политики, как и в отношении к недавно возникшим авторитарным государствам, Чемберлен руководствовался твердыми и честными идеалами. Он приступил к делу, будучи твердо убежден, что люди поверят ему и пойдут за ним и что им удастся достигнуть modus vivendi. Таким образом, он совершил ошибку, которая не становится менее опасной от сознания того, что позднее такую же ошибку совершил и Рузвельт в отношении Советского Союза.

Таково было его убеждение, и Чемберлен предпринял все необходимые шаги для его осуществления. Он заменил тех, кто придерживался других взглядов, отличных от его собственных, людьми по своему выбору. Антони Иден и лорд Коэнборн ушли из Форин Офис. Лорд (впоследствии сэр) Роберт Ванситарт, чьи политические симпатии были слишком недвусмысленными, был изгнан из системы исполнительной власти и ограничен статусом дипломатического советника. Управление Форин Офисом взял на себя лорд Галифакс. В качестве личного советника новый премьер-министр выбрал сэра Горация Вильсона. Сэр Невилл Гендерсон был назначен послом в Берлин. Но еще до всех этих перемен Чемберлен уже искал контакта с Гитлером, и контакт этот был установлен лордом Галифаксом на охоте в Берлине в ноябре 1937 года. Однако несовместимость этих двух лидеров воздвигла между ними непреодолимый барьер, не говоря уже о факте, ставшем известным благодаря Хоссбахскому протоколу, а именно, что в эти несколько дней Гитлер в узком кругу изложил свои агрессивные планы на текущий год.

Это осторожное предварительное прощупывание почвы с использованием миссии Галифакса который заявил о себе лишь как об уполномоченном ознакомиться с германской точкой зрения и создать основу для переговоров, уже раздражило Гитлера, привыкшего к кратким и мгновенным резолюциям. Гитлер не обратил внимания на признание Галифаксом заслуг Германии в качестве оплота против большевизма. Он забил английского государственного деятеля длинными увещеваниями, дружески пенял ему на разрушительные последствия Версаля, основательно коснулся всех упущений, относившихся к вопросу о вооружениях, после чего обратился к главному вопросу, который он охарактеризовал как единственное заметное различие между Германией и Британией — к вопросу о колониях. Он даже уклонился от предложения Галифакса, продолжить дискуссии, показывая тем самым, что с устаревшими методами дипломатии давно пора распрощаться.

На предложение, сделанное Галифаксом, что status quo не является неизменной догмой для Великобритании и что колониальный вопрос можно обсуждать, Гитлер не ответил. С другой стороны, он позволил Австрии и Испании превратиться в угрожающие тучи на горизонте международной политики.

Чемберлен не упустил возможности до конца развить колониальную тему, поднятую его противником.

В письменном запросе, переданном Гендерсоном осенью 1937 года, он развил идеи, которые спустя несколько месяцев уже дали бы ощутимый результат. Гитлер оставил этот запрос также без ответа, но Гендерсон обсудил его с министром иностранных дел Нейратом в январе 1938 года. Действуя согласно инструкции, Нейрат ответил весьма уклончиво.

С этого времени британское правительство решается на официальные шаги. Чемберлен дает указание послу Гендерсону лично посетить Гитлера и вручить ему меморандум, который должен стать основой для широких политических дискуссий.

Встреча состоялась 3 марта 1938 года. Гендерсон указал, что ни Франция, ни какие-либо другие державы не информированы о сути дискуссии. Он объяснил, что целью британского demarche является не заключение сделки, но попытка установить искреннюю и серьезную дружбу с Германией, начиная с улучшения общей атмосферы и ставя конечной целью установление дружественных отношений, основанных на взаимопонимании. Британское правительство предложило средства, с помощью которых могло быть установлено доверие в отношении австрийского и чехословацкого вопросов.

Были также высказаны предложения начать переговоры относительно ограничения вооружений на основе самых последних германских предложений. Особое значение придавалось колониальному вопросу. Британцы предложили рассмотреть новую систему управления колониями. Регион, приблизительно равный по территории Конго, должен был бы управляться участвующими в переговорах державами согласно неким общим принципам, даже если каждая держава будет отвечать за свой собственный участок.

Германии выделялась собственная доля колониальной территории. Следует ли Германии участвовать в новом колониальном режиме? К этому добавился и зловещий вопрос, который Гендерсон вынужден был задать Гитлеру: «Какой вклад будет готова внести Германия в установление общего спокойствия и безопасности в Европе?» О том, что ни о каком подобном вкладе не могло идти речи, поскольку Гитлер уже находился на грани вторжения в Австрию, вряд ли стоит упоминать. Просто он еще раз повторил, если можно доверять германским протоколам, что Германия не собирается оставаться третьеразрядной державой в Центральной Европе и что если Британия будет противиться справедливому и разумному решению австрийского вопроса, результатом этого может стать война. Кроме того, Гитлер уклонился от прояснения своей позиции в отношении британских предложений, ограничившись тирадой против международного Hetzpresse (подстрекательская, провокационная пресса. — *Прим. перев.*), как он называл антигерманскую прессу, и жалобой на то, что он был плохо вознагражден за дружбу с Англией. Колониальный вопрос не готов к решению, и можно спокойно ждать еще десять лет. Кроме того, Германия заинтересована лишь в возвращении своих собственных колоний. Но, учитывая важность вопроса, он готов дать письменный ответ. Даже если Гитлер и не затоптал еще окончательно своей резкостью нежный росток англо-германского примирения, росток этот все равно зачах бы на ледяном ветру вторжения в Австрию.

Британское правительство действительно продемонстрировало дальновидность и понимание желания немецкого народа установить гармоничные отношения с Британией. Оно дистанцировалось от французской политики безусловной оппозиции. Британское правительство было не против гармонии, основанной на взаимном согласии, и на французский запрос о возможности проведения нового совместного выступления Галифакс ответил отрицательно. Великобритания не предпримет шагов, которые австрийский канцлер Шушниг мог бы расценить как призыв к сопротивлению.

Гитлеру удалось добиться успеха в разрушении этой крайне примиренческой позиции жесткостью своих методов. Он расценил молчаливую уступчивость Великобритании как согласие на аннексию Австрии, вызвавшую бурю негодования со стороны британского общественного мнения.

Если дискуссии в Берхтесгадене с Шушнигом уже заставили мировое сообщество задуматься, то вынужденная отставка австрийского канцлера и оккупация Австрии сделали остальное. Неприятие мировым общественным мнением изменения баланса сил в пользу Германии в полной мере продемонстрировало себя. В то же самое время английское общество оплакивало исчезновение волшебной сказочной страны, которая была теперь подчинена ненавистной нацистской администрации. И словно для того, чтобы насыпать еще больше соли на рану, прощальный визит Риббентропа к Чемберлену совпал по времени с вторжением в Австрию. Недавно назначенный германский министр иностранных дел не был проинформирован своим шефом о предстоящем событии, и потому на вопрос премьер-министра относительно гитлеровского плана оккупации Австрии ответил отрицательно.

Обнадеживающая картина, которую я рисовал в своем воображении, когда вернулся в Берлин, с возможностью для достижения позитивных результатов в Лондоне, существенно потускнела после событий нескольких последовавших недель. Лишь опубликованные в недавние годы документы пролили свет на агрессивные планы Гитлера. Однако беседы, которые состоялись у меня с ним, казалось, были рассчитаны на то, чтобы налить еще больше воды в вино даже моего ограниченного оптимизма.

ПЕРВЫЙ ПЕРИОД В ЛОНДОНЕ, ЛЕТО 1938 года

Несмотря на двухгодичное отсутствие в Германии, я сократил срок своего пребывания в Берлине до трех недель, чтобы как можно быстрее заступить на свой новый пост в Лондоне, остававшийся вакантным с февраля, так что у меня было время лишь на то, чтобы успеть нанести официальные визиты и в ускоренном темпе изучить вопросы, которые ожидали меня в Лондоне. Риббентроп передал мои верительные грамоты и объяснил, что предложил мою кандидатуру фюреру для выполнения этой задачи по двум причинам: учитывая мою лояльность и из-за моих донесений из Токио. Он был доволен ими. А в моей лояльности убедился, когда я сказал ему после нашей беседы в 1936 году, что должен доложить о содержании разговора тогдашнему министру иностранных дел фон Нейрату. То, что Риббентроп счел нужным упомянуть об этих очевидных фактах, проливает дополнительный свет на его характер.

Дальнейший разговор с министром иностранных дел о задачах, ожидающих меня в Лондоне, дал мне несколько ключей к разгадке цели моего назначения. Риббентроп говорил обобщенно: что нам-де следует развивать дружественные отношения с Англией и убеждать ее, что наши требования справедливы. К сожалению, до сих пор Великобритания демонстрировала мало понимания в отношении этих требований. Несмотря на некоторую недоброжелательность с его стороны по отношению к британцам, содержание нашей беседы было умеренным по тону и, самое главное, он избежал выражения горечи по поводу провала своей лондонской миссии. Однако в какой мере эти субъективные соображения влияли на него и насколько упорно и последовательно он выступал против Великобритании, я впервые осознал благодаря своему опыту и наблюдениям последующего года. Когда я полностью ознакомился с его позицией, и когда в то же время понял, что во всех этих дискуссиях Риббентроп тщательно избегал любых проявлений этой враждебности, я пришел к очевидному выводу, что он смотрит на меня, как на ширму, призванную прикрывать его истинные чувства и намерения по отношению к британскому правительству.

И все-таки я надеялся, что сотрудничество с ним возможно. В конце концов, он ведь достиг своей цели — стать министром иностранных дел. Как послушный и исполнительный слуга своего хозяина он вынужден будет придерживаться гитлеровского курса курса, в принципе дружественного Англии.

Моя встреча с фюрером также дала мне пищу для размышлений. Когда в присутствии Риббентропа ему доложили о моем приходе, он принял меня со словами: «Вы взялись за трудное дело» и жестоко раскритиковал позицию британского правительства и недостаточное с его стороны понимание справедливости германских требований. С растущим гневом он остановился на предложении о разделе колоний, представленном Гендерсоном. Оно было для него неприемлемым. Кроме того, некоторые территории Африки вклинивались в итальянские колонии, а Гитлер не мог поставить своего союзника в невыгодное положение. Но когда я спросил, какой ответ намерен он послать в Лондон, он ничего не ответил.

Беседа коснулась Дальнего Востока. Я объяснил Гитлеру, что продолжающаяся деятельность германской военной миссии в Китае серьезно вредит нашим отношениям с Японией, и информировал его о попытках, предпринятых генералом Оттом и мною гармонизировать деятельность германских офицеров в Китае с нашей дружбой с Японией, поскольку напряжение в отношениях с Японией существенно возросло. Гитлер тут же приказал Риббентропу отозвать миссию. Это указание было исполнено министром иностранных дел в тот же день с помощью грубой и бестактной телеграммы.

Хотя я сделал вывод, что гитлеровское недовольство Великобританией может смениться более благоприятным настроением, ответ, который Риббентроп дал спустя несколько дней на мой вопрос о колониальном предложении, продемонстрировал то же самое негативное отношение: фюрер-де решил не отвечать вообще. Таким образом, это предложение кануло в Лету, и в Лондоне мне не пришлось говорить на эту тему — ввиду огромного политического риска, таившегося в этом предложении, которое, будучи отвергнуто, лишь усилит уязвимость правительства, если его условия будут опубликованы. Вот почему официальные круги в Англии были очень заинтересованы в том, чтобы дать этому несчастному предложению зарасти травой. Но в последний год перед тем, как двери захлопнулись окончательно, оно было возрождено в более масштабной форме.

Мои визиты к руководящим лицам в Берлине не вызвали никаких значительных инцидентов, хотя и помогли познакомиться с берлинской атмосферой и наладить разорванные моим долгим отсутствием в стране связи. Ярчайшее впечатление произвел на меня начальник генерального штаба генерал Бек. Своим спокойным достоинством и взвешенными суждениями он напомнил мне Мольтке, с которым у него было явное сходство.

Геббельс, в приемной которого мне пришлось прождать полчаса, пока очень известная киноактриса не вышла из его кабинета, пообещал мне всю мыслимую поддержку и помощь в моем «необычайно важном деле».

У Геринга не было времени принять меня. Пытаясь с

1938 года установить личный контакт с лидерами партии, я решил впредь воздерживаться от этого, поскольку ценность подобных бесед была слишком невелика, чтобы оправдать трату такого количества времени.

Один из своих первых визитов я нанес своему коллеге британскому послу сэру Нэвиллу Гендерсону. Мы сразу понравились друг другу. Вероятно, потому, что мы оба взвалили на себя тяжелую ответственность и подходили к выполнению нашей задачи с одинаково доброй волей. Мы дали друг другу советы относительно того, к каким людям лучше обращаться в наших уважаемых странах. Я рекомендовал ему Геринга, Вайцзеккера и армейских генералов.

После ничем не примечательного визита к Риббентропу я отправился в Лондон. Жена сопрождала меня.

2 мая я прибыл в английскую столицу и спустя несколько дней после прибытия был принят в Букингемском дворце вместе с двумя другими главами дипломатических миссий, после чего наконец приступил к выполнению своих официальных обязанностей.

Свои первые визиты я нанес министру иностранных дел лорду Галифаксу и сэру Александру Кадогану, которого знал еще с тех пор, как мы вместе пересекли Тихий океан, когда он покидал свой пост в Нанкине, а я направлялся в отпуск из Токио в Германию. Его коллега по парламенту мистер Р. А. Батлер отвечал за представление британской внешней политики в Палате общин. С лордом Ванситартом, которого Чемберлен вытеснил из активной политики, но который раньше был одним из самых влиятельных людей в Форин Офисе, я никогда не входил в официальный контакт, за исключением одного визита вежливости. Самой важной персоной для моей повседневной работы был глава Центральноевропейского отдела МИДа сэр Уильям Стрэнг. Мне удалось возобновить с ним личные отношения, которые сложились у нас за время совместного трехлетнего пребывания в Москве, где он считался прикрепленным к британскому посольству.

Главная дискуссия у меня, естественно, состоялась с лордом Галифаксом. Мне сначала пришлось передать ему благодарность Риббентропа за информацию об англо-французских дискуссиях, которую британский министр иностранных дел предоставил ему в конце апреля через германского поверенного в делах, советника посольства Тео Кордта. Однако основная часть нашей беседы была посвящена судетскому вопросу. Хотя и не было явных причин для открытого кризиса, но из Праги поступали опасные сигналы о растущих разногласиях между судетскими немцами и чешским правительством. Лорд Галифакс выразил свою готовность помочь найти мирное решение этой проблемы. Даже если он и признавал особый интерес Германии к судьбе восточных немцев, он тем не менее надеялся, что британская готовность играть посредническую роль не должна отвергаться германской стороной только из-за того, что предмет вопроса не затрагивает Великобританию. Я ответил, что многое будет зависеть от формы, в какой будет предложено посредничество. С одной стороны, Гитлер может склониться к мысли расценить такое предложение как вмешательство, с другой — вполне возможно, что он мог приветствовать столь ценное сотрудничество. Что до самой проблемы, то решение ее будет зависеть от получения судетскими немцами полного равенства в правах с чехами. Вероятно, этого бы достичь предоставлением им автономии в рамках чехословацкого государства. Из этой беседы я сделал вывод, что лорд Галифакс желает добиться общего соглашения между Германией и Великобританией.

Судетский вопрос вскоре принял форму острого и опасного конфликта. Кризис, конечно же, зародился в Праге. Получив сообщения о якобы угрожающих передвижениях германских войск в направлении чехословацкой границы, чешский генштаб, не связавшись со своим французским союзником, объявил о начале мобилизации нескольких армейских возрастных групп. Международная пресса была переполнена сообщениями о грядущем нападении на Чехословакию. В европейских столицах царило великое волнение. Лондон также сотрясала кризисная лихорадка. На Даунинг-стрит один за другим появлялись главы дипломатических миссий, приглашенные для обсуждения вопроса.

Для германского посольства эта паника оказалась совершенным сюрпризом. У меня не было ни подтверждений агрессивных намерений со стороны Германии, ни сведений об угрожающей ситуации на границе. На мой телефонный запрос герр Вайцзеккер дал ответ, что в Берлине также удивлены этим всемирным беспокойством. На этот раз у нас, похоже, действительно была совесть чиста. И когда лорд Галифакс попросил меня заехать к нему в воскресенье после полудня, я смог передать ему успокоительные заверения Берлина. Я попросил министра иностранных дел оказать сильное давление на Прагу, с тем, чтобы как можно скорее восстановить нормальные отношения между Германией и Чехословакией. Главная опасность здесь таилась в неожиданных инцидентах.

Галифакс ответил, что он уже сделал все возможное, а затем сообщил мне о своем личном письме к Риббентропу, в котором призывал к умеренности и советовал сохранять спокойствие.

Через два дня наша беседа была продолжена. Были обсуждены позиции прессы с обеих сторон и влияние, которое можно было бы оказать на нее.

Как только выяснилось, что тревожные сообщения из Чехословакии ни на чем не основаны, что явствовало из докладов военных атташе, посетивших границу, ситуация несколько разрядилась, несмотря на тот факт, что убийство двух мотоциклистов из числа судетских немцев из-за якобы их отказа подчиниться стопсигналу, легко могло привести к опасной вспышке. «Воскресный кризис», как его окрестили впоследствии, сошел на нет столь же внезапно, как и возник. Степень волнения, в котором пребывали Кабинеты европейских государств, может проиллюстрировать тот факт, что в британских официальных документах телеграммы между Форин Офисом и его зарубежными представительствами за тот период занимают 180 страниц.

Но для Гитлера этот «воскресный» кризис с его последующим благополучным разрешением ни в коем случае не закончился. Для него он только начинался. Возможно, дело было не столько в том, что он сам так решил, сколько в торжествующем крике части мировой прессы, которая хвасталась, что энергичные ответные меры чехов вынудили Гитлера отступить. Еще раз он получил шанс превратить свои тайные намерения в действия. И он не колебался. 28 мая Гитлер собрал самых доверенных людей партии и государства на секретное совещание в Reichskanzlei и сообщил им о своем решении в этом же году покончить с Чехословакией.

На протяжении последующих месяцев британское правительство серьезно занималось проблемой судетских немцев, в частности, и чешскими проблемами вообще. Оно не уставало убеждать нерешительный Кабинет в Праге заключить быстрое и всеобъемлющее соглашение с судетскими немцами. Оно настаивало на политке умеренности и взаимности со стороны Праги в отношении судетских немцев и в то же самое время старалось умиротворить Берлин. В делах посольства после исчерпывающих и изнурительных бесед с лордом Галифаксом, состоявшихся 8 июня, в ходе которых мы всесторонне обсудили проблему, этот вопрос на некоторое время отошел на задний план. Однако ему по-прежнему придавалось огромное значение как решающему фактору в англо-германских отношениях. Наряду с Anschluss'ом, общим агрессивным тоном нацистской прессы и нацистских властителей, страхом перед неожиданным нападением Гитлера, угроза Чехословакии превратилась в существенную причину изменений, происшедших в британском образе мыслей. Британцы приходили к выводу о необходимости более быстрого перевооружения своей армии. В то время как диктаторы могут позволить себе заниматься перевооружением своих армий в тайне, поддерживая температуру прессы и общественного мнения в нормальных пределах, демократически управляемым странам приходится убеждать свою публику, что необходимо пойти на новые жертвы ради обороны страны. Это убеждение может дойти до парламента, прессы и публики лишь в том случае, если они узнают об определенных угрозах со стороны противника. Подразумевалось, что такие угрозы несет с собой политика Гитлера, даже если он пока еще удерживается от открытых нападений и его планы пока скрыты от мира.

После того как эта проблема была выставлена на всеобщее обозрение через кампанию в прессе с обеих сторон, «человека с улицы» стало одолевать беспокойство, граничащее с паникой. Домашняя прислуга отказывалась наниматься на работу в дома, расположенные на южном побережье Англии, поскольку боялась немецких бомбардировок. Советник нашего посольства, пожелавший снять дом, имел на руках три соглашения, готовых для подписания, но аннулированных владельцами домов под тем предлогом, что из-за грядущей войны с Германией все соглашения с сотрудниками германского посольства утратят силу. Повсюду слышались жалобы, что дом в Лондоне стал совсем не ходовым товаром — также из страха перед германскими бомбами. Глас народа оказал сильное давление на правительство в вопросе более масштабного перевооружения ВВС и создания более эффективной обороны.

Ответственные министры, лорд Уинтертон и лорд Суинтон, вынуждены были уступить этому давлению. Таким образом, Англия осознала тот факт, что она больше не является островом. Те же соображения лишили военно-морской договор с Германией его реальной и ожидаемой ценности.

Эти чувства еще более усиливались позицией правительства. Министерство внутренних дел ограничило сферу действия англо-германского паспортного соглашения якобы по причинам технического характера. Таковых причин на самом деле не было обнаружено, и с германской стороны последовали энергичные возражения. Тем не менее ограничения не были отменены. Стало ясно, что министерство внутренних дел могло отказать во въезде нежелательным путешественникам и что любой, заподозренный в принадлежности к националсоциалистической партии, мог рассматриваться как нежелательная персона.

С другой стороны, проблемы, поднятые Anschluss'ом, решались более позитивном образом. Споры об австрийских долгах, например, которые Германия взяла на себя, привели к несколько бурному обмену мнениями, в ходе которого английская сторона пригрозила в одностороннем порядке удержать суммы, якобы оставшиеся на счетах. Введение принудительного клиринга (безналичных расчетов между банками) означало бы торговую войну. В долгих спорах и дискуссиях об австрийских долгах и экономических вопросах вообще были достигнуты соглашения, базировавшиеся на широкой основе. Проходившие в Лондоне переговоры завершились 1 июля подписанием соглашений, которые не только оказали благотворное влияние на Сити и экономические отношения между двумя странами, но и способствовали созданию более благоприятной атмосферы во внешней политике.

Тем временем другой, очень взрывоопасный вопрос, который в 1937 году поставил мир на грань войны — гражданская война в Испании, — слегка утратил свой возбуждающий эффект. Западные державы согласились создать «Антиинтервенционистский комитет», который заседал в Лондоне. Ему была поручена задача найти средство локализации гражданской войны в Испании, с тем чтобы другие державы не оказались втянуты в мировую войну.

Эта организация провела многочисленные заседания под председательством лорда Портсмута и толкового генерального секретаря Хэмминга и накопила гору принятых ею резолюций и меморандумов. Таким образом, родился запутанный и сложный механизм, который своей медлительностью, эфемерностью своего делопроизводства и отсутствием единства среди главных участников, живо напоминал Лигу Наций. Лишь со временем я осознал, что эти сложность и медлительность были способом охладить страсти, бушевавшие между красным и белым фронтами в Испании. Бюрократическая машина должна была действовать как тормоз, пока решение не достигнет поля боя. Поскольку происходило это летом 1938 года, вращение этого механизма — совещания комиссии — незаметно замедлилось до полной остановки. А в ходе завершающих заседаний мне пришлось появиться там в качестве представителя Германии и давать объяснения и выступать с предложениями там, где полностью отсутствовала какая-либо последовательность и преемственность в делах и лицах. Пытаться разобраться в этих вопросах было бы делом безнадежным. У меня просто не было на это времени. Однако способные эксперты нашего посольства — герр Брекмайер (он был казнен после 20 июля) и герр Шлиттер успешно провели меня сквозь все заседания комитета.

Самым важным политическим событием лета была попытка установить взаимопонимание с англичанами, предпринятая по инициативе германской стороны. Она наглядно продемонстрировала методы гитлеровской дипломатии: множество запасных ходов, уловки и обман, неискренность, равно как и полная неспособность уважать менталитет противоположной стороны.

В середине июля ко мне явился личный адъютант Гитлера, капитан Видеманн, и представился как тайный посланник фюрера, направленный в Лондон с секретной политической миссией. С политического благословения Гитлера и по приказу Геринга, не ставя в известность Риббентропа, он должен был прозондировать намерения британского правительства и выяснить, будет ли для него приемлемым визит высокопоставленного лица, то есть Геринга, целью которого должен был стать откровенный разговор о возможностях установления англо-германского взаимопонимания. Видеманн, честный, прямой и толковый солдат, но отнюдь не политик, знал Гитлера еще со времен Первой мировой войны. Как полковой адъютант он был на протяжении двух лет начальником капрала Гитлера, чью смелость оценил, не распознав, однако, в нем каких-то особых качеств и необыкновенных дарований. Придя к власти, Гитлер назначил своего бывшего начальника на должность личного адъютанта.

Мысль о визите в Лондон, похоже, возникла из двух источников: с одной стороны, из желания Геринга добиться признании за рубежом и его стремления сохранить мир через взаимопонимание с Великобританией, а с другой — из инициативы, проявленной ловкой и умной женщиной. Эта женщина, княгиня Гогенлоэ, разошлась с мужем и несколько лет жила в Лондоне. Благодаря дружбе с Видеманном ей удалось получить согласие Геринга и даже Гитлера на визит в Англию. Последний даже принял ее для беседы, длившейся несколько часов — знак отличия, в котором, как это хорошо известно, он отказывал даже официальным представителям рейха за рубежом. Но поскольку княгиня была умной женщиной, работавшей на благо мира, ее влияние на фюрера можно было только приветствовать. Под ее руководством Видеманн ступил на гладкий паркет политических гостиных Лондона. Поскольку его задача явно пересекалась с моими собственными усилиями и поскольку он доверительно информировал меня обо всем, достойном внимания, я сделал все, что было в моих силах, чтобы помочь ему.

18 июля лорд Галифакс принял Видеманна для обстоятельной беседы в своем частном доме в присутствии непременного заместителя министра иностранных дел Кадогана. Видеманн честно посвятил своих британских собеседников в интриги, плетущиеся в партийной иерархии. Гитлер, сказал он, согласен на поездку в Лондон; Геринг с энтузиазмом поощряет его; Риббентроп, чьи позиции оказались ослаблены, ничего не знает, и ему сообщат об этом только в том случае, если визит станет неизбежным. Гитлер, продолжал Видеманн, испытывает к Англии чувства дружбы и восхищения, но считает себя отвергнутым и неправильно понятым, он разочарован тем, что Галифакс в ходе своего берлинского визита не представил ему каких-либо ясных и четких предложений. Он, Гитлер, принес-де огромную жертву, подписав договор по ВМФ, но не получил взамен ничего. И наконец, он был рассержен и раздражен тем, что Англия поверила слухам о якобы имевших место передвижениях германских войск к границам Чехословакии. В качестве наилучшего средства содействовать установлению более дружественных отношений между Великобританией и Германией был предложен визит влиятельного германского лица, то есть Геринга, в Лондон. Галифакс приветствовал этот план, но с условием, что для такого визита следует выбрать благоприятный момент. Поскольку напряжение, возникшее из-за ситуации в Чехословакии, подействовало на мир угнетающе, визит был бы несвоевременным.

Капитан Видеманн энергично опроверг слухи о том, что некие поджигатели войны в Германии хотели разрешить чехословацкий конфликт жесткими средствами, что может служить лишним доказательством того, в какой глубокой тайне держал Гитлер свои ближайшие планы и намерения. Учитывая характер Видеманна, можно предположить, что он был искренен, давая подобные заверения. Беседа закончилась обсуждением возможности решения вопроса о судетских немцах и соглашением, что британские участники беседы будут проинформированы о дальнейших германских планах или через меня, или через Гендерсона, или через самого Видеманна. До более точной формулировки вопроса, который следовало бы включить в программу, дело не дошло.

Уезжая, Видеманн попросил меня не упоминать в своих отчетах о его визите к английскому министру иностранных дел. На мое возражение, что я не могу утаить столь важного события от своего начальства в министерстве, он выразил готовность самому проинформировать Риббентропа.

Видеманн сдержал слово, и результат оказался таким, какого и следовало ожидать. Недоверчивый Риббентроп, беспокоясь о сохранении своего положения, так никогда и не забыл, что его обошли, уволив при случае одного из членов своей специальной миссии, до которого он смог добраться, а именно — Видеманна.

Спустя несколько месяцев Видеманн поступил на внешнеполитическую службу и отправился консулом в Сан-Франциско. Когда Америка вступила в войну, Видеманн отправился в Тяньцзинь. Пока он был в Европе, я поддерживал с ним связь. Беседуя с ним, я нашел его очень удрученным и подавленным растущей угрозой войны и ее возможными последствиями. Кроме того, что он искренне и честно желал мира, он также считал агрессивную войну со стороны Германии преступлением из-за неподготовленности страны к ней. Он полагал, что имеющееся в наличии количество пригодных к войне самолетов и орудий, не говоря уже о запасах обмундирования, было столь невероятно малым, что у Германии не было бы ни малейшего шанса победить. Его высказывания усиливали мои надежды, что Гитлер все-таки не намерен вести войну против всего мира, и с учетом грядущего развития событий я нашел утешение в пословице: «Время выиграл — все выиграл». Самое главное, я убедился, что перевооружение Англии будет завершено, и что эта готовность удержит Гитлера от любых агрессивных планов.

Вскоре после визита Видеманна меня навестил Форстер, Gauleiter (гауляйтер. — *Прим. перев.*) Данцига, известный как человек, пользовавшийся безграничным доверием Гитлера. В качестве переводчика и компаньона его сопровождал генеральный директор Данцигского порта, умный и талантливый профессор Ное, которого я хорошо знал со времен своей работы в Данциге.

Форстер и его жена показались мне людьми более доступными и менее напыщенными, чем те партийные бонзы, с которыми я до сих пор встречался. Однако в самом Данциге из-за самовосхваления и диктаторских замашек Форстер не только вызвал неприязнь населения, но также навлек на себя гнев значительной части членов партии. Он делал вид, что поездка в Лондон — не более чем воскресное развлекательное путешествие, ни словом не намекнув мне о миссии, которую Гитлер, без сомнения, возложил на него.

Поскольку я не сомневался, что он пожаловал с определенной целью, я постарался разъяснить ему свою точку зрения и сделать своим союзником. Лейтмотивом наших бесед стал тот факт, что британское правительство действительно сочувствует справедливым германским требованиям и искренне желает заключения долгосрочного соглашения с Германией, но что оно никоим образом не согласится с нападением Германии на небольшие государства или с нарушением мира. Любые акты насилия будут встречены объявлением войны. Столь определенная точка зрения получила одобрение огромного большинства британской общественности — вбивал я в голову Форстера. Я подчеркивал, что было абсолютно ошибочным рассчитывать на приписываемые Англии вырождение и слабость, хотя влиятельные круги в Германии явно придерживались такого мнения.

Эти заявления произвели на Форстера некоторое впечатление, тем более что они получили подтверждение в его беседах с британской стороной. Хотя я не обсуждал визит Форстера с Форин Офис, руководящие круги Англии узнали о влиятельности этого человека как одного из ближайших доверенных лиц Гитлера. И потому поездки, организованные для Форстера, были рассчитаны на то, чтобы продемонстрировать ему британское могущество. Форстеру предоставили возможность посетить эскадру британского флота. Он был приглашен на встречу с сэром Александром Кадоганом, в ходе которой Форстер в беспечной шутливой манере изложил следующие вопросы: какой интерес преследует Британия в Чехословакии? Будь Кадоган немцем, как оценил бы он текущие политические события?

В общем у заместителя министра осталось благоприятное впечатление от интеллигентности и откровенности своего гостя. Как видно из протоколов, опубликованных позднее, в свой заключительный визит Форстер признался мне, что демонстрация мощи и решимости Англии, которой он был свидетелем в ходе визита, произвели на него глубокое впечатление. Он уверен, что Германия будет вынуждена пойти на соглашение с Англией и перестанет выдавать желаемое за действительное, размышляя о слабости британской империи. Он пообещал в том же духе доложить о своей поездке фюреру.

Спустя несколько недель я получил от него письмо с полным отказом от идей, сформулированных им в Лондоне. Он писал, что у него состоялась долгая беседа с фюрером, в ходе которой Гитлер убедил его, что все его выводы о мощи и решимости Великобритании были ошибочны, и что он пришел к выводу, что фюрер был прав. После чего следовало смиренное признание ошибок — классический пример почти мистического влияния, оказываемого Гитлером на своих приближенных. Для них он был непогрешим, и противоречить ему — смертный грех.

Третий визитер из самых верхних партийных кругов в посольстве не появился. Конрад Хенлейн, недавно избранный руководитель судетских немцев, как чешский гражданин воздержался от посещения германского посольства, но я был проинформирован о его беседах со своим земляком, князем Гогенлоэ (не родственником княгини, упоминавшейся ранее). Хенлейн имел долгие беседы с лордом (впоследствии сэром) Робертом Ванситартом, Черчиллем и сэром Арчибальдом Синклером. Как можно было понять из замечаний, сделанных ими, на англичан позиция Хенлейна и его умеренность во взглядах произвела самое благоприятное впечатление. Он считал автономию судетских немцев в рамках чешского государства все еще возможной и настаивал на незамедлительных действиях, поскольку это была бы последняя возможность для этой, наиболее мягкой, формы решения проблемы. Ибо другим решением станет Anschluss, а третьим — война. Он заверял меня под свое честное слово, что никогда не получал ни указаний, ни инструкций из Берлина. Он также последовал совету своих английских партнеров по переговорам и посетил чехословацкого посла Яна Масарика. Позднее Масарик заявил Черчиллю, что считает предложение Хенлейна об автономии практически выполнимым.

Однако несмотря на неослабевающее давление со стороны Форин Офис, чехословацкое правительство не могло решиться предоставить срочную и безоговорочную автономию судетским немцам, хотя такое решение все еще устроило бы их.

На протяжении первых месяцев, последовавших после моего назначения, я постепенно знакомился с ведущими государственными деятелями Великобритании. Во время банкета, посвященного празднованию дня рождения короля, на который премьер-министр пригласил членов Кабинета, глав дипломатических миссий и наиболее известных адмиралов и генералов, Чемберлен обратился ко мне и пригласил сесть с ним на единственную софу, стоявшую в зале. У нас состоялась получасовая беседа, касавшаяся англо-германских отношений и международных дел. Хотя эта беседа и не принесла особых результатов, прямота, честность открытость и государственное мышление премьер-министра произвели на меня столь же глубокое впечатление, как и его понимание германских проблем. С другой стороны, мне представлялось сомнительным, впишется ли его несколько старомодная манера в изгибы и повороты современных дипломатических методов, применяемых в настоящее время тоталитарными государствами.

В ходе светских мероприятий и визитов я в дальнейшем познакомился с лордом Рансимэном, лордом Темплвудом (впоследствии сэром Сэмюэлем Хором), лордом Саймоном, мистером Даффом Купером и ближайшим советником премьер-министра сэром Горацием Вильсоном.

После одной из вечеринок, на которой я присутствовал в качестве гостя, у меня состоялась продолжительная беседа с Черчиллем, который подчеркнул, что не является противником Германии, как о нем говорили, и что он чувствовал себя очень счастливым, живя на юге Германии и изучая военные кампании своего предка

Мальборо. Черчилль очень высоко ценил и уважал доблесть немецкого солдата. «Жизнь трех немецких солдат стоила союзникам пяти собственных» — таковы были сказанные им слова. На него также произвел большое впечатление тот факт, что после поражения Германии так много германских офицеров вступили в добровольческие соединения, чтобы сражаться с большевизмом.

В многочисленных беседах с ведущими членами Палаты общин и публицистами, которые посещали меня в посольстве или с которыми я встречался в клубах, я получал возможность подробно обсудить состояние англогерманских отношений и ознакомиться с внутриполитическим развитием Великобритании. Прожив за границей около десяти лет, в странах, где иностранцы жили более или менее изолированно, а языковые трудности воздвигали дополнительные барьеры, я до конца использовал возможности свободного общения с представителями всех ведущих политических кругов Великобритании.

Полученную таким образом информацию я кратко суммировал в отчете от 10 июля. Я изложил в нем мнение, что, вероятно, никогда ранее дискуссии об англогерманских отношениях не были провентилированы столь полно и всесторонне и за столь короткое время, как за три последних месяца. Британское общественное мнение было решительно настроено противодействовать любым попыткам, направленным на усиление мощи Германии на континенте, если предварительно не будет налажено взаимопонимание между двумя странами, даже если такая политика будет означать войну. Проблема англо-германских отношений все более перемещалась в область британской внутренней политики. Соглашения с авторитарными государствами, не входившими в Лигу Наций, становились вполне реальными.

Для лейбористской партии и либералов Германия с ее авторитарным правительством была, по вполне понятным политическим причинам, объектом для атаки. Оппозиция Чемберлену внутри его собственной партии — Черчилль и группа Идена — видела прекрасную возможность добиться падения Чемберлена и оседлать власть, обвиняя Кабинет в нерадивости, проявленной при создании системы эффективной обороны против возможного нападения — со стороны Германии, разумеется. Необходимо было достичь ясности в англо-германских отношениях, чтобы избежать риска широкомасштабной и опасной войны. В продолжение этих рассуждений я ставил вопрос так: уменьшило ли развитие событий за последние три месяца или ликвидировало ли вообще готовность Кабинета Чемберлена договориться с Германией? А следом вставал и другой вопрос: достаточно ли сильны позиции Кабинета Чемберлена внутри страны, чтобы прийти к соглашению с Германией?

Я ответил положительно на первый вопрос, относительно желания Кабинета предпринимать дальнейшие попытки, направленные на достижение соглашения с Германией. Пока что такая готовность была увязана с реальным урегулированием чешской проблемы. Более того, похоже, существовала тенденция вынудить Германию проявить инициативу по возобновлению переговоров. Я также охарактеризовал внутренние позиции Кабинета как достаточно сильные, чтобы в течение нескольких месяцев решить самую важную задачу, стоявшую перед британскими политиками, — заключить соглашение с Германией. Резюмируя вышеизложенное, я подтвердил тот факт, что англо-германские отношения в данный момент пребывают в подвешенном состоянии и достаточно напряженны, а потому нуждаются в разрядке и соглашении. Без соглашения обеспечение безопасности британской империи потребовало бы создания всемирной коалиции для войны против Германии, и любое британское правительство — нынешнее или будущее — вынуждено было бы принять такое решение. Как это и было сделано в 1914 году.

Нынешний Кабинет, резюмировал я, поставил вопрос о достижении взаимопонимания с Германией в ряд наиболее важных пунктов своей программы. Это был первый послевоенный Кабинет, у которого были подобные планы и который демонстрировал по отношению к Германии величайшее понимание, какое когда-либо проявлял какой-либо другой Кабинет. Он продемонстрировал растущее понимание в судетском вопросе и был готов пойти на огромные жертвы с тем, чтобы удовлетворить справедливые германские требования, но при одном условии: что такие требования были бы реализованы мирными средствами. Будь у Германии военные возможности, чтобы добиться своих целей, Британия, без сомнения, совместно с Францией объявила бы ей войну. Военная готовность Великобритании ныне значительно повысилась. Полным ходом шли экономические приготовления. Моральную же готовность британского общества можно было назвать абсолютной. И произошло это в течение последних месяцев. В международном аспекте произошла политическая мобилизация, равная по силе мировой коалиции 1914 года.

Это серьезное предупреждение завершило первый период моей деятельности на посту посла в Лондоне. К концу июля политическая и светская жизнь британской столицы угасает. Накануне своего отпуска я попрощался с сэром Горацием Вильсоном. Он спросил, не хотел бы я встретиться с премьер-министром, и вскоре я оказался в кабинете Чемберлена.

Премьер-министр обсудил судетский кризис и предостерег против силового решения этой проблемы. Говоря о возможности провала чешско-судетских переговоров, Чемберлен подтвердил то, что Видеманн на своей встрече с лордом Галифаксом выдал за мнение Гитлера, а именно, что необходимо будет возобновить их тем или иным образом. Британское правительство, намекнул премьер-министр, готовит в данный момент дальнейшие предложения для содействия быстрому завершению дискуссий. Он приветствовал возможный визит важного германского лица в Англию, заверив, что можно с достаточной долей уверенности гарантировать успех визита, но что необходимо выбрать для него благоприятный момент. В своем ответе я подчеркнул необходимость решения судетского вопроса, особенно учитывая тот факт, что нынешние предложения чешского правительства абсолютно неприемлемы для Германии.

Визит имел последствия в виде «утечки» информации в прессу. Инициатива этой встречи была приписана мне, и было высказано предположение, что я предпринял сей demarche в связи с визитом Видеманна. Подобные предположения, конечно же, незамедлительно возбудили недоверие Риббентропа. Я настоятельно просил сэра Горация Вильсона опубликовать в прессе опровержение подобных слухов. Такое опровержение появилось, но изложенное в крайне бессвязной манере. Постоянная развязность английской прессы лишь затрудняла мою работу, и помощи здесь ждать не приходилось. Газеты уже поместили визит Видеманна в центр внимания и последовательно противодействовали любым усилиям, направленным на заключение соглашения. Находясь в отпуске, я получил письмо от Чемберлена, в котором он информировал меня о намерениях Кабинета. Он писал, что Кабинет поручил лорду Рансимэну отправиться в Прагу, чтобы на месте изучить возможности решения чешско-судетского вопроса. Чемберлен попросил меня сообщить об этом Гитлеру. Эта просьба была более приятной, поскольку, казалось, гарантировала мне срочную встречу с Гитлером. Однако и в этом, как и во многих других вопросах, мне пришлось пережить жестокое разочарование.

ЧЕХОСЛОВАЦКИЙ КРИЗИС

Вернувшись в Германию в начале августа, я поставил своей главной целью добиться встречи с Гитлером, чтобы выполнить поручение Чемберлена и доложить о состоянии англо-германских отношений. Из беседы с Риббентропом я уже сделал вывод, что в отношении миссии Рансимэна с германской стороны будет преобладать сдержанность. Министр иностранных дел был в разговоре немногословен и воздерживался от резких выпадов в адрес Великобритании и Чехословакии, однако ни словом не обмолвился о готовящемся нападении на Чехословакию, вопрос о котором решился еще в мае. Риббентроп согласился устроить мне встречу с Гитлером, хотя, похоже, не был склонен спешить с этим.

Тем временем я нанес свои обычные визиты в Берлине. Во время моей встречи с Болем, руководителем заграничных организаций национал-социалистической партии, в кабинете присутствовал Гесс — заместитель Боля и брат заместителя фюрера. Я изложил им свои взгляды на политику британского Кабинета, как изложил их Форстеру и в своем отчете от 10 июля.

В тот же вечер Гесс позвонил мне, сказав, что сделанный мной политический обзор ситуации в Великобритании очень его заинтересовал, что он говорил о нем со своим братом, который пожелал, чтобы я нанес ему визит в Мюнхен. Я ответил, что готов выехать сегодня же. В Мюнхене меня встретил адъютант Гесса, который с нескрываемым удовлетворением сообщил мне, что его шеф добился успеха, пытаясь устроить встречу фюрера с генералом сэром Яном Гамильтоном.

У меня состоялась долгая беседа с Гессом в его красивом и элегантном доме в деревне, в Хелльбруне, близ Мюнхена. Гесс, сдержанный человек и хороший слушатель, предоставил мне все возможности для подробного и откровенного отчета о политической ситуации в Великобритании, о примиренческой, но твердой позиции британского Кабинета по отношению к Германии и об идущем ныне полным ходом перевооружении страны. Я самым энергичным образом указал на опасность войны в случае любых агрессивных акций с германской стороны. Гесс слушал внимательно и, как мне показалось, был согласен со мной. Он также с некоторой гордостью отметил состоявшийся визит генерала Гамильтона в Оберзальцбург и задал мне несколько вопросов, не связывая себя, однако, какими-либо высказываниями. У меня не было ни малейших сомнений, что он даст точный отчет о нашей беседе Гитлеру.

Приехав в Рейхенхолл, где я намеревался пройти курс лечения астмы, я возобновил усилия, направленные на то, чтобы быть принятым Гитлером в Оберзальцбурге. Усилия, подобные тем, которые я предпринимал два года назад, когда приезжал в отпуск в Германию из Токио.

Однажды вечером, когда герр и фрау Мейснер пригласили меня к себе, в свой небольшой баварский дом в Берхтесгадене, я спросил Мейснера, не сможет ли он устроить мне встречу с фюрером. Он с готовностью согласился, добавив, что это будет нетрудно, поскольку фюрер находится в Оберзальцбурге и что на ближайшие несколько дней у него не запланировано ничего важного.

Мейснер позвонил в канцелярию фюрера, где ему сказали, что ответственный за эти вопросы чиновник в настоящий момент отсутствует. Примерно час спустя Мейснер повторил звонок и вернулся в гостиную несколько смущенный. В ответ на его просьбу ему было сказано, что Гитлер никого не принимает и трудно сказать, когда он сможет принять меня.

Было очевидно, что Гитлер не желает встречаться со мной, хотя он знал, что у меня находится личное послание Чемберлена. Причины его отказа были в общем-то очевидны: он знал, что я хочу ему сказать, и не желал этого слушать. Мне так никогда и не удалось выяснить истинную причину разрыва наших отношений, последовавшего позднее. Возможно, причиной этого стал отчет Гесса о встрече со мной, или мой собственный отчет от 10 июля, или все остальные мои отчеты вместе взятые. В то время я решил не спешить с выводами. Могла также произойти какая-то ошибка, учитывая пресловутую путаницу и беспорядок в управлении канцелярией Гитлера. И потому я просто решил предпринять еще одну попытку.

Следующая возможность представилась мне во время проведения партийных дней в Нюрнберге. Снова я давил на Риббентропа просьбами о встрече с Гитлером. И вот наконец Дикхоффу, послу в Вашингтоне, и мне было велено присутствовать в отеле, где остановился Гитлер, на чайной вечеринке, которую он устраивал для иностранных гостей. После бесконечных хождений по коридорам, ведущим в апартаменты фюрера, нам удалось добраться до его номера, где нас приветствовал рабочий из так называемых «рабочих отрядов», которые маршировали по улицам под проливным дождем.

К тому времени Риббентроп уже успел выразить мнение, что он не позволит ни мне, ни графу Велчеку, нашему послу в Париже, вернуться на свои посты ввиду критического положения дел в стране. Я ответил, что именно в такие критические времена присутствие послов на своих местах всегда считалось исключительно важным и необходимым.

У нас с Дикхоффом было в распоряжении едва ли четверть часа до того, как начнется вечеринка. Меня ввели в комнату Гитлера. Я, стоя, передал ему послание

Чемберлена и кратко доложил о целях миссии Рансимэ́на. «Этот Рансимэн, говорят, ярый демократ. По крайней мере, так сказал мне генерал Гамильтон», — ответил Гитлер. Я возразил, что до сих пор Рансимэн не был известен своим радикализмом. «Возможно, он поменял свои взгляды. Ему давно пора было это сделать». На этом аудиенция, продолжавшаяся едва ли семь минут, подошла к концу. Это была моя последняя встреча с Гитлером.

В атмосфере партийных дней превалировало лихорадочное возбуждение. День ото дня крепло убеждение, что что-то должно произойти, судя хотя бы по тому факту, что число сообщений о террористических актах в Судетах значительно возросло. Риббентроп пригласил послов и посланников на встречу, обрисовав в своей любительской манере политическую обстановку и подчеркнув ее серьезность, ни словом не намекнув при этом на надвигающуюся войну.

Мы все вместе пообедали. Я сидел слева от Риббентропа. Он пожаловался на неуступчивость и твердую позицию британского Кабинета, демонстрируемую на протяжении последних нескольких лет, несмотря на весьма либеральные предложения, сделанные фюрером. Я спросил министра, какие предложения он имеет в виду. Ясного ответа не последовало. Тогда я спросил, почему такие предложения не были опубликованы, с тем, чтобы возложить ответственность за неудачу на англичан? И снова Риббентроп ответил уклончиво. Мне так никогда и не суждено было серьезно и обстоятельно побеседовать с Риббентропом...

Бомба взорвалась в разгар партийных дней, кульминацией которых стала речь Гитлера в Ра́туше. Это был шедевр демагогии. Доведя себя до почти истерического состояния и захватив контроль над аудиторией, Гитлер грубейшим образом оскорбил Бенеша и Чехословакию. Его речь была равнозначна объявлению войны. Но по дороге домой я согласился с мнением своего друга Мольтке, что, по крайней мере, страшное слово «война» пока еще не было сказано, и потому дверь к миру еще не захлопнулась окончательно. Но учитывая, что Гитлер проигнорировал настойчивое предостережение, высказанное в те дни британским Кабинетом, равно как и готовность Франции участвовать в территориальном урегулировании в Чехословакии, если только оно будет произведено мирным путем, представляется маловероятным, что его испугала бы перспектива войны.

Когда спустя несколько дней я посетил статс-секретаря Вайцзеккера, он сказал, что я пришел вовремя, поскольку Чемберлен пожелал нанести визит Гитлеру и на следующий день будет в Берхтесгадене, и что я должен отправиться сегодня вечером в Мюнхен в качестве члена делегации.

Прибыв в Мюнхен, мы на машинах поехали на аэродром, чтобы приветствовать премьер-министра с сэром Горацием Вильсоном. Германских делегатов поселили в одном из отелей, где и оставили до следующего утра.

Ни один из нас не был ни о чем проконсультирован — я помню только присутствие Вайцзеккера и Гауса. Так что мы плохо представляли себе, что происходит. Вскоре просочилась информация, что вопреки всем ожиданиям, встреча Гитлера и Чемберлена прошла более гладко, чем можно было ожидать.

На следующее утро германская и британская делегации отправились обратно в Мюнхен. Я ехал с сэром Горацием Вильсоном. Он сказал мне, что Чемберлен признал право судетских немцев на самоопределение. Была назначена дата следующей встречи с Гитлером. Она должна была состояться в течение недели в Гедесберге. Так вновь сверкнул для меня луч надежды, несмотря на вероломные действия Гитлера и Риббентропа, которые, вопреки тому, что было согласовано, дали указание утаить протоколы встречи от британцев. (Протоколы велись переводчиком Шмидтом — единственным свидетелем, присутствовавшим на встрече.)

Спустя несколько дней те же чиновники из Форин Офис собрались еще раз в Берлине, чтобы отправиться в Гедесберг. В то время как встреча в Берхтесгадене была достаточно интимной и проходила в узком кругу, конференция в Гедесберге напоминала Локарно или подобные встречи мирового значения. Весь многочисленный германский персонал набился в современнейший отель «Dreesen», который в обычное время служил местом встреч для туристов, желавших выпить рейнского вина, сидя на террасе отеля с видом на величественную реку.

Здесь же собрались газетчики со всех частей земного шара, хотя все подходы к отелю строго охранялись. Группа чиновников поднялась наверх, чтобы принять солнечные ванны.

Вскоре после прибытия мы на машине отправились на кельнский аэродром. Здесь также уже были сделаны приготовления. Маршировал почетный караул — конечно же, люди из СС. Когда премьер-министр с сэром Горацием Вильсоном и сэром Уильямом Стрэнгом спустились по трапу самолета, Чемберлен поприветствовал почетный караул, после чего мы отправились в великолепно расположенный отель «Петерсберг», стоявший на берегу Рейна, как раз напротив Гедесберга. И снова я сидел в той же машине, что и сэр Гораций Вильсон. Он сказал мне, что Чемберлен сделал все, что было в его силах. Лондон готов пойти на компромисс. И теперь они готовы сделать предложения Гитлеру, которые его, безусловно, удовлетворят. Однако не следует торопить премьер-министра, нужно дать ему время довести дело до благополучного конца.

Это благоприятное сообщение наполнило меня радостью, и я поспешил передать слова Вильсона Риббентропу, которого встретил на обеде на террасе отеля «Dreesen». Я полагал, что он также обрадуется предстоящему удовлетворительному решению вопроса. Но когда Риббентроп услышал совет сэра Горация Вильсона не давить на Чемберлена, лицо его стало жестким и злым, он хлопнул кулаком по столу и рявкнул: «Три дня». Эти два слова надолго остались у меня в памяти, совершенно изменив мои представления о Гитлере и Риббентропе.

Надежды, переполнявшие меня в то время, когда я занимал пост в Лондоне, надежды на то, что можно будет сделать кое-что полезное, улучшив англо-германские отношения, за несколько последних недель были разрушены до основания. Когда Гитлер отказался принять меня, а министр иностранных дел выразил свое отношение, не позволив послу вернуться на свой пост во время кризиса, мне стало совершенно ясно, что было у них на уме в отношении официальных лиц, назначенных на ответственные посты. Они просто не доверяли им, и если послы работали на благо мира, это недоверие могло означать лишь то, что штаб-квартире в Берлине мир был не нужен.

И вот теперь слова Риббентропа подтвердили эти смутные подозрения. Для меня стало совершенно очевидным, что он вовсе не был заинтересован в получении автономии для судетских немцев мирными средствами, в противном случае он порадовался бы предстоящему успеху. Было, конечно, несущественно, будет ли эта цель достигнута за одну, две или три недели. Его досада и намерение унизить англичан с помощью «трехдневного» ультиматума и таким образом помешать достижению каких-либо компромиссов неопровержимо свидетельствовали, что для Риббентропа вопрос о сроках был не вопросом достижения политического результата, но исключительно средством унизить оппонента и, возможно, ускорить войну. Начиная с этого момента и впредь я отказался от своих надежд вернуть Риббентропа к разумной политике и решил позволить себе стать независимым и изо всех сил работать против него. Мои надежды, что Гитлер желает не войны, но, возможно, уважительного взаимопонимания с Великобританией, были серьезно поколеблены.

Открывшаяся конференция едва не была сорвана Гитлером, который отклонил предложение Чемберлена, хотя оно отвечало почти всем его требованиям, после чего британский государственный деятель решил прибегнуть к письменной форме общения, направив послание германской стороне. Хотя Чемберлен применил этот метод, чтобы в письменном виде возложить окончательную ответственность на Германию за срыв конференции, он тем не менее предоставил Гитлеру и Риббентропу желаемую возможность тактической отсрочки при решении вопроса, которая сама по себе являлась грозным оружием, учитывая лихорадочное напряжение, царившее в мире.

Так или иначе, но эти двое, Гитлер и Риббентроп, запирались в своих кабинетах на большую часть дня с тем, чтобы высидеть ответ Чемберлену, не консультируясь при этом ни с кем из своих советников, даже с Гаусом.

После двух обменов письмами, поздно вечером, началась роковая конференция. От Германии присутствовали Гитлер, Риббентроп и переводчик Шмидт. С британской стороны — Чемберлен, сэр Гораций Вильсон и переводчик. Мы беспокоились главным образом о том, как бы соглашению не помешали расхождения во взглядах на демаркацию границ, поскольку Германия могла потребовать слишком обширные чешские территории, как принадлежащие Судетенланду, а британцы могли наметить границы без надлежащего размаха и щедрости. Таким образом, конференция была бы сорвана, даже если бы в главном вопросе и было бы достигнуто согласие. Время, казалось, тянулось бесконечно.

В одиннадцать часов пришло тревожное известие: чехи объявили мобилизацию. Срыв конференции казался неизбежным. Я переговорил с сэром Уильямом Стрэнгом. Наконец, двери в конференцзал открылись. Худшего удалось избежать — такова, по крайней мере, была интерпретация результатов конференции. Однако Гитлер почти свел на нет это впечатление своим ультиматумом относительно необходимости сократить срок, в течение которого должна быть закончена эвакуация чехов из Судет. Поскольку Гитлер достиг своих политических целей — свободы для судетских немцев — и поскольку никаких серьезных оснований для столь кратких сроков ультиматума более не существовало, дальнейшие намерения Гитлера казались подозрительными. Катастрофы удалось избежать лишь потому, что Чемберлен объявил о своей готовности представить требование Гитлера правительствам западных держав, но без рекомендации принять их.

Сколь безответственной была гитлеровская решимость позволить конференции провалиться лишь из-за расхождений во второстепенном вопросе о лимите времени, доказывает тот факт, что обеими делегациями уже был согласован вопрос о полном объединении судетской территории. Эта проблема, которая действительно могла стать опасным препятствием, не вызвала никаких трудностей.

Но Гитлер никоим образом не отказался от намерения развязать войну. Обиженный и разочарованный мирным настроем жителей Берлина, в котором он убедился, когда вооруженная дивизия промаршировала через весь город, Гитлер согласился на посредничество Муссолини и подписал Мюнхенское соглашение. Моя роль наблюдателя не распространялась на этот последний акт, поскольку после Гедесбергской конференции я вернулся в Гродицберг, чтобы там ждать дальнейших указаний. Таким образом, я имел возможность наблюдать глубокое беспокойство и тревогу, сродни почти отчаянию, царившие и в Силезии и, особенно, в Бреслау, когда в последние дни сентября война уже казалась неизбежной.

Подписание англо-германского протокола, предложенного Чемберленом, наполнило меня радостью. Однако спустя несколько дней, когда я прибыл в Берлин, в МИДе шептались, что подписание протокола совсем не означает изменения политики.

ВТОРОЙ ПЕРИОД В ЛОНДОНЕ,
октябрь 1938 — март 1939 гг.

После того, как опасность войны вновь была отвращена благодаря заключению Мюнхенского соглашения, я настоял на своем возвращении в Лондон. Однако Риббентроп дал свое согласие лишь после неоднократных просьб с моей стороны. Я попрощался со статс-секретарем, видя, что министр иностранных дел не оставил мне никакой возможности для встречи.

В Лондоне я столкнулся с огромным разбросом мнений. Большинство англичан рассматривали прошедшие критические недели, закончившиеся драматическим мюнхенским соглашением, как тяжкую бурю, очистившую и прояснившую атмосферу. Но давала себя знать и противоположная точка зрения, распространенная среди широкой публики: чувство стыда и позора, острое осознание упадка и деградации, вынудивших Великобританию принять под давлением обстоятельств решение, которое означало предательство маленького союзника и оставление его на произвол судьбы.

Британские правительственные круги были захвачены водоворотом различных течений и тенденций. Конечно, для премьер-министра англо-германское соглашение, подписания которого он так домогался у Гитлера в Мюнхене, стало основополагающим для формирования отношений с Германией. У Чемберлена не было возможности придать своему вояжу в Германию позитивный и конструктивный характер. Радость Чемберлена на аэродроме, когда, вернувшись из Мюнхена, он произнес знаменитые слова: «Мир сейчас» и показал людям документ, была, на первый взгляд, искренней и непосредственной. Но в действительности оказалась не более чем искусным тактическим шагом, поскольку, конечно, помогла ему выдержать первые удары критиков. Однако давление на Чемберлена становилось все более серьезным. Оно вынуждало его предвосхищать действия оппозиции, выбивая у нее почву из-под ног, насколько это было возможно. Обвинения в том, что он «миротворец», звучали все так же неистово, усиленные негодованием Америки по поводу Мюнхена. Дафф Купер в знак протеста против политики умиротворения, проводимой Чемберленом, ушел в отставку с поста министра, а такой мощный оратор, как Черчилль, осудил ее в самых резких выражениях.

Недостаточная военная готовность Великобритании потребовала немедленных и всесторонних мер по перевооружению, которое шло рука об руку с кампанией в прессе, направленной на то, чтобы возбудить общественное мнение. Премьер-министр принял в расчет эти обстоятельства и в своем выступлении в Палате общин 3 октября заявил: Британия решилась на перевооружение для того, чтобы не оказаться безоружной перед лицом нового кризиса. Таким образом, Мюнхенское соглашение превратилось из жертвы, принесенной ради мира, в мастерски просчитанное средство выиграть время для достижения полной военной готовности.

Гитлер немедленно воспользовался этими течениями, чтобы выразить свое недовольство компромиссом, на который его заставили пойти в Мюнхене, и обесценить англо-германский протокол, столь ненавистный для него. В речи, произнесенной в Саар-Брюкене 9 октября, он вылил ушат презрения на позицию Британии, которую сравнил с положением гувернантки. Он пожаловался на враждебность британского общественного мнения по отношению к только что подписанному в Мюнхене соглашению и жесточайшим образом атаковал оппозицию Идена — Даффа Купера — Черчилля. Надежда на разрядку в англо-германских отношениях была убита окончательно, и на глазах у широкой публики.

Тем не менее ведущие министры британского Кабинета не были склонны к разрыву связей с Германией. В многочисленных речах Чемберлена, лорда Саймона, лорда Темплвуда и других, прямо или косвенно звучали просьбы, обращенные к Германии: предоставить список ее требований и пожеланий, которые могли бы стать темой для переговоров. В их речах постоянно присутствовали темы колоний, сырья, разоружения и разграничения сфер влияния.

В продолжительной беседе, состоявшейся в один из уик-эндов, сэр Сэмюэль Хор обратился ко мне с этими идеями. Мне пришлось медлить и всячески тянуть время, ожидая прояснения обстановки на родине. Наступившее вскоре прояснение приняло ужасающую форму, выразившись в преследованиях евреев, которым дал старт Геббельс 10 ноября после убийства молодым евреем секретаря германского посольства в Париже фон Рата. Гнусности, совершенные в тот день, — сжигание синагоги и дурное обращение с евреями, спровоцировали такую волну ненависти и негодования по всей Европе, что все дискуссии закончились сами собой.

Жестокость Геббельса была тем более непонятна, что именно в эти самые недели были предприняты первые шаги для организации гуманного международного решения еврейского вопроса. Как показали переговоры, проходившие на протяжении последующих нескольких недель, план основывался на следующей идее: эмиграция евреев должна быть организованной и осуществляться постепенно в те страны, которые будут объявлены международной комиссией подходящими для этой цели. Суммы, которые евреям разрешалось взять с собой, должны были быть дополнены ежегодным переводом трех процентов с капитала плюс трех процентов амортизационного фонда, и так до погашения оставленного капитала.

Переговоры шли своим ходом благодаря инициативе президента Рузвельта, который отправил двух полномочных представителей в Европу для изучения еврейского вопроса. Это были мистер Рабли, позднее председатель так называемого комитета Эвиана, и мистер

Пелл. Геринг вместе с министрами сельского хозяйства, финансов и внутренних дел предпринял специальные шаги с целью содействовать началу переговоров с американскими представителями и продвинуть выработку практических планов. Необходимые контакты были установлены через германское посольство в Лондоне. В отчете, направленном в МИД, я самым решительным образом высказался в пользу активного содействия этим усилиям, поскольку своим сотрудничеством мы послужим не только собственным интересам, но и пробудим благожелательные чувства за границей.

После первой встречи Геринга с Рабли и Пеллом, посредничества канцлера австрийского казначейства Фишбока и широко известного представителя германской прессы Абхагена, эти контакты постепенно переросли в дискуссии Рабли с Герингом и д-ром Шахтом, президентом Reichsbank, который разработал финансовую сторону плана еврейской эмиграции. Шахт также вел переговоры в Лондоне с м-ром Рабли и ведущими британскими экономистами, такими, как финансовый советник британского правительства сэр Фредерик Ли-Росс и лорд Уинтертон. Американскую и британскую столицы удалось заинтересовать финансовой стороной вопроса, и герр Вольтат, который впоследствии вел переговоры по приказу Геринга, был приглашен в Лондон. Здесь он установил контакт с британскими высшими финансовыми кругами и поддерживал его до тех пор, пока столь обнадеживающие результаты не были сведены на нет начавшейся войной.

Трехдневный визит Шахта в Лондон, состоявшийся в декабре 1938 года, имел еще более далеко идущие последствия, хотя это был всего лишь визит частного характера. Шахт якобы навестил своего друга, м-ра Монтегю Нормана, управляющего английским банком. Сколь высоко ценил Норман своего гостя, можно было понять из высказывания, сделанного им в разговоре со мной по случаю визита в посольство: «Жаль, что Шахт не британский подданный». Беседуя с президентом Торговой палаты Стэнли, с сэром Фредериком Ли-Россом и другими важными финансистами из Сити, Шахт встретил с их стороны величайшую готовность начать дискуссии по обсуждению возможности проведения коммерческих переговоров с Германией на самой широкой основе. Возросший товарооборот между двумя странами, обмен уравнительными взносами — эти и другие темы были названы в качестве подходящих для переговоров. Стэнли даже намекнул о своей готовности посетить Берлин, чтобы принять участие в обсуждении.

Мои беседы с Шахтом о сложности этого вопроса подтвердили идею, которую я вынашивал на протяжении последних нескольких недель и которую всячески пытался продвинуть. Идея состояла в том, чтобы попытаться улучшить англо-германские отношения на экономическом поле. Экономические вопросы на протяжении всех этих месяцев вышли для Германии на первый план. Соглашение, заключенное летом с Англией, также принесло благоприятные политические результаты. Торговые связи между этими двумя высокоразвитыми странами, которые всегда были превосходными покупателями товаров друг у друга, похоже, способны были к дальнейшему развитию.

Я обсудил эту идею с влиятельными англичанами, особенно в ходе воскресного визита к лорду Рансимэну, который сообщил мне, что Чемберлен попросил его тщательно подготовить все наиболее важные вопросы, затрагивающие отношения с Германией. Он так же, как и лорд Галифакс, отнесся к этой идее в высшей степени благожелательно.

Я удостоверился в некоторой склонности германской стороны к сотрудничеству в экономических вопросах, или по крайней мере в отсутствии намерений целенаправленно препятствовать ему. В январе, как всегда подозрительный, Риббентроп вызвал меня в Берлин, чтобы потребовать объяснений по поводу расшифрованного сообщения японского посла своему правительству, в котором шла речь о его беседе со мной, в ходе которой я, как полагали, сделал несколько еретических заявлений.

Министр иностранных дел, которому я рассказал о своих экономических планах, вначале отнесся к ним холодно, но в ходе второй встречи, состоявшейся спустя четыре дня, высказал более благожелательный интерес к вопросу о дальнейшем увеличении англо-германской торговли. Я не мог сказать определенно, была ли эта перемена в его поведении обязана тому факту, что в один из этих четырех дней пришло сообщение от Муссолини, касающееся беседы последнего с Чемберленом, в которой, как утверждалось, премьер-министр Великобритании попросил дуче о помощи в деле улучшения отношений между Великобританией и Германией. Связь, похоже, вполне вероятна. В своей речи от 30 января, в годовщину «взятия власти», Гитлер уделил особое внимание экономическим вопросам. Его высказывания имели также большое значение, поскольку в своем обращении он настойчиво подчеркивал фразу «Экспорт или смерть».

Впечатления о потеплении атмосферы в Германии усилились после моего возвращения в Лондон. Пресс-атташе посольства, д-р Хессе был вызван Риббентропом в Берлин, где получил конфиденциальные инструкции связаться с главой пресс-службы Чемберлена Стюартом, которого Хессе хорошо знал, по вопросу об обращении к британскому правительству с предложением о заключении пакта о ненападении. Министр иностранных дел заявил также о своей готовности прибыть в Лондон для его подписания. Вскоре Стюарт устроил встречу д-ра Хессе с сэром Горацием Вильсоном, который занимал сочувственную позицию по отношению к этим планам.

Однако Великобритания не предприняла никаких других шагов после этой увертюры — вполне возможно, из-за политических событий в Чехословакии, а может, потому, что подобное обращение по неофициальным каналам пришлось британцам не по вкусу. Последнюю версию, как мне кажется, подтверждает высказывание лорда Галифакса, который сказал мне: «Герр фон Риббентроп желает приехать в Лондон». Я был не в состоянии определить, почему этот в других отношениях враждебно настроенный министр иностранных дел занял вдруг примирительную позицию. То, что это не более, чем эпизод, стало совершенно ясно спустя несколько недель, когда Риббентроп фактически оскорбил британцев, оценивая их достижения в экономической области.

Ход событий вскоре представил другую возможность для переноса центра тяжести в наших отношениях, как я и предлагал, на экономическую почву. Представительная делегация угольного синдиката Рейн-Вестфалии прибыла в Англию для ведения переговоров с горнопромышленной ассоциацией Великобритании. Эти переговоры проходили в самой дружественной атмосфере и закончились подписанием соглашения, регулирующего спорные вопросы и ослабляющего трения. Было достигнуто согласие относительно цены на уголь для рынков третьих стран, а также по разграничению сфер влияния, что должно было положить конец продаже угля по демпинговым ценам с последующим захватом рынков. Обед с дружественными речами завершил переговоры. Это частное экономическое соглашение получило официальное признание в подчеркнуто дружественной речи президента Торговой палаты Стэнли. Предполагалось и дальнейшее продвижение вперед. В Берлине должен был состояться обед, организуемый Торгово-промышленной группой с участием известных британских промышленников. Была назначена встреча высших представителей промышленности в Дюссельдорфе.

Ежегодный обед, устраиваемый англо-германской Торговой палатой, дал возможность еще больше укрепить отношения. Доктор Вайль, глава экономического отдела МИДа, принял участие в обеде от Германии. От Великобритании присутствовали Стэнли и Хадсон. Была достигнута договоренность о визите двух ведущих министров Кабинета — Стэнли и Хадсона — в Германию для участия в переговорах промышленных организаций и бесед с германскими официальными лицами. Предполагался и ответный визит германского министра экономики. Эти усилия, о которых я информировал Берлин, были встречены там холодно и нелюбезно. Говорили, что Функ чрезмерно занят работой и не сможет выбрать время для визита в Лондон. Не могли назначить дату и для визита английских министров. Однако британский Кабинет ни в коем случае не намерен был отказываться от продолжения своих усилий. Члены Кабинета смирились с отменой визита Функа и довольствовались моей речью на неофициальной встрече. Просьба предоставить Стэнли и Хадсону возможность совершить гостевые поездки была высказана британцами в ходе бесед, состоявшихся между Стэнли, Ли-Россом и мной. В такой просьбе не мог отказать даже Риббентроп. Он нехотя согласился, и на 17 марта было назначено прибытие двух британских делегатов.

Однако тучи, уже собравшиеся на политическом небосклоне, готовы были свести на нет все эти усилия, направленные на то, чтобы достичь разрядки напряженности в отношениях двух стран экономическими средствами. Чехословацкий вопрос, который продолжал потихоньку тлеть из-за все повышающихся требований Германии, заставлял всех в Европе чувствовать себя как на вулкане.

Слухи о новом плане Гитлера относительно молниеносного удара против Чехословакии становились все настойчивее. Я получил подтверждение этого в ходе своего визита в Берлин, куда отправился, чтобы председательствовать на заседании Общества восточно-азиатского искусства, организацией которого я занимался еще в Токио. На заседании должен был присутствовать Гитлер и члены дипломатического корпуса. Из-за возобновившегося приступа инфлуэнцы, свирепствовавшей тогда в Лондоне и уложившей меня в постель, я не смог выполнить свой план. После выздоровления я случайно встретил в МИДе Хьювела, который был связующим звеном между министерством и Гитлером. Это всегда было для меня загадкой, зачем вообще был создан пост для выполнения обязанностей, которые должен был выполнять министр иностранных дел? Вероятно, из-за обычной тактики Гитлера использовать «полуофициальных представителей» наравне с официальными. Но как бы там ни было, Хьювел был разумным и сравнительно умеренным человеком. Он сказал, что, по его мнению, послов следует лучше информировать, и сообщил мне, что фюрер планирует поход на Чехословакию. Но поскольку решение оформилось лишь в самый последний момент, план этот может измениться, хотя все признаки говорят за то, что вторжение состоится. Я мог лишь повторить свое предостережение, что новая агрессия после обещаний, данных в Мюнхене, означала бы риск подвергнуть себя серьезной опасности, хотя и не мог зайти так далеко, чтобы предсказать, что Великобритания наверняка объявит нам войну. Хотя, возможно, что внешних проявлений враждебности удастся избежать.

На протяжении нескольких дней моего пребывания в Берлине у меня складывалось все более и более неблагоприятное впечатление о происходящем. Риббентроп был недоступен — для меня это был важный симптом. Но я в любом случае не ожидал, что он просветит меня относительно проводимой политики. Обычно любезный и приветливый Функ, которого я посетил в связи с приближающимся визитом министра, также был сдержан и нерешителен.

Я вернулся в Лондон угнетенный, с ощущением надвигающейся катастрофы. Политические результаты возможного возобновления агрессии были уже ясно различимы. Даже учитывая национал-социалистическую манеру мышления, невозможно было объяснить мотивы, лежавшие в основе такой опасной и отчаянной авантюры. Цель втянуть Чехословакию в германскую сферу влияния и ликвидировать ее как враждебный бастион против Германии, уже достигнута: Словакия отделилась от Чехии, президент Бенеш ушел с политической сцены, а теневое правительство в Праге предлагало Германии сотрудничество любого рода. Гитлеровская политика все более напоминала поведение сумасшедшего. Спустя несколько дней разразилась политическая буря: вторжение в Прагу подняло волну негодования и гнева, чего и следовало ожидать.

Да, конечно, Чемберлен в Палате общин и Галифакс в Палате лордов сделали заявления, осуждающие акции Гитлера, но не продемонстрировали никаких фундаментальных изменений в проводимой ими политике по отношению к Германии. Вскоре, однако, непреодолимая сила британского общественного мнения потащила за собой правительство. В то время как отделение Словакии было воспринято в Англии индифферентно, марш на Богемию и Моравию вновь открыл раны Мюнхена, к тому времени едва зажившие и потому еще болезненные. Клятвопреступление Гитлера было воспринято как неприличный поступок, делавший невозможным дальнейшее политическое общение с ним. Англичане восприняли присоединение Судетенланда к Германии как союз немцев с немцами. Однако присоединение семи миллионов людей другой национальности рассматривалось как акт, противоречащий продекларированным принципам самого национал-социализма. Это рассматривалось как чистой воды империализм.

Чувства англичан, уже оформившиеся в политических кругах, были инстинктивно направлены против Германии как государства, которое, присоединив Австрию и Судеты, достигло колоссальной мощи, намного превышающей ту, какую британцы готовы были терпеть. Любое дальнейшее насилие или односторонняя аннексия могли до такой степени усилить превосходство одной страны на континенте, что столетняя континентальная политика островного королевства потерпела бы полный крах.

Партийная тактика консерваторов еще больше накалила атмосферу. Избирателям консервативной партии и наиболее решительным партийным чиновникам стало ясно, что еще одно политическое поражение Чемберлена и провал «политики умиротворения» могут также означать поражение консервативной партии на следующих выборах. Поэтому эти круги перешли на куда более жесткий тон в отношениях с Германией. К этому пришлось добавить еще и то, что ходившие тогда слухи и фальшивые сообщения об агрессивности Гитлера были крайне преувеличенными. Пресса кормила своих читателей отчетами о неминуемом скором вторжении Гитлера в Румынию. Благодаря германо-румынскому торговому соглашению плюс интриге румынского посла в Лондоне Тилеа в правительстве и публике широко распространилось подозрение, что германская экспансия на юго-восток была неизбежна. Слухи об интенсивных и широкомасштабных военных приготовлениях Германии на польской границе усиливали эти волнения. В то время как в ходе оккупации Рейнланда в марте 1935 года настроение избирателей оказывало успокаивающее воздействие на правительство, которое тогда решилось на жесткие меры, ныне ситуация казалась прямо противоположной.

Под давлением подобных настроений Чемберлен произнес 17 марта в Бирмингеме свою знаменитую речь, составленную в очень резких выражениях. Это также явилось показателем начала «политики окружения». В своей речи британский премьер-министр заявил, что Британия будет действовать заодно с одинаково мыслящими державами. Визит британских министров в Германию был отменен.

За четыре дня, с 15 по 19 марта, была пробита огромная брешь и в формальной стороне дипломатических отношений. На этот раз дурной пример подал Форин Офис, отозвав своего посла сэра Нэвилла Гендерсона на родину. Естественно, что и Риббентроп не замедлил сделать то же самое.

Я покинул Лондон 19 марта, после двух бурных и неприятных встреч с лордом Галифаксом. Его раздражение, вызванное нарушением Гитлером Мюнхенского соглашения, было мне понятно, поскольку действия Гитлера нельзя было оправдать даже самыми избитыми аргументами. Насколько глубокими были обида и негодование министра, продемонстрировал тот факт, что он даже не счел нужным ответить на мою жалобу, поданную мной по собственной инициативе, на грубые и оскорбительные выпады в адрес Гитлера, допущенные в Палате общин. Это показалось мне еще одним доказательством распространившихся в Британии чувств злобы и горечи. Совершенно вопреки почтенным традициям британского парламента, обычным в этом благородном Доме, спикер даже не осудил оратора, допустившего эти оскорбления.

После прибытия в Берлин мне пришлось пять дней ждать приема у Риббентропа. Поскольку он не принял меня во время моего прошлого визита, я пришел к очевидному заключению, что он копирует гитлеровские методы, не желая слышать что-либо, не совпадающее с его взглядами на мировые дела. Но я не чувствовал себя вправе покинуть свой пост до тех пор, пока существовала хоть какая-то надежда на то, что удастся избежать худшего.

ТРЕТИЙ ПЕРИОД В ЛОНДОНЕ,
лето 1939 года

Сразу как только кризис пошел на спад и сэр Нэвилл Гендерсон в начале мая вернулся в Берлин, я стал настаивать в МИДе, чтобы и мне позволили вернуться в Лондон. После некоторых колебаний Риббентроп согласился, но не принимал меня до тех пор, пока я не заявил, что не вернусь в Лондон, не получив аудиенции у министра. Вопреки своей обычной сдержанности по отношению ко мне, он разразился провокационными тирадами. Если Польша поссорится с Германией, она будет уничтожена. Мы готовы к десятилетней, даже, более того, к двадцатилетней войне. Британии следует отказаться от своей поддержки Польши.

В Лондоне я нашел политическую сцену совершенно изменившейся. Два факта мне стали ясны и становились все яснее в течение последующих месяцев: решительно воинственный настрой народа и создание оборонительного фронта против возможной агрессии со стороны Гитлера. В полном контрасте с настроениями, что превалировали здесь осенью 1938 года, когда широкие массы не хотели воевать и оставались пассивны, именно они теперь перехватили инициативу у правительства и тащили Кабинет за собой. Британская общественность не ставила своей целью развязать войну, но лишь решительно противодействовать вооруженной интервенции в случае агрессии со стороны Гитлера. Радикально настроенные группы в прессе и парламенте ныне вышли на авансцену. Британское общественное мнение, столь склонное к эмоциям, на этот раз пребывало в состоянии размышлений, что сделало войну центральной темой раздумий и бесед.

В прессе появились сенсационные репортажи, такие, как серия статей в «Sunday Express» под заголовком: «Человек, который убил Гитлера». Из этой статьи следовало, что Гитлер был убит некоторое время назад и теперь вместо него действует двойник, которого долго держали в запасе. При этом сообщалось, что Геринг был ранен наемным убийцей, тогда как эта же самая газета поместила речь, которую произнес спустя несколько дней тот самый Геринг, пребывавший в самом добром здравии.

Подобный настрой официальных кругов Великобритании совпадал с состоянием умов и настроениями, царившими в обществе. Члены германской националсоциалистической партии были высланы из страны без объяснения причин. Разрешение остаться в Англии было аннулировано для всех германских торговцев, которые торговали в Англии в течение нескольких лет. Другим было отказано во въезде. За лето военные приготовления еще более усилились. За мобилизацией военно-воздушных сил последовала мобилизация армии и флота. Франция также предприняла меры предосторожности, в том числе и военные. Польская армия, около 900 тысяч солдат, находилась в состоянии повышенной боевой готовности близ германской границы. Со страниц газет не сходили сообщения о совещаниях союзников, на которых обсуждались финансовые и военные вопросы, связанные с Польшей, кредиты Румынии и Турции, пребывания турецкой военной миссии в Лондоне, давления на Югославию и другие.

Гитлер не воспользовался имевшейся у него возможностью избежать требования «око за око, зуб за зуб» при отстаивании германских интересов. Но хотя военные приготовления в тоталитарном государстве могли долго храниться в секрете, британское правительство еще летом получило сообщение, что два миллиона немецких солдат сосредоточены у польской границы. На изгнание национал-социалистов из Англии последовал ответ — изгнание совершенно безвредных британских торговцев из Германии.

Самое главное, Геббельс пока не мог настроить германскую прессу на самую высокую ноту, хотя бо́льшие поношения и брань едва ли были возможны, поскольку еще летом германская пресса взяла подобный тон в отношении Британии. Можно было теперь жаловаться, выражать недовольство «политикой окружения». Можно было вступать в споры с британской прессой, которая действительно давала для этого массу поводов. Таким образом, немецкие журналисты использовали простые рецепты, клеймя каждое слово примирения, высказанное британской стороной, трактуя его как признак слабости и упадка, тогда как решительный тон британцев считался у них наглой провокацией. Сразу же после вступления немцев в Богемию и Моравию Форин Офис подготовил дипломатический контрудар. 21 марта в меморандуме, направленном французскому, русскому и польскому правительствам, Британия предложила провести конференцию для заключения консультативного пакта с целью защиты от дальнейших агрессивных действий Германии. Одновременно британское правительство предложило односторонние гарантии множеству мелких государств, которым, как считалось, угрожает Германия. Румыния и Греция с готовностью приняли это предложение, тогда как другие страны отпрянули от перспективы оказаться втянутой в лагерь западных держав.

21 марта был заключен договор с Польшей, которой угрожала наибольшая опасность. В договоре речь шла о взаимной помощи и гарантиях сохранения status quo. Признавая, что без вхождения в него Советского Союза подобного рода оборонительный фронт не обладал бы ни должной поддержкой, ни силой, Форин Офис направил соответствующий запрос в Москву. Так начались переговоры между Советским Союзом, Британией и Францией, которые и определяли обстановку на международной арене в начале лета 1939 года.

Шаги, направленные на создание столь мощной коалиции, поначалу привели меня к мысли, что британская дипломатия, сгоряча и не подумав, сунула руку в осиное гнездо восточноевропейской политики. В последние несколько недель было уже ясно видно, что британское правительство ошиблось в своей оценке некоторых фактов. Этот вывод находит подтверждение в документальной книге профессора Намьера, озаглавленной: «Дипломатическая прелюдия. 1938—1939», вышедшей в Лондоне в 1948 году. Вопреки распространенному в Лондоне мнению, Польша никоим образом не была склонна бездумно броситься в объятия западных держав, а хитрый и ловкий полковник Бек, сознавая, что страна находится между двух опасных соседей, старался добиться как можно более прочной безопасности. Более того, Лондон не понял, что в Польше испытывают большую неприязнь и тревогу в отношении России, нежели в отношении Германии. Кроме того, пакт с Польшей был политическим творением, лишенным необходимой основы, — недвусмысленных обещаний военной помощи.

Эти недостатки вскоре стали очевидны для такого реалистичного партнера, как Советский Союз, который, помня, что в случае войны ему придется нести основную тяжесть сражений, настаивал на включении балтийских государств в русскую сферу влияния, исходя как из стратегических, так и из империалистических соображений. Но самое главное, Россия подняла вопрос о праве прохода через территорию Польши в случае ее участия в войне против Германии. Однако это требование затронуло больное место восточноевропейского оборонительного фронта. Да и балтийские государства западные державы не могли бросить на произвол судьбы, поскольку выступали за независимость небольших народов. Итак, далекие от того, чтобы добровольно пустить российского колосса в свои земли, поляки решительно сопротивлялись.

В то время как переговоры между западными державами и их восточными партнерами встречали на своем пути все большие трудности, Лондон спровоцировал раздражение Москвы ошибками чисто формального свойства, отправив в качестве своего представителя на переговорах старательного и опытного сэра Уильяма Стрэнга, которого ждал в советской столице весьма холодный прием, поскольку советские руководители ожидали прибытия чиновника правительственного уровня. И когда впоследствии британские и французские офицеры были направлены в Москву для участия в военных переговорах, среди них вновь не было ни одной заметной фигуры. В довершение ко всему, эта военная британская миссия добиралась к месту назначения не по воздуху, а потеряла десять дней, потому что отправилась морем. И все это происходило несмотря на происшедшую в мае замену Литвинова Молотовым — шаг, безусловно означавший отход Кремля со своего прозападного курса, которого он придерживался на протяжении последних нескольких лет.

Возобновление в июле германо-советских торговых переговоров должно было послужить дальнейшим предостережением для западных держав. Верхушка британского правительства, и особенно лорд Ванситарт, были информированы членами группы германского Сопротивления, работавшими в МИДе, о грядущих переговорах и возможности заключения пакта. Когда впоследствии французская и британская военные миссии в Москве на прямой вопрос Ворошилова о роде и степени их военного сотрудничества в случае войны ответили общими фразами, то неудивительно, что русский маршал в ответ надменно заявил, что подобные декларации не представляют никакой ценности.

Британская публика проявила необычайный интерес к перипетиям московских переговоров. Заявление Чемберлена в Палате общин от 26 мая о том, что по важным вопросам достигнуто согласие, было встречено громкими аплодисментами, а холодная речь Молотова, прозвучавшая спустя несколько дней, — разочарованием и досадой. Были допущены и намеренные оскорбления, такие, как письмо Жданова в «Pravda», в котором утверждалось, что британское и французское правительства не хотят заключать соглашение с Советским Союзом на основе равенства прав. Постепенно разочарование британцев выплеснулось на страницы газет, и 14 июля «Manchester Guardian» обобщила распространенные в Лондоне чувства сентенцией: «Теперь мы понимаем, что русское промедление — это один из их методов».

Эти два преобладающих течения — курс на переговоры с восточноевропейскими странами и решимость вступить в войну в случае дальнейших агрессивных действий со стороны Германии, оказывали сильное воздействие на развитие англо-германских отношений летом 1939 года. Если негативное отношение Гитлера и Риббентропа к достижению соглашения с Англией не способствовало сдержанности английского истеблишмента по отношению ко мне, атмосфера, которую я почувствовал, вернувшись в Лондон, имела подобный эффект. И потому я счел вполне корректным подождать с возобновлением личных контактов, пока не будет проявлена инициатива с противоположной стороны. У меня был большой опыт в ситуациях, когда пресса лживо приписывала мне инициативу в проведении дискуссий с Форин Офис, и подобные сообщения шли, как правило, не на пользу Германии. Мне также пришлось избегать ненужного ослабления моих собственных позиций в Берлине. В ходе продолжительной беседы, состоявшейся за завтраком и продолжавшейся несколько часов в доме парламентского постоянного секретаря Батлера, на которой, кроме меня, присутствовали лорд Галифакс и советник нашего посольства Кордт, констатировалось не только нарушение равновесия вследствие изменения политической ситуации, но и возможность разрядки. В ходе этой и последующих встреч я придерживался трех точек зрения, которые представлялись мне жизненно важными в те дни: необходимость постоянно предупреждать британскую сторону об опасности, которую может принести ее «политика окружения», необходимость поиска средств урегулирования отношений или конструктивной разрядки и, самое главное, необходимость довести до германских властей серьезность положения и решимость английской публики.

Галифаксу и другим британским государственным деятелям и политикам я указал прежде всего на то, что Британия из-за ее безусловных гарантий Польше, полностью отдала себя в руки новых союзников. Теоретически представлялось вполне возможным, что некоторые польские магнаты и военные группировки могли спровоцировать инцидент, который автоматически приведет к объявлению войны, поскольку изыскания исследователей польской истории за последние двадцать лет давали множество примеров подобного, среди которых такие, как захват Вильно генералом Желиговским, рейд Корфанти в Верхнюю Силезию и поход Пилсудского на Киев. Я тогда еще не знал, что Пилсудский предлагал Британии начать превентивную войну против Германии в 1933 и 1936 годах. К этому предостережению об опасности предоставления Польше карт-бланш я добавил намек, что создание фронта, начатое сейчас британским правительством для противостояния агрессии, было бы воспринято всей германской общественностью как еще одно проявление «политики окружения». Память об этом глубоко укоренилась в сознании каждого немца и питает решимость избежать опасности и предотвратить повторение 1914 года. Дополнительным препятствием на пути любых попыток разрядки напряженности стало все откладывающееся выступление Чемберлена с заявлением о намерении Великобритании противостоять упорному отказу Польши пойти на какие-либо уступки. Однако величайшую трудность представляла собой пресса, которая натравливала общественное мнение на любое достигнутое соглашение, клеймя его как предательство.

Vis-a-vis с Берлином моя задача состояла в том, чтобы постоянно подчеркивать опасность ситуации и лишать германские власти фатальной уверенности в том, что Британия не будет серьезно выполнять своих обязательств гаранта. Как я теперь понимаю, этот курс можно проследить по следующим выдержкам из моих отчетов: так, 10 июля я сообщал в МИД: «Короче говоря, антигерманские чувства постоянно усиливаются, готовность к войне растет, общее чувство можно сформулировать как «мы не должны больше мириться, ибо наша честь поставлена на карту, мы должны сражаться, правительство не должно мешать нам в этом». Статьи в германской прессе об упадке Британии, о недостатке у нее воли к борьбе, сильно сказываются на британской позиции». «Было бы неправильно заключить из этого, что Великобритания неизменно дрейфовала к войне. Внутри Кабинета и небольшого, но влиятельного круга политиков, делались попытки приступить к проведению конструктивной политики в отношении Германии, отказаться от отрицательных последствий «политики окружения». В следующем сообщении от 24 июля я утверждал, что в самых высоких правительственных кругах превалировало мнение, что «взаимопонимание с Германией все еще было бы наиболее желательной альтернативой войне, о которой думали с крайней неохотой, но считали неизбежной, если соглашение с Германией не будет достигнуто».

31 июля я повторил свое предупреждение в отношении распространенного в Лондоне мнения, что «сохраняющееся в англо-германских отношениях напряжение приведет к войне, если не будет сделана попытка достичь соглашения». Правильность подобного образа мыслей получила подтверждение в подробных докладах д-ра Хессе, который воспользовался другими имевшимися у него каналами, такими, как визиты и частные письма, и также переслал свой отчет в Берлин.

Величайшая трудность для меня заключалась в том, чтобы найти ответ на вопрос, как достичь разрядки напряженности, используя конструктивный план и избегая вмешательства прессы. Подобные попытки имели бы шанс лишь в том случае, если бы они были представлены непосредственно Гитлеру, минуя Риббентропа. В конце концов, я вспомнил одно высказывание Гитлера, что было бы несложно уладить все разногласия с Великобританией, если бы он получил возможность побеседовать в Германии в течение примерно двух часов с разумным англичанином.

По моему мнению, в его высказывании было зерно истины. Гитлер сильно реагировал на личности. Однако важным условием успеха такой встречи была бы гарантия прямой, без переводчика, беседы с кем-то, в совершенстве владеющим немецким языком. Чемберлен и сэр Гораций Вильсон не отвечали ни одному из этих условий. Кроме того, будучи типичными представителями старой школы, они вызвали бы подозрение Гитлера одним своим официальным статусом. Оглядываясь вокруг в поисках подходящего человека, я вспомнил об адмирале Чэтфилде, лорде Лотиане, назначенном на должность посла в Вашингтоне, и о парламентском секретаре в Форин Офис м-ре Батлере. Лорд Чэтфилд, с которым я несколько раз беседовал, очаровал меня своей прямотой, мужеством и государственным подходом. Кроме того, Гитлер всегда легче находил общий язык с военными. Лорд Лотиан, который всегда выступал за взаимопонимание с Германией, вызывал симпатию своим характером и внешностью. Батлер, как представитель более молодого поколения, соединял сообразительность и проницательность с приятными манерами и уверенностью в себе. Я полагал, что в случае встречи личные впечатления могут оказаться решающими. Я изложил эту идею некоторым знакомым, занимающим влиятельные посты. Сэр Гораций Вильсон сказал мне, что они подберут кого-нибудь из известных экономистов, однако последовавший обмен мнениями, который состоялся у меня с Чемберленом через посредника, не дал никаких конкретных результатов.

Все мои попытки закончились ничем, если не считать встреч с Горацием Вильсоном. Эти встречи можно назвать финальной стадией англо-германских отношений накануне войны.

Запутанное состояние англо-германских отношений заставило британское правительство сделать в июле 1939 года новую попытку прояснить их путем сглаживания острых противоречий. Это намерение столкнулось с огромными трудностями, начиная с решения чисто технического вопроса о дате начала и продолжения переговоров. Общественное мнение и пресса были настроены враждебно по отношению к Германии и не доверяли ей. А в начале июля непродолжительный, но мощный кризис потряс мир, когда американская пресса сообщила из Варшавы, что Гитлер нападет на Польшу из Данцига. И снова, как и в чехословацком «воскресном» кризисе, было вновь выбрано воскресенье, хотя все это были всего лишь слухи, вскоре опровергнутые фактами.

Но начавшееся волнение, почти паника, привело к такому состоянию умов, что достаточно было искры, чтобы произошел взрыв.

Несмотря на общую враждебность к переговорам о взаимном соглашении, инициатива британского Кабинета была, вероятно, результатом опыта, приобретенного им за последние месяцы. Попытки создать контрфронт на восточном фланге Германии окончились великим разочарованием. Советское правительство более чем когда-либо было настроено против этого фронта. Разногласия Советского Союза с Польшей стали еще более острыми. Отчет генерала Айронсайда о состоянии польской армии вызвал большие сомнения. Воздействие «политики окружения» на мир становилось все более очевидным. Тяжелый конфликт с Японией, который угрожал престижу Британии, развивался по нарастающей. Какая-то международная разрядка, пусть и достигнутая средствами компромисса с Германией, или, по крайней мере, прояснение в вопросах войны и мира, представлялись крайне желательными.

Кабинет Чемберлена считал, что благодаря завершению перевооружения позиции Великобритании на предстоящих переговорах должны стать более сильными, чем они были год назад. Ей больше не приходилось уступать угрозам со стороны Гитлера, и она могла считать само собой разумеющимся, что он будет осведомлен о слабости собственной позиции.

Но в первую очередь внутренние проблемы заставляли Великобританию искать быстрого улучшения отношений с Германией.

Осенью должны были состояться всеобщие выборы, на которых Чемберлену пришлось бы предстать перед избирателями с ясной альтернативой: или «компромисс с Германией будет успешным», или «мы должны быть готовы к войне с ней». И лорд Галифакс, и сэр Гораций Вильсон прямо сказали мне, что парламент и общественное мнение примут любое из этих решений единогласно. Гитлер также услышал это от британского газетного магната лорда Кемели во время продолжительной беседы с ним на Вагнеровском фестивале в Байрейте.

Таким образом, перед британским Кабинетом стояла необычайно трудная задача проведения двойной внешней политики. С одной стороны, велись переговоры с Москвой, которые приходилось поддерживать, с другой — компромисс по широкому фронту вопросов, которые приходилось достигать с Германией. Если компромисса достичь не удастся, придется добиваться реализации идеи формирования восточного фронта. Если удастся — московские переговоры утратят свое значение. Учитывая настроения общественного мнения в Британии, контакт с Германией приходилось устанавливать в обстановке крайней секретности. Первый контакт был установлен через герра Вольтата, который в течение нескольких недель находился в Лондоне вместе с германской делегацией на международном китобойном конгрессе. Вольтат пользовался уважением и как сотрудник д-ра Шахта, и как мастер говорить по-английски, и как опытный переговорщик. При посредничестве норвежской делегации на китобойном конгрессе, Хадсон, министр внешней торговли Великобритании, подошел к Вольтату и предложил встречу. Проконсультировавшись со мной, Вольтат принял предложение, и в продолжении этих бесед поддерживал со мной тесную связь. Хадсон развил далеко идущие планы по заключению совместного англо-германского рабочего соглашения, направленного на открытие новых рынков и расширение существующих. По его словам, существовало, в частности, три крупных территории с необыкновенными возможностями, открывавшимися для обеих стран, — Британская империя, Китай и Россия. Империя не может снабжаться одной Британией, так же, как и Китай не может снабжаться одной Японией. То же и в России, где у Германии была возможность принять участие в широкой экономической деятельности. Более того, Хадсон предложил провести разграничение взаимных сфер интересов и ликвидировать конкуренцию на трех вышеуказанных рынках. По просьбе сэра Горация Вильсона последовали еще две встречи. То, что Чемберлен одобрил эти планы, и, возможно, сам их и выработал, стало ясно после того, как он предложил встретиться с Вольтатом, чтобы окончательно утвердить план. Вольтат, однако, не соглашался на это предложение, опасаясь, как бы его конфиденциальные беседы на экономические темы не приняли, таким образом, политического характера.

Программа, разработанная сэром Горацием Вильсоном, включала в себя и вопрос взаимоотношений обоих стран во всей их полноте. Она не ограничивалась лишь экономической сферой, но затрагивала также вопросы политического и экономического характера. В ней рассматривалась проблема колоний и включены были предложения по приобретению сырья для Германии. Она предполагала заключение финансового соглашения между двумя странами и предусматривала решение вопроса о международных долгах, а принимала в расчет идеи Хадсона. Дальнейшая доработка программы была предоставлена германской стороне. Решающим вопросом был следующий: одобрит ли Гитлер назначение подходящего лица, способного возглавить переговоры?

Беседы еще продолжались, когда был открыт перекрестный огонь. Кто-то из британских журналистов пронюхал об инициативе Хадсона (согласно нашему собственному расследованию, утечка произошла через французское посольство) и приписал ему какие-то глупые заявления, якобы сделанные им, что взбудоражило британское общественное мнение. Как величайшая сенсация подавалась новость, совершенно безосновательная, о британском миллиарде, будто бы данном взаймы Германии. Премьер-министру пришлось отвечать в парламенте на ряд щекотливых вопросов, однако угрозы Кабинету удалось избежать, и встречи продолжались.

Риббентроп немедленно прореагировал, едва только наши с Вольтатом отчеты достигли Берлина. В двух телеграммах он потребовал подробно сообщить о политических вопросах, которые Вольтат поднимал с моего разрешения. По-видимому, Вольтат забыл попросить Вильсона отказаться от переговоров (особенно с Москвой), направленных на «окружение» Германии. Я был готов к подобной атаке и обратил внимание Риббентропа на свой отчет. Я также указал, что Вольтат ограничился в беседах лишь экономическими вопросами.

Я подвел итог инициативе Хадсона и Вильсона под тремя заголовками: (1) англо-германские отношения движутся к войне;(2) «политика окружения» несет в себе значительный риск для Британии; (3) итоги британского перевооружения позволили правительству искать компромиссы, не боясь быть заподозренным в слабости.

То, что важность британских предложений была признана людьми менее воинственными, чем Риббентроп, продемонстрировала реакция Геринга на отчет Вольтата. Как стало известно лишь недавно, Геринг три раза в августе посетил Гитлера, настоятельно советуя фюреру избегать любых шагов, которые могли бы привести к войне, понимая, что окончательный компромисс с Британией, достигнутый на основе представленных Вольтатом предложений, обеспечил бы Германии выполнение ее требований мирным путем. Гитлер, конечно, отверг эти увещевания. Но эпизод этот весьма характерен, ибо показывает, что еще в августе 1939 года Геринг не верил в неизбежность войны, и позволяет предположить, что Гитлер, следуя своей непредсказуемой манере, принял роковое решение лишь в самый последний момент. Это освобождало тех, кто неустанно трудился ради мира, от необходимости вести себя по-донкихотски.

Спустя несколько недель идеи Вильсона — Хадсона достигли посольства с совершенно другой стороны. Видный член лейбористской партии, м-р Чарлз Роден Бакстон, который не имел ничего общего с политической машиной, встретился с Кордтом, советником германского посольства, и имел с ним продолжительную беседу. Бакстон также придерживался мнения, что единственной альтернативой в англо-германских отношениях была «война или взаимопонимание». Он также считал, что попытки достичь компромисса возможны лишь в том случае, если держать их в секрете. Его предложения были в основном политическими и шли дальше, чем предложения сэра Горация Вильсона. Бакстон предложил определить сферы интересов для обеих стран. Великобритания уважала бы германскую сферу деятельности в Восточной и Южной Европе и сняла бы остальные свои требования под международные гарантии, данные странам этих регионов.

Пришлось бы приложить немало усилий, чтобы побудить Францию отказаться от союза с Советским Союзом и переговоров о заключении пакта с ним. Германии, со своей стороны, пришлось бы отказаться от вмешательства в дела Империи и заявить о готовности к европейскому сотрудничеству. Ей также пришлось бы согласиться на всеобщее разоружение. Хотя Бакстон не играл никакой непосредственной или активной роли в переговорах и даже, как он утверждал, ни с кем не обсуждал эти идеи, его визит продемонстрировал, сколь широка была основа, на которой покоилось предложение Вильсона.

Чтобы придать дискуссиям официальный характер, сэр Гораций Вильсон пригласил нас на встречу. Она состоялась 3 августа в его частной резиденции и продолжалась два часа. Он подробно изложил свою программу, которая уже была предложена Вольтату. Программа распадалась на три части: политическую, военную и экономическую. Предполагалось заключение пакта о ненападении, а также пакта о невмешательстве. Военный вопрос касался не столько всеобщего разоружения, сколько политического ограничения вооружений. Экономические переговоры должны были увеличить объем внешней торговли, имея в виду особую позицию Германии в отношении юго-востока Европы, стабильного снабжения сырьем, колониальную проблему и, наконец, финансовые аспекты.

Политические проблемы составляли основу нашей беседы. Вопросы, затронутые в беседе, требовали ответа. Я спросил сэра Горация Вильсона: как столь далеко идущая программа переговоров и заключение пакта будет согласовываться с другими обязательствами, взятыми на себя Великобританией? Сэр Гораций решил сразу развязать узел, начав с соглашения о ненападении. Если обе державы откажутся от агрессивных действий как политического метода, Великобритания будет считать себя свободной от обязательств, которые она взяла на себя, считая, что эти обязательства имеют силу лишь в случае агрессии, и в таком случае Германия могла бы изложить свои требования Польше путем прямых двусторонних переговоров. Главная идея подобного соглашения заключалась бы в том, что достижение англо-германского соглашения по всем жизненно важным вопросам способствовало бы смягчению международного климата, после чего вопросы, относящиеся к Восточной Европе, — Данцигу или Польше, например, сами собой отойдут на второй план. Вильсон ожидал негромкого, но значительного эффекта от реализации на практике принципа невмешательства. Фюрер уже сделал подобную оговорку в своей речи от 28 апреля. С британской стороны была выражена готовность присоединиться к такому договору. Вопрос Данцига также мог бы стать темой для переговоров.

Кроме детального expose (экспозе, изложение, доклад *(фр.). — Прим. перев.*) напряженной ситуации, возникшей как производное от военных приготовлений обеих сторон, к программе соглашения добавилась и тема возможной атаки на соглашение со стороны прессы. Неосмотрительность могла бы серьезно угрожать Кабинету, и сэр Гораций Вильсон высказал убеждение, что единственным противоядием против этого стали бы секретные переговоры в Швейцарии. И тогда настал бы момент взаимопонимания, а критическая точка была бы пройдена. Вильсон настаивал, что Гитлеру придется честно доказать свою готовность к переговорам, избегая какого-либо дальнейшего обострения ситуации. То, что я был не в состоянии сообщить Вильсону какую-либо информацию о приеме, который встретило в Берлине предложение, сделанное им Вольтату, стало для него большим разочарованием. Сомнений не оставалось: альтернативой переговорам стало бы сползание к катастрофе.

Так и закончилась встреча, сохранившаяся в секрете до окончания войны. В тот же день я отправил в Берлин подробный отчет о беседе. Мирные инициативы британского правительства, которые этими предложениями достигли своего апогея, заставили меня задать себе вопрос: были ли эти попытки сохранить мир действительно серьезными? Или же они служили лишь увертюрой с целью выиграть время, пока ситуация в Восточной Европе окончательно не прояснится? Были ли обязательства, которые Германии пришлось бы взять на себя, чтобы прийти к соглашению, такими уж нереальными? Когда я оглядываюсь назад, на последствия трудных восточных переговоров, учитывая при этом, что ввиду грядущих всеобщих выборов урегулирование отношений с Германией так или иначе стало необходимым для британского Кабинета, я прихожу к выводу, что могу выразить свое полное доверие Чемберлену и инициативе его Кабинета. Ввиду постоянно возрастающей угрозы войны Чемберлен как ответственный государственный деятель чувствовал себя обязанным предпринять еще одну, последнюю и отчаянную, попытку сохранить мир. И даже если эта попытка из-за безответственности Гитлера не удалась, неудача все равно оттянула бы войну. На протяжении моей службы в Лондоне Гитлер ни разу не дал себе труд ответить на британские предложения — даже ради приличия. Он вообще никогда не отвечал на них. Историческое значение последних мирных усилий Чемберлена состояло в следующем: с помощью этих предложений он переложил всю ответственность за возможное начало войны на Гитлера.

Мне было ясно, что только личное объяснение в Берлине могло придать вес моему отчету. Возможно, даже в сотрудничестве в этом вопросе с Вольтатом. И потому я обратился с просьбой об отпуске, который и был предоставлен мне с большой готовностью, поскольку Риббентроп в любом случае вновь намеревался удалить меня с моего поста. Я попрощался с лордом Галифаксом. В ходе долгой беседы мы обсудили отношения между нашими двумя странами. Министр иностранных дел выразил свое разочарование развитием событий. После Мюнхена мы чувствовали уверенность, что мир был гарантирован на полвека, опираясь на следующие основания: Германия стала бы господствующей державой на континенте с приоритетными экономическими правами в Юго-Восточной Европе, в то время как Британия занялась бы заботой о своей Империи и безопасности морских коммуникаций, связывавших ее с Дальним Востоком.

Вступление немцев в Прагу разрушило эти надежды. Галифакс подтвердил факт, что парламент и общественность были равно готовы как к войне, так и к компромиссу с Германией.

Я прибыл в Берлин, кажется, 13 августа. Днем раньше Чиано (министр иностранных дел Италии в 1936—1943 гг., казнен за участие в заговоре против Муссолини. — *Прим. перев.*) встречался с Риббентропом в Фухле, после чего вернулся в Италию. Гнетущая, унылая атмосфера господствовала в МИДе. Ходили слухи, что после встречи с Риббентропом твердая решимость Гитлера вновь проявила себя, и он решил воспользоваться первой же возможностью, чтобы начать войну с Польшей. Статс-секретарь фон Вайцзеккер не выразил явно своего отношения к происходящему, однако его глубокий пессимизм бросался в глаза. Я сразу спросил его о судьбе двух моих телеграмм, касающихся предложений сэра Горация Вильсона. Вайцзеккер пожал плечами и сделал движение рукой, словно смахивая что-то со стола. Значит, предложения, изученные мной с величайшим вниманием, хотя и не считались до конца внушающими доверия, были просто брошены в мусорную корзину Гитлером и Риббентропом. Более того, я узнал, что отчет Вольтата о его беседах в Лондоне был воспринят как подтверждение того, что Британия сознает свою ответственность за развитие событий. Мой отчет о встрече с сэром Горацием Вильсоном был воспринят как еще один признак британской слабости. Будь у меня еще какие-то сомнения относительно этого эксперимента, они бы исчезли, когда я столкнулся с подобным поведением Риббентропа по отношению ко мне. Я обратился в секретариат МИДа, попросив позвонить в Оберзальцбург, чтобы договориться о встрече с Риббентропом. Мне сообщили, что Риббентроп находится в своей летней резиденции в Фухле, близ Зальцбурга, и что о дальнейшем меня известят. Статс-секретарь поддержал мою просьбу о встрече с Гитлером, обратившись со специальным письмом к министру. Впоследствии он прочел мне выдержки из своего письма, в котором резюмировал краткое содержание моего отчета, особенно о позиции Великобритании в случае германо-польской войны.

Спустя несколько дней я посетил начальника генерального штаба генерала Гальдера и поделился с ним своими лондонскими впечатлениями, которые он полностью разделял. Гальдер подчеркнул настоятельную необходимость встречи и разговора с Гитлером. Я ответил, что уже предпринял необходимые шаги, но что фюрер больше года демонстрирует нежелание принять меня.

От министра обороны я отправился в итальянское посольство, где встретился со своим бывшим московским коллегой, а также другом, послом Аттолико. Он был почти готов вылететь в Рим, куда ему приказал явиться Муссолини. Аттолико был взволнован и возбужден и без каких-либо предисловий сказал, что ему нужно поговорить со мной как «другу с другом». Якобы во время встречи с Чиано были приняты решения, которые могли легко привести к войне с Польшей. Они основывались на ошибочном предположении, что Британия не вмешается. Я выразил сомнения в точности подобного утверждения, поскольку британское участие в случае такого конфликта непременно следовало бы принять в расчет. Аттолико настойчиво убеждал меня сделать все, чтобы повлиять на убеждения, царившие наверху. Я ответил, что именно это я и пытаюсь сделать.

В течение нескольких дней никакого ответа от министра иностранных дел на мою просьбу так и не поступило. Было ясно, что Риббентроп не желает говорить со мной и что ему в голову не приходит, что тем самым он наносит мне личное оскорбление. В любом случае это не удивило бы меня. Но я не думал, что он настолько лишен интеллигентности, чтобы отказаться принять меня для официального прощального визита, даже если он не желает, чтобы ему рассказали о том, как реально обстоят дела.

С согласия статс-секретаря я отправился в Гродицберг, где намерен был ожидать дальнейшего развития событий. Перед отъездом я навестил Крибеля, руководителя личного департамента МИДа, и сообщил ему, что в сложившихся обстоятельствах у меня нет желания продолжать работать во внешнеполитической службе и потому я прошу его об отставке. Спустя несколько месяцев моя просьба была удовлетворена.

Сознавая бремя своей ответственности, но не видя возможностей для личного отчета, я решил после прибытия в Гродицберг представить министру в кратком expose мою точку зрения на позицию, которую займет Британия в случае войны с Польшей. Зная, что Риббентроп воспользуется любым недостатком в моем expose, чтобы дискредитировать мою точку зрения, я очень тщательно продумал его форму. Мне пришлось остерегаться сделать неточный прогноз относительно степени вероятности вступления Британии в войну. Но очевидно, что я должен был дать примерный прогноз, как будет действовать Британия с учетом ее договорных обязательств.

Снова и снова спрашивал я себя, были ли Гитлер и Риббентроп действительно уверены в том, что Британия, вопреки обязательствам, которые она взяла на себя, не придет на помощь Польше в случае германского нападения? Не могло быть сомнений, что они получали предостережения из самых разнообразных источников относительно предполагаемого участия Британии в войне. Ввиду фанатичного упрямства Гитлера и его полного игнорирования зарубежных стран как таковых, подобный самообман вполне мог иметь место. Но только не в случае с Риббентропом, поскольку он-то имел опыт работы за рубежом и, по его собственным словам, даже указывал на растущую британскую готовность к войне. Он должен был бы знать, что Британия не позволит себя одурачить в том, что касается ее собственного положения и престижа в мире. Но его поведение, когда британская декларация о войне стала достоянием гласности, подтверждает, что и он не ожидал этого. Как доверительно сообщал очевидец (переводчик Шмидт, если не ошибаюсь), Риббентроп, узнав об объявлении войны Великобританией, вышел из Кабинета Гитлера совершенно опустошенный и спросил почти растерянно: «Что же теперь делать?» Объяснение этому можно найти в книге Эриха Кордта «Иллюзия или реальность», в которой он пишет, что Риббентроп запретил всем высказывать мнение, что Британия вступит в войну. Любой, утверждающий подобное, считался находившимся на службе у английских спецслужб или действовавшим под их влиянием. Возможно, Риббентроп обманывал себя, пребывая в уверенности, что ничего не случится такого, что могло бы затронуть их с Гитлером агрессивные планы. После заключения Пакта Гитлера — Сталина эта уверенность, без сомнения, еще более укрепилась. Но вне зависимости от того, действительно ли они с Гитлером не верили в то, что Британия будет придерживаться своих обязательств, или же только делали вид, что не верят в это, одно несомненно: они несут ответственность за преступное отсутствие здравого смысла в своей политике.

ЗАКЛЮЧИТЕЛЬНЫЕ ЗАМЕЧАНИЯ

Для меня было совершенно очевидно, что читать главу о моей миссии в Лондоне не очень-то приятно для читателя. Хотя в ней говорится о трагической и роковой эпохе, свидетелем которой я стал, находясь при этом в центре событий и на ответственном посту. Этот отчет представляет собой описание множества отдельных инцидентов, последовавших один за другим, но без связующего их лейтмотива. Отсутствие сотрудничества между центральной берлинской властью и посольством в Лондоне; тщетные усилия британского правительства склонить Гитлера к политике умеренности; соответствующие усилия с моей стороны убедить своих руководителей в необходимости прийти к взаимопониманию с Великобританией;предупреждение за предупреждением о том, что возобновление агрессии приведет к войне; попытки отвлечь Гитлера и Риббентропа от их ошибочного мнения, что Великобритания была слишком слабой и колеблющейся, чтобы сражаться; мое осознание того факта, что на мои советы не обращали никакого внимания и что я был использован в Лондоне как ширма, за которой Гитлер и его помощники скрывали свои агрессивные намерения, — все это действовало на меня самым угнетающим образом.

Несмотря на личное унижение, роль, которую я играл до самого горького конца, закончилась полным провалом. Конечно, мой коллега, сэр Нэвилл Гендерсон, был прав, когда пожаловался на «провал миссии» — замечательное название, которое он дал своей книге. У него, однако, была поддержка со стороны правительства, и они вместе сражались за правое дело, хотя и проиграли битву.

Характерной чертой моей лондонской миссии было отсутствие последовательности и внутренней взаимосвязи в моей работе. Она как бы распадалась на отдельные эпизоды. Я приходил в отчаяние от конечных результатов своих усилий, особенно когда осознал, наконец, растущую враждебность руководителей в Берлине. Но я был вынужден изложить все события в той последовательности, в которой они происходили.

Трагедия, постигшая человечество в сентябре 1939 года, слишком огромна, чтобы я мог позволить себе окончить эту главу жалобами на личные провалы, поражения и недостатки. И потому я считаю своим долгом добавить несколько замечаний о том, как можно было избежать катастрофы.

По моему мнению, начало войны между Германией и Великобританией несет на себе печать настоящей трагедии, в классическом смысле слова, для человечества в целом, не говоря уже о том, что трагедией является любая война как таковая. Обстоятельства и личностные особенности людей, руководивших нами в то время, сделали катастрофу неизбежной, катастрофу, которой можно было избежать еще десять лет назад. Трагедия наступила потому, что не оказалось на мировой политической сцене ни одного государственного деятеля, способного добиться установления продолжительного мира, когда общая ситуация в Европе, и в первую очередь в Германии, была благоприятной для этого.

Когда государственный деятель в Великобритании, наделенный необходимыми мужеством и проницательностью, берет на себя руководство этой поистине геркулесовой задачей, условия для успеха отсутствуют. Другими словами, трагедия англо-германской войны — это и трагедия Невилла Чемберлена.

У серьезных историков не может быть сомнений в том, что германские лидеры времен Веймарской республики были искренними и честными людьми, которые старались управлять своей родиной в соответствии с демократическими принципами западных держав и таким образом вновь интегрировать Германию в европейское сообщество. Они были готовы нести бремя, оставленное им режимом Вильгельма II и поражением Германии в Первой мировой войне. Но они были вынуждены настаивать и действительно настаивали потом, что Четырнадцать пунктов президента Вильсона должны быть приняты к рассмотрению и что следует изменить условия Версальского договора, которые оказались слишком суровыми, а потому реально невыполнимыми, путем мирных переговоров. Следуя в русле этой общей политической концепции, они предложили Локарно и вступили в Лигу Наций. Но Рур был оккупирован. Доверие Германии к западным державам, которое нашло свое выражение в подписании Локарнского договора, не пробудило никакой взаимности, а если и пробудило, то слишком поздно. Да и взаимность эта оказалась слишком незначительной. Огромные районы Германии остались оккупированными союзниками. Принцип равенства в отношении уровней вооружений был отвергнут. Речь шла лишь о разоружении Германии. Апелляция к статье 19 Договора Лиги Наций, необходимая плата за пересмотр условий договора, более не совместимых со сложившимися обстоятельствами, была осуждена. Робкие попытки двух прямых и честных людей, Куртиуса и Шобера, заключить австро-германский таможенный союз, были задушены в зародыше самым решительным образом. На протяжении этих четырнадцати лет государственное мышление, похоже, изменило руководителям западных держав. Будь Чемберлен на должности премьер-министра в те дни, его попытки ввести Германию в европейское сообщество наций были бы успешными. Лишь малая толика уступок, на которые он был готов пойти в 1938—39 годах, позволила бы оправдать надежды и желания, лелеемые в веймарские дни. Его энергия и настойчивость заставили бы и Францию занять подобную позицию.

Когда Чемберлен был призван, наконец, на премьерство, период стабильного развития подошел к концу. Разочарования в области внешней политики привели к тому, что на смену чувствам симпатии пришел скептицизм. Инфляция разрушила благополучие среднего класса и радикализовала консервативные элементы. Начавшаяся революция изменила социальную структуру

Германии. Перемены были ускорены экономическим кризисом, который посадил более трети населения на пособие по безработице. В результате образовалась пропасть между радикализмом правых и радикализмом левых, что и привело к национал-социализму и коммунизму и потому способствовало провалу усилий «третьей силы» — Кабинетов Брюнинга, Папена и Шлейхера, не получивших поддержки ни от одного из этих радикальных течений. Оставался лишь выбор между революцией правых или революцией левых. Немецкий народ выбрал первое, не сознавая, что оба метода приведут к одинаковому результату.

С захватом власти национал-социалистами другие принципы усилились в определении германской судьбы, а именно, законы революции. Люди разного уровня и способностей были подняты на поверхность и заняли командные позиции. Фанатичные революционеры, беспечные демагоги, игнорирующие законы приличия, благопристойность и благополучие народа, вели страну курсом, который не мог не привести к катастрофе. Это трагедия немецкого народа, что компанию революционеров не сменили вовремя люди умеренной ориентации, отличной от обычного курса на революцию. Это была трагедия Чемберлена, что он пришел к власти слишком поздно, чтобы осуществить свои планы, которые сами по себе были вполне здравыми, что он доверял людям, которые были не государственными деятелями, сознающими всю полноту своей ответственности, а нигилистами, фанатиками и безумными революционерами.

Заповедь, которую он принял к сердцу как государственный деятель военного периода, заповедь, гласившая, что возведение здания новой Европы не должно было происходить без учета мнения послевоенной Германии, Германии, готовой сотрудничать, оказалась невостребованной и была отброшена.

Глава 6

ВОЙНА И КАТАСТРОФА

ВТОРАЯ МИРОВАЯ ВОЙНА

Итак, моя карьера государственного служащего, продолжавшаяся на протяжении 37 лет, подошла к концу. Я чувствовал и облегчение, и озлобление одновременно: облегчение от того, что моя связь с правительством, которая стала мне отвратительна, была, наконец, разорвана, а озлобление и горечь — от того, что со мной так обошлись. Я решил ныне и впредь воздерживаться от какого-либо общения с германскими властями и вернуться в деревню. Соответственно, в столице я бывал два-три раза в год, проводя в Берлине по несколько дней. Я даже избегал встреч со своими старыми коллегами из МИДа. Единственным другом, с которым я поддерживал отношения, чтобы обмениваться мыслями и информацией, был Мольтке, но и он вскоре был назначен послом в Мадрид, где спустя несколько месяцев скончался от аппендицита.

С другой стороны, я был счастлив вернуться в Гродицберг навсегда и посвятить себя управлению имением — давно пренебрегаемой мной задаче, хотя общее состояние дел в имении было теперь весьма удовлетворительным, чему способствовали меры, принятые мною вскоре после смерти отца. Закладные были выкуплены полностью, хотя при этом пришлось пожертвовать почти половиной первоначального количества земли. Большая часть из оставшихся 1100 гектаров была занята лесом, однако 300 гектаров пахотной земли обрабатывались столь эффективно — 46% их них засевались сахарной свеклой и картофелем, — что можно было содержать 120 голов крупного рогатого скота и 200 свиней. В Гродицберге применялись интенсивные методы ведения сельского хозяйства, а дальнейшее повышение его эффективности достигалось путем достаточного снабжения имения сельскохозяйственными машинами, работой винокуренного завода и выращиванием овощей. Рыночное садоводство было также расширено и давало 33% продукции имения.

Я мог полностью положиться на своих работников. Почти все они в течение нескольких десятилетий служили у моего отца, а теперь стали работать у меня. Два сторожа, 40 и 30 лет, и сельскохозяйственные рабочие — дед, отец и сын из одной семьи, работали вместе все эти годы на обработке земли. Даже с польскими сельскохозяйственными рабочими у меня повсеместно наладились удовлетворительные отношения, поскольку поляки были вольнонаемными работниками, нанятыми мастером, а нс мобилизованными. В течение десяти лет я доверял управление имением надежному и квалифицированному человеку, который распределял работу и контролировал ее исполнение — моему бывшему управляющему и другу герру Гронемейеру.

Так что в том, что касается моей роли в управлении Гродицбергом, я мог ограничиться контролем и наблюдением. У меня не было желания по-любительски вмешиваться в повседневную работу людей, поскольку я с детства усвоил, что сельское хозяйство — одна из самых трудных и сложных сфер человеческой деятельности, в которой успехов добивается лишь тот, кто обладает комплексом знаний, опыта и своего рода инстинкта, чтобы делать нужные вещи в нужное время. Кроме трудностей человеческого аспекта сельского хозяйства, процесс сельскохозяйственного производства по сравнению с промышленным подвержен двойному риску: риску, вызванному производством скоропортящегося товара, и риску расстройства планов превратностями погоды.

Хотя я и воздерживался от непрофессионального вмешательства, я тем не менее придерживался стойкого убеждения, что мои присутствие и контроль были совершенно необходимы. Я чувствовал верность старой пословицы: «Das Auge des Herrn schafft doppelte Ernten» («Глаз владельца создает второй урожай»). Прежде всего, на мне лежала главнейшая обязанность — защищать мои интересы и интересы имения в постоянных столкновениях с правительством, политика которого была нацелена на все прогрессирующее урезание прав землевладельцев. В этом отношении характерным представляется эпизод, который едва не привел к экспроприации Гродицберга и изгнанию меня из родного дома.

В попытках достичь политической автаркии была поставлена задача добиться предельного использования производительных мощностей Германии. Такова же была и цель пятилетнего плана Геринга. Поиск всех видов минеральных богатств страны находился в самом разгаре. Близ Гродицберга геологи открыли месторождение меди, и хотя эта руда была низкого качества, с содержанием меди не более двух процентов, было сочтено целесообразным начать разработку и построить медную шахту, литейный завод и обогатительную факбрику. В качестве места для строительства домов для рабочих и их семей был выбран Гродицберг. В лесу, среди холмов, должен был быть построен современный город на десять тысяч жителей. План был готов, была даже сделана миниатюрная копия, которую намеревались выставить в Герлице, городе в Нижней Силезии, куда должен был приехать Гитлер по случаю партийного слета. Будь этот проект реализован, от моего имения остались бы две сравнительно небольшие полоски земли к востоку и западу от «Йозеф Вагнерштадта», как должны были окрестить этот город, увековечив таким образом имя гауляйтера Силезии.

Дело зашло уже очень далеко, когда весной 1938 года, я прослышал о нем, находясь в Лондоне. Стало ясно, что в течение нескольких месяцев изыскатели бродили по моему имению в поисках меди и подходящего места для города. При этом ни мой представитель в Германии во время моего отсутствия в Японии, герр Гронемейер, ни кто-либо другой не были даже предупреждены об этом.

Приехав в отпуск из Лондона летом 1938 года я нанес визиты соответствующим властям и прежде всего президенту округа, а также честолюбивому «отцу» этого плана, президенту Торговой палаты в Бреслау. Я был довольно откровенен и осудил методы, использованные в данном случае, квалифицировав их как «удар в спину», нанесенный мне во время моего отсутствия по долгу службы. К счастью, сюрприз, главной целью которого было получить благословение Гитлера, провалился, поскольку у фюрера не нашлось времени, чтобы посетить выставку с миниатюрной копией «Медного города». Таким образом, я выиграл время для подготовки к контрнападению, демонстрируя заинтересованным властям, что план расположения города был полностью непригодным по разным причинам, таким, как например, большое расстояние между шахтами и сталелитейным заводом, поэтому можно подыскать другие, намного более подходящие места. Когда более тщательная проверка предполагаемого месторождения меди обнаружила, что главная жила идет в сторону от Гродицберга, победа осталась за мной — город должны были построить где-то в другом месте. Миллионы марок были потрачены на этот «гигантский» проект без каких-либо реальных результатов. Шахты были залиты водой, сооружение завода пришлось отложить из-за недостатка материалов и сырья, а медь осталась неиспользованной. Этот эпизод был не только жизненно важным для меня, он также весьма показателен в отношении методов, применявшихся в годы правления национал-социалистов, и их абсолютного неуважения прав отдельных граждан.

Преодолев этот кризис, я сумел избежать в дальнейшем каких-либо серьезных столкновений с партией и государством. В своей частной жизни я придерживался курса, которому следовал и в годы службы. Будучи членом партии и посещая официальные мероприятия и праздники, я не давал поводов для скрытого или явного нападения на меня. Напротив, власти, похоже, были довольны тем, что один из самых влиятельных землевладельцев округа не был открыто враждебен по отношению к партии.

Враждебное отношение к системе превалировало в среде представителей высших классов города и деревни. В противоположность этому отношению бывшего «правящего класса», подавляющее большинство сельского населения Силезии (и других восточных провинций), так же, как и небольших городков, оставалось лояльным к главной идее национал-социализма до самого его горького конца. Характерный эпизод проиллюстрирует это утверждение. Граф Йорк фон Вартенбург, брат фрау фон Мольтке, жены моего друга и коллеги, был вовлечен в заговор 20 июля 1944 года и казнен. Ненависть к нему за его поступок среди окрестных жителей была так сильна, что даже в деревне, примыкавшей к имению Мольтке, где эта семья жила на протяжении десятилетий, всеми уважаемая и популярная, фрау фон Мольтке и ее детям грозила смертельная опасность.

Неограниченная любовь и верность по отношению к Гитлеру были распространены среди широких масс населения, что явилось одной из главных причин, заставлявших меня скептически относиться к попыткам освободить Германию от оков нацистского режима путем убийства Гитлера. И сейчас я придерживаюсь того же мнения, что даже если бы Гитлера и убили, последовала бы ужасная гражданская война, одновременно с нападением враждебных сил извне, что привело бы к падению фронта, который распался бы из-за внутренней смуты. Боюсь, что не будучи поддержаны западными противниками и не имея возможности пообещать более или менее приемлемые условия мира в случае свержения нацизма, еще большее число мужественных людей пожертвовали бы своими жизнями зря, если бы их заговор против Гитлера увенчался успехом.

Проблема тайных заговоров против главы государства во время войны — одна из самых сложных проблем нравственной и духовной природы. Что бы о них ни говорили, но участники заговора были воодушевлены высочайшим патриотизмом, они демонстрировали высшее мужество вплоть до последнего момента своей жизни и стойко встретили жестокую смерть. Их прощальные письма, часть из которых была опубликована, займут свое место среди самых потрясающих человеческих документов.

Поскольку я жил далеко от Берлина и других центров Сопротивления, проблема «участвовать или нет» впрямую передо мной не стояла. Я был, как уже говорил, не склонен проявлять инициативу. Намеки этой оппозиции доходили до меня дважды. Так, весной 1943 года мой знакомый, крупный землевладелец из Верхней Силезии, бывший депутат прусского парламента, человек, хорошо известный в берлинских политических и общественных кругах, посетил меня в Гродицберге. Он сообщил мне, что его друзья в Берлине просят меня принять пост министра иностранных дел, поскольку вскоре в стране должны произойти какие-то изменения. Я ответил, что Риббентроп еще занимает эту должность, что пост не вакантен и что это похоже на своего рода революцию или заговор и, самое главное, я не верю в подобные методы улучшения положения дел. Я бы не дал другого ответа, даже если бы предложение имело более солидную основу. Я также подозревал, что мой друг был представителем «Union Club», фешенебельного клуба в Берлине, где водилось много болтающих и сплетничающих людей, занимавшихся политическими интригами. Так, генерал Хопнер, казненный после 20 июля, был завсегдатаем этого клуба даже после того, как Гитлер беспричинно и несправедливо разжаловал его.

Второй подход был еще более сомнительным, хотя и более серьезным по преследуемым целям. Мой знакомый, хорошо известный публицист и журналист, старый член партии, ныне разочаровавшийся в системе и питающий к ней отвращение, уговаривал меня приехать в Берлин и вновь выйти на политическую арену. Он навестил меня летом 1943 года в Гродицберге и объяснил, что люди моего опыта должны действовать более активно, а не отсиживаться в деревне. Он спросил меня, знаю ли я генерала Бека, и высказал предположение, что мне следовало бы встретиться с ним, поскольку генерал, по словам журналиста, был необычайно хорошо информирован обо всем. Я последовал совету и поднял этот вопрос, когда спустя несколько месяцев мы вновь встретились с этим журналистом в Берлине. Я предполагал, что он договорится о встрече с генералом Беком, но поскольку он, похоже, был не так близко знаком с генералом, чтобы пригласить нас вместе на ланч или представить меня, я воздержался от дальнейших инициатив, поскольку видел генерала Бека лишь дважды, когда наносил визит военному министру. У меня не было ни малейшего подозрения, что Бек участвует в заговоре, поскольку я не был осведомлен о том, что оппозиция уже сформировала некое ядро.

Что касается местных сановников в Силезии, я наблюдал в их поведении старую тактику уклонения от личного общения, насколько это было возможно, и ограничения контактов официальными мероприятиями. Один или два раза в год, когда он приезжал в Гродицберг, я встречался с Kreisleiter — партийным боссом округа Голдберг, типичным узколобым чиновником, страдавшим в душе от тайной обиды и негодования. Более интересный тип, которого я близко изучил, — это недавно назначенный гауляйтер Силезии, Ханке. Поскольку в последнем гитлеровском завещании от 30 апреля 1945 года именно он был назначен преемником Гиммлера, несколько кратких замечаний о его личности могут быть интересны.

Когда Ханке был назначен административным и партийным главой Силезии, сосредоточив, таким образом, в своих руках высочайшие партийные и административные посты, я надеялся, что можно ожидать общего улучшения положения дел в провинции. Ханке был симпатичный внешне человек лет тридцати, прямой и открытый, без высокомерия. Будучи силезцем, он, очевидно, испытывал глубокую привязанность к своей родной провинции. Занимая пост заместителя статс-секретаря в министерстве пропаганды, он поссорился со своим шефом, Геббельсом, оставил пост и пошел в армию рядовым. Смелый в бою, он был награжден Железным Крестом I степени и получил офицерское звание. Во Франции он был ранен.

Когда я встретился с ним на одном из официальных мероприятий, он сказал мне, что желал бы наладить контакт с крупными землевладельцами. Его взгляды были умеренными и разумными, его манера держаться — прилична. Он был корректным и симпатизировал гражданским служащим старой школы. Но вскоре Ханке стал скатываться в сторону радикализма и роскошной жизни. На многолюдном собрании он без каких-либо оснований оскорбил одного из старых служащих, а в делах все больше и больше полагался на партийную бюрократию. Он приказал начать строительство дорогостоящих зданий, и среди них — ночного клуба, и сам имел шесть или семь домов. Чем дольше шла война, тем больше власти становилось у гауляйтеров. В 1944 году им было поручено строительство совершенно бесполезных защитных сооружений на восточных границах рейха. Они были назначены комиссарами обороны с практически неограниченными правами распоряжаться жизнью и смертью людей. Ханке постепенно превратился в восточного деспота, который произвольно и беспричинно приговорил к смерти нескольких высокопоставленных чиновников, среди которых был и бургомистр Бреслау. Он расстрелял их рядом с памятником Фридриху Великому. Незадолго до того, как после героической осады, выдержанной, несмотря на то, что город был отделен от рейха сотнями километров, Бреслау был сдан русским, Ханке покинул город на самолете, вылетев в сторону Чехословакии. С тех пор о нем ничего не было слышно.

Часто я размышлял над почти необъяснимой психологической переменой, которая произошла с Ханке, когда за несколько лет он из порядочного и мужественного человека превратился в кровожадного и развращенного деспота. Я согласен с объяснением, предложенным мне, что он стал жертвой абсолютной власти, которой обладал. Не привыкший к власти и ответственности, налагаемой ею на человека, он принял этот сильнодействующий наркотик и стал преступником. Здесь можно повторить сентенцию лорда Эктона: «Любая власть развращает, абсолютная власть развращает абсолютно».

Я также познакомился с другим типом наци. Это был герр Стрекорус, шеф NSKK — нацистского автомобильного батальона, расквартированного в Силезии. Но не это было его постоянным занятием. Кроме этого он был еще и владельцем огромной фабрики, которой нацисты наградили его за заслуги. Поскольку он был назначен японским почетным консулом в Силезии, а я был президентом германо-японского общества, нам приходилось тесно сотрудничать. Он был внушающим доверие человеком, преуспевшим экономически и социально и наслаждавшимся приятностями жизни. Он информировал меня о намерениях и надеждах, лелеемых в высших партийных кругах.

Другим типом наци был Landrat (начальник окружной администрации в нацистской Германии. — *Прим. перев.*) округа Голдберг, к которому относился и Гродицберг, герр Делюге, брат пресловутого полицейского генерала и «протектора» Богемии. Он был старым партийцем и прошел путь от ортодоксального последователя Гитлера до ярого противника режима. Он предавался неограниченной критике людей и методов, распространенных в те дни, и был впоследствии смещен на куда менее приятный пост, а на его место пришел чиновник старой школы. Однако влияние кадровых государственных чиновников падало все больше и больше, и партийная бюрократия превратилась в абсолютного диктатора не только в низовых административных единицах, но и в Берлине.

Я был слишком увлечен политикой, чтобы испытывать полное удовлетворение от управления имением. События огромной важности происходили в мире, не нарушая моей полной изоляции. Хотя я твердо решил не играть больше активной роли, я все-таки намерен был поддерживать связь с внешним миром и оставаться в курсе событий, происходивших как внутри Германии, так и за ее пределами. Проблема состояла в том, как добиться этого без того, чтобы оказаться в центре внимания и лишнего паблисити. Как и всегда в своей жизни, я ждал случая и пользовался им, не форсируя событий.

Исходной точкой стало участие моей жены в работе Красного Креста. По просьбе окружной организации Красного Креста мы объездили почти все небольшие городки и деревни округа Голдберг, читая лекции о зарубежных странах, в которых нам довелось побывать. Моя жена демонстрировала свои фильмы, а я добавлял к ним несколько сопутствующих замечаний. Плата за входные билеты шла в фонд Красного Креста. Одно из наших первых представлений в Голдберге имело большой успех, особенно несколько цветных фильмов, показывающих жизнь Великобритании — выставки крупного рогатого скота, уик-энды и Лондон. Kreisleiter сиял от радости и настоял на том, чтобы мы повсюду повторили это представление, однако спустя несколько дней он позвонил мне и мягко сказал, что некоторые партийные товарищи возражают против показа фильмов о британской жизни, поскольку они-де дают слишком благоприятное

352

представление о нашем враге. Я успокоил крейсляйтера и отправился показывать фильм.

В более крупных городах Силезии некоторые организации просили меня прочитать лекции — в основном о России, Японии и Великобритании. Я предпочел Gesellschaft fur Wehrwissenschaft und Wehr Politik — ведущее общество по изучению военной науки, исповедующее идеи самых знаменитых германских стратегов — генералов Клаузевица, Мольтке и Шлиффена. Круг людей, входивших в это общество, привлек меня своей влиятельностью и непартийностью. Я также случайно прочел несколько лекций и для Volksbildungs Werk — организации, созданной партией для распространения знаний о зарубежных странах и содействия образованию.

Это была, в общем, полезная и ценная организация, преследующая в своей деятельности не только узкие партийные цели. На лекциях, наряду со стойкими нацистами, присутствовали ученые, инженеры и техники, а также представители самых разных слоев общества. Самой ценной чертой этой организации был ее добровольный характер. Посетителям приходилось платить входную плату, и аудитория состояла из усталых домохозяек, которые приходили со своими хозяйственными сумками, а также рабочих, ремесленников и интеллектуалов. Я гордился тем, что на моих лекциях всегда толпился народ, несмотря на тот факт, что я лишен ораторского мастерства и блеска, хотя и способен говорить по делу и без бумажки. Когда я спрашивал, почему эти люди пришли на мои лекции, мне отвечали, что их тошнит от партийных ораторов и что они хотят, чтобы их учили люди объективные.

Начиная с 1942 года и далее, когда были созданы провинциальные организации германо-японского общества, меня просили выступать с лекциями и для этого общества, для чего мне приходилось разъезжать по всему великому германскому рейху.

В своих лекциях я старался не касаться спорных проблем, поскольку критика режима не дозволялась, а я не был склонен выражать мнение, которое не разделяю. И потому я предпочитал темы Дальнего Востока, где вероятность нанесения вреда была минимальной. Читая лекции об отношении России, Великобритании и Японии к проблемам воинской повинности, например, и к другим военным проблемам, я неизменно столь сильно подчеркивал готовность России и ее решимость защищать свою землю, что некоторые из офицеров в аудитории — а я выступал в 1941 году перед вторжением в Россию для собрания офицеров — выражали свое неодобрение моей переоценкой мощи Советского Союза. В своих лекциях я поднимал лишь одну тему политического характера, поскольку в этом отношении мои взгляды совпадали с официальными. Я говорил о «неизбежности русско-германской войны». В этом я был убежден. *Пакт о ненападении ?*

Я знал по своему собственному опыту, что Россия всегда была очень трудным партнером и что, ликвидировав польскую «подушку», мы еще натрем себе плечи с этим неудобным соседом. У меня не было сомнений, что Россия, консолидировавшись и создав тяжелую индустрию, будет давить на запад и юго-запад. Мне было ясно, что при заключении Пакта Гитлера — Сталина в воздухе постоянно витала своего рода психологическая оговорка: «Кто кого обманет первым». У меня не было сомнений в том, что Сталин ожидал истощения обоих противников, и в первую очередь Германии, чтобы пожать богатый урожай. И потому мне представлялось совершенно логичным то, что он захватил все доступные территории — страны Балтии, Буковину и Бессарабию, когда столкнулся с неожиданной перспективой германской победы после драматического падения Франции (и с поражением Британии, которого следовало ожидать). Но даже в куда более благоприятных обстоятельствах я не сомневался, что Россия в долгосрочной перспективе никогда не допустит расширения германской сферы влияния на Юго-Восточную Европу. Поэтому для меня русско-германская схватка была лишь вопросом времени, как бы ни сложились обстоятельства. Вооруженного конфликта удалось бы избежать, будь в Германии другое правительство. Но из пунктуального выполнения Россией своих экономических обязательств, согласованных в Пакте Сталина — Гитлера, делать вывод, что Советский Союз настроен миролюбиво, было, по моему мнению, ошибкой. Если Россия соблюдает свои договорные обязательства, значит, у нее есть какая-то задняя мысль. Если ей это выгодно и ничем не грозит, она и не нарушает их.

Я, естественно, сосредоточил свою главную деятельность в Силезии. Вряд ли остался хоть один город — большой или маленький, в котором я не прочел бы одной или нескольких лекций. Постепенно я расширил сферу своей деятельности и на другие провинции. Я посетил Кенигсберг, Данциг, Штеттин, Росток, Гамбург, Кельн, Эссен, Штутгарт, Мюнхен, Лейпциг, Бамберг, Байрейт, Нюрнберг, Гейдельберг, Франкфурт. Я также несколько раз объявился в Берлине. Я выступал с лекциями в Вене и Линце. Иногда у меня оставалось достаточно времени, чтобы проехаться с лекционным турне по оккупированным странам. Дважды я посетил Польшу, съездив из Брест-Литовска в Варшаву, Лодзь, Люблин и Краков. Я наслаждался поездкой во Францию, хотя это происходило зимой, в феврале 1942 года, и восхищался красотами замков Луары и старыми городами — Туром, Ангулемом и Коньяком. Я был удивлен уровнем благосостояния жителей этих мест. Магазины здесь снабжались намного лучше, чем в Германии, вино и спиртное продавались повсюду и по сравнительно низким ценам.

Отношения между оккупационной армией и населением, отличавшиеся до последнего времени совершенной гармонией, становились все более натянутыми, поскольку после начала войны с Россией коммунисты организовали движение Сопротивления. Двое немецких часовых были застрелены за несколько дней до моего приезда в Тур, и генерал Штульпнагель, командующий оккупационными войсками во Франции, был едва не уволен по требованию Гитлера из-за расстрела заложников. Он был заменен своим кузеном, позднее казненным в числе жертв 20 июля 1944 года.

Я мог удвоить или утроить количество своих лекций и объездить с ними всю Европу, от Финляндии до Румынии, однако напряжение таких поездок было слишком велико, а мое время слишком забито другими обязанностями. Самым главным плюсом всех этих поездок были не мои лекции сами по себе, а возможность до или после лекции пообщаться с местным населением за едой или стаканом пива. Это давало мне возможность для обмена мыслями и получения информации от людей самых разных профессий. Я предпочитал компанию представителей армии, с которыми у меня взгляды полностью совпадали. Я встречался со многими генералами и штабными офицерами, причем не только в оккупированных странах, но и в Германии. Особенно в год, предшествующий нападению на Советский Союз, когда многочисленные армии были сконцентрированы вдоль восточной границы и требовали как можно больше информации о России.

В Гродицберге меня навещали видные армейские руководители. Я находился в дружеских отношениях с фельдмаршалом Манштейном и его женой. Ставка фельдмаршала и дом находились в Лигнице, близ Гродицберга, и они с женой навещали нас всякий раз, когда маршал бывал в отпуске дома. Мы достигли полной гармонии во взглядах, хотя и беседовали в осторожных, сдержанных выражениях, что было обычным делом в Третьем рейхе. Более откровенные вещи, которые он хотел сообщить мне, передавались его адъютантом, который разъяснял мне стратегическую ситуацию по карте, роняя при этом ценные намеки. В период после 20 июля террор достиг такого размаха, что необходима была особая осторожность. Даже самых скрытных и сдержанных людей могли пытками заставить выдать любые секреты.

Менее осторожным был мой старый друг, генерал фон Нидермайер, бывший неофициальный военный атташе в Москве, с которым я встретился в Силезии в 1943 году, где он командовал дивизией, состоявшей из легионов, сформированных из российских военнопленных разных национальностей. Там были азербайджанцы, узбеки, кавказцы и несколько других легионов — всего 25 тысяч человек. Он обучал их в тренировочном лагере Наухаммер, в 30 километрах от Гродицберга, и несколько раз приезжал повидаться с нами, а я ездил к нему, чтобы прочитать лекции его офицерам. Я также посетил полковые маневры и нашел, что подопечные Нидермайра — довольно умелые солдаты.

Будучи баварцем и, соответственно, очень откровенным, Нидермайер не стеснялся в выражениях, говоря о криминальной преступной глупости гитлеровской политики и стратегии. Его раздражали преступления, совершенные СС и партией в России. В одинаково сильных выражениях он осуждал и отсутствие продуманной политики в отношении будущего России. Не уточняя, что мы имеем в виду — объединенную ли небольшевистскую Российскую империю или расплывчатую, свободную федерацию национальных государств, как он говорил, мы не в состоянии воздействовать на ум и души солдат русских армий, сражающихся под командованием генерала Власова, и потому они не могут с искренним энтузиазмом сражаться за заветные идеалы. Тем не менее, его люди воевали смело и, подобно русским из армии Власова, стояли до конца. Тот факт, что они это делали и что один миллион русских солдат добровольно записался в германскую армию, пусть послужит утешением для тех, кого волновала большевистская пропаганда о «монолитном» Советском Союзе. Когда попытка вторгнуться в Англию, предпринятая в начале осени 1940 года, провалилась, и когда Роммель не сумел пробиться к Каиру у Эль-Аламейна, я уже знал, что германская победа невозможна. Катастрофа Сталинграда потрясла немцев до глубины души и заставила их осознать неизбежность грядущего поражения. Но до 1944 года я не мог отказаться от надежды, что Германии по крайней мере удастся избежать тотальной катастрофы. У меня было так много точной информации о новом оружии, о реактивных самолетах и больших подводных лодках, что я упорно, до последнего цеплялся за надежду, что мы сможем избежать полного поражения.

Однако я потерпел полный провал в попытках найти ответ на вопрос, каким может быть исход нацистской диктатуры. Беспричинное гитлеровское вторжение в Польшу, вина за вторжение в Россию и растущий терроризм убедили меня в том, что национал-социалистическая революция не могла вернуться к нормальному курсу.

Ликвидация одной шайки бандитов во время чистки 30 июля 1934 года не способствовала приходу к власти более умереных людей. Наоборот, не оставалось сомнений, что Гитлер сбросил маску и, сам находясь на грани помешательства, вел страну к катастрофе. Люди, назначенные и терпимые им, и прежде всего Борман, погрузились в явную уголовщину.

Обдумывая события предыдущих лет, я пришел к выводу, что насильственное прерывание революционного процесса в Германии средствами убийства или контрреволюции, особенно во время войны, не смогло бы восстановить мир в стране. Я чувствовал, что эту болезнь придется лечить органическими, а не насильственными мерами. И связывал свои надежды с возвращением наших солдат после войны. Я знал, что они ненавидели режим партийных боссов, и ожидал, что они покончат с ним. Но смогут ли они это сделать после победоносной войны? С другой стороны, можно ли было сомневаться в том, что нацисты, воодушевленные победой, будут пользоваться полной поддержкой народа? И я почувствовал глубокую депрессию, придя к выводу, что лишь поражение было бы эффективным лекарством против этого зла. Но что могло означать поражение для Германии в целом — в отношении этого вопроса я не питал иллюзий, хотя реальность далеко превзошла мои ожидания.

Я находил убежище в размышлениях исторического и психологического характера. Каждый народ, спорил я сам с собой, проходит через детство и возмужание к старости, пока не приходит время уступать ведущую роль более молодым конкурентам. Германия, вошедшая последней в число великих европейских наций, только что достигла зрелости, обретя свое национальное единство всего лишь 70 лет назад. Можно ли сослаться на вечные законы Провидения, чтобы приговорить немецкий народ столь преждевременно к смерти и уничтожению? Неужели мы уже выродились и созрели для могилы? Национал-социалистическая революция была, в конце концов, лишь эпизодом, хотя и ужасным, в жизни народа, точно таким же, как французская и русская революции, обе запятнавшие себя преступлениями и террором.

Ни в коем случае!!!

358 *Вот именно!!!*

были лишь эпизодами в жизни обоих народов. Я не мог найти симптомов смертельной болезни на теле немецкого народа. На всех театрах военных действий немецкий солдат сражался со своей традиционной доблестью, хотя и лишенный энтузиазма, равно как и гражданское население в тылу работало непрерывно и героически, несмотря на лишения и воздушные налеты. Единственными, кто исключил себя из этой жертвенной общины, были бандиты наверху и сравнительно небольшая часть их приверженцев. Был ли немецкий народ в целом обречен на уничтожение из-за глупости и преступлений фанатичных революционеров?

Больше всего меня занимал вопрос: какие духовные импульсы и порывы позволили Германии выдерживать эту борьбу до самого ее горького конца? Только террор — это не объяснение. Население, доведенное до отчаяния, нашло бы средства прекратить террор всеобщими забастовками, массовыми демонстрациями домохозяек или подобными вспышками сопротивления. Но даже под угрозой воздушных налетов, с вынужденными перерывами в транспортном сообщении, после тяжелейших бомбардировок, подавляющее большинство рабочих спустя час или два шли на свои заводы. Планомерное разрушение их домов не смогло сокрушить дух немцев. Им пришлось капитулировать, когда враги захватили их страну, которую они не могли и дальше защищать из-за недостатка оружия, боеприпасов и самолетов. На протяжении последних лет армия на поле боя и население в тылу отражали натиск современной войны, не имея минимума необходимых средств обороны.

Какова же была тогда нравственная основа проявленной народом воли стоять до конца? В начале войны настроение немцев по всей стране можно было точно описать как смесь уныния, отчаяния, апатии и фатализма. Поражение Польши приветствовалось населением восточных провинций, которые таким образом были вновь воссоединены с территориями, отданными Польше по Версальскому договору. С особенной радостью приветствовались ликвидация «коридора», возвращение германского Данцига рейху и установление прямой связи с «Островом Восточная Пруссия». Однако даже тогда отсутствовал энтузиазм, сравнимый с чувствами, царившими в стране после первых побед 1914 года. Нечто похожее испытала вся Германия лишь после победы над Францией и подписания перемирия в Компьене в том же железнодорожном вагоне, что и в 1918 году, после поражения Германии. Удовлетворение от осознания того факта, что позор, пережитый Германией, наконец искуплен, было усилено убеждением, что примирение с западным соседом было теперь у немцев в руках. На это указывали встреча Гитлера с Петеном, отражение нападения британцев на Дакар соединениями французского ВМФ и слухи о заключении франко-германского альянса, равно как и дружественные отношения, установившиеся между германскими войсками и французским населением, которые, похоже, опровергали старую сказку о врожденной ненависти между двумя народами.

Глубокая тревога и беспокойство, доходившие порой до боли, вот наиболее распространенные чувства, которые вызвало нападение Гитлера на Советский Союз. Их не смогли подавить даже германские победы 1941—1942 годов, и они погасили последние тлеющие огоньки оптимизма. С этого времени настроение подавляющего большинства немцев колебалось от тревоги и отчаяния до полного пессимизма. После Сталинграда предчувствие неизбежной катастрофы охватило всех. То, что немцы, тем не менее, смогли продолжать упорную борьбу в течение более двух лет, хотя недостаток необходимого оружия и демонстрировал безнадежность их борьбы, можно, по моему мнению, объяснить тем, что люди были убеждены, — капитуляция означала бы окончательный разгром, тогда как продолжение борьбы оставляло шанс добиться более благоприятного результата. Это убеждение еще более усилилось, когда немцев заставили поверить, что союзники стремятся не только к разгрому национал-социализма, но и к уничтожению Германии.

Эту убежденность внушило им требование союзников о безоговорочной капитуляции, а позднее план Моргентау. Поначалу осмеянное здравомыслящими немцами как глупая геббельсовская пропаганда, это убеждение дошло до них, когда «пропаганда» была подтверждена фактами и стало ясно, что ничего не остается, как сражаться до самого горького конца, пребывая в смутной надежде, что что-то должно произойти, что спасет Германию, или, по крайней мере, пощадит ее от вторжения большевиков.

В эти годы психологическое напряжение и мучительное личное горе обрушилось на меня. Моя жена, всегда хрупкая здоровьем, вынуждена была в декабре 1941 года подвергнуться операции, которая показала, что она страдает раком, однако врачи были уверены, что операция в зародыше ликвидирует все причины коварной болезни. И действительно, весь следующий год моя жена чувствовала себя лучше, чем когда-либо прежде. Но потом наступил финальный этап болезни, от которой она и скончалась после долгих мучений 12 сентября 1943 года. Все, что я мог сделать, чтобы помочь ей, это держать ее в Гродицберге до самого конца, что давало ей чувство комфорта своего дома и возможность немного развлечься визитами родственников и друзей. Похоронный обряд был совершен в нашей старой церкви, живописно расположенной у подножия горы, после чего жена была похоронена на прилегающем к церкви кладбище. Но ее покой, должно быть, нарушен сейчас русскими и поляками.

Моя приемная дочь, графиня Пуклер, которая бежала от бомбежек из Берлина, год назад переехала в Гродицберг со своими четырьмя детьми и стала помогать мне в моих новых обязанностях по ведению домашнего хозяйства. Умелые и преданные слуги выполняли свои обязанности сравнительно легко.

Рассказ о годах, проведенных в Гродицберге во время войны, был бы неполным без упоминания о моих усилиях опубликовать книгу. В 1940 году я написал книгу о своей миссии в Москве, однако МИД возражал против ее публикации. Столь негативное отношение было совершенно оправданным, поскольку книга не отличалась достаточно пылким энтузиазмом в отношении к русскому союзнику в 1940 году и не демонстрировала достаточно ледяную ненависть к заклятому русскому врагу в

1941-м. Два экземпляра рукописи, которые у меня были, пришлось сжечь, когда русские захватили Силезию.

По просьбе берлинского издательства я также написал книгу о Японии. Будучи уже напечатанной и готовой к распространению, она пала жертвой воздушных бомбардировок Лейпцига. Из пяти тысяч экземпляров осталось всего два, и один из них находился у переплетчика, который должен был красиво его переплести для подарка японскому послу Осиме. Русские захватили этот экземпляр, когда пришли. Другой экземпляр обретается где-то в Берлине.

Я также внес определенный вклад в создание книги, которая должна была состоять из четырех эссе ведущих специалистов по политическим и военным вопросам Японии, но эта книга также погибла под бомбами, а когда была заново напечатана — вновь разбомблена. Другое эссе, которое я написал, не смогло выйти в свет, поскольку Геббельс остановил публикацию почти всей ненацистской литературы из-за якобы нехватки бумаги. Habent Sua Fata Libelli!

В последние месяцы 1944 года нам пришлось столкнуться с неизбежной бедой. До этого времени Силезия была тихой гаванью в сравнении с другими районами Германии. Ее пощадили воздушные налеты союзников, затронувшие Бреслау, и еще более страшные бомбардировки заводов в Верхней Силезии. Провинция превратилась в убежище от воздушных налетов для всей Германии. Многочисленные сокровища были переправлены сюда из Берлина. Огромный зал в развалинах старого замка был забит 232 огромными ящиками с драгоценными манускриптами и книгами из Берлинской государственной библиотеки. Библиотека Восточно-Европейского института при университете Бреслау с 50 тысячами томов, была укрыта в моем доме и находилась под надзором нескольких библиотекарей. Беженцы из западных райнов Германии, спасавшиеся от бомбежек, забили деревни и дома, принадлежавшие моему имению.

После падения Варшавы и вторжения русских в Восточную Пруссию угроза русского «парового катка» реально замаячила на горизонте, хотя мы по-прежнему надеялись, что враг может быть остановлен с помощью укреплений, построенных вдоль границы. Реальные масштабы необходимых предупредительных мер не обсуждались — это было бы заклеймено как пораженчество и каралось казнью. Мне, однако, удалось, получить аккредитив на значительную сумму из Deutsche Bank. Я всегда носил его с собой, и он спас меня, когда мне пришлось покинуть свой дом. Более того, я распорядился, чтобы мои акции и деловые обязательства вывезли вместе с другими депозитами этого банка в его филиал в Эрфурте, городе, расположенном в центре Германии и, конечно, находившимся вне досягаемости русских. После чего мы стали ждать, что приготовил для нас Новый, 1945, год.

РУССКОЕ ВТОРЖЕНИЕ

Ждать нам пришлось недолго. Поскольку уже в первых числах января мы узнали, что грандиозное русское наступление стало неизбежным. Сталин пригрозил по радио, что прорвет германский фронт и вторгнется в Германию для того, чтобы нанести ей смертельный удар. В Берлине, где я читал лекции, 9 января даже в высших партийных кругах, как мне сообщили, царила сильная тревога. Я уже собрался возвращаться домой, когда 12 января в армейском бюллетене появилось сообщение о начале наступления и первых важных успехах врага. Спустя несколько дней, 18 января, появились первые беженцы с восточной границы Верхней Силезии, которой в первую очередь угрожал русский удар с Барановского плацдарма. Это была хорошо организованная колонна, с лошадиными упряжками, тащившими фуры с багажом, тракторами, рабочими. Все они пришли из имения моего старого друга фон Рейнерсдорфа, с которым я несколько месяцев назад обсуждал опасность русского прорыва. Их было тридцать или сорок человек. На следующий день явилась жена генерала с детьми и родственниками — друзья моей племянницы. Им пришлось бросить дом в Ольсе, в 30 километрах к юго-востоку от Бреслау, когда на сборы у них оставалось час времени. Так что русское наступление оказалось чрезвычайно стремительным. Затем прибыл сам Рейнерсдорф со своей семьей и слугами — десять человек и шесть лошадей.

С этого момента мне пришлось пребывать в бедственном положении управляющего переполненного отеля. Отъезды и прибытия чередовались друг с другом. Требовались комнаты и еще раз комнаты. Огромный дом, казалось, расширился сверх всяких ожиданий. Среди наших гостей нашлись помощники. Продуктов у нас было очень немного. Мои слуги работали с замечательной преданностью. Конюшня и комнаты на ферме были также переполнены. Беженцы были на высоте: никаких слез, никаких жалоб. Власти организовали некое подобие эвакуации из более опасных районов в менее опасные. Население округа Гухрау было перемещено в наш округ Голдберг. Жители одной деревни из этого округа должны были быть размещены в Гродицберге, а это увеличило население моего дома еще на двадцать человек. Обслуживали, правда, они себя сами.

Мы готовили на сорок персон в двух комнатах. Примерно такое же количество слуг располагалось в кухне, а огромное количество беженцев — в имении. Среди моих гостей преобладали люди старшего возраста. На большую часть из этих трех недель у меня нашли убежище три пожилых леди в возрасте 90, 88 и 73 лет.

Линия Одера, похоже, оказалась не столь уж непреодолимой преградой для русских. Они форсировали реку в 150 километрах северо-западнее Бреслау, рядом со Стейнау, что в 60 километрах к северо-востоку от Гродицберга. Им удалось также пересечь ее близ Брига, в 30 километрах юго-восточнее Бреслау, то есть в 130 километрах от моего дома. Несколько дней на левом берегу Одера шли упорные бои. Ежедневно мы с тревогой ожидали прибытия подкреплений. Однако управляющий, которому приходилось почти ежедневно ездить на машине в столицу нашей провинции, всякий раз возвращался с неутешительными новостями: никаких передвижений наших войск на восток не наблюдается.

Ландрат, которому я звонил почти ежедневно, сообщал мне о слухах, согласно которым в моем доме должно быть расквартировано германское высшее командование. Но ничего из этого не вышло. Моим самым надежным источником информации, похоже, был заместитель президента полиции. Он просто излучал уверенность и оптимизм. По его словам, Гродицберг был самым безопасным местом на востоке, настоящим санаторием, навсегда застрахованный от русского нападения со стороны Стейнау. Битва-де на левом берегу Одера развивается благоприятно для нас. А что до новой эвакуации округов, все более близких к Гродицбергу, так это-де особенно хорошее предзнаменование, поскольку ее можно счесть за подготовительные меры по расквартированию здесь германских войск. Постепенно до меня стало доходить, что шеф полиции следует строгим указаниям, согласно которым он должен распространять ложный оптимизм. Спустя несколько месяцев я узнал, что этот метод практиковался повсюду. Любой, кто не доверял этой лжи и пускался в «трек» по своей собственной инициативе, подлежал аресту и расстрелу.

«Трек» — это зловещее слово из бурского языка, означавшее массовое переселение на фургонах, запряженных волами, распространилось с быстротой молнии, и его можно было услышать во всех беседах, оно стало частью немецкого языка. Паковать ли вещи и грузить машины немногим личным багажом и едой, запрягать ли лошадей, заводить ли трактора — вопросы, ставшие вопросами жизни и смерти. Решить, пускаться ли в «трек» в одиночку, рассчитывая только на себя, или вместе с крестьянами, также было трудной проблемой. В некоторых округах приказ оставаться или уходить отдавался лично крейсляйтером и в основном тогда, когда было уже слишком поздно. В других округах отдельные крестьяне вольны были поступать по собственному разумению. В моем округе никаких приказов или директив не давалось — оставаться или уходить. Однако у меня было конфисковано восемнадцать лошадей для целей, до сих пор мне неизвестных, и я не мог воспользоваться ими. Кроме того, было очевидно, что грузовики нагружены сверх всякой меры и что вес груза превышал их возможности. Крестьяне постоянно просили меня позволить им воспользоваться моими повозками, поскольку у них не было достаточно лошадей.

Что эти «треки» были наказанием господним, стало ясно очень скоро. До нас дошли слухи, что другие «треки», которых мы ожидали с востока, были вынуждены остановиться на несколько дней из-за того, что дороги оказались забиты беженцами. Жестокий холод усиливал нужду и лишения. Еды было мало, старики и дети умирали. Когда жесткая партийная дисциплина ослабла, мы заметили, как восточный «трек» повернул навстречу русским.

Что оставалось делать мне? Из своего опыта Первой мировой войны я знал, что присутствие владельца было гарантией сохранности его собственности. Поскольку я немного говорил по-русски и привык иметь дело с русскими, у меня был шанс выдержать первый опасный удар врага, пока не будет установлен нормальный оккупационный режим, и германские власти вновь не приступят к выполнению своих обязанностей под контролем оккупационных держав.

Еще одна причина перевесила чашу весов в пользу того, чтобы остаться. Выяснилось, что кузина моей жены, фрау фон Охеймб, смертельно больна. Невозможно было транспортировать ее в госпиталь и позволить попасть в руки русских. В моем доме за ней могла ухаживать бывшая сиделка моей жены, которая нашла убежище в Гродицберге. К счастью, мой друг, герр Кронмейер, прибыл в тот момент, когда я мучился этими сомнениями. Он решительно посоветовал мне оставаться, и я решил так и поступить, оставив все же лазейку открытой, чтобы можно было в последний момент уехать на грузовиках Стрекорусса вместе со слугами.

Тем временем, чем ближе подходили русские, тем яснее становилось многое. Обитатели «отеля для беженцев» начали уезжать. До начала февраля мы поддерживали общение, по крайней мере, по вечерам, после обеда. В такие моменты мы собирались в гостиной за стаканом хорошего вина — теперь бесполезно было быть скупым — и болтали о прошлых временах, тщательно избегая жалоб на то, что случилось и что может еще произойти. Я не мог удержаться от сравнения себя и своих гостей с представителями старого режима во времена французской революции, которые тщательно соблюдали правила этикета даже в Бастилии и в повозках, на которых их везли на гильотину. На следующее утро некоторые из наших гостей отправились на своих лошадях в путь — в неуверенность и нищету.

Я сумел найти родственников двух старых леди и переправить их на одной из моих машин в более безопасное место. Я также доставил племянницу с детьми в Эссен, где теперь жила моя сестра после смерти своего мужа. Крестьяне, искавшие убежища в моем доме, собирались и уходили в «трек». В доме становилось все более пусто и одиноко.

Вечером, числа 1 февраля, меня позвали к телефону. Дочь нашего бывшего священника сообщила новость, полученную ею от матери, жившей в деревне, в 20 километрах к северо-западу, близ железной дороги, ведущей от Бреслау на Берлин, о том, что русские танки прорвались через железнодорожную линию. И теперь лишь вопрос времени, когда они будут в Гродицберге. Уже слышны были ружейные выстрелы в 20 километрах по направлению к городу Хайнау. Отблески пожаров освещали ночное небо. Отставшие немецкие солдаты пробирались вдоль проселочных дорог. Огромный «трек» беженцев из соседней деревни прошел мимо нашего дома, усилив мое чувство одиночества. Наш округ индивидуально ответил на вопрос: «идти в «трек» или нет». Пять деревень, включая Гродицберг, остались. Остальные ушли.

С воскресенья, 4 февраля, связь с внешним миром прервалась: ни телефона, ни электричества, ни воды.

После полудня появился немецкий патруль — офицер и восемь солдат, симпатичные ребята из так называемой Panzer-Vernichtungstrupp — подразделения, вооруженного противотанковыми гранатами. Офицер приказал очистить дом, поскольку он останется в нем со своими людьми и будет сражаться. Но это не мой идеал — видеть свой дом и имущество разрушенными ради какой-то бесполезной стрельбы в проигранном деле! Я спорил с офицером. Но тщетно. Так что лошади были впряжены в перегруженные повозки, и мы медленно потянулись вдоль дороги к лесу. Я полагал, что солдаты скоро уйдут, и мы сможем вернуться. Так оно и случилось. Поздно вечером мы вернулись обратно.

Началась наша жизнь в Безлюдной Стране. Ни немцев, ни русских. Нет продовольствия, нет молока с фермы, нет муки, никакой связи с внешним миром, кроме смелых экспедиций отдельных людей в соседние деревни, располагавшиеся в радиусе трех километров от дома. Но, с другой стороны, больше никаких проверок и никакого контроля. И потому свиней резали свободно, масло делали сами владельцы скота. Все делали то, что им нравилось. И все были очень заняты. Вино из моих подвалов было упрятано в защищенном от бомб месте. Серебро закопано где-то в парке. Провизия, бекон и колбасы, и другие необходимые вещи были укрыты в более подходящих местах. Ружья и винтовки также исчезли. Все это должно было быть спрятано и храниться до лучших времен, но, наверное, русские нашли все наши тайники.

Тем временем польские и украинские рабочие в деревне испытывали все большее беспокойство. Хотя поляки, работавшие в моем имении, вели себя хорошо и продолжали работать. Появлялись отдельные русские солдаты. Они заигрывали с польскими девушками и совершили несколько грабежей и избиений. Каждый день я ходил по деревне, подбадривая людей. На домах были вывешены белые флаги. Из соседней деревни просочилась новость, что русские застрелили человека, который пытался защитить девушку от насилия. Девушке удалось бежать. Я говорил с ней, и она подтвердила сказанное.

Здоровье старой фрау фон Охеймб неуклонно ухудшалось, и вскоре она умерла. Пока еще была возможность совершить похоронный обряд в нашей церкви, поскольку священник из числа беженцев остался в Гродицберге. С ним и с некоторыми из моих слуг мы отправились в церковь. На дорогу, ведущую к церкви, выскочили трое русских солдат и остановили машину. Я объяснил им на русском языке, что мы направляемся в церковь. Один из них заглянул в экипаж и довольно объяснил: «Vot Popochka!» и позволил нам проехать. Вернувшись обратно домой, мы нашли здесь все изменившимся. Полчища русских вошли в имение и теперь бродили по комнатам в поисках добычи. С невероятной быстротой они взламывали замки закрытых сундуков и мгновенно находили то, что им нужно: часы, сигареты, шерстяное нижнее белье, ножи и ботинки. Они были превосходные мастера по поиску спрятанных предметов и обыску сундуков. Когда я прибыл, русские были заняты взламыванием шкафов и выдвижных ящиков и разбрасыванием их содержимого. Некоторые из солдат, большинство из которых — молодые парни, были пьяны. Некоторые махали револьверами перед моим носом. Вскоре все они ушли.

С этого момента в Гродицберге не иссякал поток посетителей. Имение удачно расположено в отдаленном углу, и потому арьергардные бои, шедшие на главной дороге, его пощадили. Так или иначе, но за немногим исключением, у русских не было намерения оставаться надолго, и через час-другой они торопились уйти. Русские солдаты приходили без офицеров. Офицеры появлялись редко, по двое, по трое, но без рядовых. Форма и вооружение их казались очень подходящими: меховые шапки, прикрывающие уши, отделанные мехом куртки и толстые брюки. Это была смешанная масса, но большинство из них были молодыми парнями. Часто встречались крепкие сибиряки, которые казались людьми жестокими и неприятными. Но в основном — русские крестьянские парни и заводские рабочие. Часто попадались монголы и другие азиаты. Один из них зашел в мою комнату, явно пьяный, довольно крича что-то вроде «Okolo!» Наконец, я догадался, чего он хочет — одеколон, но не для запаха, а в качестве крепкого спиртного.

Вскоре я выработал определенную процедуру обращения с этими нежелательными гостями. Я не ждал их в холле, но оставался в кабинете, предоставляя своему старому слуге вводить их в дом. И потому ко мне в кабинет они входили уже довольно покорными и смирными. Затем я обращался к ним на русском языке, спрашивая, чего они хотят, и упоминая, между прочим, что я пять лет жил в России в качестве германского по-

369

сла и показывая им фотографию, которая была снята, когда Ворошилов пригласил нас с женой посетить Дом Красной Армии. На ней были изображены мы с Ворошиловым и еще несколько высокопоставленных генералов, а также Литвинов и Крестинский. Эта фотография производила магическое действие на моих посетителей. Они пристально вглядывались в нее, называя военного комиссара по имени, в то время как на других, казненных во время чистки, указывали, зло бормоча при этом: «Это — враг государства». Так, беседуя с ними, я предлагал провести их по дому. Когда мы проходили через огромный зал, где теперь были сложены на полках книги библиотеки Восточно-Европейского института, я указывал на труды русских классиков и Ленина. Я нашел русских довольно культурными людьми, способными оценить книгу. Затем я вел их вниз по узкой лестнице, открывал дверь, ведущую во двор, и они оказывались на улице. Некоторые молча соглашались со столь резким окончанием визита, иные возвращались через другие двери.

Чем дальше, тем более частыми становились эти визиты, совпадая с наступлением главных частей Красной Армии. Надежда, что русские могут быть отброшены, окончательно исчезла. Даже я, хотя и был настроен в основном скептически, питал одно время такие надежды.

Однажды вечером, после того, как на протяжении многих дней бои шли довольно далеко от нас, фронт подошел совсем близко к Гродицбергу. Стучали пулеметы, стреляли ружья, время от времени появлялись самолеты и сбрасывали бомбы. Но вскоре шум стих, и с тех пор тишина уже не нарушалась. Спустя несколько дней русские стали наступать с новой силой. Они двигались по второстепенной дороге, которая шла через деревню. Несколько часов моторизованные колонны проходили в идеальном порядке: тяжелые орудия, гаубицы, грузовики с боеприпасами, машины Красного Креста. Из прифронтового места Гродицберг опустился до статуса оккупированной территории.

С этого момента я оказался привязанным к дому. Я не осмеливался ходить по имению или в конюшни, и мой управляющий приходил и докладывал мне обо всем. Нам приходилось день и ночь быть настороже, поскольку присутствие владельца было самым важным фактором безопасности имения. «Вы хозяин?» — был, как правило, первый вопрос русских. Выпадало несколько часов отдыха и покоя, но потом несколько групп русских могло подойти одновременно. Число их все росло. Русские приезжали на грузовиках, а не на машинах или мотоциклах, но не оставались на ночь, или же становились лагерем на улице. Беззакония и оскорбления стали довольно распространенными явлениями. В соседней деревне застрелили нескольких мужчин. Были изнасилованы многие женщины и совершены другие тяжкие преступления. Но русские пощадили меня благодаря моему способу обращения с ними. Однако моя машина и лошади были украдены. Один из моих визитеров, которого я удовлетворил старыми часами (он был, очевидно, офицером из Сибири, в огромной серой меховой шапке и с гигантскими усами), предупредил меня из лучших побуждений, что те, кто придет следом за ним, будут сильно пьяны. Жители деревни пришли в ужас и к вечеру набились в мой дом, надеясь обрести здесь защиту.

Отставшие немецкие солдаты усугубили и без того опасную ситуацию. Однажды вечером они постучали в дверь, совершенно изможденные и обессилевшие, и попросили еды и убежища. Я приютил их на несколько часов, но потом им пришлось уйти в темную ночь. Если бы их нашли русские, и мы, и они были бы расстреляны.

Во вторник, 21 февраля, я чувствовал себя очень плохо из-за острого расстройства желудка, и мне пришлось лечь. Несколько русских вошли в мою комнату, один из них — офицер. Он производил впечатление интеллигентного и утонченного человека, много выше среднего уровня. Он бойко начал беседу, описывая свои приключения и обращаясь ко мне вежливо «господин посол». Затем он попросил ручку и чернила и выписал мне охранный пропуск. Я поинтересовался, был ли он из верховного командования или из ГПУ, и тут услышал, как другой офицер зашел на кухню и разговаривал с моими слугами. Он выписал мне потом точно такой же документ, добавив в нем, что я был послом в Москве до 1933 года и что я старался установить дружественные отношения с Советским Союзом, но что был снят со своего поста пришедшими к власти национал-социалистами. Я почувствовал облегчение и подумал, что опасность миновала и что впереди меня ждут более спокойные времена. Однако вечером дела приняли драматический и неожиданный оборот.

ПОХИЩЕНИЕ

В 11 часов вечера старый слуга вошел ко мне в комнату и доложил, что какие-то немецкие офицеры настоятельно желают видеть меня. Предположив, что это отбившиеся от своих солдаты, пробирающиеся к германской линии фронта, я распорядился, чтобы их накормили, но что потом будет лучше для всех нас, если они уйдут. Однако слуга ответил, что они настаивают на том, чтобы видеть меня лично, и я велел привести их ко мне.

Симпатичный молодой человек, бедно одетый, в гражданском платье вошел ко мне в кабинет и сказал, что он послан Германским верховным командованием пробраться через русскую линию фронта в Гродицберг, чтобы передать мне приказ. После чего он зачитал текст этого приказа, из которого следовало, что я должен немедленно отправиться с этими офицерами в расположение германских войск, а если откажусь подчиниться, я должен быть расстрелян на месте.

Я сердито ответил, что германские власти, по-видимому, желают, чтобы я вернулся на германскую оккупированную территорию. Я, конечно, подчинюсь приказу, поскольку остаюсь на своем посту не ради собственного удовольствия, а потому, что считаю это своим долгом. Единственный вопрос: пригоден ли я физически для такого путешествия? Как далеко нам придется идти? «Двадцать три километра», — ответил ординарец.

Я оделся при свете свечи, положил свой ингалятор от астмы в ягдташ и попрощался со слугой. Так я покинул свой дом. Еще два офицера в штатском, которые стояли как часовые, присоединились к нам. Была холодная ночь, поля покрыты снегом, луна ярко светила.

Когда мы почти были готовы перейти через главную дорогу, мимо пронесся русский мотоциклист. Нам пришлось укрыться за живой изгородью. Мы сошли с дороги и двинулись полями. После часа ходьбы мы достигли соседней деревни и пробрались в крестьянский дом, чтобы немного передохнуть и изучить карту. Затем продолжили путь в неспешной манере, поскольку луна по-прежнему ярко светила, а мы намеревались пересечь русские линии в темноте. Кроме того, трудно было идти по вспаханным полям.

Мои попутчики оказались приятными, тактичными и толковыми молодыми солдатами. Пользуясь компасом и картой, они безошибочно находили дорогу. Два главных препятствия — автомобильная и железная дороги — были успешно преодолены. Как я позднее узнал, спустя всего несколько часов по этой дороге уже наступали русские войска. Через три часа мы подошли близко к русским линиям обороны. Участки леса сменялись открытыми полями; мягкие изгибы холмов закрывали темный горизонт. Нам приходилось продвигаться очень осторожно. Стали встречаться силуэты русских часовых, четко вырисовывавшиеся на фоне темного неба. Слышны были пароли, которые они кричали друг другу. Неожиданно мои попутчики остановились и принюхались. Воздух был насыщен запахом бензина. Где-то поблизости паркуются машины или находится гараж? Но никаких ключей к разгадке найти не удалось, и мы вновь отправились в путь. Окна крестьянских домов на миг осветились и снова погасли. Еще один критический момент ждал нас впереди, когда нам пришлось миновать деревню, занятую русскими днем раньше. Была ли она еще свободна от постоя солдат, как это было несколько часов назад, когда три моих компаньона шли за мной? Мне пришлось перелезть через несколько изгородей и проволочных заграждений, а затем прыгать через канавы. Через одну из них я прыгнул неудачно и повредил колено. Вскоре опасная деревня осталась позади.

Мы находились недалеко от германских позиций, и

нам снова пришлось быть очень осторожными, чтобы не быть застреленными немецкими часовыми, которые могли принять нас за врагов. Наш старший офицер воспользовался самым эффективным способом: услышав приближающиеся шаги часового, он начинал ругаться и браниться в столь недвусмысленных армейских выражениях, что часовой разрешал нам пройти, услышав пароль того дня «Потсдам». Спустя час мы достигли первого аванпоста, располагавшегося в доме на ферме. Деревня, в которую мы пришли и которая и была целью нашего путешествия, носила очень подходящее название: «Armenruh», что означает «Отдых бедняка».

В течение долгих шести часов нашего похода я не переставал напряженно обдумывать сложившуюся ситуацию. У меня не было иллюзий, что этот подвиг в стиле Дикого Запада был совершен, чтобы спасти для Германии мою драгоценную жизнь. Я догадывался, что военные власти каким-то образом были информированы о моем пребывании в Гродицберге и не сочли разумным оставлять меня в руках у русских, поскольку те могли принудить меня служить их целям с помощью пыток или иного давления. Но с другой стороны, я узнал, что «фельдмаршал» Шернер был командующим армейской группировкой, куда я был доставлен. Это был фанатичный приверженец Гитлера, и его безжалостной тактике мы обязаны потерей десятков тысяч жизней немецких солдат. И я полностью отдавал себе отчет в том, что казнь ныне — довольно обычная процедура. Мне сразу же пришлось предпринять одну меру предосторожности: в туалете в Арменрухе я уничтожил сердечное и признательное письмо, которое Литвинов написал мне, когда я уезжал из Москвы. С начала русского вторжения я носил его с собой на случай крайней необходимости. Теперь оно казалось мне пассивом. Два года спустя, во время денацификации, оно стало бы активом. Но многосторонние письменные показания под присягой еще не были изобретены, и ни один из нас не мог быть готовым во всеоружии встретить любую чрезвычайную ситуацию, столь характерную для наших дней.

Лишь спустя год загадка моего похищения была разрешена. Предысторию этого «вестерна» я услышал от одного из моих коллег, занимавшего ответственный пост в МИДе на протяжении всех этих месяцев, пока война шла к концу. Когда Риббентроп узнал, что я нахожусь на оккупированной русскими территории, с ним случился один из его припадков подозрительности, и он решил, что я начну интриговать и ввяжусь в какие-нибудь сепаратные мирные переговоры. Он решил судить меня особым судом и приказал Верховному командованию любой ценой доставить меня в Берлин. Услышав это, я понял, что Риббентроп так и не отказался от мысли покончить со мной. Я попросил коллегу написать об этом случае письменное показание под присягой, и документ этот сыграл решающую роль на суде по денацификации.

Мои опасения, что меня ожидают некие драматические события, оказались напрасными, когда я добрался до штаба армейского корпуса. Генерал, командующий армейскими соединениями, принял меня радушно, полностью сознавая трудности моего положения. Три моих попутчика, сопровождавшие меня, распрощались со мной, сияя от радости, поскольку за свой «подвиг» были награждены Железными крестами I степени. Однако теперь, когда напряжение спало, моя болезнь вновь обострилась. И хотя врач старался отговорить меня, я настоял на том, чтобы меня перевезли в А. О. К. (ставку Верховного командования). И здесь меня ждал очень теплый прием, поскольку фельдмаршал фон Манштейн был по-прежнему командующим, и офицеры знали, что я нахожусь с ним в дружеских отношениях. Здоровье мое окончательно расстроилось, и я перенес серьезный сердечный приступ. Меня лечил очень хороший врач, и за время болезни у меня было достаточно времени, чтобы обдумать ситуацию.

Первой, и главной, проблемой было достать самое необходимое для жизни: мыло, рубашку и т. д. Второй вопрос — что делать дальше? Имения моих родственников, все расположенные на восточных территориях, были или уже оккупированы русскими, или же находились под угрозой этого. В нескольких километрах от Эссена, где жила моя сестра, проходила линия фронта. Отправиться в путешествие к моим родственникам в Западной Германии было все равно невозможно, учитывая состояние моего здоровья и дезорганизованное воздушными налетами транспортное сообщение. Я решил направиться в Верхнюю Баварию, чтобы там найти приют у друзей.

Вскоре в армейском корпусе появился офицер связи из МИДа, который пожелал встретиться со мной. Он очень внимательно выслушал отчет о моих приключениях, не проронив при этом ни слова о том, что я находился под подозрением у министра. Возможно, он и сам ничего не знал. Он остался доволен услышанным и обещал все передать в Берлине — и это все, что мне известно.

У меня было, однако, несколько беспокойных моментов, когда спустя пять дней после выздоровления я отправился к своему следующему месту назначения — в ставку Верховного командования. Мне сказали, что я могу отправиться туда, а ставка находилась в двухстах километрах, на машине вместе с офицером, который получил назначение в ставку. Как оказалось, офицер этот был главный военный судья армии. Это был недобрый знак! Я стал подозревать, что трибунала мне все равно не избежать.

Сидя в машине, я ждал своего попутчика, но он не показывался. После нескольких запросов я выяснил, что он еще не протрезвел после прощального обеда, устроенного накануне вечером, и был не в состоянии передвигаться.

Так что 200 километров через Богемию в ставку Верховного командования центральной армейской группировки я проехал один. Небольшие группы военных были заняты строительством дорожных заграждений, призванных остановить русские танки. Колонны машин и грузовиков с беженцами медленно двигались вдоль дорог. Страна же в целом казалась мирной и спокойной. Обитатели небольших городков в своих лучших воскресных нарядах — это было воскресенье — вышли на прогулку. Все вежливо отвечали на вопросы, заданные понемецки.

Был уже вечер, когда я прибыл в Колин. В ресторане отеля, где я остановился, пила и пела веселая толпа.

И здесь вновь я встретил радушный прием со стороны нескольких офицеров армейской группировки, которые служили под командованием Манштейна. Они снабдили меня рюкзаком, несколькими солдатскими рубашками, нижним бельем и другими необходимыми вещами.

Спустя несколько дней я отправился в Прагу, где встретил своего коллегу, герра фон Лаквальда — представителя МИДа в протекторате. Он также мне очень помог, и я смог купить несколько полезных вещей, хотя и не без трудностей, поскольку все было строго нормировано, а мои средства — весьма ограниченными.

Прага поразила меня. Война почти не коснулась ее, улицы были забиты веселыми молодыми людьми обоего пола: чехов не призывали на военную службу. Правда, существовала небольшая опасность воздушных налетов, и ежедневные тревоги по утрам вынуждали нас спускаться в убежище. Город, эта жемчужина архитектуры барокко, очаровал меня.

Как объяснил мне Лаквальд, Богемия была государством, которым эффективно и умело управляла вездесущая тайная полиция под командованием пресловутого помощника «протектора» Карла Хейнмана Франка, и потому Лаквальд счел разумным доложить о моем прибытии в Бург, где находилось правительство, поскольку там все равно узнают об этом и могут возникнуть подозрения.

На следующее утро меня попросили явиться в Бург для встречи с Франком. Он произвел на меня более благоприятное впечатление, чем я ожидал, хотя за вежливыми манерами и приятной внешностью безошибочно угадывался жесткий и грубый шеф полиции.

Франк расспросил меня о моих впечатлениях о Силезии и о планах на будущее. Услышав, что у меня проблемы с сердцем, он приказал специалисту из местного университета обследовать меня и пообещал дать машину до Баварии. И сдержал слово. Профессор согласился позволить мне ехать. Владелец машины, собиравшийся в Линц, Австрия, известил меня, что заедет за мной в условленный день.

Вечером перед отъездом Франк прислал мне в отель

пакет с бутербродами и бутылку бренди со стаканом. Так что лично я не могу пожаловаться на Франка!

Когда я отправился на встречу с командующим корпусом, до меня дошло трагическое известие. Оба брата моей жены умерли в один день. Старший, к которому я был очень привязан, был убит в своем доме бродячим югославским военнопленным, а младший, чье имение находилось в нескольких милях, его жена и три молодых сына совершили самоубийство, когда русские танки вошли в их имение. Сестра моей жены потеряла троих из семерых своих детей — два мальчика были убиты на войне, а дочь погибла во время воздушного налета — и двоих зятьев, мало кто остался от семьи моей жены.

Я уехал из Праги в машине австрийского архитектора в сопровождении подрядчика из Богемии. Мы вырвались из города во время воздушного налета, пересекли границу и в сумерках достигли Линца.

В Линце друзья помогли мне продолжить путешествие до Тегенрзее, Верхняя Бавария. Сильный снегопад на целый день задержал мою поездку на санях к отдаленной горной деревне и летнему курорту Бад Крент, где жил со своей семьей герр Нобель, мой коллега по работе в Токио, а также дочери фрау Охеймб, умершей в Гродицберге на положении беженки. К счастью, в доме герра Нобеля нашлась свободная комната, и он предложил мне свое гостеприимство. Так я вновь нашел убежище, где мог подготовиться к встрече с грядущими бедами и, возможно, к тому, чтобы начать жизнь заново в оставшиеся мне годы.

Глава 7

БЕЖЕНЦЫ

ЛИЧНЫЕ ИСПЫТАНИЯ

Я долго раздумывал, следует ли добавлять к этой книге заключительную главу, относящуюся к событиям, случившимся за те три года, что прошли после того, как мне пришлось оставить свой дом. Представляя в настоящее время не более чем частичку той серой массы из десяти миллионов немцев, изгнанных из Восточной Германии, я и моя участь могут вызвать к себе не более чем средний интерес. Большинству из этих беженцев пришлось перенести куда большие испытания, чем мне, и многие из них могли бы рассказать о них более ярко и убедительно. Попытки описать судьбу Германии и те опасности, которые она таит для мира, кажутся мне тщетными и ненужными. Я не хочу вызывать упрек в склонности жаловаться на судьбу. Кроме того, что может быть более убедительным в этом отношении, чем превосходные книги и статьи, опубликованные в Америке, или «Письма к редактору», вышедшие в Великобритании, описывающие откровенно и жестко отчаянное, бедственное положение Германии? Когда писались эти строки — в июле 1948 года — излишне было указывать, какие последствия может повлечь за собой ликвидация восточно-германских территорий. «Битва за Берлин» — прекрасная иллюстрация этого.

Тем не менее, я все-таки добавлю несколько заключительных замечаний к предшествующему рассказу о моей жизни. Мне кажется, этим коротким описанием эмоций и событий, заполнивших те три года, что я провел на положении беженца, я могу помочь тем, кто разделил мою судьбу. Подобное описание может также послужить делу ознакомления внешнего мира с психологическими и физическими процессами, происходящими сегодня в Германии.

Весной и летом 1945 года серия оглушительных, ошеломляющих ударов постигла каждого немца — и как отдельного человека, и как члена социума. Немцам пришлось столкнуться с последствиями безоговорочной капитуляции Германии и ее полного разгрома. Это означало одно — обратились в прах труд многих поколений и столетние традиции. Еще более ужасным было разоблачение страшных преступлений, совершенных правителями Третьего рейха *и преступления СССР.*

Но несмотря на это отчаяние, вздох облегчения раз за разом проносился по всей Германии по мере продвижения войск союзников на восток. Террор и притеснения стали невыносимы. Связь с западным миром отныне нужно устанавливать заново. Германии следовало бы лучше предоставить возможность работать, чтобы восстановить то, что разрушили ее правители, и мы надеялись на такой исход. Заявление генерала Эйзенхауэра о том, что войска союзников пришли не как освободители, но как победители, разрушило эти надежды и убило желание сотрудничать. А потом произошло нечто невероятное: Евразии позволили проникнуть в сердце Европы. Красная Армия выдвинулась к пригородам Любека, к Веймару, Дрездену и Вене. Даже сегодня, после прочтения большинства публикаций, касающихся конференции в Ялте, решения, принятые там, кажутся невероятными и необъяснимыми, рассматривать ли их с германской или с союзнической точки зрения, касаются ли они европейских или дальневосточных дел.

Столь же ошеломляющим и непонятным, с какой точки зрения на него ни взгляни, был следующий удар, нанесенный немцам: Потсдамская конференция и отделение Восточной Германии от рейха по линии, проходящей в 50 милях западнее Берлина. К этим 25% территории и богатствам, отсеченным от тела Германии, добавилось еще 25%, перешедших под советское управление. Поляки получили благословение на эвакуацию немецкого населения с отведенных им территорий.

При этом защитная статья, согласно которой эту эвакуацию следует проводить «организованно и гуманно», не выполнялась ни поляками, ни чехами, также получившими «добро» на изгнание от 3 до 5 миллионов судетских немцев, ни, конечно же, Россией в Восточной Пруссии. На протяжении последних нескольких лет миллионы немцев с этих территорий пересекли границы Западной Германии, все сильно нуждающиеся. И лишь самые крепкие среди них сохранили здоровье. Единственная охранная статья Потсдамского соглашения, гласившая, что необходимо поддерживать и сохранять экономическое единство рейха, никогда не работала из-за обструкции русских. Но даже три западные оккупационные зоны все больше и больше превращались в водонепроницаемые отсеки, поскольку управлялись на основе фундаментально различных законов и постановлений в отношении управления, выборов, финансов и денацификации.

Проводившаяся в Германии чистка среди нацистов и людей, занимавших руководящие посты при Гитлере, лишила политическую и экономическую жизнь страны тех мозгов, что позволяли государству функционировать и под нацистским правлением. В то время как десятки, если не сотни тысяч их во всех четырех оккупационных зонах годами содержались в лагерях для интернированных, значительная часть населения, с учетом членов их семей доходившая до 25% или около того, была лишена своих обычных профессий и постов и годами пребывала в тревожном состоянии неизвестности и беспокойства. То, что на протяжении этих лет питание населения никогда не достигало даже голодного минимума, что экономическая жизнь пришла почти к полному застою, явившемуся следствием неуверенности, вызванной военными разрушениями, дезорганизацией, бюрократическим вмешательством, инфляцией, налогами и что процветали «черный» и «серый» рынки — все это хорошо известно всем и нуждается лишь в том, чтобы быть упомянутым между прочим.

Моя новая обитель, Креут, избежала разрушений в те тревожные дни до и после капитуляции. Несмотря на тот факт, что Креут и Тегернзее были объявлены зонами

Красного Креста из-за наличия здесь многочисленных госпиталей, войска СС стали окапываться в этих местах. В первые дни мая они вошли в наш дом и объявили, что он составляет часть главной линии обороны. Большинство солдат, почти мальчишки, казались восторженными энтузиастами, тогда как их руководители были жесткими, крутыми парнями. Однако казавшаяся неминуемой опасность полного уничтожения от американских бомбардировок в последний момент была отвращена от этих мирных горных курортов несколькими смелыми людьми, и среди них — швейцарский консул М. Фрей, который не побоялся вступить в спор с командованием американских соединений. Бомбардировка была отложена, и СС ушли.

Однажды погожим солнечным утром, 7 мая, в Креут вошли американские войска. Они просочились небольшими группами. Мой хозяин Нобель был приглашен на передовой пост в качестве переводчика. Он отправился на выполнение своей миссии без шляпы и пальто, и вернулся домой лишь спустя пятнадцать месяцев, поскольку был арестован и отправлен в лагерь для интернированных. Когда я вернулся после обеда с прогулки в деревню, у двери остановился джип. Американские солдаты вошли в дом, спросив фрау Штейн, мать фрау Нобель. Она со своим мужем, который к этому времени уже умер, много лет жила в Соединенных Штатах. Ее старший сын, немецкий офицер, был убит на восточном фронте, а младший остался в Соединенных Штатах, но с начала войны она не получала от него известий. Спустившись по лестнице и войдя в кухню, она с криком бросилась к высокому американскому офицеру, обняла его и воскликнула: «Вальтер! Вальтер!» Это и был ее младший сын, который наконец нашел мать.

Прошли месяцы, прежде чем и меня коснулось постановление военного правительства, предусматривавшее автоматический арест всех должностных лиц, занимавших важные посты в годы нацистского режима. Тем временем русские захватили банковские депозиты и филиал Дойче Банка в Эрфурте, куда были вывезены мои акции и долговые обязательства (Эрфурт находился в русской зоне оккупации). Так что я потерял все свое состояние. Экспроприация, насколько это касалось меня, была полной. Объективно говоря, утрата собственности оказалась не столь роковым, непоправимым событием, как это можно было ожидать. В случае со мной радикальная и быстрая операция оказалась предпочтительнее медленной и постепенной процедуры. Что по-настоящему болезненно, так это утрата дома и кое-каких личных вещиц, напоминающих о прошлом.

Я был глубоко потрясен известием, которое недавно просочилось из Гродицберга. Оказывается, утром после моего ухода, в имение пришли русские офицеры высокого ранга, чтобы встретиться со мной. Они скептически отнеслись к словам слуги, что я неожиданно исчез со сцены в неизвестном направлении, обыскали дом и имение и угрожали расстрелять моих работников и слуг, поставив их в ряд у стены и целясь в них из винтовок. В течение следующего дня мебель, картины и все остальное было упаковано в ящики и отправлено в Москву. Старый замок на вершине горы с коллекцией средневекового оружия, мебели и картин был сожжен.

Гродицбергу суждено было разделить участь всех деревень, оказавшихся в русской и польской зонах оккупации. Мои работники и зажиточные крестьяне были арестованы и высланы в Россию для принудительного труда. 76-летний сторож и его жена были сразу же расстреляны. Мой управляющий, который был серьезно ранен, наступив на мину во время похода к железнодорожной станции, был добит русским часовым. Мой второй сторож умер от истощения в поезде. Оставшиеся вместе с товарищами по несчастью, всего 1800 человек, оказались в Карагандинской степи, в Центральной Азии, в 500 милях от китайской границы. Им пришлось работать на строительстве гигантской дамбы, их «норма», как русские называли ежедневный минимум работы, состояла в переноске девяти кубометров земли. Излишне описывать еду, жилье и климат. Спустя несколько месяцев от первоначальных 1800 человек осталось 700, большинство из них больные и непригодные к работе. Выжившие были отправлены в лагеря для интернированных с более терпимыми условиями, а некоторым даже позволили вернуться к своим семьям. Эту историю поведали мне мой садовник и другой житель Гродицберга.

Поскольку изгнание поляками оставшихся обитателей Гродицберга продолжалось, информация об изгоняемых стала более точной и откровенной. Многие были убиты оккупантами или покончили жизнь самоубийством. Еще больше умерло от эпидемий. Кроме утрат, понесенных в годы войны, по крайней мере 15% жителей Гродицберга умерло после катастрофы. В соседних деревнях процент был примерно тот же. Это можно считать средним числом потерь, понесенных населением оккупированных Советами и поляками германских территорий. В Померании и Восточной Пруссии потери были, вероятно, еще выше.

В августе наступила моя очередь на «автоматический» арест. Как заключенный номер 1764 я был отправлен в «информационный центр» во Фрейзинге, в 12 милях от Мюнхена, вместе с двумя бывшими коллегами — послом фон Шоеном и посланником Клее.

Несколько генералов и высших офицеров составляли население нашей комнаты, рассчитанной на восемьдесят человек, в недавно построенных артиллерийских казармах. Всего две сотни мужчин и 15—20 женщин составляли общину интернированных, поддерживая между собой отношения доброго товарищества. «Информационный центр» был выше уровнем, чем фильтрационный лагерь, и не имел никакой перевоспитательной подоплеки. Мы не ждали, когда нас допросят, как заключенных в лагерях. После нескольких вводных бесед я принялся за работу, порученную мне следователем — приличным и разумным человеком, который, будучи немецким эмигрантом в США, в совершенстве владел немецким языком. Меня попросили написать записку о моей дипломатической деятельности. Я сделал это с великим усердием, поскольку это давало возможность чем-то заняться.

Я всегда буду с удовольствием вспоминать месяцы, проведенные в лагере во Фрейзинге. Не потому, что это было физически или психологически приятное время.

«Япония казалась нам с женой очень привлекательным местом»

Посол Дирксен на приеме у японского императора Хирохито. В центре — «любимчик посла» Р. Зорге

«Япония находилась „на марше" — в состоянии потенциальной агрессии»

Японские войска отправляются в Маньчжурию. «Начало военных действий
в Китае было весьма нежелательным событием для Германии». «Германские
симпатии на Дальнем Востоке больше относились к Китаю, чем к Японии»

Японская «работа» в Маньчжурии, 1932 г.

Японцы сжигают китайские деревни. 1932 г.

На улицах Токио после подписания
«Антикоминтерновского пакта»

Рихард Зорге, чьи аналитические способности высоко ценил посол Дирксен

Одно из культовых мероприятий — праздник цветения сакуры. На переднем плане — Р. Зорге

Чайная пиала. «Чем меньше внешнего очарования у произведения искусства, тем выше оно ценится в Японии»

Руины Мадрида после фашистской бомбежки, 1939 г. «Очень взрывоопасный вопрос — гражданская война в Испании — слегка утратил свой возбуждающий эффект»

Д. Саймон и А. Иден на переговорах с Гитлером, 1935 г.

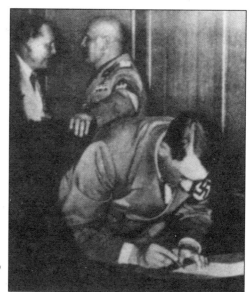

«Гитлер достиг своих политических целей — свободы для судетских немцев... Дальнейшие его намерения казались подозрительными...»

Чемберлен подписывает мюнхенское соглашение. «Когда Риббентроп услышал совет не давить на Чемберлена, он хлопнул кулаком по столу и рявкнул: „Три дня!" — на эвакуацию чехов из Судет»

Чехи против мюнхенских соглашений, сентябрь 1938 г.

Чемберлен на аэродроме в Лондоне: «Мир сейчас!». «Мюнхенское соглашение превратилось из жертвы, принесенной ради мира, в мастерски просчитанное средство выиграть время...»

«Мы беспокоились, поскольку Германия могла потребовать слишком обширные чешские территории, а британцы могли наметить границы без надлежащего размаха и щедрости». Но беспокоились зря: довольный Кейтель увозит карту отторгаемых чешских земель

Вступление немцев в Прагу, 15 марта 1939 г.

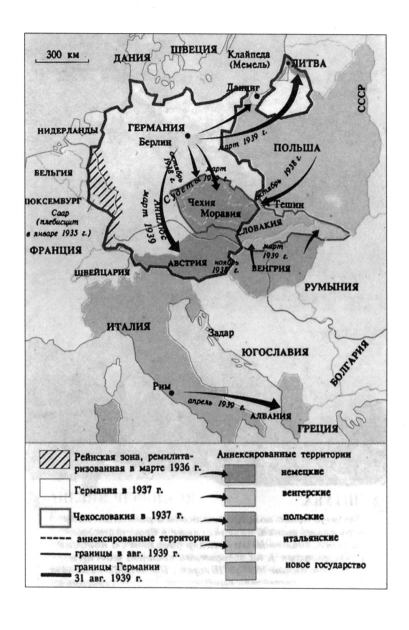

300 км

ШВЕЦИЯ

ДАНИЯ

Клайпеда (Мемель)

ЛИТВА

Данциг

НИДЕРЛАНДЫ

ГЕРМАНИЯ
Берлин

ПОЛЬША

БЕЛЬГИЯ

октябрь 1938 г.

март 1939 г.

март 1939 г.

ЛЮКСЕМБУРГ
*Саар
(плебисцит
в январе 1935 г.)*

март 1939

Судеты 1938 г.

Чехия
Моравия

Аншлюс

октябрь 1938 г.

Тешин

ФРАНЦИЯ

СЛОВАКИЯ

ШВЕЙЦАРИЯ

АВСТРИЯ

ноябрь 1938 г.

март 1939 г.

ВЕНГРИЯ

СССР

РУМЫНИЯ

ИТАЛИЯ

Задар

ЮГОСЛАВИЯ

БОЛГАРИЯ

Рим

апрель 1939 г.

АЛБАНИЯ

ГРЕЦИЯ

Аннексированные территории

Рейнская зона, ремилита-
ризованная в марте 1936 г.

Германия в 1937 г.

Чехословакия в 1937 г.

аннексированные территории

границы в авг. 1939 г.

границы Германии
31 авг. 1939 г.

немецкие

венгерские

польские

итальянские

новое государство

Германский рейх в 1939 году. Рост «жизненного пространства» налицо

Черчилль осматривает результаты работы «люфтваффе». Лондон, осень 1940 г.

Немецкие танки у польской границы. Лето 1939 г.

Русский «паровой каток» докатился до Силезии

Пленные немцы — на запад, союзники — на восток. «Вздох облегчения проносился по всей Германии по мере продвижения войск союзников на восток»

«Появились первые беженцы, которым
угрожал русский удар с Варановского
плацдарма»

«„Трек" — это зловещее слово из бурского языка, означавшее массовое переселение на фургонах, запряженных волами. Оно стало частью немецкого языка»

«Миллионы немцев с восточных территорий были изгнаны поляками и сгрудились в случайных убежищах»

«Произошло невероятное: Евразии позволили проникнуть в сердце Европы». Советские солдаты кормят берлинцев

«Оглушительный, ошеломляющий удар для каждого немца: безоговорочная капитуляция Германии и ее полный разгром»

Дирксену повезло больше, чем Риббентропу: нюрнбергским прокурорам он понадобился «только для допроса и написания меморандума»

Мы негодовали на это произвольное, без суда и следствия, заключение, ибо не ожидали, что методы, столь хорошо знакомые нацистам, будут так же широко использованы союзниками. В других отношениях Фрейзинг также нельзя было назвать местом отдыха. Восемь или десять пожилых людей толпились в одной запертой комнате с неким подобием кроватей, с голодной диетой и скудными возможностями для мытья. И тем не менее эти недели заняли место в ряду самых интересных периодов моей жизни. Благодаря долгим беседам с обитателями лагеря, когда в течение двух-трех часов нам позволяли находиться на прогулке в огороженном дворе, я многое узнал о закулисных событиях последних лет войны. Каждая фаза этого периода будет впоследствии просвечена как рентгеном на Нюрнбергском процессе и в многочисленных публикациях о нем, но в тот период эти беседы стали для меня откровением. По вечерам мы иногда читали лекции обитателям нашей комнаты или играли в бридж. С точки зрения «перевоспитания», недели, проведенные во Фрейзинге, стали, боюсь, полным провалом. Мы старались энергично поддерживать свой дух и избегали демонстрировать признаки депрессии или раздражения. И это нам удавалось. С откровенным энтузиазмом мы мыли нашу комнату или меняли солому в мешках, на которых спали.

Психологическая устойчивость и чувство товарищества росли пропорционально сроку пребывания в лагере. В конце концов, не удивительно, что было мало симпатий по отношению к оккупационным властям со стороны тех, кто совершенно ни за что был интернирован на два года, чтобы зачастую оказаться освобожденным с «белым билетом», что означало, что против его обладателя не могут выдвигаться никакие обвинения, даже если он был членом партии.

Спустя месяц следователь сказал мне, что я буду переведен в другое место, где моими допросами займутся люди, более сведущие в иностранных делах. Спустя несколько дней десять интернированных были перевезены на грузовике во Франкфурт. Мои надежды на то, что мы продолжим свою поездку дальше, в Висбаден, не оправдались. Мы остановились в фильтрационном лагере в Оберурселе, близ Франкфурта. Здесь мне довелось, как говорится, «попробовать» обычного фильтрационного лагеря. В то время как обращение во Фрейзинге было приличным, Оберурсель был просто тюрьмой: маленькие камеры на одного заключенного, скверное обращение, едва не доходившее до избиений со стороны охраны. У меня забрали пояс, шнурки и даже куртку, вероятно, чтобы не допустить самоубийства. Так что мне приходилось тащиться по коридору, поддерживая руками брюки, чтобы не потерять их.

Я спрашивал себя, сколько мне придется пробыть в этом месте: дни, недели или месяцы? К моей радости, кара эта закончилась спустя 24 часа. Два элегантно одетых американских офицера попросили меня пройти с ними в машину, и мы поехали в Висбаден, где остановились на роскошной вилле. Здесь один из офицеров сказал мне, что меня доставили сюда по просьбе мистера Де Витт Клинтона Пуле, председателя следственной комиссии Госдепартамента. Я был в очень дружеских отношениях с м-ром Пуле, когда он был советником американского посольства в Берлине, а я — главой Восточного отдела МИДа.

Вскоре после моего прибытия м-р Пуле поприветствовал меня и объяснил, что, получив от Госдапартамента поручение подробно изучить довоенную политику Германии, он вспомнил обо мне, узнал мой адрес и добился у военных властей разрешения на временное освобождение. Он спросил, готов ли я сотрудничать с ним в выполнении этой задачи. Я ответил, что охотно это сделаю.

Я пробыл в Висбадене два месяца и очень интересно и приятно провел время, общаясь с членами комиссии. М-р Пуле продемонстрировал величайшую предупредительность и внимательность во всем, и у меня было много интересных бесед с членами его миссии. Результат этой работы был опубликован м-ром Пуле в «Foreign Affairs».

Спустя два месяца м-р Пуле и его коллеги закончили свою работу, и миссия вернулась в Соединенные Штаты. Однако перед отъездом м-р Пуле добился у военных властей моего освобождения, и мне было позволено вернуться в Баварию. Мне повезло, что меня миновала обычная участь старого беженца — вести бесполезную жизнь. После капитуляции я взялся претворять в жизнь старое решение: сделать все, что в моих силах, чтобы освободить мою родину — «германский Восток» — от русского и польского ига. Существовало законное основание для таких усилий, поскольку Потсдамское соглашение определило германо-польскую границу как временную.

Я придерживался мнения, что единственное эффективное средство может убедить западные державы в необходимости воссоединения восточно-германских территорий с рейхом — это доказать, что восстановление Германии в границах 1937 года снизит их оккупационные расходы. Задача состояла, таким образом, в том, чтобы описать экономические возможности и производственные мощности германского Востока, чтобы показать, что эти территории, кроме своих собственных жителей, кормили еще и миллионы немцев на западе. Сейчас эта задача кажется более легкой, чем это было в обстоятельствах, сложившихся в 1945—1946 годах. Потребовались недели и месяцы поисков, чтобы выяснить, где живут люди, пригодные для такой работы, а кроме того, готовы ли они будут взвалить на свои плечи эту задачу, несмотря на переживаемые ими личные трудности и лишения. Поскольку библиотеки на востоке были потеряны навсегда, а большинство их на западе были разбомблены или повреждены, отсутствовали элементарные средства для научной работы. Достать машинистку или бумагу было почти нерешаемой проблемой.

Наконец научный штат под квалифицированным руководством профессора Обста из университета Бреслау был собран и получил поддержку одной из северо-западных земель. Результатом этих исследований стала серия убедительных и основательных научных меморандумов и записок с приложением карт и диаграмм отдельных провинций, таких, как Силезия, Померания, Восточная Пруссия, Бранденбург, которые я и передал представителям соответствующих властей.

Наконец научный штат под квалифицированным руководством профессора Обста из университета Бреслау был собран и получил поддержку одной из северо-западных земель. Результатом этих исследований стала серия убедительных и основательных научных меморандумов и записок с приложением карт и диаграмм отдельных провинций, таких, как Силезия, Померания, Восточная Пруссия, Бранденбург, которые я и передал представителям соответствующих властей.

На протяжении 1946 года последние миллионы немцев с восточных территорий были изгнаны поляками и сгрудились в случайных убежищах, казармах и противовоздушных бункерах в Западной Германии. Всякого, кто интересовался судьбой своих родных провинций и их жителей, тут же засыпали сообщениями и новостями разного рода: о состоянии сельского хозяйства на территориях, находившихся под польским управлением, о человеческих жертвах и лишениях, перенесенных перемещенными миллионами изгнанников, и весь этот материал пришлось просеять, проанализировать и представить в виде меморандума. Изгнанникам нужно было помогать и делом, и советом. Таким образом, четко сформулированная задача, которую я поставил перед собой, стала еще шире. Я устанавливал связи не только с бесчисленными силезцами, которые писали письма или приходили ко мне лично, но и обменивался мыслями с другими, уехавшими из своих родных провинций по тем же причинам, что и я из Силезии.

К этой работе примешивались попытки большинства немцев избежать тюрьмы, насколько это было возможно. Лично мне с 1945 года и далее также пришлось маневрировать между перспективой быть посаженным в тюрьму нацистами, русскими, американцами и денацифицированными немцами или нюрнбергскими прокурорами. Я сумел избежать нацистов и русских. Американцы держали меня в качестве заключенного сравнительно недолго, денацифицированные немцы — сравнительно долго, но не как заключенного. Нюрнбергским прокурорам я понадобился только для допроса и написания меморандума.

Даже после катастрофы немцы продемонстрировали свою обычную основательность во всем, что касалось денацификации. Суд в Траунштейне, Верхняя Бавария, судил меня и моего старого друга, генерала Кестринга, бывшего военного атташе в Москве, в течение двух дней. Председатель суда действовал гуманно и продуманно. Членами суда были два жителя Траунштейна: один — еврей из концлагеря, другой — коммунист. Коммунист оказался моим старым знакомым, которого я знал еще в Москве. У него была в России небольшая концессия, и посольство не раз оказывало ему помощь. Таким образом, я нашел в его лице стойкого и верного помощника. И Кестринг, и я были оправданы. Публика, набившаяся в зале, так явно демонстрировала нам свои симпатии, что председательствующему судье пришлось попросить присутствующих не аплодировать и не выражать открыто свое одобрение.

Вскоре после моего оправдания ко мне обратился молодой человек, студент из Траунштейна, который сказал мне, что во время суда он находился в зале среди зрителей. Он попросил меня, несколько безапеляционно, написать воспоминания. Он объяснил, что таково было мнение его и его товарищей. Они желали знать, как, собственно, развивались события в прошлом и как поступали в той обстановке государственные деятели. На вопрос, присутствовал ли он на процессе в первый день или во второй, он ответил, что был в зале суда с начала и до конца. «Я и мои товарищи были на все сто процентов на вашей стороне». Возможно, именно этот эпизод и подвигнул меня написать свои воспоминания не только по-английски, но и на немецком языке.

Моя денацификация, однако, не закончилась с оправдательным приговором. Прокурор из страха, что его могут обвинить в том, что он позволил «нацистским бонзам» избежать наказания, выступил против оправдания. Ему удалось отодвинуть нормализацию моей жизни еще на один год: я не получал пенсию, мне не позволили голосовать и запретили печатать свои статьи в американской зоне оккупации, когда веселый офицер из американского пресс-контроля пронюхал, что я еще не полностью и окончательно денацифицирован.

С другой стороны, процессы постепенно прекратились. Апелляционные суды, недостаточно укомплектованные, не могли рассмотреть тысячи и тысячи дел, скопившиеся у них. В конце концов прокурор отозвал свой протест, и отныне я не имею контактов с судами, судебными разбирательствами и прокурорами — по крайней мере, пока. Но этот краткий отчет о личном опыте, о пережитых испытаниях, может помочь объяснить то состояние умов, в котором пребывали немцы в период денацификации, и как они ее оценивали. Денацификация, по моему мнению, стала самым эффективным средством убить в них желание и готовность сотрудничать и породить настроения, доходившие до неонацизма, особенно у более радикальной части населения и среди тех, кто был подвергнут подобному «лечению».

Как только связь с внешним миром была восстановлена, я сразу же попытался заполучить доступ к зарубежным газетам и книгам, чтобы пробить стену духовной и информационной изоляции, которая окружала нас с начала войны. Заново обретя возможность знакомиться с обзорами мировой политики, я начал писать статьи для прессы.

Мне стал доступен даже физический контакт с внешним миром. Так, эти строки были написаны в Швейцарии после продолжительного пребывания в Ирландии. Более гармоничную атмосферу для немца, которому открылись ворота в чужой и странный довоенный мир, трудно себе представить, чем та, что царит в этих двух гостеприимных нейтральных странах. Однако угроза третьей мировой войны давит на них столь же сильно, как и на Германию.

ВЫМЕРШИЙ ВИД

Неумолимый поток времени и событий несет меня и всех остальных обитателей земного шара, постоянно возвращая при этом к одним и тем же проблемам безграничной важности, настоятельно требующим своего решения, — проблеме противостояния Востока и Запада с безнадежно переплетенной с ней проблемой «германского Востока».

Несколько лет назад, в 1941 году, меня пригласили в город Лигниц, близ Гродицберга, на празднование 700-летней годовщины битвы при Лигнице, где германская армия, хотя и сильно побитая, сумела остановить монгольские орды потомков Чингисхана. На протяжении семисот лет «германский Восток» защищал западную цивилизацию и ее образ жизни от Азии. Ныне этот барьер разрушен навсегда, и Запад беспокойно оглядывается вокруг в поисках кого-то другого, на кого можно было бы возложить эту обязанность. Любой, знакомый с политикой восточных держав, прекрасно знает, что Евразию невозможно задобрить уступками — сдачей стратегических преимуществ линии Любек — Вена, которую ей позволили занять по непонятным, непостижимым причинам.

В то время как функция Пруссии как стража и аванпоста Запада против Востока в основном недооценивалась, последствия ее уничтожения для внутреннего состояния Германии переоценены. Застарелые, пренебрежительные и неактуальные лозунги типа «пруссизм», «юнкеризм» и т. д. затмили тот факт, что уже со времен основания Бисмарком Германской империи, с тех давних пор принципы, лежавшие в основе государственной политики и жизнеустройства Пруссии, были восприняты, пусть до некоторой степени бессознательно и не по своей воле, но всей Германией. Солдат любого германского полка демонстрирует те же мужество, стойкость духа и дисциплину, что и прусский. Прусский тип офицера характерен теперь для офицеров по всей Германии. Управление на территории всей Германии стало столь же эффективным и неподкупным, каковым оно было в Пруссии. Даже основополагающие, фундаментальные принципы прусской философии государства были усвоены другими германскими государствами, хотя и в несколько смягченной форме. Пруссия, чьи земли до 1866 года, когда были аннексированы Ганновер и часть Гессе, представляли собой в Западной Германии лишь раздробленные анклавы, растворилась в единой Германии после основания рейха и стала, скорее, символом, уже не существующим в реальности. И нет ничего более лживого, чем утверждения о ее гипернационализме и о том, что именно Пруссия является колыбелью национал-социализма. Беспочвенность последнего утверждения доказана не раз позицией, занятой по отношению к национал-социализму представителями так называемого «пруссизма» — офицерами, чиновниками и землевладельцами. Большинство из тех многих тысяч людей, что пожертвовали своими жизнями, чтобы освободить Германию от этого ужаса, были выходцами именно из этих классов.

Пруссия никогда не возродится. Даже если территории Восточной Германии вновь воссоединятся с Германией, Пруссии не будет. Эти территории станут частью старой родины-матери на правах федеральных земель. Однако жители этих территорий не исчезли с уничтожением Пруссии. Опустошенные войной и жестокостями выселения, потерявшие здоровье, с разграбленной собственностью, набившиеся в неприспособленные для жизни дома и жилища, еще более ограбленные антиобщественной монетаристской реформой экспроприационного характера, разбросанные по всей Западной Германии, десять миллионов из них еще живы. И если десятью тысячами отверженных можно было бы и пренебречь, то десятью миллионами — не удастся. Проблема этих десяти миллионов изгнанников стоит в ряду самых насущных проблем Европы, какой бы в дальнейшем ни оказалась судьба старого континента.

Попытки ассимилировать изгнаников в новой среде обитания потерпели неудачу. Даже если бы Западная Германия и была бы более привлекательной и гостеприимной, чем может быть революционизированная, разрушенная войной страна, даже если бы статьи Потсдамского соглашения не обеспечили законного основания для требований возвратить Восточную Германию рейху, эти десять миллионов все равно никогда бы не отреклись от мысли возвратиться в свои дома. Если Германия останется и впредь расколотой на Западную и Восточную части, они и тогда будут «третьей силой», которая может сыграть значительную роль в грядущих событиях.

Пока еще все они страстные антибольшевики, настроенные стойко антирусски, и искренние приверженцы Запада, стремящиеся к западной цивилизации. Но было бы ошибкой для Запада принимать эту приверженность как данную раз и навсегда. 95% всех немцев ныне живут много ниже стандартов западной цивилизации во всем, что касается питания, жилья, одежды и всего необходимого для жизни. Более молодое поколение, начавшее жизнь на пустом месте, с нуля, и лишенное каких-либо преимуществ, более независимо и настроено довольно скептически в отношении прелестей и удобств этой цивилизации. Главнй вопрос — сможет ли Запад сохраниться без этой цивилизации, остается без ответа. Поставленное перед альтернативой — принадлежать к западной цивилизации, лишившись при этом возможности вернуться домой, или же вернуться в Восточную Германию, но без сохранения западных стандартов жизни, подавляющее большинство изгнанников выберет последнее, при условии, что советское или польское правление будет отменено. Это правление и сегодня есть главное препятствие к возвращению.

Однако, если русские не совершат невероятной глупости, угрожая Германии еще более грубо и жестоко, чем Чингисхан, если бы они предоставили Германии полуавтономию, как Финляндии и Восточной Германии, то возможно, что и вся Германия присоединилась бы к Восточному блоку.

Даже сейчас ненависть к большевизму, питаемая этой «третьей силой», охлаждается рассуждениями, основанными на Realpolitik. Скептицизм в отношении готовности западных держав стоять до конца в деле помощи Германии и не выходить в один прекрасный день из игры, обменяв ее на более прибыльные объекты, не ослабевает. Мысль, что в конце концов Германия географически принадлежит Востоку, что огромные неосвоенные ресурсы России могут дать средства к существованию, работу и благосостояние, приходит в голову многим немцам, и они, пусть и неохотно, но готовы склониться к смирению в уверенности, что это послужило их интересам, если они сумеют договориться с Востоком. Воспоминания о традиционной политике прусских королей — жить в дружбе с восточным соседом — еще живы среди исторически мыслящих немцев. Чем дольше Германия остается камнем преткновения для всего мира, чем дольше западные державы продолжают политику навязывания своих решений Германии, не позволяя ей самой строить собственную судьбу — пусть и под их наблюдением, — тем сильнее будут становиться эти тенденции.

Все политически мыслящие немцы убеждены — и это первостепенной важности факт, с которым необходимо считаться, — что нынешнее положение дел всего лишь краткая прелюдия, за которой вскоре последует нечто другое. Столь же глубока и уверенность, что без восстановления территориального status quo ни Германия, ни Европа не встанут на ноги. Последний тезис в германском политическом кредо — это уверенность в том, что воссоединение Германии и Европы может свершиться лишь в рамках Соединеных Штатов Европы. Таково сейчас политическое кредо изгнанников. Но оно может очень скоро измениться.

Что касается духовной стойкости и мужества моих соотечественников из Восточной Германии, то у меня было достаточно возможностей сделать собственные наблюдения, когда я имел дело с сотнями писем и посетителей, собирая информацию для своей работы. Лишь незначительный их процент — люди с ослабленным здоровьем, пожилого возраста или слабого характера — сломались, не выдержав тягот. Подавляющее же большинство с упорной решимостью взялось за работу, пришпориваемое необходимостью заработать на жизнь. И это характерная черта всех немцев — быть необыкновенно энергичными и деятельными в любого рода умственной или физической работе, в условиях безжалостной борьбы за выживание. Во многих отношениях более прогрессивные и развитые, чем их соотечественники с беспечного и богатого Запада, многие из беженцев сумели пробиться наверх и заработать средства к существованию, несмотря на изначально мизерные шансы и неравенство возможностей.

Оказаться изгнанным из дома без средств, быть пересаженным в новую среду в опустошенной, разоренной и обнищавшей стране — это, вероятно, самое серьезное испытание, которому могут подвергнуться отдельный человек или класс. Восточные немцы, для которых переход от богатства и влияния к бедности и незначительности оказался особенно резким и внезапным, выдержали эту проверку.

И здесь прежде всего следует упомянуть о мужестве и приспособляемости, продемонстрированных женщинами, поведение которых в столь тяжелых обстоятельствах оказалось выше всех похвал. Ни жалоб, ни стонов — но мужественная решимость встретить неизбежное. Измотанные необходимостью добыть продовольствие и предметы первой необходимости, приготовить и убрать, заштопать и починить изношенную одежду, они работают день и ночь. Они даже ухитряются сохранять атмосферу своей бывшей среды, предлагая посетителям гостеприимство, которое, несмотря на плохое жилище, облагорожено той искренностью, с которой оно было предложено. Серебряный поднос или несколько чашек, спасенных от катастрофы «трека» и грабежа, призваны олицетворять собой комфорт и достаток ушедших дней.

Их мужья и сыновья, если не сидят в фильтрационных лагерях или не находятся в плену, стараются всеми путями заработать немного денег, работая дровосеками или сельскохозяйственными рабочими на фермах или же занимаясь каким-то транспортным бизнесом, если у них сохранилась упряжка лошадей после вынужденного «трека». Есть адмиралы, работающие сельскохозяйственными рабочими по 12 часов в день, штабные генералы, награжденные самыми высокими орденами и знаками отличия за личную доблесть, а ныне торгующие вразнос. Те, кому удалось подняться на первые ступеньки лестницы экономического успеха, занимают посты управляющих ферм или арендуют фирмы, или же являются совладельцами какого-нибудь дела. Поскольку ум, смышленость, мастерство и борьба за выживание — самые мощные силы для развития человеческого характера, у меня нет сомнений, что большинство из этих десяти миллионов беженцев из Восточной Германии выплывут на поверхность и вновь сумеют построить свою новую жизнь, где бы они ни находились.

Как вид они вымерли. Но как индивидуумы они выживут. Германский Восток распался на атомы. Но эти атомы живы.

1948 г.

ПРИЛОЖЕНИЕ

ИЗ ВЕРСАЛЬСКОГО МИРНОГО ДОГОВОРА

28 июня 1919 г.
Версаль

⟨...⟩

Статья 159

Германские военные силы будут демобилизованы и сокращены на установленных ниже условиях.

Статья 160

Самое позднее, с 31 марта 1920 года германская армия не должна будет насчитывать более семи дивизий пехоты и трех дивизий кавалерии. С этого момента общий численный состав армии Государств, образующих Германию, не должен превышать ста тысяч человек, включая офицеров и нестроевых, и будет исключительно предназначен для поддержания на территории порядка и для пограничной полиции. ⟨...⟩ Германский Большой Генеральный Штаб и всякие иные подобные формирования будут распущены и не могут быть восстановлены ни в какой форме.

⟨...⟩

Статья 168

Изготовление оружия, снаряжения и всякого рода военного материала может производиться лишь на тех заводах или фабриках, местонахождение которых будет доведено до сведения и представлено на одобрение Правительства, Главных Союзных и Объединившихся Держав[1], и число которых эти последние оставляют за собой право ограничить.

⟨...⟩

---

[1] *Главные союзные державы* (согласно Версальскому договору): Соединенные Штаты Америки, Британская Империя, Франция, Италия и Япония. *Объединившиеся державы:* Бельгия, Боливия, Бразилия, Китай, Куба, Эквадор, Греция, Гватемала, Гаити, Гондурас, Либерия, Никарагуа, Панама, Перу, Польша, Португалия, Румыния, Сербо-Хорвато-Словенское государство, Сиам, Чехословакия и Уругвай.

Статья 170

Ввоз в Германию оружия, снаряжения и военного материала, какого бы то ни было рода, будет строго воспрещен.

То же самое будет относиться к изготовлению и вывозу в чужие страны оружия, снаряжения и военного материала какого бы то ни было рода.

Статья 171

Ввиду воспрещения пользования удушливыми, ядовитыми или тому подобными газами, а также всякими аналогичными жидкостями, веществами или способами, производство и ввоз их в Германию строго воспрещается.

То же самое будет относиться к материалу, специально предназначенному для изготовления, сохранения или применения названных продуктов или способов.

Равным образом воспрещается производство и ввоз в Германию броневиков, танков или всякого рода других подобных машин, могущих служить для военных целей.

Статья 172

В трехмесячный срок со дня вступления в силу настоящего Договора Германское Правительство доведет до сведения Правительств Главных Союзных и Объединившихся Держав о видах и способах производства всех взрывчатых веществ, ядовитых составов или других химических препаратов, употреблявшихся им в течение войны или изготовленных им с целью употребить их таким образом.

⟨...⟩

Статья 179

Германия обязуется со вступлением в силу настоящего Договора не аккредитовать ни в какой чужой стране никаких военных, морских или воздухоплавательных миссий, не посылать их и не позволять им выезжать; она обязуется, кроме того, принимать подобающие меры к тому, чтобы не допускать германских граждан покидать свою территорию для поступления в армию, флот или воздухоплавательную службу какой-либо иностранной державы или для прикомандирования к ней в целях оказания ей помощи в военном деле или вообще для содействия в обучении военному, морскому и воздухоплавательному делу в чужой стране. ⟨...⟩

⟨...⟩

Статья 190

Германии воспрещается строить или приобретать какие-либо военные суда, кроме тех, которые предназначены для замены вооруженных единиц, предусмотренных настоящим Договором. ⟨...⟩

Статья 191

Постройка и приобретение всяких подводных судов, даже торговых, будут воспрещены Германии.

⟨...⟩

Статья 201

В течение шести месяцев, которые последуют за вступлением в силу настоящего Договора, изготовление и ввоз воздушных судов, частей воздушных судов, а также двигателей для воздушных судов и частей двигателей для воздушных судов будут воспрещены на всей территории Германии. ⟨...⟩

ИЗ ВЫСТУПЛЕНИЯ В. И. ЛЕНИНА НА СОВЕЩАНИИ ПРЕДСЕДАТЕЛЕЙ УЕЗДНЫХ, ВОЛОСТНЫХ И СЕЛЬСКИХ ИСПОЛНИТЕЛЬНЫХ КОМИТЕТОВ

1920 г.
Москва

⟨...⟩ Что такое Версальский договор? Это неслыханный, грабительский мир, который десятки миллионов людей, и в том числе самых цивилизованных, ставит в положение рабов. Это не мир, а условия, продиктованные разбойниками с ножом в руках беззащитной жертве. У Германии отняты этими противниками по Версальскому договору все ее колонии. Турция, Персия и Китай превращены в рабов. Получилось такое положение, при котором 7 / 10 мирового населения находится в порабощенном положении. Эти рабы разбросаны по всему миру и отданы на растерзание кучке стран: Англии, Франции и Японии. И вот почему весь этот международный строй, порядок, который держится Версальским миром, держится на вулкане, так как те 7/10 населения всей земли, которые порабощены, только и ждут не дождутся, чтобы нашелся кто-нибудь, кто поднял бы борьбу, чтобы начали колебаться все эти государства... Версальский мир держится на Польше. Правда, нам не хватило сил довести войну до конца. Но нужно помнить, что наши рабочие и крестьяне были разуты и раздеты, но они шли все-таки вперед и преодолевали такие трудности и воевали при таких условиях, при каких не приходилось воевать ни одной армии во всем мире. У нас не хватило сил, мы не могли взять Варшаву и добить польских помещиков, белогвардейцев и капиталистов, но наша армия показала всему миру, что Версальский договор не есть такая сила, какой его изображают, что сотни миллионов людей осуждены теперь на то, чтобы десятилетиями платить самим и заставлять платить внуков и правнуков по займам, чтобы обогатить французских, английских и других империалистов. Красная Армия показала, что этот Версальский договор не так прочен. После этого Версальского договора наша армия показала, как разоренная Советская страна летом 1920 года была, благодаря этой Красной Армии, в нескольких шагах от полной победы. Весь мир увидел, что есть сила, для которой Версальский договор не страшен, и что никакие Версальские договоры не сломят силы рабочих и крестьян, если они умеют расправляться с помещиками и капиталистами...

СООБЩЕНИЕ «МАТЭН»

30 марта 1921 г.
Париж

Советское Правительство приглашает иностранный капитализм колонизовать Россию. ⟨...⟩ Коммунистическое правительство нуждается в кредите за границей для закупок и покрытия расходов по своей широкой пропаганде. Запасы золота и драгоценностей растрачены. Поневоле Советскому Правительству пришлось по совету крупных шведских и германских деятелей, а именно Круппа и Гуго Стиннеса, решиться бросить на иностранный рынок естественные богатства России, которые можно реализовать. Так, оно уже начало предоставлять Круппу эксплуатацию больших заводов оружия и снаряжения — Путиловского и Охтинского. По исчислениям Советского Правительства число концессий, предоставляемых иностранным капиталистам, — 71. Из них: 8 лесных в азиатской России, 30 — лесных в европейской России, 19 — рудничных и 14 — земледельческих. ⟨...⟩ Ясно, что дарованные таким образом Советским Правительством преимущества иностранцам в ущерб русскому народу и главным кредиторам России ни в коем случае не свяжут закономерное русское правительство, которое в один прекрасный день сменит диктатуру коммунистов. ⟨...⟩

СООБЩЕНИЕ КОРРЕСПОНДЕНТА
ГАЗЕТЫ «ТРИБЮН»

7 апреля 1921 г.
Науэн

Телеграмма из Галле сообщает об открытии главной квартиры Красной Армии в Центральной Германии на одной из железнодорожных станций. Это повело к открытию целой коммунистической организации, ответственной за восстановление, которое предполагалось произвести в Германии. Руководил ею Роберт Крузе вместе с неким Вильгельмом Фуксом. Была разработана целая система курьеров. Однако, главное командование исчезло, но полиция захватила документы, карты и планы широкого восстания в области вместе с точным доказательством получения инструкций и денежной помощи из России. (...)

Стиннес выехал в Россию для переговоров о целом ряде новых концессий. Заключение русско-германского торгового договора, за которым последует открытие германского консульства в Москве, ожидают с минуты на минуту. Ожидают также, что многие германские дельцы устремятся в Москву, главным образом за концессиями, так как возможности для товарообмена очень мало. В Берлин выехала русская делегация из трех инженеров для принятия 3000 паровозов, сдача которых намечается в мае. Германия, по-видимому, играет на эксплуатации русских богатств для собственного восстановления и даже предложила полумиллиону германских безработных отправиться в Россию, где из-за недостатка квалифицированных рабочих положение стало критическим. Тратя большое количество золота при своем последнем отчаянном усилии вызвать революцию в Западной Европе путем коммунистического восстания в Германии, большевики в то же время готовы отказаться от последних признаков своей программы и вернуться к капитализму в промышленности и земледелий без особого государственного контроля, надеясь спасти этим свои головы.

Ленин понял, что не надо особенно полагаться на уступки крестьянам, потому что последние, не доверяя большевистскому строю, продолжают отказывать в доставке продовольственных запасов голодающим городам. Неудача коммунистического восстания в Германии, как сообщают, использована Лениным в качестве аргумента для компромисса в современной промышленности. Германские государственные деятели и промышленники не питают иллюзий о возможности возрождения России при большевиках и думают, что падения большевиков надо ждать осенью, но они хотят заложить фундамент и подготовить экономический захват России для будущей эксплуатации ее. «Форвертс» заявляет, что растущий оппортунизм большевиков доказывает глупость и преступность политики большевистских опытов и определяет судьбу престижа большевиков среди рабочих Европы. — Шаплен.

ЦГАСА. Ф. 33987. Оп. 3. Д. 62. Л. 336.

ДОГОВОР, ЗАКЛЮЧЕННЫЙ МЕЖДУ РСФСР И ГЕРМАНИЕЙ В РАПАЛЛО

16 апреля 1922 г.

Германское правительство, представленное рейхсминистром, доктором Вальтером Ратенау, и правительство Российской Социалистической Федеративной Советской Республики, представленное Народным Комиссаром Чичериным, согласились относительно нижеследующих постановлений:

Статья 1. Оба правительства согласны, что разногласия между Германией и Российской Советской Республикой по вопросам, возникшим за время состояния этих государств в войне, регулируются на следующих основаниях:

а) Германское государство и РСФСР взаимно отказываются от возмещения их военных расходов, равно как и от возмещения военных убытков, иначе говоря, тех убытков, которые были причинены им и их гражданам в районах военных действий вследствие военных мероприятий, включая и предпринятые на территории противной стороны реквизиции. Равным образом обе стороны отказываются от возмещения невоенных убытков, причиненных гражданам одной стороны посредством так называемых исключительных военных законов и насильственных мероприятий государственных органов другой стороны.

б) Публичные и частно-правовые отношения, пострадавшие вследствие войны, включая сюда и вопрос о судьбе попавших во власть другой стороны коммерческих судов, будут урегулированы на основах взаимности.

в) Германия и Россия взаимно отказываются от возмещения их расходов на военнопленных. Равным образом Германское правительство отказывается от возмещения расходов, произведенных на интернированные в Германии части Красной Армии. Со своей стороны Российское правительство отказывается от возмещения ему сумм, вырученных Германией от продажи военного имущества, ввезенного в Германию этими интернированными частями.

Статья 2. Германия отказывается от претензий, вытекающих из факта применения до настоящего времени законов и мероприятий РСФСР к германским гражданам и их частным правам, равно как и к правам Германии и германских государств в отношении России, а также от претензий, вытекающих вообще из мероприятий РСФСР или ее органов по отношению к германским гражданам или к их частным правам при условии, что правительство РСФСР не будет удовлетворять аналогичных претензий других государств.

Статья 3. Дипломатические и консульские отношения между Германией и РСФСР немедленно возобновляются. Допущение консулов той и другой стороны будет урегулировано специальным соглашением.

Статья 4. Оба правительства далее согласны в том, что для общего правового положения граждан одной стороны на территории другой и для общего урегулирования взаимных торговых и хозяйственных отношений должен действовать принцип наибольшего благоприятствования. Принцип наибольшего благоприятствования не распространяется на преимущества и льготы, которые РСФСР предоставляет другой Советской Республике или государству, которое раньше было составной частью бывшего Российского государства.

Статья 5. Оба правительства будут в доброжелательном духе взаимно идти навстречу хозяйственным потребностям обеих стран. В случае принципиального урегулирования этого вопроса на международном базисе они вступят между собою в предварительный обмен мнений. Германское правительство объявляет о своей готовности оказать возможную поддержку сообщенным ей в последнее время проектируемым частными фирмами соглашениям и облегчить проведение их в жизнь.

Статья 6. ⟨...⟩ Пункт в) ст. 1-й, ст. 4-я настоящего договора вступают в силу с момента ратификации; остальные постановления настоящего договора вступают в силу немедленно.

Учинено в 2-х подлинных экземплярах в Рапалло 16 апреля 1922 г.

ЧИЧЕРИН — РАТЕНАУ

«Известия» № 102 (1541) от 10 мая 1922 г.

РЕЗОЛЮЦИЯ, ОТПРАВЛЕННАЯ СОЮЗНИКАМИ КАНЦЛЕРУ ВИРТУ ПО ПОВОДУ РАПАЛЛЬСКОГО ДОГОВОРА

18 апреля 1922 г.

Господин Председатель!

Нижеподписавшиеся державы с удивлением узнали, что в течение первой фазы работ конференции Германия, не сообщив об этом другим представленным там державам, тайно заключила договор с Советским правительством.

Вопросы, затрагиваемые этим договором, составляют именно в данный момент предмет переговоров между представителями России и представителями всех других приглашенных на конференцию держав, в том числе и Германии. Едва лишь неделю тому назад германский канцлер заявил на первом заседании, что германская делегация будет сотрудничать с другими державами в деле разрешения этих вопросов в духе абсолютной честности и солидарности.

Вследствие этого нижеподписавшиеся державы считают своим долгом высказать вполне откровенно свое мнение германской делегации.

Заключение подобного соглашения во время работ конференции является нарушением условий, которые Германия обязалась соблюдать при своем вступлении в число ее участников.

Приглашая Германию явится в Геную и предлагая ей иметь своих представителей во всех комиссиях на равных началах, приглашающие державы засвидетельствовали свою готовность устранить все воспоминания о войне и дали Германии возможность честного сотрудничества с своими бывшими врагами в европейской работе конференции. На это предложение, внушенное духом благожелательности и солидарности, Германия ответила актом, уничтожающим дух взаимного доверия, необходимый для международного сотрудничества, установить который было главной целью данной конференции.

На всяких конференциях официозные совещания между сторонами допустимы и часто желательны: подобный обмен взглядами полезен, поскольку он предназначен облегчать общую работу, и поскольку результаты докладываются конференции с целью служить предметом совместного обсуждения и решения. Не так поступила германская делегация.

В то время как заседала конференция и как Германия была представлена в комиссии и подкомиссии, имевших поручение выработать европейский мир с Россией на основе каннских постановлений, немецкие представители в этой комиссии заключили тайно, за спиной своих коллег, договор с Россией и притом по тем самым вопросам, рассмотрением которых они были заняты в честном сотрудничестве с представителями других наций. Этот договор не представлен на какое-либо рассмотрение или санкцию конференции; мы рассматриваем его как окончательный договор, который авторы не намерены представлять на ее суждение. Он действительно составляет нарушение некоторых ее принципов, лежащих в основе конференции.

При этих условиях нижеподписавшиеся полагают, что было бы несправедливо, чтобы Германия после заключения частных соглашений с Россией могла участвовать в обсуждении статей соглашения между представляемыми ими странами и Россией. Они заключают из всего этого, что германские делегаты отказались участвовать в обсуждении пунктов соглашения между представленными на конференции странами и Россией.

Примите, господин Председатель, уверение в нашем высоком уважении.

ЛЛОЙД ДЖОРДЖ, ЛУИ БАРТУ, ФАКТА, ИШИИ, ТЕЙНИС, БЕНЕШ, СКИРМУНТ, НИНЧИЧ, ДИАМАНДИ

Материалы Генуэзской конференции. Полн. Стенографический отчет. Изд. 1922 г. С.306—313.

«МЫ НАЧИНАЕМ ТАМ, ГДЕ ОСТАНОВИЛИСЬ ШЕСТЬ СТОЛЕТИЙ ТОМУ НАЗАД...».
А. ГИТЛЕР

⟨...⟩ Ни ориентация на Запад и ни ориентация на Восток должны быть будущей целью нашей внешней политики, а восточная политика в смысле приобретения необходимого клочка земли для нашего германского народа. ⟨...⟩ Победа идеи станет тем скорее возможна, чем более всеобъемлющей будет пропагандистская обработка людей в их массе и чем исключительнее, строже и крепче будет организация, ведущая борьбу практически. ⟨...⟩

Мы начинаем там, где остановились шесть столетий тому назад. Мы останавливаем святой поход германцев на Юг и Запад

Европы и направляем взгляд на землю на Востоке. Мы завершаем, наконец, колониальную и торговую политику предвоенного времени и переходим к земельной политике будущего. Но когда мы в Европе сегодня говорим о новых земельных владениях, мы можем думать в первую очередь только о России и подчиненных ей лимитрофах. (...)

A. Hitler. Mein Kampf.
München. 1925—1927. S.653, 742, 757, 783.
Перевод с немецкого.

ВОРОШИЛОВ — МОЛОТОВУ: «ПО СОДЕРЖАНИЮ ПИСЬМА тов. ЧИЧЕРИНА НЕ ЧУВСТВУЕТСЯ, ЧТОБЫ гр. РАНЦАУ ПОЛУЧИЛ... БОЛЬШЕВИСТСКИЙ ОТПОР НАШЕГО НАРКОМИНДЕЛА»

7 марта 1926 г.
Москва
Совершенно секретно

В письме на Ваше имя с копией членам Политбюро и Коллегии НКИД от 5 марта с.г., озаглавленном: «Скандал с Германией», тов. ЧИЧЕРИН, между прочим, пишет: «Посол с величайшим возбуждением указал, что эта фраза есть в сущности донос Антанте на секретные вооружения Германии, т. е. как раз по одному из самых больных вопросов между побежденной страной и Версальскими победителями. Это равносильно угодничеству перед последними».

Эта цитата является словами, произнесенными, как сообщает тов. Чичерин, в «величайшем возбуждении» германским послом. Далее следуют слова нашего Наркоминдела, неизвестно, в каком состоянии написанные: «действительно, эта фраза совпадает с доносами всяких французских милитаристов на Германию, и в устах нашего Наркомвоенмора она совершенно неожиданна и чревата непредвиденными последствиями».

Не знаю, совпадает ли моя фраза о германских вооружениях с доносами «всяких французских милитаристов», но тон письма тов. Чичерина в отношении меня совпадает с графским, безусловно. Тов. Чичерин в своем письме ни единым словом не обмолвился, как он парировал наскок «его сиятельства» на выступление Наркомвоенмора. По содержанию письма тов. Чичерина не чувствуется, чтобы гр [аф] Ранцау получил соответствующий большевистский отпор нашего Наркоминдела.

По существу вопроса я не вижу ничего «вопиющего» в моем выступлении, тем более что оно было сделано в присутствии еще трех членов Политбюро: тт. Сталина, Бухарина и Калинина, не сделавших мне ни малейших замечаний. (...)

Нелишне было бы знать, как реагировал Наркоминдел на сообщение (ТАСС) «Известия» от 25 февраля с. г. № 46 о том, что представитель морского ведомства, выступая в главной комиссии рейхстага против коммунистов и социал-демократов за увеличение сметы Морведа на 47 мил. марок, «ссылался на необходимость усиления морской обороны восточного побережья, причем указывал на маневры Советского флота в Балтийском море».

Если в моем выступлении германский посол усмотрел «донос» и пр., против чего тов. Чичерин не возражал, то выступление официального представителя германского морского ведомства, не на митинге, а в Главной Комиссии рейхстага, с провокационными выпадами против СССР, есть действительно травля нашего государства, с чем призван бороться прежде всего Народный комиссариат иностранных дел.

С коммунистическим приветом ВОРОШИЛОВ

ЦГАСА. Ф. 33987. Оп.3. Д. 151 Л. 92—93.

УНШЛИХТ — ЛИТВИНОВУ, КОПИИ — СТАЛИНУ И ВОРОШИЛОВУ

31 декабря 1926 г.
Совершенно секретно

Отвечая на Ваше письмо от 16.XII и высказывая свои соображения, я имею единственной целью объективно подойти и разобрать стоящие перед нами вопросы в связи с последними разоблачениями германской прессы.

Из имеющихся в моем распоряжении материалов, касающихся внешней политики Германии, я склонен сделать нижеследующие основные выводы.

1. Ведя политику хозяйственного и политического сближения с Францией... и одновременно играя на франко-английских противоречиях, Штреземан уже добился на этом пути значительного успеха. Агентурные данные указывают, что в своей внешней политике германское МИД намечает следующую политическую линию: сближаясь с Францией, но не обостряя отношений с Англией, Штреземан добивается разрешения задач германской буржуазии на западе (дальнейшее смягчение военного контроля, освобождение оккупированных областей и Саара, пересмотр плана Дауэса и т. д.), подчиняя этим задачам свою политику на востоке, по отношению к Польше, Чехословакии, СССР и Литве. Имеются указания на согласие Англии оказать поддержку при разрешении задач на восточных границах Германии и по вопросу о военном контроле.

Штреземан считает, что он добьется еще больших успехов в своей игре на англо-французских противоречиях, если этой задаче подчинит свою политику по отношению к СССР. Он оценивает значение дружественных отношений к нашему Союзу с точки зрения использования СССР для своей политики лавирования и для хозяйственных интересов Германии, с каждым днем все меньше и меньше считаясь с интересами и желаниями СССР.

2. Во внутренней политике отмечается усиление экономического и политического влияния тех слоев буржуазии, которые не связаны с теперешними руководящими кругами рейхсвера и стремятся изменить ориентацию последнего в смысле отказа от сотрудничества с СССР. Одновременно усилилось влияние морских кругов, ведущих линию сближения с Англией. Опираясь на эти силы, Штреземан ведет борьбу за усиление своего влияния на рейхсвер, за подчинение политики последнего иностранной политике германского правительства и изменение его «русской» ориентации.

Уход Секта является крупным успехом Штреземана в этом направлении. Дальше идет усиление тех кругов в национальных организациях (в частности, в Восточной Пруссии, по обеим сторонам коридора в Восточной Силезии), которые подчинили свою тактику МИД! Штреземан обещал этим союзам повести более активную политику на востоке Германии, указывая при этом, что он будет основываться в этом вопросе на помощь Англии. Успех Германии на последней сессии Лиги Наций в отношении кенигсбергских укреплений в значительной мере объясняется поддержкой Англии. Этим укрепляется взятый Штреземаном курс внешней политики, доказывающий, что при поддержке Англии скорее можно добиться успехов по отношению к Польше, чем придерживаясь «русской» ориентации.

3. Штреземан опасается выступить более явно против нынешнего руководства рейхсвером, ибо он боится обострить с ним свои отношения. До последнего времени Штреземан не пользовался в рейхсвере более заметным авторитетом. Поэтому ему необходимо было использовать борьбу против рейхсвера других партий и лиц (в частности, демократов и социал-демократов), применить целый ряд обходных маневров, чтобы выступить в конце концов в роли защитника от радикальных элементов, стремящихся «республиканизировать» рейхсвер.

4. Кампания «разоблачений» относительно связей рейхсвера с СССР является такого рода обходным маневром. Результаты переговоров на последней сессии Совета Лиги Наций показали, что эти «разоблачения» не имели никакого влияния на ход переговоров и имеют своей целью в первую очередь повести атаку против восточной ориентации рейхсвера. Германские социал-демократы, поддерживающие полностью внешнюю политику МИД, не посмели бы без прямого или молчаливого согласия Штреземана выступить на собственный риск с «разоблачениями».

Следует полагать, что последний был полностью в курсе дела и ловко использовал требования Англии и Франции, а также социал-демократов, оставаясь лично в весьма выгодном положении.

В дальнейшем не исключена возможность повторения таких «разоблачений», если необходимо будет доказать Англии свое желание бороться с «советскими» настроениями рейхсвера. В связи с последними «разоблачениями» весьма характерным является сообщение нашего военного атташе в Берлине, которое гласит следующее: «Сегодня в «Форвертс» (10. XII) снова паскудная статья: речь в рейхстаге, в которой оратор социал-демократ прямо говорит, обращаясь к коммунистам: спросите Чичерина, что такое «ГЕФУ» или «ВИКО». Последнее название всплывает первый раз в прессе. Немудрено, так как я со всех концов получаю сообщения, рисующие удивительную беспечность друзей по всем этим вопросам. Так, например, пароходы «Артусгоф» и «Готенгоф» выгружались днем в Штеттине на рейде, на глазах у катающихся по реке людей, в неурочном месте. Ленинградская немецкая колония знает хорошо «ГЕФУ» во всех подробностях.

Доктор Тиле распространялся в Эссене на банкете, в присутствии иностранцев, о своей деятельности в СССР, куда он попал по секретным заданиям РВМ, и т. д. Материалов против Настоятеля, а попутно и против них, у враждебных нам кругов — куча. Больше того, по указанию нашей агентуры, кампанию в прессе открыл сам Штреземан, передав социал-демократам через своего секретаря соответствующий материал.

5. За последнее время заинтересованность Германии в СССР, как в военной базе, постепенно уменьшается. В частности, характерным в этом отношении является стремление Германии использовать все послабления союзников для создания собственной военной промышленности. В отношении авиации это в основном осуществлено в связи с теми уступками, на которые Франция пошла в вопросах германского авиационного строительства (развитие гражданской авиации). В отношении флота (также подводного) наблюдается сотрудничества германского морского ведомства с Англией. Характерно, что основная часть морских кругов Германии в отношении СССР солидарна с политикой Англии, не одобряя восточной ориентации рейхсвера. Внешней базой для тяжелой артиллерии Германии является Швеция. Кроме того, немцы имеют базы в Финляндии, Испании, Голландии и Аргентине. За последнее время усилилось сотрудничество с Чили (флот, авиация, гидроавиация, газовое дело).

Наблюдается также усиление позиции Германии и Турции. Этого достаточно, чтобы выявить тенденцию уменьшения заинтересованности Германии в СССР как в вопросе о военно-политическом сотрудничестве, так и в вопросе сотрудничества нашего военведа с РВМ. ⟨...⟩

С коммунистическим приветом УНШЛИХТ

БЕРЗИН — ВОРОШИЛОВУ: «НЕОБХОДИМО...
УДЕРЖИВАТЬ ГЕРМАНИЮ ОТ ОКОНЧАТЕЛЬНОГО
ПЕРЕХОДА ВО ВРАЖДЕБНЫЙ НАМ ЛАГЕРЬ...»

29 января 1927 г.
Москва
Совершенно секретно

⟨...⟩ 5. Для оттяжки войны нашего Союза с капиталистическим миром и улучшения нашего военно-политического положения целесообразно и необходимо:

а) Добиться сепаратного сырьевого соглашения с Финляндией, гарантирующего ее нейтралитет в случае войны СССР с третьей стороной;

б) Препятствовать разрешению польско-германских спорных вопросов (Данцигский коридор, Верхняя Силезия и т. д.);

в) Препятствовать заключению польско-балтийского союза;

г) Удерживать Германию от окончательного перехода во враждебный нам лагерь;

д) Содействовать обострению франко-английских отношений;

е) Продолжать борьбу за наше влияние на Турцию и Персию;

ж) Продолжать всемерно содействовать нашему политическому усилению в Китае, используя национально-освободительные и революционные силы Китая.

6. Содействовать обострению отношений между Японией и САСШ, не допустить англо-японского соглашения по вопросам китайской политики.

Начальник IV Управления БЕРЗИН
Зам. Начальника III Отдела
(подпись) [неразборчива]

ЦГАСА. Ф. 33987. Оп. 3. Д. 128. Л. 26.
Подлинник

ИЗ РЕЧИ СТАЛИНА НА ПЛЕНУМЕ ЦК ВКП(Б)

19 ноября 1928 г.

Вопрос о быстром темпе развития индустрии не стоял бы у нас так остро, как стоит он теперь, если бы мы имели такую же развитую промышленность и такую же развитую технику, как, скажем, в Германии, если бы удельный вес индустрии во всем народном хозяйстве стоял у нас так же высоко, как, например, в Германии... В том-то и дело, что мы стоим в этом отношении позади Германии и мы далеко еще не догнали ее в технико-экономическом отношении.

Вопрос о быстром темпе развития индустрии не стоял бы так остро в том случае, если бы мы представляли не **единственную** страну диктатуры пролетариата, а **одну из стран** пролетарской диктатуры, если бы мы имели пролетарскую диктатуру не только в нашей стране, но и в других, более передовых странах, скажем, в Германии и Франции.

При этом условии капиталистическое окружение не могло бы представлять для нас той серьезной опасности, какую оно представляет теперь, вопрос об экономической самостоятельности нашей страны, естественно, отошел бы на задний план, мы могли бы включиться в систему более развитых пролетарских государств, мы могли бы получать от них машины для оплодотворения нашей промышленности и сельского хозяйства, снабжая их сырьем и продовольственными продуктами, мы могли бы, следовательно, развивать нашу индустрию менее быстрым темпом. Но вы знаете хорошо, что мы не имеем еще этого условия и мы все еще являемся **единственной** страной пролетарской диктатуры, окруженной капиталистическими странами, многие из которых стоят далеко впереди нас в технико-экономическом отношении.

Вот почему вопрос о том, чтобы догнать и перегнать экономически передовые страны, Ленин ставил как вопрос жизни и смерти нашего развития.

Таковы **внешние** условия, диктующие нам быстрый темп развития нашей индустрии...

СТОМОНЯКОВ О БЕСЕДЕ С ДИРКСЕНОМ

5 июля 1929 г.
Совершенно секретно

Дирксен во время беседы с Микояном и мною сказал, что он ожидал скорого окончания репарационных переговоров и открытия после этого кредитных переговоров с нами. Парижские переговоры, однако, чрезмерно затянулись. К тому же они не дали возможности заинтересованным правительствам закончить быстро все это дело, утвердив решения парижской репарационной конференции, и появилась надобность в новых переговорах, которые состоятся на предстоящей политической конференции. Вторым обстоятельством, помешавшим скорому открытию кредитных переговоров, были майские события в Берлине и Москве и антинемецкие демонстрации в Ленинграде. Не то, чтобы эти события изменили мнение гермпра о необходимости кредитной акции, но они создали неблагоприятную атмосферу вокруг советско-германских отношений и тем самым ослабили заинтересованность германской общественности и в особенности германских хозяйственных кругов в новых мероприятиях для усиления германского экспорта в СССР. В Германии стали открыто говорить, что Коминтерн ставит ставку на Германию и прощупывает возможности открытого выступления рабочих против гермпра.

В Германии говорят, что мы недостаточно считаемся с ее интересами и недостаточно обращаем внимание на ее протесты; в частности, ленинградский инцидент был урегулирован неудовлетворительно, ибо мы даже не выразили по этому поводу сожаления.

Третьим обстоятельством было усиление за последнее время германского экспорта, превысившего за последние 12 месяцев на 1,5 млрд. марок цифры предыдущего года. ⟨...⟩ Произошло падение заинтересованности германской промышленности в осуществлении новой кредитной акции. ⟨...⟩ В Берлине полагают, что переговоры о кредитах будет целесообразнее начать уже после окончания международной конференции, на которой будут урегулированы репарационные и политические проблемы, стоящие в порядке дня. ⟨...⟩

Я ответил Дирксену, что благодарю его за эти сообщения, которые я передам тов. Микояну и Коллегии НКИД. Дирксен прервал меня, сказав, что он не имеет поручения из Берлина делать мне эти сообщения и делает их по собственной инициативе и в частном порядке. ⟨...⟩ Ни в Берлине, ни в Москве германская сторона не считала даже нужным сообщить нам, почему же германские делегаты не приезжают. Мы не гнались за германскими кредитами. Начиная с декабрьских переговоров, мы неоднократно в ясной и в недвусмысленной форме заявляли германской стороне, в ответ на ее вопросы, что германские кредиты не являются необходимыми для нас, ибо наше хозяйство может обойтись и без них. ⟨...⟩ У нас многие полагают, что молчание гермпра по кредитному вопросу после заявления германского посла о назначении германских делегатов и об их приезде через 3 недели объясняется исключительно политическими причинами. У нас полагают, что влиятельные круги в Германии требуют от гермпра, чтобы оно оставило себе возможно более свободные руки в отношении СССР для предстоящих политических переговоров с Антантой. Эти круги явно полагают, что не надо торопиться также с кредитами и кредитной акцией, ибо, может быть, Германия сможет заключить с Антантой выгодное для себя соглашение, а также и в отношении СССР, и может быть, после международной политической конференции для Германии откроются новые возможности также в отношении экспорта в СССР. Молчание Германии производило здесь поэтому весьма неблагоприятное впечатление и рассматривалось как результат усиления антисоветских тенденций в Германии. Дирксен сказал, что это, конечно, не так, и что, как он уже мне сказал, основной причиной являлось и является опасение, что предоставление нам кредитов может сильно испортить позицию Германии при предстоящем окончательном урегулировании репарационного вопроса. ⟨...⟩

Затем я заговорил относительно индискреции и сказал, что для нас не подлежит никакому сомнению, что «утечка» произошла с германской стороны. Дирксен, по существу, все же полагает, что индискреция произошла с советской стороны.

Я в заключение сказал Дирксену, что самым печальным является то, что с германской стороны склонны близоруким образом преувеличивать значение всяких временных неприятностей и ставить из-за них под вопрос самую основу наших отношений. Между тем в Берлине должны были бы понять, что при столь большом различии наших политических и экономических систем некоторое количество конфликтов, инцидентов и трений между обоими государствами является абсолютно неизбежным. К этим неизбежным спутникам советско-германской дружбы надо относиться с философским спокойствием и, принимая все меры для их возможного сокращения и локализации, не преувеличивать их значения и не допускать, чтобы от них страдали отношения между нашими государствами, покоящиеся на параллелизме некоторых внешнеполитических интересов и экономических интересов на протяжении большого промежутка времени. Нельзя допускать, чтобы из-за временных препятствий, встречающихся на нашем пути, мы теряли дорогу и теряли перспективу. ⟨...⟩

Б. СТОМОНЯКОВ

ИЗ ДНЕВНИКА ЛИТВИНОВА. ПРИЕМ ДИРКСЕНА

20 февраля 1930 г.
Секретно

1. Дирксен начал сообщение о том, что по предложению англичан в Женеве обсуждался вопрос о согласовании некоторых статей устава Лиги Наций с пактом Келлога и что германское правительство решило предоставить в соответственную комиссию свои соображения по этому поводу в письменной форме. Совершенно доверительно Дирксен вручил мне копию этой записки. Был совершенно ясен диверсионный характер этого шага, долженствующего доказать готовность германского правительства и впредь держать с нами контакт по международным вопросам.

2. Затем Дирксен своими словами передал мне содержание длинной телеграммы, полученной им от Курциуса в ответ на переданные в Берлин мои соображения. ⟨...⟩

⟨...⟩ Свою лояльность, по словам Курциуса, Германия доказала нам в прошлом году в связи с советско-китайским конфликтом и получавшимися ею предложениями об образовании антисоветского фронта. ⟨...⟩ От себя Дирксен добавил, что мы сами некоторыми действиями способствовали обострению советско-германских отношений:

⟨...⟩ а) Официальное чествование в Ленинграде и др. местах Макса Гельца,

б) Официальный прием делегации красных фронтовиков Дальневосточной армией и Блюхером ⟨...⟩,

в) Прием делегатов красных фронтовиков в Большом театре по случаю съезда Осоавиахима, на котором присутствовали Ворошилов и другие члены правительства ⟨...⟩

г) Имея в виду особые отношения, существующие между Красной Армией и Рейхсвером, и некоторые специальные соглашения, заключаемые с ведома германского правительства, идущего при этом на большой политический риск, германское правительство особенно фраппировано публичной манифестацией близости между т. Ворошиловым и красными фронтовиками. ⟨...⟩

4) Дирксен спросил, не считал ли бы я полезной поездку в Берлин кого-нибудь из членов Политбюро. Разговоров между деятелями обоих иностранных ведомств, между ним и мною и между Курциусом и Шубертом с Крестинским, очевидно, недостаточно и требуются объяснения между вышестоящими лицами (это предложение является откликом изложенного в каком-то секрет-

411

ном германском документе мнения — о совершенной неавторитетности Чичерина, Литвинова и всего НКИД, и о Политбюро и ОГПУ как действительных руководителях внешней политики) (...) Я снова указал Дирксену, что сейчас дело не только во взаимных заверениях в лояльности между членами правительств, но в публичном занятии какой-нибудь определенной позиции германским правительством перед лицом разворачивающихся в Германии антисоветской кампании и имевших место антисоветских выступлений германских властей.

ЛИТВИНОВ

ФОН ДИРКСЕН — ФОН БЮЛОВУ: ЛИЧНО И СЕКРЕТНО

17 октября 1931 г

Дорогой Бюлов!

Разрешите мне сегодня написать Вам об одном деле, которое, ввиду его секретного характера, не может рассматриваться как в обычном служебном порядке. Неделю тому назад сюда прибыл генерал Адам с двумя лицами из Министерства рейхсвера и, таким образом, после ряда предварительных осложнений, это посещение в настоящее время состоялось. К счастью, это посещение до сих пор оправдывает те надежны, которые на него возлагались. Между Адамом и Народным комиссаром по военным делам Ворошиловым состоялась беседа, продолжавшаяся свыше трех часов, и г. Адам остался очень доволен результатами ее. (...) Ворошилов устроил обед. (...) Он пригласил меня и мою жену, лиц, прибывших из Министерства рейхсвера с Кестрингом, а также гг. фон Твардовски и Гильгера с женами к обеду, причем не в гостиницу, а к себе, в Кремль. Принимая во внимание здешние условия, это является фактом совершено необычайным. Мы встретили там еще Енукидзе, здешнего «Мейсснера», Крестинского, Тухачевского — преемника Уборевича на посту Начальника Управления Вооружений, заместителя Председателя Военного Совета, начальника Генерального штаба Егорова (бывшего царского офицера), начальника Московского Военного Округа Корка (бывшего царского офицера и бывшего военного атташе в Берлине) — с женами. (...)

После обеда я встретился в Ворошиловым, чтобы разъяснить ему, насколько серьезно мы следим за польско-советскими переговорами. Ввиду того, что Ворошилов является членом Политбюро и одним из ближайших друзей Сталина, — его слова давали мне возможность ознакомиться с намерениями политического центра. (...)

Ворошилов самым категорическим образом подчеркивает неизменное чувство дружбы, питаемое здесь к Германии. По его словам, как переговоры с Францией, так и переговоры с Польшей представляют из себя явления чисто политического и тактического характера, которые диктуются разумом. В особенности же ясно отдают себе здесь отчет об отсутствии внутренней ценности договора о ненападении с Польшей.⟨...⟩ Границы с Польшей Ворошилов считает, как это он подчеркивал в разговоре с Адамом, неокончательными.

Я беседовал особенно много с Тухачевским, который имеет решающее значение в деле сотрудничества с «Рейнметаллом» и для того учреждения, которое возглавлялось до сих пор Нидермайером. Он далеко не является тем прямолинейным и симпатичным человеком, столь открыто выступавшим в пользу германской ориентации, каковым являлся Уборевич. Он — скорее замкнут, умен, сдержан. Надеюсь, что и он будет сотрудничать лояльно, когда он убедится в необходимости и выгодности этого сотрудничества. ⟨...⟩

ФОН ДИРКСЕН

ИНФОРМАЦИЯ О ВСТРЕЧЕ ТУХАЧЕВСКОГО С АДАМОМ, КЕСТРИНГОМ, ГОФМЕЙСТЕРОМ И МАНШТЕЙНОМ

10 ноября 1931 г.
Москва
Секретно

Генерал Адам заявил, что он очень рад лично познакомиться с виднейшим руководителем РККА т. Тухачевским, и изъявил желание поговорить с ним по целому ряду вопросов, относящихся к предприятиям.

Тов. Тухачевский указал, что, несмотря на некоторые достижения и успехи, темпы работы совместных предприятий все же чрезвычайно медленны, а техническая база их настолько узка, что эффект от совместного сотрудничества крайне неудовлетворительный и не оправдывается ни со стороны материальных затрат, ни с политической. Необходимо усилить темпы и извлечь максимальную пользу.

В частности, по Липецку, — желательно в будущем году произвести опыты на самолетах новейших конструкций с мощными моторами на тяжелом топливе. Кроме того, необходимо испытать самолет Юнкерса с герметически закрытой кабиной в зимних условиях и в полетах на больших высотах, произвести бомбометание с этих высот и стрельбу из тяжелых пулеметов по конусам.

Адам подчеркнул, что ему то же самое говорил вчера Народный Комиссар и что он по возвращении в Берлин обратит самое серьезное внимание на работу предприятий.

Далее тов. Тухачевский указал на необходимость усиления техники, как в Томске, так и в Казани. Адам, не будучи детально в курсе дел предприятий, попросил Тухачевского принять Гофмейстера и переговорить с ним по всем интересующим нас вопросам, на что дано было согласие.

Тов. Тухачевский поинтересовался мнением Адама относительно унификации артиллерии, который свел их к 6 образцам. В ответе Адама чувствовалась некоторая неуверенность, в то время как пояснения т. Тухачевского выказали глубокое знание современной техники артиллерийских образцов, и это не могло не произвести соответствующего впечатления на Адама. Адам в свою очередь интересовался опытом механической тяги артиллерии из периода советско-польской кампании 1920 г. Тов. Тухачевский ответил, что в тот период механизация пребывала в первоначальной стадии и использование ее ограничивалось первыми днями наступления.

Начальник отдела внешних сношений
СУХОРУКОВ

ДИРКСЕН О ВСТРЕЧЕ С ТУХАЧЕВСКИМ

13 ноября 1931 г.

⟨...⟩ Меня интересовал в особенности вопрос о сотрудничестве в области специальной индустрии. ⟨...⟩ Для меня является сомнительным, сможет ли быть выполнен строительный план, относительно которого состоялось соглашение, на что указано в договоре и выполнения которого ожидает Советское правительство. На заводах наблюдается большой недостаток в квалифицированных рабочих, и требования заводоуправления о предоставлении необходимого количества обученной рабочей силы, ввиду недостатка соответствующего человеческого материала не удовлетворяются. В результате этого не развертывается производство всех трех предусмотренных в договоре различных типов, а производится только 10-сантиметровый тип.

⟨...⟩ Тухачевский высказал затем еще ряд различных жалоб, которые все сводились к тому, что мы снабжаем Советское правительство материалами неудовлетворительно и что оно информируется по многим вопросам более полно со стороны Англии либо Италии.

В связи с этим он упомянул, в особенности, о новых танках германской конструкции, которые мы, очевидно, держим в секрете, в то время как с английской стороны нам были предоставлены чертежи. Далее он также назвал нефтемотор фирмы «Юнкерс», вызывающей здесь к себе оживленный интерес. Что касается танка, г-н Адам обещал навести справки и, в случае благоприятного исхода их, удовлетворить это желание.

Что касается нефтемотора, г. фон Манштейн заявил, что его учреждение до сих пор не располагало еще такими средствами, чтобы приобрести себе подобный экземпляр.

Г-ну советнику посольства
фон Твардовски для сведения

ВОРОШИЛОВ: «Я ВАС ЕЩЕ РАЗ ЗАВЕРЯЮ, ЧТО ВСЕ НАИБОЛЕЕ ЦЕННОЕ И ВАЖНОЕ ВАМ ПЕРЕДАЕТСЯ»

19 ноября 1931 г.
Совершенно секретно

Адам. Рейхсвер твердо уверен в продолжении в будущем тех же дружественных отношений, которые существуют между нами до сих пор. Мы стоим на той точке зрения, что оба государства должны полагаться друг на друга и совместно работать. Я лично смотрю с большим уважением на русский идеализм, на русскую силу и на русскую работу. ⟨...⟩ Общественное мнение наших солдат немного обеспокоено Вашими переговорами с Францией, но мы уверены, что это идет у Вас не от сердца, а исходит из материальных расчетов, не больше. Конечно, было бы у нас больше беспокойства, если бы под давлением Франции Вами велись переговоры с Польшей. ⟨...⟩ Для армии было бы очень неприятно, если бы при этих переговорах с Польшей были бы подтверждены наши существующие границы, которые мы не можем признать за Польшей. ⟨...⟩ И Вам, и нам нужен мир. ⟨...⟩

Ворошилов. ⟨...⟩ Я должен заверить самым категорическим образом, что в переговорах с Францией нет и не может быть ничего, направленного против Германии. Наша страна заинтересована в добрососедских отношениях со всеми государствами. Не исключена возможность, что мы будем вести с Польшей переговоры о пакте о ненападении. ⟨...⟩ Но разговоров о границах и вообще о Германии мы вести с поляками не собираемся. С Польшей мы можем говорить только о взаимном обязательстве не нападать друг на друга.

Адам. Я уже сказал и Вы подчеркнули, что Вам и нам нужен мир. Но хоть мы и миролюбивы, нас могут принудить к войне. Пока существует свет, когда кто захочет воевать, никакие пакты не помогут. ⟨...⟩ Я того мнения, что между Советским Союзом и Францией существует обоюдная подозрительность. Генерал Гаммерштейн ⟨...⟩ готов способствовать улучшению этих отношений. ⟨...⟩ В наших сношениях с Литвой Мемельский вопрос является до сих пор открытой раной. Но между нашей и литовской армией большая дружба, которая в этом году еще укрепилась, у нас среди военных есть люди, которые мечтают о военной конвенции с Литвой.

Ворошилов. Я вполне согласен, что, невзирая на стремление и нашего и Вашего государства к миру, может создаться обстановка, когда придется защищаться от нападения. Не могу возразить и против того, что пакт не есть полная гарантия от войны. Но сейчас, когда мировая война еще свежа в памяти у народов, пакт о ненападении имеет ту особенность, что вокруг него можно мобилизовать общественное мнение, которое при наличии пакта может повернуться вдвойне, не в пользу нападающей стороны. В этом именно смысле пакт может иметь известное значение. ⟨...⟩

Адам. Нас интересует у Вас то, чего мы у себя не можем видеть — особенно танки, тяжелая артиллерия и использование большого вашего опыта по применению крупных авиационных сил.

Ворошилов. Есть неясности в отношениях СССР и Германии. ⟨...⟩ Вот хотя бы Казанская школа. Мне кажется, что-то в ней неладно. Если бы я не знал немецкой армии, то я прямо сказал бы, что здесь вредительство. Вы знаете значение этого термина. ⟨...⟩ Три года в Казани возятся и никакой новой материальной части. Все те же танки, что привезли сначала. Я говорил — шлите конструкторов — и Вы, и мы будем иметь танки. ⟨...⟩

Адам. Мы подходим к танковому вопросу с большой осторожностью, потому, что у нас мало средств, так и потому, что танки очень дороги и очень скоро стареют. Я внимательно пересмотрю этот вопрос — не лежит ли на нас вина в этом деле. ⟨...⟩

Ворошилов. ⟨...⟩ Поскольку эти предприятия являются совместными, цель и назначение их принести пользу обеим сторонам. ⟨...⟩ У нас есть уже промышленная база, но у нас пока мало людей — конструкторов. У Вас же люди есть, мы так и полагали, что Ваша сторона будет давать макеты, чертежи, проекты, идеи, конструкции, словом, что мы получим лаборатории и для Вас и для нас. Ничего этого нет. ⟨...⟩ О школе много кричат — и поляки и американцы. ⟨...⟩ Я не понимаю, почему не используются все возможности, может быть, от нас все-таки что-то скрывают или почему-либо не считают нужным все сделать. Такое мнение не только у меня. Ведь я не сам лично всем распоряжаюсь, я член Правительства и отчитываюсь перед ним. Мне говорят — риск есть, а где же результат, покажите танки, а показать нечего, три года совместной работы и нуль полезности. ⟨...⟩ Я не подозреваю, это не вывод мой, но у меня есть сомнение, все ли делается с открытой душой.

Адам. Я уверен, что мы ничего не утаиваем, я прослежу сам за этим делом.

Ворошилов. Разрешите задать Вам вопрос, немного, может быть, посторонний. Как Вы считаете, как Начальник Генштаба Рейхсвера, — танки в будущей войне будут играть действительно первостепенную роль, или они являются подсобным боевым средством?

Адам. Я категорически придерживаюсь того мнения, что танки в будущей войне будут играть вспомогательную роль и что нам надо обратить особое внимание на противотанковые средства; при хороших противотанковых средствах танки не будут иметь большого значения.

Ворошилов. Если танки не будут иметь большого значения, зачем тогда противотанковые средства?

Адам. Танки очень дорогое оружие, и только богатое государство может позволить себе иметь их. ⟨...⟩

Ворошилов. Я с вами не совсем согласен. Если нужно противотанковое оружие, то против хороших танков. Я уверен, что Вы, невзирая на трудное положение Германии, будете применять танки, и хорошие танки... Танки у вас будут, следовательно, Вы заинтересованы в развитии танкового дела. Танки Рейнметалла, Круппа и еще один, которые Вы привозили, далеко отстают от современной техники танкостроения.

Адам. Тогда это ошибка — нам надо быть всегда в курсе развития танков и строить современные танки... Неверно, что танки решили войну, но танки надо иметь, чтобы защищаться против танков, следить за их развитием и строить танки.

Ворошилов. Как тогда Вы расцениваете английскую линию на широкое развитие механизации вооруженных сил?

Адам. Англичане тоже ограничены в средствах и воздержатся от широкого развития танков... Большие битвы никогда не будут решены танками, а людьми.

Ворошилов. ⟨...⟩ В Томске дело обстоит несколько лучше, чем в Казани. ⟨...⟩ Мы даем все необходимые условия и просим взамен тоже конкретную материальную компенсацию. ⟨...⟩ Я полагаю, что Рейхсвер так же, как и Красная Армия, первым применять газы не будет, но имейте в виду, что другие армии этим делом занимаются по-настоящему... Мое мнение и здесь таково: что школа не дает необходимого и возможного эффекта.

Адам. ⟨...⟩ Очень благодарен, что немецкие летчики смогут у Вас учиться. ⟨...⟩ Наша разведывательная работа против Польши поставлена очень слабо. Благодарю за полученные от Вас разные материалы и прошу способствовать получению их и в дальнейшем. Мы знаем, что Ваша разведка дает гораздо лучшие материалы, чем наша.

Ворошилов. Мне приятно услышать такую похвалу нашим разведчикам, но боюсь, что они не совсем заслужили подобную честь.

Адам. Скажу пословицу: только плохой человек дает больше, чем у него есть в кармане. ⟨...⟩

Ворошилов. ⟨...⟩ Я Вас еще раз заверяю, что все наиболее ценное и важное Вам передается.

Адам. Последнее — хочу коротко сказать о конференции по разоружению и нашей в Женеве совместной работе. Наша точка зрения военных людей, что надо воевать за разоружение в каждой величине. Наши пункты: равная для всех безопасность, единство методов, единство запретов. За это нужно воевать. Если этого нельзя достигнуть — надо уходить с конференции. ⟨...⟩ Я лично в эту конференцию не верю, вряд ли что выйдет.

Ворошилов. ⟨...⟩ Мы будем стоять на позиции полного разоружения, если из этого ничего не выйдет, будем бороться за частичное разоружение в той форме, которая была декларирована т. Литвиновым. Я тоже не верю в эту комедию и считаю, что все это затевается для общественного мнения. Но мы к этой комедии относимся серьезно постольку, поскольку она дает некоторую возможность придержать наблюдаемый сейчас везде бешеный разбег к войне.

Адам. Это был бы большой жест — покинуть конференцию.

Ворошилов. Прошу Вас не понимать так, что мы уйдем с конференции. Если мы это сделаем, то сыграем на руку Лиге Наций или руководящей группе в Лиге Наций. Одиум провала падет на нас. Мы не уйдем до конца и будем бороться за разоружение.

Адам. Я именно так и понимаю, остаться до конца, но не подписывать. Это моя личная точка зрения. ⟨...⟩

Ворошилов. Я думаю, что и дальнейшие наши дружественные отношения будут развиваться и крепнуть. ⟨...⟩

ФОН ДИРКСЕН О СВОЕЙ ВСТРЕЧЕ С ВОРОШИЛОВЫМ

12 декабря 1931 г.
Москва
Совершенно секретно

⟨...⟩ Ворошилов снова подтвердил, что даже в случае подписания договора с Польшей ни в коем случае не последует какого-либо ухудшения или изменения в дружественных отношениях Советского Союза с Германией. Ворошилов сказал, что ни при каких обстоятельствах, разумеется, не может быть и речи о какой-либо гарантии польской западной границы; советское правительство — принципиальный противник Версальского договора, оно никогда не предпримет чего-либо такого, что могло бы каким-либо образом укрепить Данцигский коридор или Мемельскую границу. Что касается польской восточной границы, то ведь Советский Союз заключил мирный договор с Польшей и, таким образом, до известной степени признал границу. В процессе беседы я имел случай спросить г-на Ворошилова о том, что он думает о настоящем положении германо-советских отношений, на что он мне ответил, что взаимоотношения в настоящее время как с точки зрения политической, так и экономической — удовлетворительные.

«РЕЙХСВЕР С НАМИ «ДРУЖИТ», В ДУШЕ НЕНАВИДЯ НАС»

12 марта 1931 г.
Совершенно секретно

⟨...⟩ Учитывая в достаточной степени политическое значение рейхсвера и его руководящих кругов для Германии, мы, идя на материальные жертвы, сделали много для того, чтобы иметь хорошие отношения с рейхсвером. Однако при этом мы никогда не забывали, что рейхсвер с нами «дружит» (в душе ненавидя нас) лишь в силу создавшихся условий, в силу необходимости иметь «отдушину» на востоке, иметь хоть какой-нибудь козырь, чем пугать Европу. Вся «дружба» и сотрудничество рейхсвера шли по линии стремления дать нам поменьше и похуже, но использовать нас возможно полнее. ⟨...⟩

ВОРОШИЛОВ

НИДЕРМАЙЕР ГОТОВ ОРГАНИЗОВАТЬ ВСТРЕЧУ С ГЕРИНГОМ

Сообщение советника полпредства СССР в Германии Александровского

28 июля 1931 г.
Совершенно секретно

[Александровский] ⟨...⟩ Под строгим секретом Нидермайер сообщил, что с осени в Берлине начнет работать военная академия, запрещенная Версальским договором. ⟨...⟩ Шлейхер берет курс на полное разрушение совершенно невыгодных и устарелых форм, предписанных Рейхсверу Версалем. Практически это обозначает упразднение ряда таких форм. ⟨...⟩ Нидермайер думает, что и вопрос о военной авиации примет совершенно иной характер. ⟨...⟩ В достаточно осторожной форме Нидермайер дал понять, что такая коренная реорганизация армии направлена острием против Запада (Франция) и будет проделываться вопреки международным запрещениям. ⟨...⟩ Нидермайер после отпуска, если я заинтересован, то он с соблюдением всяческой осторожности готов организовать встречу с Герингом и всячески содействовать постоянному контакту между Полпредством и наци. ⟨...⟩

ЦГСА. Ф. 33987. Оп. 3. Д. 342. Л. 191—196.
Подлинник.

ГАММЕРШТЕЙН: «ПО МОЕМУ МНЕНИЮ, РОССИЯ НЕПРИСТУПНА...»

11 декабря 1931 г.

11 декабря 1932 г. Гаммерштейн имел следующий разговор с венгерским посланником в Берлине Кания.

Кания. ⟨...⟩ Россия добилась все-таки чрезвычайных успехов своими пактами о ненападении, и ее дипломатические позиции очень укрепились.

Гаммерштейн. Следует, конечно, отличать дипломатическую мощь от мощи действительной. Все же, по моему мнению, Россия неприступна. И ее соседям придется горько. Русская армия и русские рабочие будут фанатически защищать свою родину. Я знаю, насколько велик рост заводов военной промышленности в Перми, но если они только подготовлены к пуску, то и тогда Россия при ее блестящем географическом положении непобедима. Ну какое для России это может иметь значение, если удастся на время захватить даже и Москву!

АКТ ОСМОТРА АВИАЦИОННОГО ЗАВОДА В ФИЛЯХ

20 января 1927 г.

1927 года, января 20-го дня Комиссия Управления Военных Воздушных Сил РККА под председательством т. Фрадкина и участии тт. Марка и Орадовского, в присутствии представителей фирмы Юнкерс гг. Витковского и Розенбаума, осмотрела заводские помещения и установила нижеследующее:

Первая половина корпуса (главного) в достаточной мере отапливается, застеклена и в ней производится работа по сборке самолетов. Эта половина корпуса достаточно защищена от попадания снега во внутрь корпуса. Имеющиеся здесь станки находятся в удовлетворительном состоянии. Во второй половине корпуса свыше трети стекол крыши выбито. Сквозь пустые рамы снег свободно попадает во внутрь корпуса, и в момент осмотра на полу его обнаружены во многих местах значительные кучи снега, несмотря на то, что снег регулярно вывозится. Ввиду того, что находящиеся там станки и др. части машин прикрыты только отдельными листами толя, они не защищены в достаточной мере от попадания на них снега и не будут ни в коей мере защищены весной от ржавления во время таяния снега. Осмотр наружных частей станков показал, что последние смазаны тавотом удовлетворительно. ⟨...⟩ Комиссия отмечает присутствие снега на одном из фрезерных станков и на лежащих на полу частях трансмиссии (шкивах). Эта половина корпуса совершенно не отапливается. Остальные заводские помещения... содержатся в должном состоянии.

пп. А. ФРАДКИН, ВИТКОВСКИЙ,
В. ОРАДОВСКИЙ, РОЗЕНБАУМ, МАРК

«ЗАВОД В ФИЛЯХ... СОХРАНЯЕТСЯ ОЧЕНЬ СКВЕРНО: В ЦЕХАХ ЛЕЖИТ СНЕГ...»
Доклад Ворошилова в Политбюро ЦК ВКП (б) Сталину

26 января 1927 г.
Совершенно секретно

В связи с систематическим невыполнением фирмой Юнкерс обязательств концессионного договора и неудовлетворительного выполнения его же текущих поставок бомбовозов по отдельным договорам с УВВС РККА, было решено концессию ликвидировать и договоры на поставку расторгнуть. ГКК 13.VIII.26 г. предложил Юнкерсу провести эту ликвидацию на основе взаимного соглашения и одновременно выдвинул следующие предложения:
а) взаимный отказ от убытков,
б) немедленная передача бывшего Русско-Балтийского завода в Филях Управлению ВВС,

⟨...⟩

г) параллельное ведение переговоров УВВС с фирмой Юнкерс по снижению цен на бомбовозы текущего заказа.

Одновременно с этим была создана наша делегация для предполагавшейся паритетной комиссии под председательством Гинзбурга. На письмо ГКК от 13.VIII Юнкерс 1.IX ответил, что он согласен, во-первых, отказаться от своего требования возместить убытки и, во-вторых, на создание паритетной комиссии для определения компенсационной суммы по новому договору, но при условии, что цены на бомбовозы не будут снижены.

1.IX.26 г. Управление ВВС, вследствие невыполнения фирмой сроков поставки и элементарных технических условий договора, заявило, на основании соответствующей статьи договора, о разрыве такового на 12 бомбовозов и потребовало возвращения с процентами выданных авансов и уплаты неустойки. Договор с фирмой на три бомбовоза был расторгнут еще 16.VI.26 г. После этого УВВС предложило фирме Юнкерс сделать новое предложение на поставку этих же бомбовозов по иным пониженным техническим условиям и, в соответствии с этим, сниженным ценам.

10.IX.26 состоялись переговоры между ГКК и фирмой, где представитель последней взял обратно свое согласие на отказ от убытков, если договоры на бомбовозы не будут восстановлены и бомбовозы не приняты. ГКК это предложение фирмы отклонил.

После этого Юнкерс выдвинул предложение: вопрос о возмещении за бомбовозы и за вложенные фирмой в концессию материальные ценности обсуждать одновременно. Это предложение ГКК на своем заседании 22.IX принял и переговоры продолжались уже на основе этого предложения.

2.X.26 в своем письме фирма просит от Правительства компенсации (за завод и за бомбовозы) в размере 5 000 000 руб., а ГКК в ответ на это предложил сумму в 1 400 000 руб. С этого времени начинается торг, длящийся до настоящего времени. Самые последние предложения ГКК — 2 500 000 руб., фирма Юнкерс настаивает на 3 500 000 рублей.

Таким образом, торг в течение пяти месяцев не привел к окончательным результатам, и совершенно неизвестно, когда при таком течении переговоров можно будет прийти к концу.

Между тем, завод в Филях, стоящий уже почти 2 года и представляющий по своему оборудованию крупную промышленную единицу, сохраняется очень скверно: в цехах лежит снег сугробами, станки ржавеют. Самолеты с каждым месяцем теряют свою ценность, так как они перевозятся с места на место, разбираются и собираются, перестают быть, в силу этого, новыми самолетами и приобретают все больше и больше физиономию складского имущества.

Все эти обстоятельства, плюс исключительная важность и необходимость скорейшего восстановления собственного производства металлических самолетов на бывшем Русско-Балтийском заводе в Филях, настоятельно требуют принятия самых решительных мер к ликвидации концессии и достижению соглашения по расторгнутым договорам на бомбовозы. В силу всего изложенного полагал бы необходимым принять следующие решения:

1. Затребовать от немецкой фирмы «Юнкерс» к 15.II.27 г. окончательного либо согласия, либо отказа от последнего предложения ГКК как окончательного с нашей стороны.

2. В случае отказа фирмы «Юнкерс» от этого предложения ГКК немедленно занять завод и предложить фирме перенести разрешение спорных денежных претензий на Третейский суд.

3. Обязать ГКК не позднее 1.II с. г. вручить фирме соответствующий пунктам 1-му и 2-му его предложения ультиматум.

Третейский суд, согласно разъяснению ГКК, должен действовать на основании законов СССР.

Нарком по военным и морским
делам и Председатель Революционного
Военного Совета Союза ССР.
ВОРОШИЛОВ

ДОКЛАД О ПРЕБЫВАНИИ В ГЕРМАНИИ

13 января 1929 г.
Берлин
Совершенно секретно

Уровень грамотности среднего солдата характеризуется тем, что 10% с полным средним образованием... процент рабочих — 40—50; крестьян (35—40)... Основная солдатская масса рейхсвера стоит правее социал-демократии, приближаясь во многих случаях к дейч-националам.

Материальное положение солдата весьма хорошее. ⟨...⟩ В стране принято много мер, чтобы авторитет солдата рейхсвера был высок.

⟨...⟩ Офицеры во взаимоотношениях с солдатами вежливы, спокойны, хладнокровны и очень настойчивы. Лучшей характеристикой всякого командира считается его спокойствие, вежливость, хладнокровие и настойчивость. Большой горячностью отличаются только баварские части, где офицеры на занятиях иногда грубовато покрикивают. Офицерский корпус в германской армии около 4000 человек, представляет собой исключительно интересную группу специалистов военного дела. ⟨...⟩ Политические ориентировки офицеров это — правее, много правее социал-демократии. Основная масса за твердую буржуазную диктатуру, за фашизм. ⟨...⟩ С точки зрения офицеров, популярна для них личность Гинденбурга, Секта и как искусного дипломата для внешней политики Штреземана. Отношение к социал-демократии в основном ненавистное. Нужно отметить, что более реакционное настроение во флоте, но там мне побывать не удалось. ⟨...⟩

Немцы оценивают как очень большую услугу с их стороны, что они дают возможность многим нашим товарищам посещать их маневры, полевые поездки и иметь длительное пребывание при рейхсвере. Я думаю, что в ближайшее время они попросят с нашей стороны такого же обмена, т. е. чтобы мы приняли их нескольких представителей на длительное время.

Мое мнение по этому вопросу — связи и сотрудничество таково, что немцы являются для нас единственной пока отдушиной, через которую мы можем изучать достижения в военном деле за границей, притом у армии, в целом ряде вопросов имеющей весьма интересные достижения. ⟨...⟩ В итоге пребывания удалось установить методику подготовки генштабистов, методику проведения полевых поездок, методику обучения войск в проведении маневров, так сказать, все основные вопросы подготовки армии мирного времени. В этом отношении нужно сказать, что очень многому удалось поучиться и многое еще остается нам у себя доделать, чтобы перейти на более совершенные способы боевой подготовки армии. ⟨...⟩ Сейчас центр тяжести нам необходимо перенести на использование технических достижений немцев и, главным образом, в том смысле, чтобы у себя научиться строить и применять новейшие средства борьбы: танки, улучшения в авиации, противозенитную артиллерию, противотанковую артиллерию, минометы, противотанковые мины, средства связи и т. д. ⟨...⟩

Представители рейхсвера Бешнит и Людвиг на мое мнение по вопросу технической помощи заявляли, что давайте решать каждый отдельный вопрос, и в частности подняли вопрос, могут ли быть допущены у нас испытания для них целого ряда интересных достижений, что им трудно делать у себя в Германии. Я сказал, что, видимо, это может послужить к обоюдному интересу. ⟨...⟩ Немецкие специалисты, *в том числе и военного дела, стоят незримо выше нас.* Мне кажется, что мы должны покупать этих специалистов, привлекать умело к себе, чтобы поскорее догонять в том, в чем мы отстали. Я не думаю, чтобы немецкие специалисты оказались бы хуже политическими и более опасными, чем наши русские специалисты. Во всяком случае, у них многому можно научиться и в целом ряде вряд ли придется дороже заплатить за это дело. ⟨...⟩

УБОРЕВИЧ

13 июля 1930 г.

⟨...⟩ Надо прямо сказать, что, по-видимому, до осени 1927 г. интерес к Красной Армии был не высок; сейчас в этом смысле замечается перелом. ⟨...⟩ Рейхсвер в своих отношениях с нами стоит сейчас в известной мере на перепутье. От нас отчасти зависит, в какую сторону эти отношения будут развиваться. ⟨...⟩ Руководящий состав Рейхсвера (Гренер, Хайе, Бломберг) предлагают дальнейшее укрепление связей и расширение сотрудничества между обеими странами. ⟨...⟩

УБОРЕВИЧ

ЦГСАС. Ф. 33987. Оп. 3. Д. 329. Л. 1—145.
Подлинник

〈...〉 Рейхсвер не выступит против фашизма, а, наоборот, борьба против Версаля, против марксизма его объединит с Наци. Он ему подчиняется и составляет одно целое с ним. 〈...〉 Рейхсвер теряет свою политическую роль, если она вообще была у него как политическая сила. 〈...〉 Каковы перспективы офицерства Рейхсвера? На это может быть дан короткий ответ: или перейти к Наци окончательно, или быть вычищенными. Конечно, большинство из этого офицерства будут у Наци, и сегодня они явятся тем костяком, на котором и развернется массовая фашистская армия, и возможно в случае колебаний гитлеровского правительства и его непрочности — они используют фашистскую массу, чтобы перепрыгнуть через самого Гитлера до восстановления военной диктатуры и борьбы против коммунистической революции.

Командующий войсками СИБ ВО
ЛЕВАНДОВСКИЙ

ЦГАСА. Ф. 33987. Оп.3. Д. 505. Л. 41—43.
Подлинник

〈...〉 В настоящее время ведется неслыханная агитация в пользу идеи «вооруженного народа». Эта агитация проникает буквально во все отрасли и области государства и быта и ведется самыми разнообразными методами: в кино появилась масса военно-патриотических картин (бои Фридриха Великого и т. д.); в театрах появились пьесы типа «Шлагейтер» (расстрелянный французами на Рейне во время оккупации немецкий патриот), и т.д.; школьники маршируют под звуки марша «Frederiks — Rex»; газеты беспрерывно рассказывают о страданиях немцев в оторванных от Германии областях, о безоружности Германии и т. д. Словом, такого разгула шовинизма не знала даже Гогенцоллернская Германия. А под весь этот «бум» рейхсвер упорно и систематически реорганизуется и вооружается, и нет ничего удивительного в том, что, как говорил в прошлый раз 37-й, в 1935 году вся намеченная программа организации вооруженных сил будет полностью закончена.

ШНИТМАН

ГЕРМАНСКАЯ РАЗВЕДКА ОБ РККА

10 февраля 1933 г.
Совершенно секретно

Общая оценка армии. Значение армии в общем поднялось до такой степени, что она в состоянии вести оборонительную войну против любого противника. При нападении на Красную Армию современных европейских армий великих держав, возможная победа их на сегодня может быть поставлена под вопросом. При своем численном превосходстве Красная Армия в состоянии вести победоносную наступательную войну против своих непосредственных соседей на Западе (Польша, Румыния). ⟨...⟩

Переход промышленности на военное производство в Советском Союзе облегчается тем, что вся промышленность находится в ведении государственного аппарата. ⟨...⟩ По сравнению с предыдущими годами в обучении Красной Армии имеются несомненные результаты. Немецкий прообраз в этом отношении ясно виден. Опыт гражданской войны, невзирая на принятые меры, недостаточно изучен. В основном строительство вооруженных сил закончено. Теперь очевидно настало время по созданию инициативного и волевого командира всех степеней. Однако... налицо опасность, что это не удастся своевременно провести и что средний командный состав застынет на схеме и букве устава. До сих пор армия страдает тем, что, начиная от командира взвода и кончая командиром полка, командир не является еще полноценным. В своей массе они способны лишь решать задачи унтер-офицера. Несмотря на все мероприятия, проблема о командире Красной Армии еще не разрешена. Но общая ценность армии поднялась, она сейчас способна хорошо вести оборонительную войну против любого из противников. Ее численное превосходство дает полную возможность вести наступательную войну против непосредственных соседей Советского Союза — Польши и Румынии.

Для особых поручений при начальнике IV
Управления штаба РККА СВИРИДЕНКО

«РУССКИЕ В НАС ЭКОНОМИЧЕСКИ СЛИШКОМ ЗАИНТЕРЕСОВАНЫ»

Из немецкого документа
«Союз германской промышленности во внутренней и внешней политике Гитлера»

19 февраля 1933 г.

⟨...⟩ Борьба с немецкими коммунистами не испортит наших отношений в СССР. Русские в нас экономически слишком заинтересованы и кроме этого они не переоценивают реальное значе-

ние коэффициента полезного действия для русских интересов.
⟨...⟩

Эра власти Шлейхера закончилась. С ним пали «политикан-ствующие военные», к которым принадлежит и Гаммерштейн, уход которого поэтому представляется нам необходимым. ⟨...⟩

Наши официальные отношения с СССР не будут ухудшены. Экономически мы слишком связаны с русским рынком. ⟨...⟩

«ЦЕННОСТЬ АРМИИ [РККА] ДОЛЖНА БЫТЬ ПРИЗНАНА ОТНОСИТЕЛЬНО ВЫСОКОЙ...»

Из доклада германского военного атташе в СССР Гартмана в Берлин

27 марта 1933 г.

При характеристике командного состава заметна далеко иду-щая боязнь ответственности. ⟨...⟩ Эта боязнь приводит к тому, что не рекомендуют выступать со своим мнением до получения в чет-кой форме мнения начальства. ⟨...⟩ Тем не менее ценность армии должна быть признана относительно высокой, тем более что она находится в процессе дальнейшей консолидации. ⟨...⟩ Промыш-ленность страны еще не в состоянии удовлетворить самые необ-ходимые массовые потребности. ⟨...⟩ Совершенно исключатся возможность полного или частичного удовлетворения всем необ-ходимым мобилизованной армии. ⟨...⟩ Лейтмотивом в подготовке к будущей войне является прививаемая армии и народу идея обо-роны от готовящейся интервенции западных государств. ⟨...⟩ Я также не разделяю мнения, что Красная Армия в состоянии вести оборонительную войну против любого противника, потому что общее положение и состояние страны не позволяет армии развер-нуть все необходимые силы (например, на Дальнем Востоке). Сила Советского Союза в представлении внешнего мира покоит-ся на его малоизвестной военной мощи, трудно уязвимых обшир-ных просторах, невозможности изучить его внутреннее состояние и, наконец, на тех многочисленных затруднениях, с которыми ве-роятные противники СССР должны бороться в своих собствен-ных странах. Все эти обстоятельства усиливают престиж Совет-ского Союза и дают неисчерпаемые возможности для ведения удачной внешней политической игры. ⟨...⟩ Правильность и необ-ходимость военного сотрудничества сказанным выше не только не отрицается, но, наоборот, оно по изложенным соображениям должно бы быть даже усилено.

ИЗ ДНЕВНИКА КРЕСТИНСКОГО.
ПРИЕМ ФОН ДИРКСЕНА И ГАРТМАНА

3 апреля 1933 г.
Секретно

Согласно предварительному уговору, Дирксен пришел ко мне с германским военным атташе полковником Гартманом, чтобы официально его мне представить. До настоящего времени в Москве не было официального немецкого военного атташе и лишь с 1.4 во всех германских посольствах крупных государств, в том числе и в Москве, начали функционировать официально военные атташе. При нашем же посольстве в Германии военный атташе существует уже с 1925 г.

В связи с решением сделать и в Берлине и в Москве энергичные заявления германскому правительству в связи с чинимыми по отношению к нашим гражданам и нашим хозорганам безобразиями, я решил использовать посещение Дирксена и Гартмана и серьезно поговорить с ними на эту тему. ⟨...⟩ После того, как Дирксен представил мне Гартмана, я сказал последнему, что приветствую в его лице первого официального германского военного атташе в Москве, затем, извинившись, что я не считаюсь с обычными условностями, при первой же встрече коснусь существующих между нашими государствами отношений, сказал Гартману, что он начинает свою работу в очень тяжелый период отношений между СССР и Германией. Тесное сотрудничество между рейхсвером и Красной Армией продолжается уже более 11 лет. Я был у колыбели этого сотрудничества, продолжаю все время ему содействовать и хорошо знаком со всеми моментами улучшения и ухудшения отношений, и я должен сказать Гартману, что никогда эти отношения не осуществлялись в более тяжелой общеполитической атмосфере, чем сегодня. Ему, конечно, известны многочисленные случаи насилий над нашими гражданами, чинимых в Германии национал-социалистическими штурмовиками, а во многих случаях и органами полиции. Он не может не знать об обысках и в гамбургском, и лейпцигском отделениях нашего торгпредства, о повальных обысках приходящих в Гамбург наших судов, наконец, мне не нужно напоминать ему о настоящем походе против Общества по продаже советских нефтяных продуктов — Деропа. Правление Общества в Берлине, его отделения в Кельне, Дрездене, Штуттгарте, Мюнхене и целом ряде других городов подверглись многочисленным налетам и обыскам, во время которых производились беззаконные аресты сотрудников, в том числе и советских граждан, которые подверглись грубейшим насилиям и издевательствам, в конце концов освобождались, ввиду полной неосновательности их ареста. Налетам и разграблениям подвергаются также отдельные продажные пункты Деропа, откуда бензин отпускается автомобилям в розницу, в некоторых случаях бензин насильственно забирается бесплатно приезжавшими на автомобилях штурмовиками, в других случаях бензин просто выпускается. ⟨...⟩ Все эти беззакония и бесчинства, весь этот произвол и насилия создают вокруг наших граждан и органов в Германии чрезвычайно тяжелую атмосферу. Наше общественное мнение, так же как и общественное мнение всего мира, не может не усматривать противоречий между официальными заявлениями канцлера и других членов правительства о сохранении прежнего характера советско-германских отношений и между этими повседневными фактами враждебности. Общественное мнение, естественно, придает большее значение делам, чем словам, и считается с фактом резкого изменения к худшему советско-германских отношений.

⟨...⟩

Если гермпра действительно хочет сохранить с СССР отношения, о которых говорил рейхсканцлер и которые издавна существуют между военными ведомствами обеих стран, необходимо, чтобы правительство железной рукой немедленно положило конец всем этим эксцессам.

⟨...⟩

Гартман заявил, что военное ведомство Германии, как один человек, стоит за сохранение дружеских отношений с СССР и что военный министр Бломберг в этом духе выступает на заседаниях правительства. ⟨...⟩ Дирксен сказал, что он очень благодарит меня за мой откровенный разговор, который является тем более своевременным, что полковник Гартман через два дня едет в Берлин и там сможет под свежим впечатлением разговора передать мои предупреждения своему начальству.

Н. КРЕСТИНСКИЙ

ЦГАСА. Ф. 33987. Оп. 3. Д. 497. Л. 81—84.
Заверенная копия.

«БОЛЬШЕВИЗМ В РОССИИ НЕ ВЕЧЕН»

Из письма фон Дирксена Гитлеру

Апрель 1933 г.

⟨...⟩ Мы не можем ослабить наши позиции на востоке Европы и, следовательно, ухудшать наши отношения с Россией. Это особенно важно для национальной германской внешней политики. ⟨...⟩ Мы должны бороться против своей политической изоляции, и в этой борьбе наши договоры и соглашения с Россией должны быть и дальше тем трамплином, который принес нам уже столько политических выгод.

Большевизм в России не вечен. Процесс развития национального духа, который показывается теперь во всем мире, охватит в конечном итоге и Россию. Большевизм с его нуждой и ошибками сам подготовляет почву для этого. Мы должны оставить это в центре нашего внимания.

Исторически мы должны держаться за хорошие отношения с

Россией, с которой мы безусловно рано или поздно опять будем иметь непосредственные границы.

При таких условиях мы должны проявлять особенную осторожность во всех тех внутриполитических и полицейских мероприятиях, которые могут прямо ухудшить наши отношения с Москвой.

ЦГАСА. Ф. 33987. Оп. 3. Д. 497 Л. 87

ИЗ БЕСЕДЫ БЕССОНОВА И АЛЕКСАНДРОВСКОГО С МИЛЬХОМ В БЕРЛИНЕ 29 МАЯ 1933 г.

Сообщение в Москву

Берлин, 3 июня 1933 г.

29-го мая я и Александровский завтракали с Мильхом в посольстве. Из очень длинного и в общем довольно интересного разговора следует выделить некоторые моменты:

1) *О Дирксене.* Мильх сообщил, что против Дирксена велась длительная интрига, которая может считаться сейчас ликвидированной. Дирксен как прямой, открытый и честный человек не умел и не мог бороться против своих врагов. Однако, благодаря стараниям его (Мильха) репутация Дирксена полностью восстановлена. Его приняли Гитлер и Геринг, тоже будто бы по протекции Мильха, и он возвращается в Москву как персона гратиссима. ⟨...⟩

5) Крайне интересен ответ, который Мильх дал на вопрос Александровского относительно того, являются ли они только националистами или также и социалистами. По этому вопросу Мильх пытался сконструировать теорию, из которой выходило, что германская буржуазия не подлежит ликвидации по той простой причине, что она играет в Германии ту же самую роль, которую крестьяне играют в СССР. Подобно тому как мы (т. е. СССР) не уничтожаем крестьянство, а пытаемся его переделать мирными средствами, так точно и немецкие наци будут пытаться мирными средствами вовлечь буржуазию в национальный социализм...

7) *О Гитлере и Гинденбурге.* По мнению Мильха, вопрос о замене Гинденбурга Гитлером есть лишь вопрос времени. Однако, он не допускает мысли о том, что Гитлер мог бы превратиться, скажем, в народного короля. Для этого Гитлер слишком скромен и честен в отличие, скажем, от Геринга, у которого элементы личного честолюбия, по мнению Мильха, чрезвычайно развиты.

8) *О встрече руководителей наци с советскими деятелями.*

По мнению Мильха, основным вопросом советско-германского сближения является подготовка для встречи кого-нибудь из руководящих деятелей национал-социалистического движения с руководящими политиками СССР [предложение пригласить в СССР Геринга].

С. БЕССОНОВ

ИЗ ДНЕВНИКА КРЕСТИНСКОГО. ПРИЕМ ФОН ДИРКСЕНА

19 июня 1933 г.
Секретно

⟨...⟩ 2. Я сказал Дирксену, что хотя инициатива сегодняшнего свидания принадлежит ему, я вынужден с самого начала переговорить с ним по очень неприятному вопросу. За 12 лет работы моей по линии советско-германских отношений, — 9 лет в Берлине и уже почти 3 года здесь, мне ни разу не приходилось говорить по столь неприятному поводу, — я имею в виду ярко антисоветское выступление германской делегации в Лондоне. Два дня тому назад председатель делегации Гугенберг вручил председателю конференции, — это я точно не знаю, — меморандум, в котором развиваются планы колонизации южной части России и вообще Восточной Европы, причем также ставится цель положить конец господствующей до сих пор в СССР революции. Хотя германская делегация пытается дезавуировать Гугенберга и отмежеваться от его меморандума, но мне лично представляется, что меморандум носит вполне официальный характер: во-первых, потому, что об этом заявил сам Гугенберг в интервью, данном перед своим отъездом из Лондона, во-вторых, весь круг идей меморандума — это не круг идей самого Гугенберга, а круг идей Розенберга и других вождей национал-социалистов.

Поэтому ответственность за меморандум несет гермпра. Содержание меморандума находится в столь резком противоречии с Берлинским договором и существующими между СССР и Германией дружественными отношениями, что гермпра должно представить нам объяснения по поводу этого выступления. Дирксен сказал мне, что он только вчера узнал на приеме у французов об этой истории и затребовал сведений из Берлина, но пока еще ничего не имеет. Как только получит, он явится ко мне и даст требуемые мною разъяснения. ⟨...⟩

Н. КРЕСТИНСКИЙ

ЦГАСА. Ф. 33987. Оп. 3. Д. Л. 163—164.
Заверенная копия.

ДНЕВНИК КРЕСТИНСКОГО. ПРИЕМ ФОН ДИРКСЕНА

1 августа 1933 г.
Секретно

⟨...⟩ [Дирксен просит советскую сторону дать агреман нынешнему германскому послу в Турции Рихарду Надольному. 60 лет. К нему очень хорошо относится Гиндербург.] ⟨...⟩ Надольный очень близко стоит к руководству национал-социалистов. ⟨...⟩ Наконец, уже уходя, Дирксен обратил мое внимание на то, что в номере

«Красной звезды», офицерского органа Наркомвоена, от 23 июля напечатана статья, приводящая сравнительные цифры в армиях всех стран. Там, между прочим, сказано, что Германия в 1925 г. обладала армией в 100 000 человек, а сейчас численность германской армии доходит до 400—450 тысяч человек.

Дирксен напоминает мне, что германское правительство, рейхсвер и в частности он лично очень чувствительны ко всякого рода сообщениям о германских вооружениях, особенно если они идут из такого источника, как наш официальный орган, который за границей рассматривается как дружественный Германии и осведомленный орган. Цифры, приведенные в «Красной звезде», всеми противниками Германии будут приняты, как не подлежащие сомнениям и оспариванию. Дирксен очень просил бы меня об этом его последнем замечании довести до сведения т. Ворошилова.

Н. КРЕСТИНСКИЙ

ИЗ ДНЕВНИКА КРЕСТИНСКОГО. ПРИЕМ ФОН ДИРКСЕНА

17 августа 1933 г.
Секретно

Хотя накануне завтрака у Енукидзе мы простились уже с Дирксеном и условились, что он не будет специально заходить ко мне прощаться, тем не менее 17-го утром Дирксен позвонил и просил принять его на несколько минут. Я принял Дирксена в 4 часа.

Дирксен заговорил о взаимоотношениях между Рейхсвером и Красной Армией. 5 или 7 августа, когда Твардовски, по возвращении своем в Москву, разговаривал с т. Штерном относительно прекращения прежних форм сотрудничества и спрашивая о причинах такого нашего решения, Штерн ответил ему, что спрашивать об этом нужно не нас, а фон Папена, который посвятил французов в наши взаимоотношения. ⟨...⟩ [По словам Дирксена] фон Папен подчеркнул, что он был совершенно не в курсе взаимоотношений между Рейхсвером и Красной Армией и потому никому ничего об этих взаимоотношениях сообщить не мог. Дирксен очень рад, что получил от Папена такое категорическое опровержение, которое показывает, что все те обращения, которые нам делались с французской стороны, являются сознательной дезинформацией. Он надеется, что это опровержение поможет разряжению той атмосферы, которая создалась в последнее время между правительствами СССР и Германии.

⟨...⟩

Н. КРЕСТИНСКИЙ

ЦГАСА.Ф. 33987. Оп. 3. Д. 505. Л. 132—133.
Заверенная копия

ИЗ ПИСЕМ СОВЕТНИКА ГЕРМАНСКОГО ПОСОЛЬСТВА В МОСКВЕ Д-РА ФОН ТВАРДОВСКИ

18 сентября 1933 г.

Дорогой Типпельскирх!

⟨...⟩ Мне один хорошо знакомый со здешним положением американец о теперешнем состоянии сельского хозяйства говорил: «С точки зрения гуманности то, что произошло в нынешнем году, является жутким. В этом не может быть никакого сомнения. С другой стороны, голодная катастрофа в нынешнем году означает безоговорочное усиление Советского строя в деревне: в особенности колхозники до сих пор были проникнуты убеждением, что Советское правительство не даст им умереть с голода. Благодаря этому, стимулом в отношении работы являлся для них до сих пор вопрос о том, в какой мере они имели возможность превращать в деньги то зерно, которое находилось в их распоряжении, чтобы таким образом удовлетворить свои насущные потребности. Прошлой осенью крестьянство пришло к следующему убеждению: нет смысла работать, т.к. либо мы не сможет ничего купить на те деньги, которые мы выручаем от продажи зерна, либо у нас отбирается даже (самое) зерно. Итак, для чего же работать? В результате этого была потеряна значительная часть урожая, так как она не была собрана. Теперь же Советское правительство наглядно показало крестьянам, что, если, мол, Вы не работаете, Вам просто-напросто дадут умереть с голода. В результате этого стимул, заключавшийся в стремлении выручить деньги, сменился стимулом, заключающимся в паническом страхе перед голодной смертью, а это обстоятельство побуждает крестьян работать по уборке урожая из последних сил. Правительство показало свое беспощадное оружие, и крестьянству приходится склониться перед ним. Я не разделяю этой оценки в полном масштабе, однако многое в ней является наверняка правильным. ⟨...⟩

3) По вопросу о германо-советских взаимоотношениях у меня произошло довольно резкое объяснение с Литвиновым, который встал на такую точку зрения: что мне толку в прекрасных словах, если действия германского правительства направлены в другую сторону?

То обстоятельство, что он (Литвинов) обиделся на нападки в германской прессе против него лично, дало мне желательный для меня повод — послать в письменной форме протест против бессовестных ругательств по адресу германских министров Геринга и Геббельса, помещенных в газете «Труд». ⟨...⟩

Если теперь не настанет период разряжения атмосферы, русские будут способны пойти на дальнейшее сближение с поляками и французами, пойти дальше, чем они этого, в сущности, хотели, только для того, чтобы наступить нам на ногу. ⟨...⟩

В воскресенье я побывал в ленинградской гавани, где на всех германских судах, которых было около 40, развевались флаги со свастикой, причем не было известно ни о каком инциденте. ⟨...⟩

[ФОН ДИРКСЕНУ]

25 сентября 1933 г.

⟨...⟩ Максим торжествует, так как мы все время — вновь и вновь льем воду на его мельницу, а маленький Давид с остроконечной бородкой дошел до отчаяния, — однако, разумеется, он не занимает такого поста, как Николай, чтобы иметь возможность выступить партнером Максима. ⟨...⟩ Я считаю даже сомнительным, пустит ли Максим Николая теперь в Берлин: не посоветует ли он ему избрать скорее другой маршрут. Пьера Кота чествовали здесь очень широко. Он осматривал в течение пяти часов завод в Филях и в течение трех часов крупный моторный завод — вместе со всем своим штабом, т. е. с командой трех крупных самолетов либо с экспертами. Ворошилов не явился: он и Егоров находятся на маневрах. Тухачевский организовал грандиозный вечерний прием.

ЦГАСА. Ф. 33987. Оп. 3. Д. 505. Л. 165—166.
Заверенная копия

ИЗ КНИГИ ГАНСА ФОН СЕКТА «ГЕРМАНИЯ МЕЖДУ ЗАПАДОМ И ВОСТОКОМ»

1933 г.

⟨...⟩ Так как всякая человеческая деятельность, всякая культура, всякая власть и политика основаны на духе, то территория, следовательно, является первоосновой развития нации. ⟨...⟩ Германия связана определенной территорией, и основным вопросом является, хочет ли она сохраниться как Германия, или же, говоря политическим языком, превратиться во французскую сатрапию или стать одной из советских республик. Осуществление второй возможности имеет предпосылкой отказ Германии от своего боевого положения между Востоком и Западом; это означало бы конец немецкого духа. ⟨...⟩ По пути своего будущего Германия не может рассчитывать на поддержку Англии. ⟨...⟩ Франция, носительница судеб Германии! Если она таковой является, то открываются только три пути, по которым судьба может проходить: подчинение, соглашение или борьба. ⟨...⟩ Германия собственно всегда должна была вести борьбу на два фронта и всегда на одном фронте она боролась против Франции. ⟨...⟩ В двойственной задаче Германии — сохранении своего влияния на Западе и расширении национальных владений на Востоке — и заключается трагедия ее истории, обусловленная географическим положением страны. ⟨...⟩ Упоминание Польши направляет нашу мысль к Востоку. ⟨...⟩

Польша сама собой встает перед нами как связующее звено между нашими рассуждениями о положении Германии на Западе и на Востоке. ⟨...⟩ Версальский мирный договор создал новую Польшу, которая построена на неправильных географических и исторических предпосылках и которая не имеет единства, основанного на одинаковом населении. Вся структура Польши создавалась под знаком идеи создать на Востоке державу, безусловно враждебную Германии. Этой цели было подчинено установление западных границ Польши. Эти границы не только имели в виду непосредственную выгоду Польши и нанесение возможно большего вреда интересам Германии, но они должны были до крайности обострить враждебность между обоими государствами и отдельными жителями соседних стран и сделать невозможным единство между соседями. Поэтому был создан польский коридор под ширмой жизненной необходимости территориальной связи Польши с морем, поэтому Восточная Пруссия была отгорожена от Рейха. ⟨...⟩ Цель достигнута. Создано состояние столь невыносимое, что комедия Локарно, где Германии гарантировали французские границы, до сих пор не может быть повторено в отношении восточных границ.

⟨...⟩ Дружба между Германией и Польшей никогда не будет существовать, но на основании терпимого для Германии установления границ можно было бы заключить выгодное для обеих сторон перемирие.

⟨...⟩

Наконец, Литва все еще не оправилась от неожиданности, что она стала государством. Еще она по мере сил использует слабость и долготерпение Германии. Раньше или позже она должна будет решить, хочет ли она окончательно сделать Германию своим врагом или же попасть в польские руки. Пока что она служит барьером (задвижкой) между Германией и Россией.

⟨...⟩ Эта страна [Россия] столь разнообразна в своей форме, климате и почве, столь различна по составу своего населения, образует, однако, одну могучую массу, которая давит одновременно на Маньчжурию, Китай, Индию и Персию, как и на север и запад Европы. Эта страна может уступить земли на Дальнем Востоке Японии, она может потерять Польшу на Западе, Финляндию на севере и продолжает все же оставаться великой Россией; передвигаются лишь точки давления на окружающий мир. Она может в условиях величайших потрясений радикально менять свою государственную форму, но она остается Россией, которая не даст себя исключить из мировой политики.

Монгольская жестокость, кавказская храбрость, магометанская набожность, немецкое чувство порядка, французский дух — все это воспринималось великой русской душой, которая все перерабатывала и руссифицировала. ⟨...⟩ В настоящее время тем крепким обручем, который обтягивает союз Объединенных Советских Республик, является большевизм.

⟨...⟩

Мы придерживаемся того взгляда, что против большевистских влияний надо бороться с куда большей суровостью, чем это происходит теперь. ⟨...⟩ Россия опасается, что Германия в один прекрасный день предаст свои дружественные отношения с Востоком в обмен на подарок на Западе.

⟨...⟩

Связанная отечественной почвой, связанная судьбой, Германия лежит между Западом и Востоком. Она не должна слиться ни с тем ни с другим. Она должна остаться свободной, она должна остаться хозяином своей судьбы. Предпосылками свободы и господства являются: здоровье, единство, мощь. Поэтому основой всякой нашей внешней политики является стремление, чтобы мы вновь стали здоровыми, едиными, мощными. ⟨...⟩

«ПАДЕНИЕ ТУХАЧЕВСКОГО ИМЕЕТ РЕШАЮЩЕЕ ЗНАЧЕНИЕ»[1]

Апрель — май 1937 г.

Действительные причины падения маршала Тухачевского пока неясны; следует предполагать, что его большое честолюбие привело к противоречиям между ним и спокойным, рассудительным и четко мыслящим Ворошиловым, который целиком предан Сталину. Падение Тухачевского имеет решающее значение. Оно показывает со всей определенностью, что Сталин крепко держит в руках Красную Армию.

ЦГАСА. Ф. 33987. Оп. 3. Д. 1009. Л. 41.

«СЧАСТЬЕ И ГИБЕЛЬ ТУХАЧЕВСКОГО»

24 июня 1937 г.

Его вошедшее в поговорку счастье в гражданской войне (он разбил, между прочим, наголову Деникина), его молниеносное наступление на Польшу и успешное жестокое подавление большого крестьянского восстания в Центральной России в 1921 г. — все это уже тогда дало ему в Кремле прозвище «Красного Наполеона». «Судьба стояла у колыбели этого счастливчика», — сказал несколько лет тому назад полковник Сергей Каменев. Хотя полковник Каменев, как правая рука Троцкого, и заложил фундамент Красной Армии, тем не менее Михаила Николаевича Тухачевско-

---

[1] Из секретного обзора внешних политических событий за период с 23 апреля по 12 мая 1937 г., выпускаемого Управлением вооруженных сил (Верхмахта) при германском военном министре.

го следует признать единственным создателем Красной Армии в ее теперешней форме. Тем, что она является теперь такой, Сталин обязан одному лишь Тухачевскому. ⟨...⟩

Еще в то время, когда Сталин сохранял полное доверие к Тухачевскому и строил на созданной им армии свои планы на будущее, ему уже около года тому назад начал нашептывать Каганович, что, возможно, придется испытать жестокое разочарование в Тухачевском, которому была предоставлена диктаторская власть в военных делах.

⟨...⟩ В первых числах мая были собраны «доказательства» о мнимой подготовке переворота силами Красной Армии. Обвинения против Тухачевского были собраны полностью и объявлены в присутствии всех Народным комиссаром: Тухачевский готовил переворот для того, чтобы объявить национальную военную диктатуру во главе с самим собой. ⟨...⟩

Тухачевский, бесспорно, был самым выдающимся из всех красных командиров, и его нельзя заменить. История когда-нибудь скажет нам, какую роль он играл в действительности в деле строительства этой армии... Ни один человек никогда не узнает, что происходило на процессе... Наводит на размышление тот факт, что к Тухачевскому присоединились три таких известных представителя младшего поколения, как Уборевич, Якир и Эйдеман... Если при этом еще учесть самоубийство Гамарника, который отвечал за политическое состояние армии и также принадлежал к младшему поколению, то дело становится еще более серьезным. Тухачевский хотел быть «русским Наполеоном», который, однако, слишком рано раскрыл карты, либо же, как всегда, его предали в последний момент. Каганович — Сталин являются снова господами в стране, и Интернационал торжествует. Надолго ли?

«Дейче Вер». ЦГАСА. Ф. 33987. Оп. 3. Д. 1049. Л. 257—258.

ЗЛАЯ ИРОНИЯ: НЕЛИЦЕПРИЯТНЫЕ ОБВИНЕНИЯ В АДРЕС СТАЛИНА ПРОЗВУЧАЛИ СО СТОРОНЫ ФАШИСТСКИХ ГЛАВАРЕЙ

Из речи Розенберга на Нюрнбергском съезде НСДАП

3 сентября 1937 г.

Беломорский канал и канал Волга — Москва ⟨...⟩ эти большие постройки были выполнены политическими заключенными вместе с уголовными преступниками. Со всего Советского Союза были собраны для этих и подобных им строек лучшие представители русской нации, не желавшие подчиниться большевистской системе, а также томящиеся под игом красного империализма члены других народов Советского государства и посланы были в двух направлениях: в европейской части на постройку этих каналов, сооружение военных заводов; на Востоке, прежде всего, на постройку железнодорожной линии, которая находилась бы вне досягаемости японских орудий с целью облегчения наступления против Японии на Дальнем Востоке. На этой Байкальской дороге работают около 800 000 уголовных преступников и политических заключенных с Украины, Кавказа и казачьих областей. Работают часто при 50—60° морозе. В лагерях принудительных работ вдоль Беломорского канала были размещены в нечеловеческих условиях 300 000 заключенных, которые умирали во время работы и пополнялись новыми обреченными на смерть заключенными и ссыльными, нередко из немецких колоний. ⟨...⟩ Постройка Беломорского канала обошлась за прошедшие годы в сотни тысяч человеческих жертв. Как бы в насмешку над этим страшным истреблением людей центральный орган Коминтерна «Московская правда» (от 8 сентября 1936 г.) сообщала, что канал был построен «руками и лопатами», а центральный орган Красной Армии «Красная звезда» (29 апреля 1937 г.) назвал эти невиданные еще в мировой истории мучения людей величайшей победой «социалистической гуманности»! Это уничтожение народа от имени социализма и освобождения труда проводилось главным образом прежним еврейским шефом ЧК Ягодой. Ягода соединил с этим хитроумную систему вымогательства, обещая многим заключенным, имевшим еще ценности, облегчение их участи ценой передачи ему, может быть, последних спрятанных драгоценностей. Эти полученные путем вымогательств ценности Ягода со своими сообщниками пересылал в другие государства, чем вызвал в заключение зависть к себе других, не дорвавшихся еще до таких заработков негодяев, которым он и должен был потом уступить. Непосредственным подчиненным ⟨...⟩ его был Мозес Берман, в управлении которого находились лагеря принудительных работ всего Советского Союза. С садистской жестокостью этот Берман гнал заключенных со всего Советского Союза в ледяные пустыни Азии и к Белому морю или заставлял их хиреть десятками тысяч в сибирских концентрационных лагерях. Его заместителем был Соломон Фирин. ⟨...⟩ Так продолжаются насилия, по своей жестокости не имеющие примера в мировой истории, над еще остающимися лучшими русскими людьми и людьми других народов Советского Союза. ⟨...⟩

ПОРТРЕТ НАЦИСТСКОГО ДИПЛОМАТА

28 декабря 1933 г.

Приходил с визитом новый германский посол. Он только что из Москвы, где, вероятно, слышал о нас от Поликрониадисов. Он очень высок, с большой лысой головой и лицом, словно вырубленным топором. Типичный юнкер, так что привычно ожидаешь громового зычного голоса и удивляешься женственному рукопожатию и мягкому тону.

Он начал с типично прусских методов, послав Кнолля, служащего немецкого посольства, в редакцию «Japan Advertiser» сообщить, что послу не нравится тон некоторых статей о Германии и что это необходимо исправить. По правде говоря, Флейшер тщательно избегает каких-либо редакционных комментариев в отношении гитлеризма, поскольку не хочет быть причиной шума и недовольства в германском элементе довольно компактной и сплоченной иностранной общины, и позволяет себе публиковать лишь пресс-телеграммы, которые не всегда комплиментарны по отношению к Гитлеру. Когда он спросил Кнолля, что предпримет посол, если «Advertiser» не сменит тона, Кнолль ответил, что посол сообщит об этом в Берлин. Жуткая угроза!

Вильфрид Флейшер рассказал мне, что когда он описал сей инцидент своему отцу и спросил, как бы тот поступил на его месте, отец ответил, что выбросил бы Кнолля из кабинета.

В своем первом интервью прессе в «Advertiser», которое обычно дают Эстер Крейн жены всех вновь прибывших руководителей миссий, супруга посла, как сообщается, заявила, что рассчитывает очень быстро понять японцев, «поскольку мы, немцы, необычайно восприимчивы к психологии иностранцев».

Увы, это одна из их величайших слабостей, о чем свидетельствует их недооценка бельгийской, британской и, в конце концов, американской психологии в ходе последней войны.

Среди поздравлений от разных послов и посланников по случаю рождения наследного принца, приведенных в «Nichi Nichi», цитируется и новый посол, как якобы сказавший: «Услышав новость о рождении наследного принца, я хотел бы выразить мои сердечные поздравления. Поскольку это случилось сразу же после моего прибытия на мой пост, «Я РАССМАТРИВАЮ ЭТО КАК ЛИЧНУЮ ЧЕСТЬ ДЛЯ МЕНЯ». Поистине, императрица была очень добра, поприветствовав его столь сердечно.

Д. ГРЮ, американский посол в Японии

МЮНХЕНСКИЙ ФИНАЛ

В Лондоне чехословацкий посланник Ян Масарик был приглашен в Форин офис и предупрежден о предстоящей конференции в Мюнхене.

«Но ведь эта конференция созывается для того, чтобы решить судьбы моей страны, — ответил Масарик. — Разве нас не приглашают принять в ней участие?» На это ему твердо заявили, что это конференция «только великих держав».

«Тогда, как я понимаю, — заметил Масарик, — Советский Союз также приглашается на эту конференцию. В конце концов Россия тоже имеет договор с моей страной».

В некотором смущении лорд Галифакс ответил, что пригласить Россию не было времени, и добавил, что, во всяком случае, настаивание на участии в этой конференции России могло привести к тому, что Гитлер вообще откажется от этой идеи. Он не сказал, что Чемберлен по совету Вильсона принял решение исключить Россию из числа участников Мюнхенской конференции.

Совещание в Мюнхене между Гитлером, Муссолини, Даладье и Чемберленом началось утром 29 сентября и длилось до самого подписания соглашения в 2 часа 30 минут в ночь на 30 сентября. На самом деле все было решено в течение первого часа встречи, когда четыре руководителя пришли к выводу, что Чехословакия должна быть расчленена: а то, что было потом, — это торговля вокруг отдельных деталей. Гитлер привел с собой огромную делегацию, в том числе министра иностранных дел Риббентропа и фельдмаршала Геринга. Муссолини приехал со своим министром иностранных дел графом Чиано. Даладье приехал с проницательным и циничным генеральным секретарем министерства иностранных дел Алексисом Леже. Чемберлен, как всегда, держал возле себя Вильсона.

Пока руководители вели переговоры, а мир ожидал их решения, чехи тоже ждали. В приемной дома, где происходила конференция, в ожидании решения судьбы своей страны сидели прибывшие из Праги представители: доктор Мастны — чехословацкий посланник в Берлине и доктор Губерт Масаржик — представитель министерства иностранных дел Чехословакии. В течение многих часов никто не подходил к ним. Через двенадцать часов после начала совещания к ним вышел Гораций Вильсон.

«Почти все решено, — сказал он, радостно улыбаясь. — Вам будет приятно узнать, что мы пришли к соглашению почти по всем вопросам».

Доктор Мастны мрачно спросил:

«И какова наша судьба?»

«Не так плохо, как могло оказаться. Гитлер сделал некоторые уступки».

Вильсон развернул карту на столе перед чехами, и те содрогнулись, взглянув на нее. Соответственно окрашенные в красный цвет от Чехословакии отрезались огромные куски территории. Приглядевшись внимательнее, Мастны вскипел от злости.

«Это возмутительно! — закричал он. — Это жестоко и преступно глупо! Вы не только предаете нашу страну, но приносите в жертву и наши оборонительные сооружения. Смотрите, вот наша линия обороны, и здесь, и здесь, и здесь! — указывал он пальцем на карте. — И все отдано нацистам»

Улыбка сползла с лица Вильсона.

«Извините, но спорить бесполезно, — сказал он. — У меня нет времени слушать вас. Я должен вернуться к своему шефу». И он поспешно ушел, оставив чехов в гневном отчаянии...

Немецкие генералы, готовившие планы бунта против Гитлера, отбросили их в сторону — и с некоторым презрением, но все же приветствовали человека, который мог выигрывать войны без сражений. Даже такой мудрый государственный деятель, как президент Рузвельт, решил, что Мюнхен рассеял тучи над народами, и счел нужным послать Чемберлену поздравительную телеграмму...

Только в Чехословакии да в сердцах дальновидных людей за рубежом болью отозвалось известие о только что совершенном преступлении. Эдуард Даладье (потом ему пришлось признаться: «Я чувствовал себя Иудой») хотел, как трус, избежать этой заключительной сцены; он сообщил своей делегации, что не в состоянии встретиться лицом к лицу с чешскими представителями, которые все еще ожидали решения в приемной.

Невиль Чемберлен не чувствовал подобных угрызений совести. Немного раньше он с легкостью предложил, чтобы Даладье вылетел в Чехословакию и лично сообщил о принятом решении президенту Бенешу. Чемберлен не мог понять, почему так гневно загорелись глаза француза, когда он наотрез отказался от этой миссии. Пока Даладье набирался храбрости, Чемберлен проворно привел свою делегацию в зал заседаний, откуда только что с триумфом вышли Гитлер и Муссолини.

Ввели представителей Чехословакии. «Нас привели в зал, где до этого происходило совещание, — писал впоследствии Масаржик. — Атмосфера была угнетающая: словно нам должны были зачитать приговор. Французы, явно нервничавшие, казалось, старались сохранить свое достоинство. После долгой вступительной речи Чемберлен вручил текст соглашения доктору Мастны».

Когда Мастны читал текст, Чемберлен сказал, что, возможно, соглашение и неприятное, но благодаря ему удалось избежать войны, и добавил, что, во всяком случае, с этим уже согласились великие державы. Мастны и Масаржик заметили, что теперь Чемберлен часто зевал и, казалось, слышал очень немногое из того, что они говорили.

«Я спросил Даладье и Леже, — пишет Масаржик, — ожидают ли они какого-либо заявления или ответа на это соглашение от нашего правительства. Даладье заметно занервничал. Господин Леже ответил, что четыре государственных деятеля не располагают временем. Он поспешно, как бы между прочим, добавил, что от Настоятеля не требуется никакого ответа, поскольку участники рассматривали решение, как принятое чехами».

Сэр Гораций Вильсон взглянул на своего шефа, который опять начинал зевать. «Идемте, джентльмены, — сказал он. — Уже очень поздно. Я уверен, мы все, должно быть, устали».

Последовало неловкое молчание, затем Чемберлен повернулся и направился к двери. За ним последовал Даладье.

Возвращаясь около трех часов утра в свою гостиницу «Четыре времени года», Алексис Леже обсуждал события прошедшего дня с другим членом французской делегации, с помощником военно-воздушного атташе капитаном Полем Стэленом.

Стэлен, как и Леже, понимал всю трагичность этого соглашения... «Все равно это соглашение является облегчением», — сказал он.

Леже некоторое время молчал, а затем ответил: «О конечно, облегчение! Как будто свой кишечник опорожнил в свои же штаны».

История, кажется, подтвердила, что это была довольно верная аналогия!

Мосли Л. Утраченное время.
Как начиналась Вторая мировая война.
Перевод с англ. М.., 1972, с. 86—91.

ДОНЕСЕНИЕ ГЕРМАНСКОГО ПОСЛА В ЛОНДОНЕ ДИРКСЕНА СТАТС-СЕКРЕТАРЮ МИНИСТЕРСТВА ИНОСТРАННЫХ ДЕЛ ВЕЙЦЗЕКЕРУ

1 августа 1939 г.

Касательно беседы Вольтата с сэром Горацием Вильсоном... Несмотря на то что беседа в политическом отношении не была углублена, мое впечатление таково, что в форме хозяйственно-политических вопросов нам хотели предложить широкую конструктивную программу. ⟨...⟩

Что соглашение с Германией было бы несовместимо с одновременным проведением «политики окружения», ясно здешним руководящим лицам. Определяющие соображения в этом вопросе основываются примерно на следующих положениях:

а) соглашение с Германией химически, так сказать, растворило бы данцигскую проблему и открыло бы дорогу к германо-польскому урегулированию, которым Англии не было бы больше надобности интересоваться;

б) к продолжению переговоров о пакте с Россией, несмотря на посылку военной миссии, — или, вернее, благодаря этому, — здесь относятся скептически. Об этом свидетельствует состав английской военной миссии: адмирал, до настоящего времени комендант Портсмута, практически находится в отставке и никогда не состоял в штабе адмиралтейства; генерал — точно так же простой строевой офицер; генерал авиации — выдающийся летчик и преподаватель летного искусства, но не стратег. Это свидетельствует о том, что военная миссия скорее имеет своей задачей установить боеспособность Советской Армии, чем заключить оперативные соглашения. ⟨...⟩

ДИРКСЕН

ДОНЕСЕНИЕ ГЕРМАНСКОГО ПОСЛА В ЛОНДОНЕ ДИРКСЕНА МИНИСТЕРСТВУ ИНОСТРАННЫХ ДЕЛ С ПРИЛОЖЕНИЕМ БЕСЕДЫ ДИРКСЕНА С ГОРАЦИЕМ ВИЛЬСОНОМ

3 августа 1939 г.

...Ссылаясь на свои прежние телеграфные донесения... я представляю в приложении запись беседы, которую я имел с сэром Горацием Вильсоном 3 августа с. г.

Фон ДИРКСЕН

ЗАПИСЬ БЕСЕДЫ С СЭРОМ ГОРАЦИЕМ ВИЛЬСОНОМ 3 АВГУСТА 1939 г.

I. После того как... выяснилось, что сэр Гораций Вильсон хотел бы поговорить со мной в дополнение к своей беседе с г-ном Вольтатом, мы условились, что я буду сегодня в 4 часа у него на дому. Беседа эта состоялась; продолжалась она почти два часа.

II. Я придавал большое значение тому, чтобы сэр Гораций Вильсон подтвердил мои записи, которые я сделал на основании моего разговора с г-ном Вольтатом о его беседе с сэром Горацием Вильсоном... Выяснилось, что суть беседы Вольтата — Вильсона остается в полной силе. Сэр Гораций Вильсон подтвердил мне, что он предложил г-ну Вольтату следующую программу переговоров:

1) Заключение договора о «ненападении», по которому обе стороны обязываются не применять одностороннего агрессивного действия, как метода своей политики. Сокровенный план английского правительства по этому пункту сэр Гораций Вильсон раскрыл мне тогда, когда я в ходе беседы задал ему вопрос, каким образом соглашение с Германией может согласоваться с «политикой окружения», проводимой английским правительством. Гораций Вильсон сказал, что англо-германское соглашение, включающее отказ от нападения на третьи державы, начисто освободило бы британское правительство от принятых им на себя в настоящее время гарантийных обязательств в отношении Польши, Турции и т.д.; эти обязательства приняты были только на случай нападения и в своей формулировке имеют в виду именно эту возможность. С отпадением этой опасности отпали бы также и эти обязательства.

2) Англо-германское заявление о том, что обе державы желают разрядить политическую атмосферу с целью создания возможности совместных действий по улучшению мирового экономического положения.

3) Переговоры о развитии внешней торговли.

4) Переговоры об экономических интересах Германии на юго-востоке.

5) Переговоры по вопросу о сырье. Сэр Гораций Вильсон подчеркнул, что сюда должен войти также колониальный вопрос. ⟨...⟩

III. Возвращаясь к своей беседе с Вольтатом, сэр Гораций Вильсон остановился подробно на том, что вступление в конфиденциальные переговоры с германским правительством связано для Чемберлена с большим риском. Если о них что-либо станет известно, то произойдет грандиозный скандал, и Чемберлен, вероятно, будет вынужден уйти в отставку. ⟨...⟩

IV. ...Из всего хода беседы с сэром Горацием Вильсоном можно было заключить, что программу переговоров, сообщенную г-ну Вольтату и подтвержденную мне, он рассматривает как официальный зондаж со стороны Англии, на который ожидается ответ Германии. Нельзя было не почувствовать тяжкую озабоченность английской стороны в связи с трудным положением, в котором находится британское правительство и до которого оно довело себя своими маневрами. С одной стороны, общественное мнение, взбудораженное правительственной политикой и антигерманским воздействием на него; с другой — стремление путем соглашения с Германией предотвратить войну, которую в противном случае считают неизбежной. Беспокойство о том, что политика окружения может пострадать, стоит, как мне показалось, на втором плане; здесь преобладало впечатление, что возникшие за последние месяцы связи с другими государствами являются лишь резервным средством для подлинного примирения с Германией и что эти связи отпадут, как только будет действительно достигнута единственно важная и достойная усилий цель — соглашение с Германией. Точно так же привлечение Франции и Италии имело в беседе только подчиненное значение. Сэр Гораций Вильсон сказал, между прочим, что соглашение должно быть заключено между Германией и Англией; в случае, если бы его было сочтено желательным, можно было бы, конечно, привлечь к нему Италию и Францию.

Фон ДИРКСЕН

ГЕРМАНСКИЕ ГЕНЕРАЛЫ О ПЕРСПЕКТИВАХ ВОЙНЫ ДЛЯ ГЕРМАНИИ

Среди германских военных кругов издавна господствовало убеждение, что... войну (на два фронта. — *Л. К.*) Германия выдержать не может. «Гитлер спрашивал генерала Кейтеля, начальника генерального штаба, и генерала фон Браухича, главнокомандующего, — доносил 1 июня (1939 г. — *Л. К.*) французский посол Кулондр своему министру иностранных дел Боннэ, — может ли окончиться война благоприятно для Германии. Оба ответили, что решающее значение имеет вопрос, останется ли Россия нейтральной или нет. Если Германии придется сражаться одновременно и против России, у нее мало будет шансов на выигрыш войны».

История дипломатии. М.-Л., 1945. Т. 3, с. 679—680.

ОГЛАВЛЕНИЕ

Предисловие 3

Введение 5

Глава 1. В МИДе (1918—1925)

Балтийские дела, 1918 год 10

Варшава, 1920—1921 гг. 28

Польский отдел, 1921—1922 гг. 42

Данциг, 1923—1925 гг. 49

Глава 2. ВОСТОЧНЫЙ ОТДЕЛ (1925—1928)

Обновленный МИД 61

Отношения с Россией 68

На пути к Локарно 78

Локарно 88

Балансируя между Рапалло и Локарно 98

Глава 3. ПОСОЛ В МОСКВЕ

Россия в 1929 году 113

Политическое развитие, 1929—1930 гг. 123

Германские кредиты Советскому Союзу 133

Попытка покушения 143

Второй период в Москве 149

Третий период. 1933 год 158

Моя частная жизнь в Москве 176

Глава 4. ПОСОЛ В ТОКИО (1933—1938)

Япония в брожении, 1933—1936 гг. 199

Февральский мятеж, 1936 год 221

Искусство, путешествия и светская жизнь 226

Отпуск в Европе 247

Мой второй срок в Японии 258

Возвращение в Европу 268

Глава 5. ПОСОЛ В ЛОНДОНЕ

Англо-германские отношения, 1933—1938 гг. 276
Первый период в Лондоне, лето 1938 года 258
Чехословацкий кризис 303
Второй период в Лондоне, октябрь 1938 — март 1939 гг. 311
Третий период в Лондоне, лето 1939 года 321
Заключительные замечания 340

Глава 6. ВОЙНА И КАТАСТРОФА

Вторая мировая война 344
Русское вторжение 363
Похищение 372

Глава 7. БЕЖЕНЦЫ

Личные испытания 379
Вымерший вид 390

Приложение 396

Герберт фон Дирксен

МОСКВА, ТОКИО, ЛОНДОН.

Двадцать лет германской внешней политики

Редактор *Г. Кострова*
Художественный редактор *И. Суслов*
Технический редактор *В. Кулагина*
Корректор *А. Мартынова*

Налоговая льгота — Общероссийский классификатор продукции
ОК—005—93, том 2: 953000 — книги, брошюры.

Лицензия ЛР № 070099 от 03.09.96.
Сдано в набор 23.11.00. Подписано в печать 05.02.01.
Формат 84×108^1/$_{32}$. Гарнитура «Ньютон». Печать офсетная.
Усл. печ. л. 23,5. Уч.-изд. л. 23,52. Тираж 5000 экз.
Изд. № 00—2296-ДО. Заказ № 3400.

Издательство «ОЛМА-ПРЕСС»
129075, Москва, Звездный бульвар, 23

Полиграфическая фирма «КРАСНЫЙ ПРОЛЕТАРИЙ»
103473 Москва, Краснопролетарская, 16

В издательстве
«ОЛМА-ПРЕСС»
в серии «Досье»
в 2001 году

выходят следующие книги:

Юлий Квицинский

«ИУДЫ»

Автор книги Юлий Александрович Квицинский — известный дипломат, много лет работавший в ГДР и ФРГ, возглавлявший в свое время делегации СССР на переговорах с США по ядерному разоружению. Об этом периоде своей работы Ю. А. Квицинский написал книгу — «Время и случай».

Новая книга «Иуды» — о природе и психологии измены. Герой первой части — Иуда Искариот — соблазнившийся ученик Христа, ставший синонимом Измены. Во второй части книги исследуется история, пожалуй самого крупного предательства в годы Второй мировой войны — история генерала Власова.